Johannes Hösle · Molière

Johannes Hösle

MOLIÈRE

Sein Leben,
sein Werk,
seine Zeit

Piper
München Zürich

Mit 32 Abbildungen auf Tafeln

ISBN 3-492-02781-4
© R. Piper GmbH & Co. KG, München 1987
Gesetzt aus der Janson-Antiqua
Gesamtherstellung: Kösel, Kempten
Printed in Germany

Vorbemerkung

Wer sich über Molière informieren will, wird alsbald feststellen, daß im deutschen Sprachgebiet in den letzten Jahrzehnten zwar zahlreiche beachtenswerte Aufsätze zum Werk dieses auch außerhalb seiner Heimat populärsten Autors der französischen Klassik erschienen, daß aber keine umfangreiche Biographie dieser faszinierenden Persönlichkeit veröffentlicht wurde. Dies überrascht um so mehr, als im ersten Drittel unseres Jahrhunderts Bücher über Molière durchaus keine Seltenheit waren. Die Verfasser gehörten in der Regel der damals zahlenmäßig noch relativ kleinen romanistischen Zunft an: Heinrich Schneegans (1902), Max J. Wolff (1910), Eduard Wechßler (1910), Curt Sigmar Gutkind (1928), Hanns Heiss (1929), Walther Küchler (1929). Dieser stolzen Reihe monographischer Untersuchungen hat die deutschsprachige Romanistik der letzten Jahrzehnte nichts Vergleichbares an die Seite gestellt.

Angesichts dieser Situation griff der wißbegierige Leser zu der knappen und klugen Einführung *Jean-Baptiste Molière* (1973), die Gertrud Mander für »Friedrichs Dramatiker des Welttheaters« verfaßte, und verschmähte wohl auch das auf veralteten Informationen fußende Bändchen nicht, das Friedrich Hartau in den Bildmonographien des Rowohlt Verlags veröffentlichte (1976). Ungleich reicher illustriert ist der 1980 bei Andreas & Andreas in Salzburg erschienene Band *Jean-Baptiste Molière*, dargestellt von Rüdiger Werle und Christoph Wetzel unter Mitarbeit von Petra Ziegler.

Die sehr lesbar geschriebenen »Romane« von Michail Bulgakow (*Das Leben des Herrn de Molière*, 1936, deutsch Berlin 1970) und Gerhard W. Menzel (*Die Truppe des Molière*, Halle/Leipzig 1978) vermitteln ein nicht nur von historisch belegten Tatsachen, sondern auch von der Fabulierfreude ihrer Verfasser geprägtes Bild Molières.

Wenn ich es heute als Literaturwissenschaftler überhaupt noch wagen konnte, eine Molière-Biographie zu schreiben, dann war dies nur möglich, weil ich zwar im Rahmen des Menschenmöglichen stets den neuesten Kenntnisstand über Molière zu berücksichtigen suchte, andererseits aber auch den Wunsch nach möglichst vollständiger Information keine neurotische Ausmaße annehmen ließ. Inzwischen hindert nämlich die Angst, ein wichtiger Aufsatz könnte der Aufmerksamkeit entgangen sein, nicht wenige daran, eine Vorlesung über einen repräsentativen Dichter zu halten oder gar ein Buch über ihn zu veröffentlichen. Der berechtigte Wunsch nach weiterführender Information sieht sich allzuoft mit einer nicht mehr überschaubaren Fülle an Sekundärliteratur konfrontiert, die den Blick auf die Texte, die es zu verstehen gilt, häufig nicht mehr schärft, sondern eher verstellt. Wenn es aber nicht mehr möglich sein sollte, eine Molière-Biographie zu schreiben und eine breitere Öffentlichkeit über das Werk des großen Franzosen zu informieren, dann ist es wohl an der Zeit, sich einmal zu fragen, ob die Literaturwissenschaft in Forschung und Lehre nicht dabei ist, ihre Existenzberechtigung für den gebildeten und interessierten Leser einzubüßen.

Dieses Buch hätte nicht in der vorliegenden Form entstehen können, wenn ich nicht an der Universität Regensburg die Gelegenheit gehabt hätte, mit meinen Studenten Einzelfragen zu Molière und seinen Zeitgenossen zu diskutieren. Mein Kollege Karl Möseneder vom Regensburger Institut für Kunstgeschichte gab mir in den vergangenen Jahren stets in allen Fragen zur höfischen Repräsentation im siebzehnten Jahrhundert großzügig Auskunft. Wolfgang Salzmann, Fachreferent für Romanistik an der Universitätsbibliothek Regensburg, unterstützte mich aufs freundlichste bei meinen bibliographischen Recherchen. Besonderen Dank schulde ich aber auch meinen Mitarbeitern am Lehrstuhl für ihre bibliographischen Nachforschungen und die Beschaffung von Literatur sowie Sonja Fallenstein und Waltraud Haller für die Herstellung des druckfertigen Typoskripts. Mein Schüler Werner Hoffmann hat sich durch kritische Lektüre des Textes und unermüdliches persönliches Engagement schließlich ganz besonders verdient gemacht.

Regensburg, im Juli 1987

Jean-Baptiste Poquelin: Herkunft, Kindheit, Jugend

D as Pfarregister der Kirche Saint-Eustache – nahe bei den Pariser Markthallen – enthält folgenden Eintrag: »Jehan Pocquelin, parrochius noster uxor Marie Cressé, idem, affidati 25 aprilis 1621, desponsati 27 ejusdem mensis et anni.« Dieser unscheinbare Verwaltungstext beurkundet die Verlobung und die zwei Tage später geschlossene Ehe der Eltern Molières. Bereits am 22. Februar 1621 hatten Jean Poquelin (diese Schreibung ist häufiger) und Marie Cressé die zivilrechtlichen Angelegenheiten des Ehevertrags vor dem am Châtelet, dem Pariser Gericht, akkreditierten Notar Vincent Collé registrieren lassen und mit ihren Trauzeugen unterzeichnet. Jean Poquelin, von Beruf Tapezierer, hatte sich 1620 in einem »Affenpavillon« genannten Haus eingemietet und von seinem Vormieter zum Preis von 1516 Livres die in dem Geschäft befindlichen Lagerbestände übernommen. Das Gebäude, in dem Molière geboren werden sollte, befand sich zwischen der Rue Saint-Honoré und der Rue des Vieilles Étuves. Das Tapezier- und Dekorationsgeschäft lag äußerst günstig, nämlich zwischen Louvre, Markthallen und Pont-Neuf, wenn auch die nur 5,68 Meter breite Fassade von eher bescheidenem Ausmaß war. Der »Affenpavillon« wurde 1802 abgerissen. Der geschnitzte hölzerne Balken, der dem Haus zu seinem Namen verholfen hatte (sechs Affen hingen an den Zweigen eines Orangenbaumes, während ein siebter die auf den Boden gefallenen Früchte auflas), wurde zwar zunächst in der heutigen École des Beaux-Arts aufbewahrt, aber im neunzehnten Jahrhundert von einem ahnungslosen Angestellten als Brennholz verheizt.

Am Samstag, dem 15. Januar 1622, wurde, ebenfalls in der Kirche Saint-Eustache, als erstes Kind der jungen Eheleute ein Sohn, der spätere Molière, auf den Namen Jean getauft. Bei den im Pfarrbuch registrierten Taufpaten des Kindes handelt es sich um Molières Großvater, Jean Poquelin, und seine Urgroßmutter mütterlicherseits. Es ist sehr wahrscheinlich, daß zwischen Geburt und Taufe höchstens ein Tag vergangen war. Die Kirche drängte nämlich die Gläubigen angesichts der hohen Kindersterblichkeit dazu, die Zeremonie der Taufe nicht sträflich zu verzögern.

Jean Poquelin, Molières Großvater, heiratete 1594 nach dem Tod seiner ersten Frau die damals einundzwanzigjährige Agnès Mazuel. Sie stammte aus einer musisch veranlagten Kaufmannsfamilie. Nicht weniger als zehn »ordentliche königliche Instrumentalisten« wurden in ihrer Verwandtschaft gezählt: Lautenspieler, Flötisten und Streicher. Großvater Poquelin, Inhaber eines Geschäfts mit Tapezierwaren, hatte zur Zeit von Molières Taufe das zum Kauf stehende Amt eines Getreideträgers der Pariser Markthallen erworben, das heißt wohl, daß er das Hin und Her des in den Markthallen angebotenen und verkauften Getreides als Unternehmer koordinierte. Agnès Mazuel hatte wenig Zeit zu einem müßigen Dasein. Sie war 1589 bei Cathérine Conivet in die Lehre geschickt worden, hatte zwei Jahre später den Meisterbrief im Fach Tuch- und Wäschepflege erlangt und war folglich befugt, Lehrlinge auszubilden. Auch nach ihrer Heirat besaß sie trotz acht Geburten noch Unternehmungsgeist genug, um mit ihrem Mann in der Nähe der Lederhallen ein vierstöckiges Haus bauen zu lassen. Über der Tür hing ein Bild der heiligen Veronika. Unter dem Namen dieser Heiligen war der Neubau von Molières Großeltern väterlicherseits im Hallenviertel bekannt.

Molières Vater, der 1595 geborene älteste Sohn von Jean und Agnès Poquelin, hieß ebenfalls Jean. Er wurde 1607 zu dem in der Rue Saint-Denis ansässigen Tapezierermeister Dominique Trubert für vier Jahre in die Lehre geschickt. Das insgesamt zu zahlende Lehrgeld betrug stolze 90 Livres. Als Gegenleistung sicherte Trubert allerdings nicht nur zu, den Jungen das Handwerk zu lehren, sondern ihm auch »Essen und Trinken, Feuer, Bett, Logis und Licht« zu stellen. Molières Mutter, Marie Cressé, stammte wie ihr Mann aus einer Tapeziererfamilie. Maries Großvater führte sein Geschäft »Zum Bild Unserer Lieben Frau« als Tapezierer- und Daunendeckenmeister in der Nähe der Getreidehallen. Sein Sohn Louis heiratete am 5. März 1600 Marie Asselin, eine junge Witwe, die ebenfalls aus einer relativ wohlhabenden Tapeziererfamilie im Hallenviertel stammte.

So karg und kahl diese von der Molière-Forschung in Archiven und Akten aufgespürten Daten auch sein mögen, so ergeben sie doch ein eindeutiges Bild von Molières sozialer Herkunft aus dem Pariser Handwerkermilieu. Über Molières Kindheit in der Nähe der Markthallen, inmitten des regen Treibens, unweit des im Louvre residierenden Hofes und in nächster Nähe des unter Heinrich IV. errichteten Pont-Neuf, der trotz ihres Namens ältesten Seinebrücke der Hauptstadt, ist wenig bekannt. Nichts spricht aber wohl gegen die Annahme, daß schon der junge Molière hier sein Charakterstudium entwickeln und seine Beobachtungsgabe schärfen lernte. Das väterliche Tapeziergeschäft, das von Hof und Bürgertum frequentiert wurde, da es auf die Innenausstattung von Häusern, Wohnungen und Räumen spezialisiert war, verschaffte dem künftigen Theaterimpresario und Regisseur bestimmt wertvolle Einblicke in die Kunst der Selbstinszenierung, und die Schausteller, Possenreißer, Gaukler, Marktschreier und Quacksalber des Pont-Neuf beeindruckten ihn sicherlich mit ihren Pantomimen.

Molières erster Biograph, Jean Léonor Le Gallois, Sieur de Grimarest, berichtet in seiner 1705 erschienenen *Vie de Monsieur de Molière*, der Großvater mütterlicherseits des künftigen Theaterdichters, der erst 1638 verstorbene Louis Cressé, habe seinen Enkel häufig in das nicht weit von den Markthallen liegende Theater im Hôtel de Bourgogne begleitet. Doch angesichts der fehlenden Unterlagen über Molières Kindheit kann dieses Zeugnis ebenso wie die vielen anderen seit Jahrhunderten im Umlauf befindlichen Anekdoten weder ernsthaft bestätigt noch leichterhand verworfen werden.

Molières Mutter war schon bald nach der Geburt ihres ersten Kindes wieder schwanger. Ein Jahr später kam Louis zur Welt, im Jahr darauf ein zweiter Jean (von dem der Älteste künftig als Jean-Baptiste unterschieden wurde), in Jahresfrist folgte Marie, 1627 Nicolas, und 1628 gebar Marie Cressé als letztes Kind Madeleine. Obwohl keines der sechs Kinder unmittelbar nach der Geburt starb, erreichte nur Jean-Baptiste ein Alter von über fünfzig Jahren: Louis starb zehnjährig, Jean im Alter von siebenunddreißig, Marie mit fünf und Nicolas mit siebzehn Jahren, und auch Madeleine wurde nur siebenunddreißig Jahre alt.

Molière verlor seine Mutter 1632. Der Vater verehelichte sich zwar im Jahr darauf erneut, war aber bereits 1636 wieder Witwer. Er heiratete nicht noch ein drittes Mal. Da er 1631 das Amt eines »tapissier et valet de chambre ordinaire du Roi« erworben hatte, spricht vieles dafür, daß er seinen ältesten Sohn als Tapezierer ausbildete. So lag es nahe, für diesen die »survivance«, die Weitervererbung, des angesehenen Amts, zu sichern. Die dazu notwendigen Schritte unternahm Jean Poquelin im Dezember 1637. Vier Kollegen, die jeweils nach drei Monaten turnusgemäß abgelöst wurden, bekleideten das Amt: »Sie machen täglich mit den Kammerdienern das Bett des Königs [...]. Wenn der Hof zu Felde zieht, reisen die erste und die zweite Schlafkammer mit; es handelt sich dabei um zwei komplette Kammern, das heißt Bettausstattung doppelt, Stühle doppelt, Tapeten doppelt etc., denn einfach könnten sie nicht genügen. Die erste Schlafkammer wird am Abend vor dem Aufbruch des Hofs auf den Weg gebracht, damit der König die Kammer bereits vollkommen eingerichtet antrifft, wenn er am nächsten Tag ankommt. Die zweite Schlafkammer zieht geradewegs zum zweiten Quartier voraus, und so weiter.«

Grimarest berichtet, der junge Molière habe nur noch mit Widerwillen im väterlichen Geschäft gearbeitet, nachdem er erste Eindrücke von Schaustellern und Komödianten gesammelt habe, und ein tiefes Zerwürfnis mit dem Vater sei die Folge gewesen. Aber die Tatsachen sprechen eher gegen diese Aussage. Wie wäre es für Jean-Baptiste möglich gewesen, ohne Zustimmung und Hilfe des Vaters das von den Jesuiten geleitete Collège de Clermont (das heutige Lycée Louis-le-Grand) zu besuchen? Nur Adlige und vermögende Bürger schickten ihre Söhne auf diese angesehene Anstalt. Erst dort konnte Molière seine beachtlichen literarischen Kenntnisse erwerben. Längst ist mit stichhaltigen Argumenten widerlegt worden, daß der Gymnasiast Poquelin auch zu den Hörern des epikureischen Philosophen Petrus Gassendi gehörte, aber es ist andererseits erwiesen, daß der Freigeist Chapelle und François Bernier, der durch seine Reisen nach Indien und in den Orient bekannt werden sollte, sowie der später wegen seiner Romanutopien berühmte Savinien de Cyrano de Bergerac zu seinen Mitschülern zählten.

Etwa achtzehnjährig verließ der junge Poquelin das Jesuitenkolleg und erlangte in Orléans eine juristische »Licence«. Will man Charles Perrault Glauben schenken, so handelte es sich bei diesem akademischen Grad eher um ein Problem der Finanzen als der Sachkompetenz. Perraults eigene Erfahrung mit der juristischen Fakultät in Orléans sah jedenfalls folgendermaßen aus: »Im Juli 1651 erwarb ich mit dem späteren Generalvikar des Erzbischofs von Sens und dem heute noch lebenden Monsieur Monjot die Lizentiatur in Orléans. Man gab damals nicht so schwer wie heute Lizentiaturen und andere zivil- oder kirchenrechtliche Grade her.« Drei Doktoren wurden von den Kandidaten aus dem Schlaf geklingelt, erschienen daraufhin mit ihren Nachtmützen auf dem Kopf und prüften die Examenskandidaten bei mattem Kerzenlicht: »Einer von uns, an den man eine Frage richtete, an die ich mich nicht erinnere, antwortete unerschrocken ›Matrimonium est legitima maris et faeminae conjunctio, individuam vitae consuetudinem continens‹ [Die Ehe ist eine gesetzliche Verbindung von Mann und Frau, die eine unauflösliche Lebensgemeinschaft beinhaltet] und sagte darüber eine Menge schöner Dinge, die er auswendig gelernt hatte. Man stellte ihm noch eine weitere Frage, auf die er nichts Stichhaltiges antwortete. Dann wurden die beiden anderen ausgefragt und antworteten nicht sehr viel besser als der erste. Dessen ungeachtet sagten uns die drei Doktoren, sie hätten seit zwei Jahren keine so gewandten und kenntnisreichen Kandidaten geprüft. Ich glaube, daß während der Prüfung der Klang unseres Geldes, das hinter unserem Rücken gezählt wurde, die hohe Qualität unserer Antworten bewirkte. Nachdem wir am folgenden Tag die Kirche Sainte-Croix, die Bronzestatue der Jungfrau auf der Brücke und eine Menge hinkender Männer und Frauen in der Stadt gesehen hatten, machten wir uns wieder auf den Weg nach Paris. Am 27. desselben Monats wurden wir alle drei als Advokaten zugelassen.«

Nicht ganz unähnlich könnte Molières Jurastudium ausgesehen haben, und nicht weniger grotesk mag der Ablauf seines Examens vor sich gegangen sein. Jedenfalls ist über eine Tätigkeit Molières am Justizpalast in Paris nichts aktenkundig. Nur einer seiner grimmigsten Widersacher, der nicht näher identifizierte Le Boulanger de Chalussay, der als erstaunlich gut informiert einzuschätzen ist, ließ in seiner 1670 veröffentlichten satirischen Komödie *Élomire hypocondre ou Les Médecins vengés (Élomire der Hypochonder oder Die gerächten Ärzte)* verlauten, der in Orléans promovierte Jurist Molière sei nur ein einziges Mal am Justizpalast als Advokat aufgetreten.

Die Libertins im siebzehnten Jahrhundert

Es ist nicht bekannt, von wem Jean-Baptiste in Lesen und Schreiben unterwiesen wurde, und es ist nicht möglich, über seine Schulausbildung bei den Jesuiten am Collège de Clermont mehr zu sagen, als uns die für eine Rekonstruktion seines Lebens herangezogenen Kronzeugen La Grange und Grimarest mitteilen. Aber auch ihnen gegenüber sind Skepsis und Mißtrauen angezeigt. Wollte man La Grange Glauben schenken, dann hätte Jean-Baptiste zusammen mit dem künftigen Protektor Conti, einem Verwandten der königlichen Familie, die angesehene Anstalt besucht. Ein Blick auf die Geburtsdaten, 1622 beziehungsweise 1629, legt aber nahe, diese angebliche frühe Bekanntschaft der beiden ihrer sozialen Herkunft nach ungleichen Mitschüler in das Reich der Legende zu verweisen.

Höchstwahrscheinlich verkehrte der Schüler und Student Poquelin schon früh in freigeistigen, libertinistischen Zirkeln: Der Entschluß, Schauspieler zu werden, die Lebensführung und nahezu das gesamte Werk bestätigen dies hinreichend. Die Art und Weise, mit welcher der junge Theaterimpresario schon recht bald von kirchlichen Kreisen angefeindet wurde, zeigte bis zu seinem Tod, daß er zeit seines Lebens für die Frommen und diejenigen, die sich dafür hielten, ein öffentliches Ärgernis darstellte.

Mögen die Zeugnisse über die frühe geistige Entwicklung von Jean-Baptiste auch lückenhaft sein, die Geschichte der libertinistischen Strömung ist es nicht. Bereits 1545 hatte sich Johannes Calvin »wider die schwärmerische und tolle Sekte der Libertiner, die sich Spiritualen nennen«, gewandt. Er sah in ihnen »flatterhafte Menschen, die das Wort Gottes in ihre Sinnlichkeit hineinziehen, indem sie die christliche Freiheit in fleischliche Ausschweifung verdrehen«. Ganz besonders prangerte der Reformator die von den Sektierern proklamierte Frauen- und Gütergemeinschaft an: »Sie sagen, daß eine feierlich vor den Menschen geschlossene Ehe fleischlich sei, wenn es keine volle Übereinstimmung der Geister gebe. Wenn eine Hure sich über ihren Bock ärgert, kann sie von einem Tag auf den anderen tauschen, wenn sich ihr ein neuer bietet, der ihr besser gefällt.« Die von Calvin befehdeten

Libertiner sind ein später Ableger der im Mittelalter verbreiteten Sekte der Spiritualen, der »Brüder und Schwestern vom Heiligen Geist«, die alle Zugeständnisse an weltliche Notwendigkeiten ablehnten. Guillaume Farel, ein Mitstreiter Calvins, hieb 1550 in einer Streitschrift gegen den als Häretiker verurteilten Jean Quintin in die gleiche Kerbe wie der Reformator und wetterte gegen »die Schweine von Epikureern und die, die schlimmer sind als der Teufel, die Atheisten«.

Freizügigkeit der Sitten und Unabhängigkeit des Denkens wurden nicht nur von den Genfer Reformatoren des sechzehnten Jahrhunderts gerügt und exemplarisch bestraft. Auch gegenreformatorische kirchliche Kreise schritten andernorts noch Jahrzehnte später immer wieder ein, wenn der Spott des Erasmus von Rotterdam über den Reliquienkult, das Gelächter Rabelais' über den sich in der religiösen Praxis breitmachenden Aberglauben und die Skepsis Montaignes hinsichtlich dogmatischer Engstirnigkeit wieder laut wurden.

Wieviel Zündstoff religiöse Konflikte im siebzehnten Jahrhundert enthielten, zeigen die 1619 in Toulouse und 1621 in Paris entfachten Scheiterhaufen für Lucilio Vanini und Fontanier und der von 1623 bis 1625 gegen Théophile de Viau durchgeführte Prozeß, mit dem ein in den Kreisen des jungen Hofadels begeistert gelesener unabhängiger Denker exemplarisch angeprangert werden sollte. Der Jesuit François Garasse schürte 1623 das Feuer durch ein umfangreiches Pamphlet mit dem Titel »Die seltsame Lehre der Schöngeister dieser Zeit oder derer, die sich dafür halten, worin mehrere für die Religion, den Staat und die guten Sitten verderbliche Lehren enthalten sind«. Die Streitschrift beschimpfte die Libertins als »junge Trunkenbolde, Wirtshausfliegen«, »die keinen anderen Gott haben als ihren Bauch« und schamlos genug seien, »schreckliche Lästerungen gegen Gott auszustoßen, abscheuliche Roheiten zu begehen«, »ihre scheußlichen Schandtaten in Sonetten veröffentlichen« und »aus Paris ein Gomorrha machen«. Wer sich wie die Libertins nicht dazu verstehen will, den Weisungen der Kirche zu folgen, und sich wie Rabelais mit groben Späßen über Fragen der Religion lustig macht, ist für Garasse gefährlicher als ein Atheist und schadet dem wahren Glauben mehr als Calvin durch seine Irrlehren.

Trotz der Aufpeitschung der öffentlichen Meinung durch Männer

wie diesen jesuitischen Eiferer wurde Théophile de Viau nach fünfundzwanzig Monaten Untersuchungshaft von seinen Richtern, denen die
Denunzianten und Ankläger kein für eine schwere Bestrafung ausrei-
chendes Belastungsmaterial zu liefern vermochten, lediglich für einige
Zeit aus der Stadt verbannt. Als der Dichter aber kurz nach seiner
Entlassung aus der Untersuchungshaft starb, hatte der Libertinismus
einen weiteren Märtyrer.

In den zwanziger Jahren versammelten die das Vertrauen Kardinal
Richelieus genießenden Brüder Pierre und Jacques Dupuy jeden
Abend in ihrer mit einer reichhaltigen Bibliothek ausgestatteten
Wohnung einen literarischen Zirkel, die »Académie putéane«, um
sich. Gelehrte und Schöngeister verschiedenster Provenienz trafen
sich dort zu zwanglosem Gespräch. Als Petrus Gassendi, der die
Ideen Montaignes und der skeptischen und hedonistischen antiken
Philosophen und Dichter vertrat und sich einem radikalen Pyrrhonis-
mus verschrieben hatte, aus dem französischen Süden und Grenoble
kommend in Paris eintraf, wurde er von den Brüdern Dupuy und
denen, die ihre Abende frequentierten, mit offenen Armen aufgenommen. Nicht um Grundsatzdebatten und um die großen Streitfragen
ging es bei den Zusammenkünften dieser jede Orthodoxie ablehnen-
den freien Geister, sondern um die intellektuelle Verarbeitung ihrer
Entdeckungen. Sie hatten ähnlich wie Montaigne durch weite Reisen
und vielfältige Lektüre ihren Horizont erweitert: Der eine hatte in
Padua, der andere in Heidelberg oder in Leiden studiert, dieser hatte
Italien, jener England und wieder ein anderer Konstantinopel oder
Palästina besucht.

Neben Gilles Ménage und François de Naudé frequentierte auch
Gabriel La Mothe le Vayer den Zirkel der Brüder. Der 1588 Geborene
hatte von seinem Vater Félix ein Amt als königlicher Vizeprokurator
übernommen und 1630 *Vier die Alten nachahmende Dialoge* veröffentlicht, die zu einem Vademekum der Skeptiker wurden. Zu einem
Zeitpunkt, als René Descartes sich anschickte, seine Philosophie auf
einem radikalen Rationalismus zu begründen, vertrat La Mothe le
Vayer die Meinung, jedes Urteil sei nur das Ergebnis von Denkgewohn-
heiten, die durch Zeit, Ort und Umstände geprägt würden. Der Mon-
taigne-Verehrer hatte keine Schwierigkeiten damit, Glaubensfragen auf
sich beruhen zu lassen. Für ihn hatte es keinen Sinn, christliche Dog-

men in Frage zu stellen oder zu kritisieren. Mit welcher Autorität hätte dies ein Skeptiker tun können?

La Mothe le Vayer war nicht der Mann, sich ernstlich mit der Theologie anzulegen: Das Wohlwollen Richelieus und ein Sitz unter den vierzig Unsterblichen der von Richelieu 1635 gegründeten Académie française war der Lohn für sein fügsames und anpassungsfähiges Verhalten. Unbelehrbare wie die Hugenotten zogen den Zorn des Kardinals auf sich, aber nicht chamäleontische Verwandlungskünstler. Von einem Mann wie La Mothe le Vayer jedoch war nicht zu befürchten, daß er religiöse Sekten gründen und Massenbewegungen auslösen würde. Philosophie war für die Skeptiker der Académie putéane eine Privatsache, sie betrachteten es nicht als ihre Aufgabe, Proselyten zu werben. Die Ergebnisse gelehrter und geistreicher Diskussionen sollten nur wenigen mitgeteilt werden: La Mothe le Vayer empfahl daher folgerichtig, sich mit den »wahren und soliden Freuden privater Gespräche« zu begnügen und den »Beifall einer törichten Menge« für nichts zu erachten.

Blaise Pascal, der den Ideen der Libertins in seiner frühen, sogenannten mondänen Lebensphase zwar nicht gerade anhing, aber doch wenigstens von ihnen beeindruckt war, verurteilte später diese in die Unverbindlichkeit abgleitende Einstellung, für die gegenteilige Ansichten letztlich gleichwertig bleiben müssen: »Es ist für einen Skeptiker wie Montaigne vollkommen gleichgültig, ob er bei einem Streitgespräch recht behält oder nicht, da er immer durch Anführen des einen oder anderen Beispiels ein Mittel besitzt, um zu zeigen, auf wie schwachen Füßen Meinungen stehen.« Diese kompromißlose Äußerung ist typisch für die geistige Strömung, die immer mehr an Einfluß gewann und deren brillantester Wortführer Pascal wurde: der Jansenismus.

Der Jansenismus

Das unweit von Versailles gelegene Nonnenkloster Port-Royal war 1204 von der Gemahlin eines Adligen, der 1202 am vierten Kreuzzug teilnahm, gegründet und der Jurisdiktion des Zisterzienserordens unterstellt worden. Im Lauf der Jahrhunderte hatte die klösterliche Zucht in skandalösem Umfang nachgelassen, wie die Äbte des 1098 gegründeten, in Burgund gelegenen Klosters von Cîteaux bei ihren kanonischen Visiten immer wieder beklagten. Doch das änderte sich schon wenige Jahre später, als Jacqueline-Marie Arnauld 1602 im Alter von elf Jahren unter dem Namen Mère Angélique Äbtissin von Port-Royal wurde.

Ihr Vater Antoine war ein berühmter Advokat und Mitglied des Pariser Parlaments. Mehrere seiner zwanzig Kinder sollten im siebzehnten Jahrhundert im Kloster Port-Royal eine bedeutende Rolle spielen. Mère Angéliques um zwei Jahre jüngere Schwester Jeanne leitete später als Mère Agnès de Saint-Paul das Kloster. Antoine, der letzte Sproß des kinderreichen Advokaten, animierte Blaise Pascal zu dessen *Lettres à un provincial (Briefe an einen Freund in der Provinz)* stritt kompromißlos für die Sache Port-Royals und ging schließlich als »le grand Arnauld« in die Geschichte des Jansenismus ein. Er und sein ältester Bruder, Robert Arnauld d'Andilly, bildeten den Kern der von Port-Royal ausgehenden religiösen Reformbewegung. Nur Catherine, die älteste Schwester von Mère Angélique, verehelichte sich als einzige von den Töchtern des Advokaten Arnauld. Ihrer Verbindung mit dem königlichen Rat Isaac Lemaistre entstammten fünf Kinder, von denen mindestens drei in die Annalen von Port-Royal eingingen. Doch setzte Catherines mächtiger Vater durch, daß nach einigen Jahren die Ehe zwischen seiner sechsundzwanzigjährigen Tochter und dem leichtlebigen königlichen Rat geschieden wurde und Catherine mit ihren Kindern wieder zu ihren Eltern zog. Im Alter von vierundfünfzig Jahren legte auch sie noch in Port-Royal ihr Gelübde als Nonne ab. Somit liest sich die Geschichte von Port-Royal angesichts der überwältigenden Bedeutung der Söhne, Töchter, Enkelinnen und Enkel des Advokaten Arnauld auf weite Strecken wie eine Chronik dieser Familie.

Unter dem Einfluß des um eine Reform des religiösen Lebens bemühten Kardinals Pierre de Bérulle und des ihm nahestehenden Franz von Sales hatte Mère Angélique nicht nur bald das Klosterleben diszipliniert, sondern auch für ihre Familie neue Maßstäbe gesetzt. Wie kompromißlos die Achtzehnjährige mit der Welt zu brechen entschlossen war, zeigte sie, als sie ihrer eigenen Familie den Eintritt ins Klosterinnere verwehrte: ein ungewöhnlicher Vorgang, wenn man bedenkt, wie ungeniert bis dahin Besucher im Kloster aus und ein gegangen waren.

Wegen der schlechten klimatischen Bedingungen in der sumpfigen Gegend um Port-Royal entschlossen sich die Nonnen 1625, das Kloster aufzugeben. Die damals etwa achtzig Schwestern zählende Klostergemeinschaft richtete sich in dem heute vom Boulevard Port-Royal, der Rue Cassini, der Avenue de l'Observatoire und der Rue du Faubourg Saint-Jacques umgrenzten Areal ein. Wegen des Wegzugs aus dem ehemaligen Kloster von Gewissensnöten gepeinigt, kehrte Mère Angélique 1648 mit einigen Nonnen nach Port-Royal-des-Champs zurück. Die beiden Ordenshäuser blieben nun bis 1668 nebeneinander bestehen.

Mère Angélique berief 1636 den an der flämischen Universität Löwen zum Theologen ausgebildeten Jean Du Vergier de Hauranne, Abbé de Saint-Cyran, zum Beichtvater des Klosters. Saint-Cyran hatte 1609 in Paris den 1585 geborenen Niederländer Cornelius Jansenius kennengelernt und sich mit ihm angefreundet. Die beiden Theologen hingen der Überzeugung an, seit dem Sündenfall sei die menschliche Natur grundsätzlich verderbt; der Mensch könne daher nur wenig zu seinem Heil beitragen, denn dieses hänge ausschließlich von einem Akt göttlicher Gnade ab.

Als Frankreich 1635 auf der Seite der protestantischen Mächte in den bereits seit 1618 wütenden Dreißigjährigen Krieg eintrat, fand Jansenius diese von ausschließlich nationalstaatlichen Erwägungen getragene Entscheidung so empörend, daß er in einem *Mars gallicus (Gallischer Mars)* betitelten Pamphlet Richelieu und dessen dem Kapuzinerorden angehörenden Ratgeber Pater Joseph bezichtigte, der Staatsräson die Belange der Religion zu opfern. Sicher trug Jansenius' entschlossene Stellungnahme dazu bei, daß er zum Bischof der damals unter spanischer Herrschaft stehenden flämischen Diözese Ypern ernannt wurde.

Zwei Jahre später starb er an der Pest. Sein auf lateinisch verfaßtes theologisches Werk *Augustinus* wurde 1640 aus dem Nachlaß veröffentlicht. Bereits 1642 verurteilte Papst Urban VIII. das Werk. Sein Nachfolger Innozenz X. verwarf 1653 auf Betreiben der Jesuiten mit seiner Bulle *Cum occasione (Aus gegebenem Anlaß)* fünf angeblich im *Augustinus* enthaltene Äußerungen wegen ihrer überspitzten Auffassung von der göttlichen Gnade als ketzerisch.

Richelieu suchte den einflußreichen und angesehenen Theologen Saint-Cyran durch das Angebot des fern von der Hauptstadt liegenden Bistums Bayonne zu ködern und damit unschädlich zu machen. Als Saint-Cyran auf die Pläne des Kardinals nicht einging, ließ dieser den Ungefügigen in Vincennes inhaftieren. Art und Umstände der Festnahme und die beispielhafte Lebensführung während der bis zum Tod Richelieus im Jahre 1642 dauernden Gefangenschaft Saint-Cyrans sowie der wenige Monate nach der Freilassung eingetretene Tod des standhaften Theologen haben nicht wenig dazu beigetragen, ihn zu einem Märtyrer der jansenistischen Bewegung zu machen. Täglich betete er den Rosenkranz, an Feiertagen dreimal, und in seinem Gefängnisraum hatte er eine Gebetsnische eingerichtet: Wie ein Kartäuser sagte er beim Betreten und Verlassen jedesmal ein Ave-Maria auf. Den während seiner Haft erschienenen *Augustinus* seines verstorbenen Freundes Jansenius konnte Saint-Cyran bereits in Vincennes lesen. Als der Gefangene die Möglichkeit erhalten hatte, mit der Außenwelt zu korrespondieren, »leitete« er mehrere hochgestellte Persönlichkeiten mit seinem pastoralen Rat.

So brachte er die über Mère Angélique an ihn verwiesene Anne de Rohan, Prinzessin von Guémené, dahin, ihr an der Place Royale gelegenes Stadtpalais aufzugeben und ein Haus in der Nähe des Klosters Port-Royal im Faubourg Saint-Jacques zu beziehen. »Sie legte keinen Puder mehr auf, ließ sich das Haar nicht mehr kräuseln«, erinnerte sich später Kardinal von Retz. Ihr Beispiel wirkte ansteckend: Luise Maria von Gonzaga-Nevers und die Marquise de Sablé eiferten ihr so sehr nach, daß La Rochefoucauld diese Hocharistokratinnen »Gründerinnen des Jansenismus« nennen konnte. Die Episode zeigt, wie es der Jansenismus verstand, nicht nur beim Robenadel der Gerichte und Parlamente, sondern auch in den höchsten sozialen Rängen Fuß zu fassen.

Antoine Lemaistre, Enkel des Advokaten Antoine Arnauld, gab 1637 als siebenundzwanzigjähriger Anwalt unter dem Einfluß Saint-Cyrans seine brillante Laufbahn auf – zum Ärger Richelieus, der es ungern sah, daß eine solche Begabung dem Staat verlorenging. Lemaistre zog sich in die Nähe von Port-Royal-des-Champs zurück und war der erste jener »solitaires«, jener Einsamen, die sich einem kartäusischer Strenge nacheifernden Leben widmeten. Auch Isaac Lemaistre de Sacy, ein weiterer Enkel des Patriarchen Arnauld, der durch ein berühmtes Gespräch mit Pascal über Skeptizismus und Stoizismus in die Literaturgeschichte eingegangen ist, war einer jener »Einsamen«, die sich zu gemeinsamem Gebet und gemeinsamer Arbeit versammelten und sich strengem Fasten unterwarfen. Kontakte mit der Außenwelt wurden so weit wie möglich vermieden. Die nicht nur hinsichtlich der Gebetspraxis, sondern auch hinsichtlich der körperlichen Arbeit strenge Disziplinierung des Tagesablaufs ermöglichte es, den sumpfigen Boden von Port-Royal-des-Champs trockenzulegen und fruchtbar zu machen. Die Gemeinschaft der »Einsamen« war die Grundlage für jene »petites écoles«, jene über mehrere Orte verteilten »Kleinen Schulen«, in denen, in Konkurrenz zu den über eine Art Bildungsmonopol verfügenden Jesuiten, Kinder oder Verwandte der Klosterangehörigen erzogen wurden. Jean Racine wurde der berühmteste Schüler dieser durch ihre didaktischen und pädagogischen Neuerungen bedeutsamen Institution.

Dem Beispiel Antoine Lemaistres folgten mehrere Angehörige des Robenadels, die Vinzenz von Paul, Saint-Cyran und ihrer katholischen Reformbewegung nahestanden. Und 1644 verfaßte Antoine Singlin, den der Erzbischof von Paris den Nonnen von Port-Royal als Seelsorger zugewiesen hatte, einen den heiligmäßigen Tagesablauf der weltabgewandten Einsiedler schildernden *Récit de la conduite et des exercices des pénitents solitaires de Port-Royal-des-Champs (Bericht über die Lebensführung und die Exerzitien der einsamen Büßer von Port-Royal-des-Champs).*

Als 1661 der Jesuitenpater Jacques Nouet in einer Predigt polemisch ausrief, man frage sich, was diese »eingebildeten Eremiten« eigentlich trieben, blieb Antoine Singlin die Antwort nicht schuldig: »Sie fasten, soweit es ihre Gesundheit erlaubt, sie hören täglich die Messe, sie bitten Gott von ganzem Herzen darum, er möge Euch die Schmähungen und

Verleumdungen, mit denen Ihr sie in Euren Predigten anschwärzt, verzeihen.«

Der Konflikt zwischen Port-Royal und den Jesuiten spitzte sich ein erstes Mal dramatisch zu, als die von Saint-Cyran seelsorgerisch betreute Anne de Rohan, Prinzessin von Guémené, sich weigerte, einen Ball zu besuchen, weil sie kurz zuvor die Kommunion empfangen hatte. Madeleine de Souvré, Marquise de Sablé, ging hingegen mit ausdrücklicher Einwilligung ihres jesuitischen Beichtvaters ohne Gewissensbisse zum Tanzen, obwohl auch ihr eben erst das Altarsakrament gespendet worden war. Der »große« Arnauld nahm dieses Ereignis zum Anlaß, um in einem scharf formulierten Pamphlet mit dem Titel *De la fréquente communion (Über die häufige Kommunion)* den allzu unbekümmerten Umgang mit den Mysterien der Religion anzuprangern.

Die geistlichen Ratgeber verpflichteten ihre bußfertigen vornehmen und wohlhabenden Beichtkinder zu milden Gaben und zu Werken christlicher Nächstenliebe. »Es ist nicht zu glauben«, schrieb Racine in seinem erst 1767 erschienenen *Abrégé de l'histoire de Port-Royal (Abriß der Geschichte Port-Royals)*, »wie viele Familien in Paris und auf dem Land dank der von dem einen oder dem anderen Ordenshaus erhaltenen Almosen lebten«.

Die jansenistische Praxis verstieg sich hinsichtlich Beichte und Kommunion mitunter zu Exzessen, die Nicolas Pavillon, der jansenistische Bischof von Alet, am weitesten trieb. Er verlangte bei besonders schweren Sünden ein öffentliches Schuldbekenntnis, verordnete als Buße Fastenübungen bei Wasser und Brot und schrieb Gebete vor, die kniend vor dem Kirchenportal zu verrichten waren. Einen Mörder schickte er auf eine Wallfahrt nach Rom, auf der dieser täglich wenigstens einige Meilen barfuß zurücklegen sollte, dabei den Rosenkranz zu beten hatte und an jeder Kirchentür das Altarsakrament grüßen mußte. Wo geistliche Autorität so erbarmungslos zuschlug, förderte sie bei einigen der Büßer notwendigerweise Heuchelei und Bigotterie. Es ehrt jedoch den sittenstrengen Seelsorger und Bischof von Alet, daß er ohne Ansehen der Person züchtigte, wie zahlreiche Beispiele seiner pastoralen Praxis belegen.

Gründung und Scheitern des Illustre Théâtre

Es bedurfte nicht geringer Zuversicht und erheblichen Wagemuts, als am 30. Juni 1643 der zweiundzwanzigjährige Jean-Baptiste Poquelin (erst am 28. Juni 1644 unterzeichnete er zum erstenmal mit seinem Künstlernamen Molière) und eine Reihe anderer junger Leute im Beisein des am Châtelet in Paris tätigen Notars Maître Pierre Fieffé ihre Unterschrift unter jenen Vertrag setzten, mit dem trotz zwei in der Stadt fest etablierter Theater ein drittes gegründet wurde.

Nahezu ein Jahrhundert war vergangen, seitdem der Confrérie de la Passion et Résurrection de notre Sauveur et Rédempteur Jésus-Christ das ausschließliche Recht zur Aufführung profaner Schauspiele in Paris gewährt worden war. Die Confrérie erwarb nach der Zuerkennung dieses Privilegs auf dem Platz der verfallenen und 1543 auf königlichen Erlaß hin zerstörten ehemaligen Residenz der Herzöge von Burgund, des Hôtel de Bourgogne, ein Grundstück. In dem von der Bruderschaft errichteten Gebäude (heute etwa 29, rue Étienne Marcel) wurde nach dem Modell eines Jeu de paume, eines Ballspielsaales, ein Theaterraum eingerichtet. Das Erdgeschoß des Hauses, dessen an der Rue Mauconseil liegende Giebelseite zweiundvierzig Fuß maß, vermieteten die geschäftstüchtigen Confrères an Pferdehändler und Kaufleute. Der Theatersaal hatte einen Proszeniumsbogen nach italienischem Vorbild, der die Bühne deutlich vom übrigen Saal abgrenzte. Das Parterre war etwa vierzehn Meter lang. Der Saal hatte zwei Ränge, auf denen sich jeweils neunzehn Logen befanden.

Die Bruderschaft, die ihr Privileg zur Aufführung von weltlichen Theaterstücken (die beim Volk beliebten Mysterienspiele waren wegen ihrer inhaltlichen und formalen Verwilderung verboten worden) als Monopol verstand, besaß die rechtlichen Mittel, um von Wanderbühnen, die für ihre Aufführungen nicht den Saal des Hôtel de Bourgogne pachteten, sondern in Wirtshäusern oder auf öffentlichen Plätzen spielten, eine Abgabe in der Höhe von einem Écu pro Tag zu erzwingen.

Schließlich wurde durch den königlichen Erlaß vom 29. Dezember 1629 die damals unter der Leitung des beliebten Farceurs Robert

Guérin, genannt Gros-Guillaume, spielende Truppe zur »Troupe royale de l'Hôtel de Bourgogne« ernannt.

Seit 1629 spielte ein von Guillaume des Gilberts, genannt Mondory, ins Leben gerufenes Ensemble in verschiedenen Ballspielsälen des Marais-Viertels in Paris. Die Truppe Mondorys führte die Komödie *Mélite* des in der Hauptstadt noch völlig unbekannten dreiundzwanzigjährigen Pierre Corneille auf. In dem später verfaßten *Examen*, der Selbstkritik an seiner Komödie, erinnerte sich der Dichter an den Erfolg, den er mit seinem Werk erzielte. Es bildete den Auftakt zur langjährigen Zusammenarbeit des in den folgenden Jahren das Theaterleben der Hauptstadt beherrschenden Autors mit Mondory und dessen Truppe: »Der Erfolg war überraschend. Er lenkte die Aufmerksamkeit auf ein neues Theaterensemble, obwohl es in Paris eines gab, das sich für das einzige halten durfte. Der Erfolg reichte an alles, was bis dahin an Vortrefflichem geschaffen worden war, heran und machte mich am Hof bekannt.«

Die Confrères unternahmen schon bald juristische Schritte gegen Mondory, um ihn zur Bezahlung der ihnen zustehenden Gebühr zu zwingen. Sie hatten zwar damit Erfolg, konnten aber nicht verhindern, daß die rührige Truppe Mondorys in der Rue Vieille du Temple einen Ballspielsaal pachtete und sich dank ihres Repertoires und ihres auch von Richelieu geschätzten Spiels bald als »Troupe royale du Théâtre du Marais« einen Namen machte und vom König subventioniert wurde, auch wenn sich der Betrag nur auf die Hälfte der dem Hôtel de Bourgogne gewährten Summe belief. In derselben Straße wies Richelieu der Truppe im Jahre 1634 einen festen Standort, den Jeu de paume du Marais, zu. Das Théâtre du Marais geriet allerdings vorübergehend in eine Krise, als einige Schauspieler auf Anordnung des Königs gleichzeitig an das Hôtel de Bourgogne versetzt wurden, weil dieses älteste Pariser Theater einige Mitglieder verloren hatte und kaum noch in der Lage war, seinen Aufgaben adäquat nachzukommen. Mondory hatte zunächst das Nachsehen, aber es gelang ihm, die an das Hôtel de Bourgogne verlorenen Schauspieler relativ schnell zu ersetzen.

In den Jahren 1636 und 1637 stand das Théâtre du Marais im Mittelpunkt zweier außergewöhnlicher Theatersensationen, der *Mariane (Mariane)* von Tristan L'Hermite und dem *Cid* von Pierre Corneille. Das Haus erlebte einen Besucherandrang, der alles bisher

Dagewesene übertraf.»Der *Cid* hat ganz Paris bezaubert«, konnte Mondory in einem Brief an Jean Louis Guez de Balzac berichten.»Man sah jene, die man sonst nur in der Goldenen Kammer und auf den mit Lilien überzogenen Sitzen sieht, leibhaftig auf den Logenbänken.« Übrigens interpretierte Mondory in dem Drama Corneilles die Rolle des Titelhelden und Marguerite Béguin, die Frau des Schauspielers Claude Deschamps, Sieur de Villiers, die der Chimène. Mondorys Laufbahn wurde jedoch jäh unterbrochen. Im August 1637 erlitt er einen Gehirnschlag, als er gerade die Rolle des Herodes in *Mariane* interpretierte und dabei wie immer vor keiner physischen Anstrengung zurückschreckte. Obwohl sein Artikulationsvermögen stark beeinträchtigt war, versuchte er im darauffolgenden Karneval in Gegenwart des Königs und Richelieus doch noch einmal eine Hauptrolle zu übernehmen. So interpretierte er *L'Aveugle de Smyrne (Der Blinde von Smyrna)*, eine Tragödie, die auf Befehl Richelieus von fünf von ihm beauftragten Autoren – Boisrobert, Corneille, Colletet, L'Estoile und Rotrou – verfaßt worden war. Aber Mondory mußte das Spiel abbrechen und sich dann definitiv vom Theater zurückziehen. Richelieu setzte ihm eine Pension von 2 000 Livres aus:»Nie hat jemand auf der Bühne größere Achtung erworben [...]. Der Wechsel seiner Gesichtszüge scheint von den Impulsen seines Herzens zu kommen. Und die trefflichen Nuancen seiner Sprache und die Schicklichkeit seines Agierens bilden ein bewundernswertes Ganzes, das alle Zuschauer hinreißt«, befand Tristan L'Hermite zwei Jahre nach Mondorys Abschied von der Bühne.

Im Gegensatz zu einer weitverbreiteten Meinung sank das Théâtre du Marais nach dem Ausfall Mondorys keineswegs in Bedeutungslosigkeit ab: Villiers trat die Nachfolge des unheilbar Erkrankten an und engagierte schon bald den aus adliger Familie stammenden Josias de Soulas, Sieur de Primefosse, genannt Floridor, und dessen spätere Frau Marguerite Baloré. Das Theater hatte mit Villiers wieder einen äußerst fähigen Direktor. Er verstand es, Pierre Corneille als Autor zu halten. Die Uraufführung von dessen *Horace* fand im Winter 1640 statt, *Cinna* folgte wenige Monate später, und um die Jahreswende 1641/42 erregte Corneille mit seiner Märtyrertragödie *Polyeucte* in gleichem Maße das Gefallen frommer wie weltlicher Zuschauer.

Während das Théâtre du Marais nach dem Aderlaß von 1634 eine erstaunliche Fähigkeit zur Regenerierung bewies, besaß die Troupe royale de l'Hôtel de Bourgogne nach wenigen Jahren schon wieder kein ausreichend besetztes Ensemble mehr. Nur noch sechs Schauspieler standen den dreizehn Schauspielern des Marais gegenüber. Erneut verordnete der König zugunsten des ältesten Pariser Theaters dem jüngeren eine Roßkur: Sechs der besten Schauspieler des Théâtre du Marais wurden kurzerhand versetzt, sogar der Direktor Villiers und seine Frau wurden ab Ostern 1642 dem Hôtel de Bourgogne zugewiesen. Selbst jetzt war das Théâtre du Marais noch nicht am Ende. Nun übernahm der hochbegabte Floridor die Leitung der Truppe, und Anfang 1644 bildeten die Schauspieler bereits wieder ein Ensemble von neun Personen.

Mit dieser Entwicklung hatte Molière zunächst noch nicht rechnen können, als er mit anderen jungen Leuten im Frühjahr 1643 beschloß, sich zu einer neuen Theatertruppe zusammenzutun. Die treibende Kraft bei der Verwirklichung des Plans einer neuen Theatergründung war neben Molière zweifellos die damals sechsundzwanzigjährige Madeleine Béjart, eine attraktive Schönheit, um derentwillen es sich wohl lohnte, eine gut abgesicherte bürgerliche Zukunft als königlicher Tapezierer aufzugeben. Ganz ins soziale Abseits begab Molière sich allerdings damals nicht mehr. Der dem Schauspielerberuf lange Zeit anhängende gesellschaftliche Makel war durch eine von Richelieu angeregte Erklärung des Königs 1641 zum Teil aus der Welt geschafft worden:»Gesetzt den Fall, daß die Komödianten ihre Theateraufführungen dergestalt durchführen, daß sie frei von jeder Unziemlichkeit sind, verfügen Wir, daß ihre Tätigkeit, die Unsere Völker von verschiedenen schlechten Handlungen ablenken kann, ihnen nicht zum Tadel gereichen und ihrem Ruf in der Öffentlichkeit nicht schaden soll.« Theateraufführungen wurde in dieser Erklärung eine wichtige soziale Funktion zuerkannt. Mochte die Kirche die Schauspieler auch nach wie vor mit der Exkommunikation brandmarken, so konnten diese nun ausdrücklich mit der Billigung und dem Wohlwollen des Souveräns rechnen.

Madeleine Béjart hatte schon früh eine erstaunliche Unabhängigkeit in ihrem Verhalten an den Tag gelegt. Sie knüpfte Beziehungen zu den Theaterautoren Rotrou und Scudéry an und unterhielt 1638 eine

Liaison mit Esprit de Raimond de Mormoiron, Graf von Modena, aus der eine mutmaßlich früh verstorbene Tochter entsprang. Wahrscheinlich wurde der Schauspielerin von Raimond als Abfindung ein Landhaus in Bagnolet überschrieben. Jean-Baptiste Poquelin verließ das elterliche Haus und zog mit Blick auf die Theatergründung in die in nächster Nähe der Béjarts liegende Rue de Thorigny und ließ sich von seinem Vater 630 Livres als Vorschuß auf das ihm von der Mutter überkommene Erbteil auszahlen. Die Beziehungen zwischen Vater und Sohn wurden allem Anschein nach kaum ganz abgebrochen, auch wenn Jean Poquelin seinen Sohn auf dem Weg in eine unsichere Künstlerlaufbahn wohl nicht gerade ermuntert haben dürfte. Die Béjarts besaßen zwar Immobilien und hatten damit die Möglichkeit, Kredit aufzunehmen, aber die finanziellen Risiken, welche die zuversichtlichen, von Madeleines verwitweter Mutter Marie Hervé unterstützten jungen Leute eingingen, mußten Besorgnis erregen.

Die jungen Leute gaben ihrer Gründung den vielversprechenden Namen »Illustre Théâtre« und mieteten gegen einen Jahreszins von 1 900 Livres für drei Jahre im Faubourg Saint-Germain das Jeu de paume des Métayers (heute 10–12, rue Mazarine). Schreiner- und Zimmermannsarbeiten waren auszuführen, die Holzlieferungen ließen auf sich warten und zögerten die Eröffnung des Theaters hinaus. Die junge Truppe spielte um Allerheiligen in Rouen und machte dort die Bekanntschaft mit dem berühmten Pierre Corneille und dessen um neunzehn Jahre jüngeren Bruder Thomas. Als im Dezember die notwendigen Arbeiten endlich abgeschlossen waren, mußte auch noch dafür Sorge getragen werden, daß die durch die Transporte der Baumaterialien völlig aufgeweichte Zugangsstraße, auf der die Karossen des erwarteten vornehmen Publikums vorfahren sollten, wieder ordentlich gepflastert wurde.

Anfang Januar 1644 war es endlich soweit. Wir wissen nichts Konkretes über Erfolg oder Mißerfolg der Aufführungen des neuen Theaters im Faubourg Saint-Germain. Zum Repertoire des Illustre Théâtre gehörten Tragödien von Pierre Du Ryer, Tristan L'Hermite und von dem als Schauspieler und Theaterautor gewonnenen Nicolas Marin, genannt Desfontaines.

Am 15. Januar 1644 brach im Théâtre du Marais ein Brand aus. Die Pariser Bühnensituation hatte sich durch dieses über Floridors Ensemble hereingebrochene Unglück zugunsten der Neulinge verändert.

Für die Annahme, daß der Erfolg beim Publikum nicht ganz fehlte, spricht einiges. Freilich verlor das Illustre Théâtre bald einige Schauspieler. So mußte etwa Joseph Béjart, der Älteste aus der kinderreichen Familie, wegen störenden Stotterns seine Mitwirkung einstellen. Alexandre Sorin, Arzt an der medizinischen Fakultät in Angers, versprach Heilung des Leidens innerhalb von etwa drei Wochen. Doch erst mehrere Monate später trat Béjart wieder im Theater auf.

Am 28. Juni 1644 verpflichtete das Illustre Théâtre den Seiltänzer Daniel Mallet, der bei den von dem königlichen Akrobaten Philippe Campes, genannt Cardelin, veranstalteten Schauspielen mitgewirkt hatte. Bei Vertragsabschluß unterzeichnete Jean-Baptiste Poquelin zum erstenmal als »De Molière«. Ohne die zusätzliche finanzielle Belastung zu scheuen, hatte das Illustre Théâtre schließlich von Beginn an vier Instrumentalisten engagiert. Molière konnte also von Anfang an auf Komponenten zählen, die es ihm dann lange Zeit später erlaubten, an dem deklamatorisch emphatischen Stil der zeitgenössischen Tragödien vorbei seinen eigenen Weg zu finden.

Als im Oktober 1644 das Théâtre du Marais in einem renovierten Saal mit der Komödie *Suite du menteur (Fortsetzung des Lügners)* und der Tragödie *Rodogune* von Pierre Corneille eine neue Spielzeit eröffnete und sich damit wieder an die Spitze des Pariser Theaterlebens stellte, konnten die fatalen Konsequenzen für das Illustre Théâtre nicht ausbleiben. Von Pierre Du Ryer beziehungsweise Tristan L'Hermite hatte die junge Truppe die Aufführungsrechte für die Tragödien *Scévole (Scaevola)* und *La Mort de Crispe (Der Tod von Crispus)* erworben und sich damit in neue Ausgaben gestürzt. Offensichtlich blieb jetzt das Publikum aus. Aber trotz der auftretenden Schwierigkeiten faßte die Truppe nun den verzweifelten, neue Unkosten verursachenden Entschluß, den Theatersaal auf dem linken Seineufer im Faubourg Saint-Germain aufzugeben und sich im Jeu de paume de la Croix Noire einzumieten (heute 32, quai des Célestins). Dieser Saal lag in einem Viertel, in dem Madeleine Béjart viele Bekannte hatte. Vielleicht versprachen sich die Schauspieler am rechten Seineufer auch größeren Zulauf der eleganten Welt. Mit zwei neuen Stücken – das eine war von ihrem Schauspielerkollegen Nicolas Desfontaines, das andere von dem mit Madeleine Béjart verschwägerten und dem Illustre Théâtre wohlgesonnenen Tristan L'Hermite – versuchten sich die jungen Leute in der neuen Umgebung einzuführen. Ohne großen Erfolg. Dieser blieb schon deshalb aus, weil die für das Theater Verantwortlichen sich bald mehr damit beschäftigen mußten, ihre verschiedenen Gläubiger zu beschwichtigen, als neue Stücke einzustudieren. Immerhin scheint die Truppe im April und Mai 1645 bei Gaston d'Orléans, der sie wenigstens nominell protegierte, in Bourbon-l'Archambault im Norden des Zentralmassivs gewesen zu sein, wo sich der Bruder des verstorbenen Königs Ludwig XIII. einer Bäderkur unterzog.

Aber eine Reihe von Schauspielern, Denis Beys, Madeleine Malingre und Nicolas Desfontaines, setzten sich inzwischen ab. Da half es auch nichts, daß Joseph Béjart wieder zur Truppe zurückkehrte. Am 20. September erwirkte der Eigentümer des Jeu de paume de la Croix Noire einen Gerichtsbescheid, durch den die Komödianten zur Bezahlung der rückständigen Miete verurteilt wurden. Das Illustre Théâtre war am Ende. Molière wurde wegen der Insolvenz der Truppe vorübergehend inhaftiert, dann aber gegen eine Kaution wieder auf freien Fuß gesetzt. Es war besser, wenn er wegen der gegen ihn anhängigen Verfahren aus der Hauptstadt verschwand. Es brauchte Jahre, bis die letzten Schulden aus der Pleite des Illustre Théâtre beglichen waren. Erst 1666 bezahlte Molière einen allerletzten Rest des Schuldenbergs ab, spät genug angesichts der Tatsache, daß er inzwischen nicht nur ein berühmter, sondern auch ein vermögender Mann geworden war.

Die Fronde

Oliver Cromwell hatte in England in den vierziger Jahren den König Karl I. Stuart in zwei entscheidenden Schlachten besiegt und entmachtet. Zur Bestürzung, ja zum Entsetzen aller, die an die Heiligkeit gekrönter Häupter glaubten, wurde die Majestät am 30. Januar 1649 hingerichtet. Das Beispiel drohte auch in jenem Frankreich Schule zu machen, das von einem vielgehaßten ausländischen Premierminister, dem Italiener Jules Mazarin, und einer mit ihm liierten und von ihm manipulierten ausländischen Regentin, Anna von Österreich, regiert wurde. Das Pariser Parlament, Frankreichs oberster Gerichtshof, der über Bewilligung oder Ablehnung von Gesetzesentwürfen zu befinden hatte, hielt den Augenblick für gekommen, die ihm von Richelieu beschnittenen Privilegien und Vollmachten vollständig wiederherzustellen, als im Mai 1648 neue steuerliche Erlässe bestätigt werden sollten. Das Pariser Parlament war jedoch im Gegensatz zum englischen keine gewählte Kammer, sondern eine Verwaltungsinstanz, deren Mitglieder sich in der Regel für teures Geld ihre Position erkauft hatten und eifersüchtig über ihre Privilegien wachten.

Aber auch in Paris fehlte es nicht an Stimmen, die sich mit flammenden Reden und Pamphleten zu Anwälten der Unterdrückten aufwarfen. Allen voran prangerte Pierre Broussel die Reichen und Mächtigen an. Er schilderte eindringlich das Elend der durch die Abgaben bis aufs Blut ausgesogenen Bauern. Das Parlament forderte daher Steuersenkung, Entlassung der von der Zentralregierung mit Sondervollmachten in den Provinzen eingesetzten Königlichen Intendanten und die Abschaffung der absolutistischen Willkür, wie sie bei Inhaftierungen ohne rechtskräftiges Urteil praktiziert wurde. Mazarin und die Königinmutter schienen zunächst gewillt, auf die Wünsche des Parlaments einzugehen. Als aber am 22. August die Nachricht von Condés Sieg bei dem am Ärmelkanal gelegenen Lens über die durch den Dreißigjährigen Krieg ausgebluteten kaiserlichen Truppen eintraf, holten sie zum Gegenschlag aus: Sie ließen am 26. August Broussel und einen seiner Gesinnungsgenossen verhaften (ein dritter war rechtzeitig geflohen). Nun kochte die Volkswut über. Nicht weniger als 1260 Barrikaden wurden errichtet. Mit Steinschleudern, »frondes«, und improvisierten Waffen schickten sich die Aufgebrachten an, den Palais Royal zu stürmen. Am folgenden Tag machten sich die einhundertsechzig Mitglieder des Parlaments dorthin auf den Weg. Mazarin und die Regentin waren nun zum Einlenken bereit. Broussel wurde freigelassen. Eingeschüchtert zog sich Anna mit dem zehnjährigen Ludwig in das nahe, aber von der Hauptstadt weit genug entfernte Rueil zurück. Gaston d'Orléans, der Ende August um Haaresbreite der Lynchjustiz entgangene

Kanzler Pierre Séguier und der Herzog von Longueville schlossen sich dem Hof an. Die Wogen des Aufstandes glätteten sich. Am 22. Oktober unterzeichneten die Geflüchteten die Erklärung von Saint-Germain, mit der den Forderungen des Parlaments in entscheidenden Punkten nachgegeben wurde. Mazarin hoffte auf ruhigere Zeiten. List war in dieser Situation angezeigter als eine Kraftprobe. Mazarins außenpolitischer Triumph, die gleichzeitige Unterzeichnung des Westfälischen Friedens, wurde von der französischen Öffentlichkeit angesichts der inneren Wirren kaum zur Kenntnis genommen. Zoten und Gassenhauer über Anna von Österreich und ihre allgemein angenommene Buhlschaft mit Mazarin, die als »Mazaraniden« bekannt gewordenen Spottgedichte, waren in aller Munde, als der Hof am 30. Oktober wieder nach Paris zurückkkam. Aber schon wenige Monate später hatte sich die Situation wieder derart zugespitzt, daß sich die Regentin in der Hauptstadt nicht mehr sicher fühlte und mit ihren Getreuen und dem minderjährigen König nach Saint-Germain-en-Laye floh.

Diese bei Nacht und unter beschämenden Umständen in die Wege geleitete Flucht vor den erregten Volksmassen war für den künftigen Sonnenkönig eine traumatische Erfahrung: Der Hof wurde nur notdürftig untergebracht, und wer ein Feldbett hatte, konnte sich glücklich schätzen. Die geradezu liturgische Umständlichkeit, mit der Ludwig XIV. später vor aller Welt seine Rolle als Monarch zelebrierte, findet somit in den Ereignissen der Fronde eine einleuchtende Erklärung.

Am 9. Januar 1649 wurde Mazarin durch ein Dekret des Parlaments geächtet. Aber inzwischen rückte Condé an, um die rebellische Hauptstadt zu belagern. Um sie auch zurückzuerobern, war allerdings sein Heer von fünfzehntausend Mann nicht stark genug. Daher ging er daran, der Stadt die Lebensmittelzufuhr abzuschnüren. Die Schwester des »großen« Condé, die Herzogin von Longueville, übernahm bei der Organisation des Widerstands in Paris eine entscheidende Rolle. Der später als Kardinal von Retz bekannt gewordene Jean-François Paul de Gondi, Koadjutor des Erzbischofs von Paris, intrigierte, um ein Bündnis zwischen Parlament und Hocharistokratie zustande zu bringen und den neben Condé erfolgreichsten Feldherrn der Krone, Vicomte de Turenne, auf die Seite der Frondeure zu ziehen.

Kardinal von Retz hat in seinen kurz vor seinem Tod in den siebziger Jahren niedergeschriebenen *Mémoires* die Protagonisten der Fronde in einer Reihe von Porträts, wie sie in den Salons der Zeit als Gesellschaftsspiel gepflegt wurden, vorgestellt. Dieser von Papst Innozenz X. als Gegenspieler Mazarins eingesetzte Kirchenfürst machte sich in seinem Rückblick auf die Ereignisse über die Königinmutter, Anna von Österreich, lustig, indem er sie wegen ihres besonders gearteten Esprits verhöhnte, den sie stets eingesetzt habe, »um jenen nicht dumm zu erscheinen, die sie nicht kannten«. Der Herzog von Orléans, Onkel des minderjährigen Königs und Integrationsfigur für die Frondeure, »beteiligte sich an allen Affären, weil er nicht die Kraft besaß, jenen zu widerstehen, die ihn um ihrer Interessen willen in sie hineinzogen«. Condé verglich er zwar mit Cäsar, doch sei er wie Alexander »nicht frei von Schwächen« gewesen. Condés Schwager, der Herzog von Longueville, »hatte ständig Ideen, die himmelhoch über seine Fähigkeiten hinausgingen«. Prinz Conti, den Bruder Condés und Molières künftigen Protektor, charakterisierte der unerbittliche Kardinal als schlichte Null in öffentlichen und als Ausbund an Bosheit in privaten Angelegenheiten: »Diese Bosheit übertraf alle seine anderen Eigenschaften, die übrigens lediglich mittelmäßig und mit Schwäche durchsetzt waren.« Und La Rochefoucauld, der spätere Autor der *Maximen*, hätte nach der Meinung des Kardinals besser daran getan, »sich darauf zu beschränken, als der vollendetste Höfling seines Jahrhunderts zu gelten«. Unter den Frauen der Fronde sei Condés Schwester, die Herzogin von Longueville, Opfer ihrer Gefallsucht gewesen: »Da ihre Leidenschaft sie dazu zwang, die Politik an die zweite Stelle zu rücken, wurde sie aus der Heldin einer großen Partei deren Abenteurerin.« Während die Herzogin von Chevreuse »nicht einmal mehr Reste von Schönheit besaß«, als er sie kennengelernt habe, rühmt Retz die Herzogin von Montbazon zwar wegen ihres Aussehens, erklärt aber: »Ich habe nie jemanden kennengelernt, der im Laster so wenig Achtung für die Tugend zeigte.«

In unserem Jahrhundert hat Carlo Emilio Gadda in seinem Buch *Frankreichs Ludwige* den Kardinal, vor dem kaum einer seiner Zeitgenossen bestehen konnte, porträtiert:

»Unter den vielen Widersachern Mazarins, unter den vielen Neidern seines Glücks, war jener Paul Gondi, der Koadjutor des Erzbischofs von

Paris (der Erzbischof war Pauls Onkel) und künftiger Kardinal von Retz. Onkel und Neffe entstammten einer toskanischen Familie, die im Gefolge Katharinas [von Medici] nach Frankreich eingewandert war, in der ersten Hälfte des sechzehnten Jahrhunderts. Die Gondi, so kann man behaupten, hatten quasi ein Monopol auf den Bischofssitz von Paris errichtet, den sie zum Erzbischofssitz hatten erheben lassen. Er war wie ein häuslicher Lehrstuhl für sie: Drei Gondis hatten ihn, hintereinander, besetzt gehalten.

Paul, der Gondihafteste unter den Nachkommen, war ein Zwerglein mit Säbelbeinen und der ungestutzten Perücke eines Köhlers auf dem Kopf, kohlschwarz von Fell und Blick: ein Paar blitzender Augen, die Feuer auf die Befragerin schossen. Er haßte den Mazarino auf den Tod, liebte die Weiber bis zum Wahnsinn. Die sich das auch verdienten und es erwiderten. Wenige widerstanden ihm. Er ließ die Präambeln fort, sprang mit geschlossenen Beinen über die Langweiligkeit der Vorspiele hinweg. Ausgerüstet mit unvergleichlicher Bildung, mit einem Gedächtnis, daß einem angst und bange wurde, gelang es ihm, ein verkrachter Politiker zu werden, ein echter Intrigant: und ein großer französischer Prosaschriftsteller. Nur einen gab es in Paris, der noch kleiner und krummer war als er: der Bruder des Condé, der ebenfalls einen Buckel trug: der Prinz von Conti.«

Unter dem Druck der außen- und innenpolitischen Ereignisse wurde im Vertrag von Rueil Frieden zwischen Hof und Parlament geschlossen. Am 18. August 1649 konnte daher der Hof nach Paris zurückkehren. Aber nun sorgte das hochfahrende Wesen Condés, der durch Mazarins Hausmacht- und Heiratspolitik (der Kardinal hatte drei Neffen und sieben Nichten, die er mit den ersten Familien Frankreichs zu verheiraten suchte) brüskiert war, für neue Spannungen. Da Mazarin seine Vormachtstellung im Staat ernstlich durch Condé gefährdet sah, setzte er diesen unbotmäßigen Hocharistokraten sowie dessen Bruder und beider Schwager, den Herzog von Longueville, in Vincennes kurzerhand gefangen. Das Parlament erhob zwar keinen Einspruch, aber der von Richelieu geschaffene und von Mazarin gefestigte absolutistische Staat hatte nun dessenungeachtet seine schwerste Krise zu bestehen.

Die Gemahlin Condés, Claire-Clémence de Maillé-Brézé, eine Nichte Richelieus, sammelte Truppen um sich und wurde mit ihnen in

Bordeaux aufgenommen. Für Spanien, das sich auch nach dem Westfälischen Frieden nach wie vor im Kriegszustand mit Frankreich befand,
war dies ein willkommener Anlaß, um das Nachbarland in ernste
Schwierigkeiten zu verwickeln; es unterstützte daher die Frondeure in
Bordeaux mit Geld. Auch in anderen Regionen flackerte der Aufstand
auf. Gaston d'Orléans, der im Palais du Luxembourg in Paris residierte,
übernahm vorübergehend die Rolle eines Schlichters zwischen dem
Hof und den verschiedenen Interessengruppen der Fronde, als Mazarin
durch eine vom Herzog von La Meilleraye angeführte militärische
Expedition das aufständische Bordeaux zurückerobern konnte. Die
Stadt öffnete nach einem milden Friedensangebot am 5. Oktober den
königlichen Truppen die Tore.

Mazarin hatte mit guten Gründen den Aufstand in Bordeaux sehr
ernst genommen, zumal ein die Krone gefährdendes Komplott auf-
gedeckt worden war, wonach Bordeaux, Montauban, La Rochelle und
Marmande zu einer protestantischen Republik vereinigt werden sollten.
Im April 1649 war eine Delegation zu Cromwell gereist, um mit diesem
über unterstützende Aktionen zu verhandeln. Ein Agitator, Edward
Sexby, kam mit einem am englischen Beispiel orientierten Verfassungs-
entwurf in den unruhigen Südwesten. Das Beispiel der Vereinigten
Niederlande wirkte auf die der absolutistischen Staatsordnung müden
Republikaner in der Region zusätzlich ansteckend. Es fehlte auch in den
folgenden Jahrzehnten nicht ganz an lokalen Unruhen und Unbot-
mäßigkeiten von Bauern, Adligen und Parlamenten, sie erreichten aber
nie mehr ein den Staat so ernstlich gefährdendes Ausmaß, wie dies zur
Zeit der Fronde bei den bald mit dem Erzfeind Spanien, bald mit dem
calvinistischen England unter Cromwell, bald mit den republikanischen Niederlanden verhandelnden Städten an der Atlantikküste der
Fall war.

Am 31. Dezember 1650 kehrte Mazarin nach Paris zurück. Für den
Kardinal war aber angesichts der von Retz bewerkstelligten Koalition
zwischen Parlaments- und Adelsfronde die Stellung unhaltbar geworden. Am 31. Januar 1651 unterzeichneten Gaston d'Orléans und die
Vertreter der Adelsfronde einen Vertrag: »Da Ihre Königliche Hoheit
beschlossen hat, den Kardinal Mazarin als die für alle Unruhen des
Staats und für das Zerwürfnis des Königshauses verantwortliche Ursache aus den Ratssitzungen Ihrer Majestät zu entfernen, versprechen die

Herren Prinzen, sich nicht zu widersetzen.« Am 13. Februar wurden die seit mehr als einem Jahr gefangenen Prinzen wieder freigelassen. Dem Kardinal, der auf abenteuerlichen Umwegen nach Brühl zum Kurfürsten von Köln floh, blieb aber die Hoffnung, daß die einzig und allein durch ihren Haß gegen ihn Verbündeten sich bald durch innere Zwistigkeiten und Rivalitäten wieder verfeinden würden. Er sollte recht behalten. Condé war ein guter Feldherr, aber ein schlechter Diplomat, Retz ein gerissener Intrigant, aber kein politischer Kopf. Aus seinem sicheren Exil erteilte Mazarin der Regentin Instruktionen, wie sie sich verhalten solle und die Fronde entzweien könne.

Der dreizehnjährige Ludwig XIV. rief den Kardinal am 7. September 1651 zurück, nachdem er die Regentschaft seiner Mutter aufgehoben und erklärt hatte, er nehme die Regierung nun in seine eigenen Hände. Mazarin gestaltete bereits seine Rückkehr mit der ihn kennzeichnenden Umsicht: Er kam am 24. Dezember 1651 an der Spitze eines Heers von siebentausend Mann. Das Parlament ächtete ihn erneut und setzte ein Kopfgeld aus. Voltaire berichtet in seinem *Jahrhundert Ludwigs XIV.*: »Man mußte in den Archiven nachschlagen, um zu erfahren, wie hoch der Preis für einen Kopf war, der als Feind des Königreichs gebrandmarkt worden war.« Man machte eine Summe von 50000 Dukaten aus. »Bei einer anderen Nation und zu anderen Zeiten hätte es nicht an Leuten gefehlt, die einen derartigen Beschluß in die Tat umgesetzt hätten, hier aber gab er lediglich zu neuen Witzeleien Anlaß.« Die Summe wurde aufgeteilt: »Soundsoviel für den, der dem Kardinal die Nase abschneiden würde, soundsoviel für ein Ohr, soundsoviel für ein Auge und soundsoviel für den, der ihn zum Eunuchen machen würde.«

Der Hof hatte sich im September 1651 nach Fontainebleau zurückgezogen und befand sich im Januar 1652 in Poitiers. Dort stieß Mazarin wieder zu ihm. Vor allem im Loiretal lieferten sich die Truppen des für den König kämpfenden Turenne und des Frondeurs Condé mehrere Gefechte. Unter wechselndem Schlachtenglück drangen die Heere schließlich bis an die Tore von Paris vor. Dort machte der unveränderlich wankelmütige, taktierende und lavierende Gaston d'Orléans inzwischen mit den in der Stadt befindlichen aristokratischen Frondeuren und dem Parlament gemeinsame Sache. Vor dem Tor von Saint-Antoine stießen am 2. Juli 1652 die feindlichen Heere aufeinander. Gastons Tochter, die

Grande Mademoiselle genannte Herzogin von Montpensier, ließ von der Bastille aus Kanonenschüsse gegen die königlichen Truppen abfeuern, um den Frondeuren Rückendeckung zu geben. Condé schien vorübergehend als Sieger aus den Auseinandersetzungen hervorzugehen, aber zwei Tage später drang der von der Prinzenfronde angestachelte Pöbel in das Rathaus von Paris ein, steckte es in Brand und erschlug einige Mitglieder der Stadtverwaltung.

Nach diesen Ausschreitungen verloren die Frondeure zusehends an Boden. Die Verhandlungen zwischen dem König und den Aufständischen wurden dadurch erleichtert, daß Mazarin anbot, sich ins Exil zu begeben. Der König gab ihm am 12. August seine Zustimmung. Es handelte sich dabei lediglich um einen geschickten Schachzug, der es ermöglichen sollte, den Frieden in der Hauptstadt wiederherzustellen. Dort hatte inzwischen die durch Hunger und Elend bewirkte Kriegsmüdigkeit die Voraussetzungen dafür geschaffen, dem König eine triumphale Rückkehr zu ermöglichen. Der haltlose Gaston d'Orléans und seine kriegerische Tochter wurden aus der Stadt verwiesen, ehe der König am 21. Oktober 1652 wieder nach Paris zurückkehrte, und wenige Tage später wurde Mazarin zurückgerufen. Ludwig XIV. verbot am 22. Oktober dem Parlament durch einen Erlaß, sich künftig in die politischen Angelegenheiten des Landes einzumischen. Retz wurde am 19. Dezember verhaftet. Es half ihm nichts, daß er wenige Monate zuvor vom Papst den Kardinalshut empfangen hatte.

Dem Ausbau der absoluten Monarchie durch den jungen König und seinen Taufpaten Mazarin stand nach dieser Entmachtung des Parlaments und Condés Flucht zu den Spaniern nichts mehr im Wege. Der aus exaltierten Damen und vorgestrigen Feudalherren bestehende Hochadel hatte seine Unfähigkeit zu einem umfassenden politischen Konzept und zu gemeinsamem Handeln ebenso unter Beweis gestellt wie das meist nur auf seine Privilegien bedachte Bürgertum des Amtsadels.

Lehr- und Wanderjahre in der Provinz

Der von seinen Gläubigern behelligte Jean-Baptiste Poquelin verschwand wahrscheinlich im Oktober 1645 aus Paris. Madeleine Béjart folgte ihm wohl erst einige Monate später. Die Molière-Forschung hat viel Fleiß darauf verwandt, die einzelnen Stationen der Schauspieler und ihren Zickzackkurs durch verschiedene französische Provinzen auszumachen, hat hier und dort in Archiven Dokumente aufgespürt, welche die Durchreise der Komödianten oder ihren Aufenthalt urkundlich belegen, so daß die Route mit einiger Sicherheit festliegt, wenn sie auch nicht selten von unglaubwürdigen Anekdoten umrankt oder bei Rekonstruktionen in Romanen und Filmen phantasievoll ergänzt wurde. *Le Roman comique (Der Komödiantenroman)*, den Paul Scarron in den fünfziger Jahren des siebzehnten Jahrhunderts schrieb und veröffentlichte und der später Goethe zu seinem *Wilhelm Meister* mit anregte, mußte oft herhalten, wenn man sich ein Bild vom Alltag einer Wanderbühne zu verschaffen versuchte. Es empfiehlt sich jedoch, die Parallelen zwischen dem fahrenden Theatervolk in Scarrons Roman und dem Illustre Théâtre nicht allzusehr zu strapazieren, denn dann bliebe unverständlich, wie es Molière überhaupt schaffte, nach einer auf staubigen Landstraßen und in engen Provinzstädten verbrachten Nomadenexistenz an seinen Ausgangspunkt Paris zurückzukehren, ohne ein zweites Mal bei seinem Vorhaben zu scheitern, das dortige höfische und weltstädtische Publikum für sich zu gewinnen.

Ende Oktober 1645 unterzeichnete ein Fuhrunternehmer mit den Komödianten eines Théâtre Illustre eine Vereinbarung über den Transport ihres Gepäcks von Nantes nach Rennes. Im Dezember war die Truppe in Agen, und im Mai 1646 reisten die »Komödianten des Herrn Herzogs von Épernon« wieder von Nantes nach Rennes. Das Papier belegt, daß das Illustre Théâtre offensichtlich inzwischen mit der vom Herzog von Épernon protegierten Truppe von Charles Dufresne fusioniert hatte. Der Herzog, der Gouverneur der Guyenne war, liebte verschwenderische Ausschweifung und festlichen Trubel und bemühte sich deshalb weniger um das Wohl der ihm anvertrauten Provinz als um die gute Laune seiner Mätresse, Ninon de Lartiges.

Einige Jahre lang hielt sich die Truppe nun vorwiegend im Westen und Südwesten Frankreichs auf. Bordeaux, Toulouse, Albi, Carcassonne, Nantes, Poitiers und Fontenay-le-Comte sind einige der Orte, für die Aufführungen belegt werden konnten. Doch die politischen Unruhen und die das normale Leben lähmenden Wirren der Fronde sollten den in der Guyenne unbeliebten Herzog von Épernon bald um seinen Gouverneursposten und die Truppe somit um ihren Schirmherrn bringen.

Aus der Zeit der frühen Wanderjahre hält das Stadtarchiv von Nantes am 23. April 1648 fest, daß ein gewisser »Sieur Molière«, einer der Komödianten der Truppe des Sieur Dufresne, den Stadtrat untertänigst darum gebeten habe, »erlauben zu wollen, auf dem Theater ihre Komödien aufführen zu dürfen«, aber die Genehmigung ließ bis zum 17. Mai auf sich warten: Marschall von La Meilleraye, Gouverneur der Bretagne, war schwer erkrankt, so daß sich ausgelassene Vergnügungen nicht ziemten. Wahrscheinlich machten die Komödianten auch in Poitiers Station, da Madeleine, die schwer erkrankte Frau von Charles Dufresne, in der Stadt starb. Sie wurde am 1. November 1648 in der Kirche Saint-Cybard beigesetzt. Doch immer wieder klaffen Lücken in der Dokumentation über die verschiedenen Etappen fern von der Hauptstadt.

Anfang Mai 1649 waren die Komödianten in Toulouse. Dort traf Graf Du Roure, Statthalter des Königs für das Languedoc, ein. Die Komödianten wurden vom Magistrat mit einem Honorar von 75 Livres recht knausrig abgefunden. Vielleicht folgte die Truppe dem Grafen nach Montpellier, wo die Ständeversammlung für das Languedoc abgehalten wurde. Es war ein allzu verlockender Anlaß, die aus nah und fern in der Stadt eintreffenden hohen Herren zu amüsieren und zur Kasse zu bitten. Wie negativ die Zeiten innenpolitischer Unruhen sich auf die Planungen der Truppe auswirkten, zeigt die mit Hinweis auf den Getreidepreis und das allgemeine Elend im November 1649 erfolgte Ablehnung eines Antrags des »Sieur Molière«, in Poitiers spielen zu dürfen.

Am 10. Januar 1650 unterzeichnete Molière mit Catherine de Brie, die sich wohl zusammen mit ihrem Mann Edme Villequin inzwischen Molière und Dufresne angeschlossen hatte, in Narbonne eine Taufurkunde, und am 13. Februar fungierte Madeleine mit Dufresne in Agen als Taufpatin. In Agen tagte in den folgenden Monaten die für die

Steuern zuständige »Cour des aides« der Region. Dort blieb die Truppe bis zum Sommer, sie spielte in einem als Theatersaal eingerichteten Ballspielsaal.

Als sie durch die Absetzung des Herzogs von Épernon ihren Protektor verlor, zog sie ins Languedoc weiter. Vom 24. Oktober 1650 bis Anfang 1651 war Molière mit seinen Leuten in Pézenas, wo die Ständeversammlung der Provinz tagte. Eine zufällig erhaltene Quittung bestätigt, daß Molière, der inzwischen wohl zum eigentlichen Chef der Truppe avanciert war, vom Schatzmeister der Versammlung 4000 Livres ausbezahlt bekam. Die Stadt Pézenas wurde in den folgenden Jahren für die Schauspieler zu einem der wichtigsten Orte. Dabei hatte es unter Richelieu ausgesehen, als sei Pézenas dazu verdammt, in völlige Bedeutungslosigkeit zu versinken, weil der Herzog von Montmorency 1632 eben hier mit anderen gascognischen Aristokraten eine von Gaston d'Orléans, dem Bruder Ludwigs XIII., angezettelte Rebellion gegen Richelieu in die Wege geleitet hatte, da dieser die autonomen Rechte der Provinzen und der Adligen beschnitt. Montmorency wurde schon bald von einem vom König und vom Kardinal angeführten Heer in der Nähe von Pézenas geschlagen, gefangengenommen und in Toulouse hingerichtet. Es handelte sich dabei nicht nur um einen Konflikt zwischen dem König und einem Adligen, der den ausschließlichen Machtanspruch der Krone nicht respektierte, sondern um einen für das Verhältnis der Zentralregierung zu den Provinzen typischen Fall.

Vielleicht machte Molière im Frühjahr 1651 einen Abstecher nach Paris, über den aber nichts Näheres bekannt ist. Am 4. April bestätigte er in einer offiziellen Erklärung, daß ihm von seinem Vater 1965 Livres geborgt worden seien. Da über diesen mutmaßlichen Aufenthalt aber jede sonstige Unterlage fehlt, läßt sich nicht ausschließen, daß die Urkunde per procura durch einen Kurier übergeben wurde. Dokumente belegen hingegen eindeutig, daß Molière Anfang 1652 wieder im Languedoc war, sich im August in Grenoble und anschließend in Lyon aufhielt, wo er als Pate die Taufurkunde des ersten Kindes seines Schauspielerehepaars de Brie unterzeichnete.

Am 23. Februar 1653 heiratete der mit Molière seit den Tagen bei der Truppe des Herzogs von Épernon zusammenarbeitende Du Parc in Lyon Marquise-Thérèse de Gorla, Tochter eines seit 1635 in Lyon ansässigen Quacksalbers aus Graubünden. Mit den Ehepaaren de Brie und Du Parc hatte Molière somit den aus Mitgliedern der Familie Béjart rekrutierten Stamm seiner Truppe um Schauspieler erweitert, die später seinen Erfolg in Paris mit ermöglichten.

Als Molière im September 1653 wieder nach Pézenas kam, waren die Umstände besonders günstig. Der Bruder Condés, seine Königliche Hoheit Armand de Bourbon, Prince de Conti, hatte seine Residenz in der Stadt aufgeschlagen, hielt sich jedoch meistens in dem vor der Stadt gelegenen Schloß La Grange auf. Er war seit kurzem mit Anne-Marie Martinozzi, einer Nichte Mazarins, vermählt, unterhielt aber eine Liaison mit einer verheirateten Dame, Marguerite de Calvimont, die den damals in der Umgebung des Prinzen lebenden Abbé Daniel de Cosnac mit ihrer Dummheit nicht weniger beeindruckte als mit ihrer Schönheit. Die Memoiren des später zum Erzbischof von Aix-en-Provence aufgestiegenen Abbés erlauben eine relativ zuverlässige Rekonstruktion der Umstände, unter welchen Molière schließlich den launischen und verwöhnten Hocharistokraten für sich einzunehmen vermochte: »Sobald Madame de Calvimont in La Grange untergebracht war, machte sie den Vorschlag, Komödianten kommen zu lassen. Da ich die Kasse für die kleinen Vergnügungen des Prinzen führte, beauftragte er mich damit. Ich brachte in Erfahrung, daß die Truppe Molières und der Béjart im Languedoc war, und ließ ihnen bestellen, sie möchten nach La Grange kommen. Während sich die Truppe anschickte, meine Weisung zu befolgen, traf in Pézenas eine andere Truppe, und zwar diejenige Cormiers, ein. Die übliche Ungeduld des Prinzen Conti sowie die Geschenke der Truppe für Madame de Calvimont bestimmten die beiden, diese Schauspieler zu engagieren. Als ich Prinz Conti daran erinnerte, daß ich auf seine Weisung hin bereits Molière verpflichtet hatte, erwiderte er mir, es sei richtiger, daß ich und nicht er sein Wort breche. Inzwischen traf Molière ein, und als er verlangte, man solle ihm wenigstens die durch die Reise entstandenen Unkosten vergüten, wurde mir auch dies abgeschlagen, obwohl die Sache durchaus ihre Richtigkeit hatte. Aber Prinz Conti hatte es sich nun einmal in den Kopf gesetzt, in dieser Angelegenheit nicht nachzugeben. Da mich diese neue Laune verdroß, zog ich es vor, die Truppe auf dem Theater in Pézenas spielen zu lassen und ihr 1000 Dukaten aus meiner eigenen Tasche zu zahlen, als nicht zu meinem Wort zu stehen.«

Dank der Vermittlung des als Sekretär in Contis Diensten stehenden

Literaten Jean-François Sarasin, den die Schönheit von Marquise Du Parc fasziniert hatte, brachte der Abbé den Prinzen schließlich dahin, die Truppe Cormiers zu verabschieden und an ihrer Stelle die von Molière zu engagieren. Bald durfte sich Molières Ensemble »Troupe de Monseigneur le prince de Conti« nennen. Damit war ein wichtiger Schritt getan, um die gesellschaftliche Ächtung, der Schauspieler und Wanderbühnen immer noch ausgesetzt waren, wenigstens teilweise zu umgehen. Die Umstände, unter denen diese Schirmherrschaft zustande kam, zeigen, wieviel Ignoranz, Laune und Arroganz zu ertragen waren, wenn man sich in die Nähe der Großen begab. Als Sarasin im Dezember 1654 plötzlich starb, hielten sich Molière und seine Truppe wie auch sein Protektor in Montpellier auf. Die Todesnachricht scheint Conti nicht gerade erschüttert zu haben. Er ließ Molières Truppe keine Zeit zum Trauern: Sie mußte noch am selben Abend spielen und bei der Aufführung eines Balletts mitwirken, das die Unverträglichkeit zwischen Jugend und Alter, Tugend und Laster darstellte. Im einzelnen kann nicht nachgewiesen werden, worin der persönliche Beitrag Molières bestand. Mit diesem *Ballet des incompatibles (Das Ballett der Unvereinbaren)* leistete Molière aber wohl seinen ersten Tribut an die Hofdichtung.

Durch die Protektion des Prinzen Conti und die immer häufiger werdenden Gastspiele der Truppe in Lyon wuchs der Ruf der Komödianten im Languedoc und im Rhonetal. Die in wirtschaftlicher Hinsicht schwierigen Anfänge gehörten inzwischen der Vergangenheit an. Sonst hätte Madeleine Béjart, die nach der Pleite des Illustre Théâtre in Paris in größten Schwierigkeiten steckte, wohl kaum am 18. Februar 1655 einem gewissen Antoine Baratier, Steuereinnehmer in Montélimar, 3200 Livres leihen und am 1. April des folgenden Jahres für immerhin 10000 Livres Obligationen der Provinz Languedoc kaufen können.

Wie gut die Stimmung in Molières Umgebung war, bestätigt der Augenzeugenbericht des Dichters Charles Coypeau, genannt d'Assoucy, aus dem Umkreis von Molières libertinistischen Freunden in Paris. D'Assoucy wurde wegen seiner burlesken Ader von seinen Gegnern als »Affe Scarrons« gescholten. Sein Name wäre längst vergessen, hätte er nicht in den an spanische Schelmenromane erinnernden, 1677 erschienenen *Aventures de Monsieur d'Assoucy (Abenteuer des Herrn d'Assoucy)* das ihm auf seinen Fahrten durch Frankreich und Italien Zugestoßene launig und anschaulich erzählt. Er berichtet darin von seiner Begegnung mit Molière und den Béjarts in Lyon im Juli 1655. Danach fuhr er mit ihnen die Rhone hinab und begleitete sie anschließend bis nach Pézenas: »Da ein Mensch, solange er Freunde hat, nie arm ist und ich von Molière geschätzt wurde und die Béjarts mir freundschaftlich gewogen waren [...], war ich reicher und zufriedener als je zuvor, denn diese großzügigen Leute ließen es nicht dabei bewenden, mich als ihren Freund zu unterstützen, sie behandelten mich vielmehr wie einen Verwandten. Da sie sich aus Anlaß der Ständeversammlung in Pézenas einfinden sollten, nahmen sie mich mit. Ich vermag nicht zu schildern, mit wie vielen Freundlichkeiten das ganze Haus mich überhäufte.«

Eine gewisse Überschwenglichkeit mag sich in den Bericht d'Assoucys gemengt haben, er konnte und wollte aber nicht vergessen, wie entgegenkommend er in der Gesellschaft der Schauspieler aufgenommen worden war, von denen er sich den ganzen Winter 1655/56 über als einen der Ihren behandelt sah: »Ich darf sagen, daß ich bei ihnen zu Hause war. Nie habe ich so viel Güte, Offenheit und Lebensart angetroffen wie bei diesen Leuten, die es wohl verdienen würden, in der Welt die hochgestellten Persönlichkeiten darzustellen, die sie täglich auf dem Theater spielen.«

Molière war längst in Paris, als 1663 sein Freund Chapelle mit seinem Begleiter Bachaumont einen in Vers und Prosa abgefaßten Bericht über ihre im Jahre 1655 gemeinsam unternommene Reise in den französischen Süden veröffentlichte. Darin wird auch der unter seinen Zeitgenossen wegen seiner homoerotischen Neigungen bekannte d'Assoucy erwähnt. Die beiden Reisenden hatten offensichtlich mit diesem herumziehenden Literaten eine Rechnung aus früheren Tagen zu begleichen. Nur so erklärt es sich, daß sie in ihren Reisebericht eine burleske Episode über ihn einstreuten. Demnach wäre dieser in Montpellier beinahe gelyncht worden: »Wir lernten an einem der Fenster des Platzes einen der Honoratioren der Stadt kennen, der uns alsbald in seine Wohnung bat. Im Zimmer, in dem er sich aufhielt, erfuhren wir, daß d'Assoucy in der Tat wegen eines Verbrechens, das bei den Frauen Abscheu erregt, verbrannt werden sollte. In dem Raum trafen wir eine große Anzahl Damen, von denen man uns sagte, sie seien die höfischsten, gewandtesten und geistreichsten der Stadt, obwohl sie weder allzu schön schienen noch allzu gut angezogen waren. Infolge ihrer kleinen Affektiertheiten, ihrer lauten Stimmen und ihrer ausgefallenen Reden ließen wir uns alsbald überzeugen, daß es sich um eine Versammlung der Preziösen von Montpellier handelte. Aber obschon sie unseretwegen neue Anstrengungen vollführten, wirkten sie auf uns nur wie Provinzpreziöse, welche die uns in Paris bekannten nur schwach nachahmen.«

Die Reisenden erzählen in ihrem Bericht weiter, wie sie sich, über die provinzielle Borniertheit der Damen lachend, in ihren Gasthof zurückzogen. Neuen Anlaß zur Heiterkeit fanden sie, als sie sahen, wie hunderttausend aufgebrachte Megären zu nächtlicher Stunde d'Assoucy aufzuspüren versuchten, als seien sie alle von ihm vergewaltigt worden, ein Vorwurf, der nach Chapelle/Bachaumont gerade diesen Mann zu Unrecht treffen mußte. Als die Reisenden aber hörten, zwei oder drei Männer seien auf Grund ihrer bloßen Ähnlichkeit mit dem unseligen fahrenden Poeten gelyncht worden, zogen sie es vor, das Weite zu suchen.

In Lyon inszenierte Molière 1655 seine erste von ihm selbst verfaßte Komödie. Es handelte sich dabei nicht mehr um ein simples, nach dem Muster der italienischen Wanderbühnen extemporiertes Stück wie noch bei den beiden ihm mit einigem Recht zugeschriebenen Possen Le Médecin volant (Der fliegende Arzt) und La Jalousie du barbouillé (Die Eifersucht des mit Hefe Verschmierten). Derartige auf deftige Komik angelegte Divertimenti sollten ein Publikum erheitern, das vielleicht eben noch durch das Pathos und den Schwulst einer Tragödie eher gelangweilt als interessiert worden war.

Molières erste fünfaktige und in Alexandrinern verfaßte Komödie L'Étourdi ou Les Contretemps (Der Wirrkopf oder Die Hindernisse) verdankt dem Vorbild der italienischen Berufsschauspieler und der italienischen Komödie viel. Auf weite Strecken ist das Stück lediglich eine Bearbeitung einer 1629 erschienenen Komödie des unter dem Namen Beltrame bekannten Nicola Barbieri: L'inavvertito ovvero Scapino disturbato e Mezzetino travagliato (Der Unbedachte oder Der gestörte Scapino und der geplagte Mezzetino). Ein Vergleich mit der Vorlage kann zwar eine Reihe von Parallelen aufzeigen, aber gewiß nicht erklären, was die Bedeutung dieser ersten fünfaktigen Komödie Molières ausmacht. Molière schrieb sie offensichtlich im Hinblick auf die Möglichkeiten seines Ensembles. Zentral ist die Rolle des von ihm selbst gespielten Dieners Mascarille, der mit allen Mitteln, mit Finten und Betrügereien versucht, seinem Herrn Lélie zu der bei dem alten Trufaldin lebenden schönen Sklavin Célie zu verhelfen. Aber gerade der verliebte junge Mann selbst hindert den pfiffigen Diener immer wieder daran, die von diesem ausgetüftelten Pläne erfolgreich auszuführen. Das Stück spielt in Messina, und schon die Namen der Personen, vor allem Trufaldin, verweisen auf die Commedia dell'arte. Die einzelnen Episoden sind locker miteinander verknüpft, und der Erfolg des Stücks, das Molière erst Ende 1662 veröffentlichte und in den folgenden Jahren mehrfach neu inszenierte, beruhte sicher in erster Linie auf seiner hinreißenden Interpretation der Dienerrolle, auf seinem Mienenspiel und seiner Pantomimik angesichts der Verbohrtheit des jungen Herrn.

In der zweiten Szene des ersten Akts zählt Mascarille die Schwierigkeiten auf, die es zu bewältigen gilt, wenn die von Lélies Vater getroffenen Dispositionen unterlaufen werden sollen:

»Ihr schwärmt und laßt Euch träumend bis in die Wolken tragen,
Doch was soll Herr Pandolfo zu all den Dingen sagen?
Ihr seid sein Sohn – er meint zumindest, daß Ihr's seid,
Ihr wißt: er ist erregbar, er tobt und schimpft und schreit,
Die Galle geht ihm über, sooft er von Euch hört,
Daß Ihr ihm nicht gehorcht und seine Kreise stört.
Er hat mit Herrn Anselmo die Sache schon bereinigt,
Hippolyta, nicht Celia, wird bald mit Euch vereinigt.
Denn Euer Vater meint: nur eheliches Leben
Vermag Euch die Vernunft, die Euch noch fehlt, zu geben;
Erfährt er nun, daß Ihr ihm nicht zu folgen denkt,
Daß eine Sklavin Euch vom rechten Pfad ablenkt,
Daß Liebe Euch verstrickt hat und kein Entrinnen duldet,
Euch am Gehorsam hindert, den Ihr dem Vater schuldet,
Dann naht ein Donnerwetter, das nicht so bald verstummt,
Dann hört Ihr eine Predigt, daß Euch der Schädel brummt.«

Im Lauf der fünf Akte stellt sich heraus, daß Lélie ohne seinen Diener gar nicht lebensfähig ist. Mitunter klingen in den Reaktionen Mascarilles auf das begriffsstutzige Verhalten seines Herrn Töne an, wie sie in der französischen Komödie des achtzehnten Jahrhunderts gang und gäbe werden sollten. Der Herr wird von seinem Diener abgekanzelt, nicht umgekehrt. Mascarille erspart Lélie keine Vorwürfe, als dieser im vierten Akt durch sein ungeschicktes Benehmen Trufaldin mißtrauisch macht. Mascarille wollte sich nämlich als Mohammedaner einführen und in Aussicht stellen, den angeblich aus Neugierde auf eine türkische Galeere gestiegenen und dort nun festgehaltenen Sohn des knausrigen Alten gegen entsprechende Bezahlung wieder an Land zu bringen. Aber wie schon so oft vergißt sich sein Herr auch hier wieder im entscheidenden Augenblick. In dem geradezu weinerlichen Rechtfertigungsversuch Lélies kommt es zu einem merkwürdigen Rollentausch zwischen Herr und Diener:

>»Ich weiß wahrhaftig nicht, was dir an mir mißfällt;
Mußt du mich immerzu beschimpfen? Ich bin froh,
Daß ich mit jedem Wort ins Schwarze traf.«

Darauf liest Mascarille dem Begriffsstutzigen erbarmungslos die Leviten:

>»Ach so?
Daß Ihr, ein Muselmann, die Türken Ketzer nennt
Und auf die Frage, wen man als Gott dort anerkennt,
Die Antwort gebt: Man betet zum Halbmond jede Nacht,
Das mag ja noch dahingehen; doch was mich rasend macht,
Ist, daß Ihr Euch bei Celia so ganz und gar vergeßt,
Wie Brei im Topf, den man auf offener Flamme läßt
Und den man nicht bewacht; er schäumt und brodelt wild,
Bis er den Deckel abwirft, nach allen Seiten quillt.«

Im Winter 1655/56 spielte die Truppe wieder im Languedoc, wie eine am 24. Februar von Molière unterzeichnete Quittung über den Empfang von 6000 Livres bestätigt. So viel ließ es sich die nach Pézenas einberufene Ständeversammlung des Languedoc kosten, um nach den Sitzungen erheitert zu werden. Vom 26. Februar bis Anfang Mai traten die Komödianten dann in Narbonne auf. Im August unterzeichnete

Molière in Bordeaux als Pate eine Taufurkunde, und am 16. Dezember führte er mit seiner Truppe in Béziers seine zweite von ihm selbst verfaßte fünfaktige Komödie auf: *Le Dépit amoureux (Der Liebesverdruß)*. Auch zu diesem Stück ließ er sich durch ein italienisches Vorbild anregen: In der 1585 in Venedig im Druck erschienenen Komödie *L'interesse (Der Eigennutz)* von Niccolò Secchi verlieben sich zwei junge Männer in einen als Mädchen verkleideten Jungen. Das bereits aus dem römischen Theater bekannte Motiv verarbeitete Molière zu einer Komödie der Eifersucht.

Gleich zwei komische Dienerfiguren, der von Du Parc gespielte Gros-René und der von Molière geschaffene Mascarille, sowie die Dienerin der umworbenen vermeintlichen Lucile halten die Handlung im Gang. Éraste ist der von Zweifeln umgetriebene Verliebte, wie er in den späteren Komödien Molières mehrfach auftreten wird. Der vorwiegend Episoden aneinanderreihende Aufbau des voraufgegangenen »Wirrkopfs« wird nun durch die Vermengung von zwei Handlungskernen strukturell komplizierter, dadurch aber auch nicht mehr ohne weiteres durchschaubar. Die Verwicklungen der Ereignisse durch verschollene und wiedergefundene Kinder sowie getrennte und wiedervereinte Paare erinnert an den hellenistischen Roman, besonders die im dritten nachchristlichen Jahrhundert entstandenen *Äthiopischen Geschichten* von Heliodor. Im sechzehnten Jahrhundert waren diese handlungsreichen, auf Rührung angelegten Romane in Italien zu Theaterstücken umgeschrieben und Mode geworden, ebenso wie die Pedantensatire. Einen Vertreter dieser Spezies führt Molière mit der Figur des Métaphraste ein, der seine Rede mit lateinischen Wendungen spickt und zu einem unverständlichen Galimatias entstellt.

Das Languedoc schied jedoch schon nach kurzer Zeit für Molière als Mittelpunkt seiner Theatertourneen aus, weil Prinz Conti seiner libertinistischen Lebensführung absagte. Der Hocharistokrat aus königlichem Geblüt hatte sich bei einer Prostituierten die Lustseuche geholt und auch seine Gemahlin damit infiziert. Der von der Krankheit geplagte Bourbone fing an, sich wegen seines künftigen Heils Sorgen zu machen. Seine Bekehrung zu einem gottgefälligeren Leben verdankte er Nicolas Pavillon, dem Bischof von Alet. Mit der winzigen Diözese, einer der ärmsten der dreiundzwanzig des Languedoc, war nicht viel Staat zu machen. Danach aber stand dem engagierten Anhänger des um religiöse

Erneuerung bemühten und später heiliggesprochenen Vinzenz von Paul der Sinn ohnehin nicht, war er doch einer der Wortführer jener strenggläubigen Katholiken, die gegen die Verweltlichung des religiösen Lebens ankämpften. Conti, der ja in aller Öffentlichkeit Molières Truppe protegierte, mußte in den Augen Pavillons ein Gottverlorener sein, falls er sich nicht endlich von den Schauspielern lossagte.

Schon im sechzehnten Jahrhundert hatte der 1610 heiliggesprochene Erzbischof von Mailand, Kardinal Carlo Borromeo, ein Eiferer im Dienst der Gegenreformation, in den seiner religiösen Jurisdiktion unterstehenden Städten eine wahre Hexenjagd gegen die dort spielenden Wanderbühnen entfesselt. Theater und Komödianten waren für ihn vor allem deshalb Steine des Anstoßes, da die vom Ertrag ihrer Aufführungen lebenden Berufsschauspieler nicht nur Zoten erzählten, sondern weibliche Rollen nicht mehr wie früher von verkleideten Männern, sondern von leibhaftigen Frauen spielen ließen, die durch Bloßstellung ihrer Reize das Publikum hinzureißen und zu betören verstanden. Die religiösen Fanatiker Jakob Sprenger und Heinrich Institoris hatten in dem während des sechzehnten und siebzehnten Jahrhunderts weitverbreiteten Pamphlet *Hexenhammer* bereits 1497 die Bedeutung der weiblichen Stimme in der Verführungsstrategie des Teufels angeprangert: Sie sei dem Gesang der Sirenen zu vergleichen, welche die Vorbeiziehenden anlockten und dann töteten. Der Jesuit Pietro Gambacorta warnte in Palermo nicht weniger eindringlich als sein Zeitgenosse Borromeo vor der Gefahr des Auftritts von Frauen: »Das Blut fängt an zu brodeln, Bejahrte fühlen sich wieder kräftig, die Fleischeslust regt sich, die Leidenschaften werden bis zur Glut erhitzt, während die Teufel bereits auf der Lauer liegen.«

Nicolas Pavillon stand in der Tradition dieser rigorosen Wortführer der Gegenreformation, denen eine Diözese oder Pfarrei nicht mehr vorwiegend fette oder magere Pfründe war, sondern ein Distrikt, der unter unermüdlichem persönlichen Einsatz gegen die überall um sich greifende Verweltlichung abzuschirmen war. Während die Jesuiten in der Regel Moralvorstellungen vertraten, die auch noch den Großen dieser Welt zuzumuten waren, fehlte es im siebzehnten Jahrhundert gerade in Frankreich nicht an Individuen und Gruppen, die mahnend daran erinnerten, dem ewigen Heil alle weltlichen Belange unterzuordnen. Gerade die Radikalität und Unbedingtheit ihrer Forderungen machte es jedoch nicht schwer, einige dieser intransigenten Vertreter durchgreifender Reformen als Sektierer zu verdächtigen.

Der ehemalige Frondeur Conti hatte sich im Gegensatz zu seinem zu den Spaniern übergelaufenen Bruder Condé 1653 feierlich dem König unterworfen und dadurch seine Verzeihung erwirkt. Er spielte dank seiner Funktion als königlicher Kommissar bei den Ständeversammlungen des Languedoc eine herausragende Rolle. Sein riesiges Vermögen, das 1654 durch die Mitgift der Nichte Mazarins noch zusätzlich vermehrt worden war, erlaubte es ihm, einen prunkvollen kleinen Hofstaat zu halten. Freilich blieb er nach wie vor jener launische, unberechenbare, von Ängsten umgetriebene haltlose Charakter, der er von allem Anfang an gewesen war. Als ihm Ende 1655 Nicolas Pavillon in Pézenas seine Aufwartung machte, war Conti bettlägerig. Der Bourbone war plötzlich davon überzeugt, der Besuch in diesem Augenblick und unter diesen Umständen sei ein Wink des Himmels. Er vertraute sich Pavillon an, wählte ihn zu dem für die Belange seines Heils zuständigen Seelenführer, zu seinem »directeur«, dem fortan alle Zweifel und Skrupel zu eröffnen und dessen Anweisungen ohne Einspruch zu befolgen waren. Der Bischof von Alet erklärte dem Reumütigen, es handle sich zunächst einmal darum, regelmäßig zu beten, zu fasten, Almosen zu geben und schlechtem Umgang fernzubleiben, zu dem auch die Komödianten zu zählen waren. Wenn es ihm ernst sei mit seinem Sinneswandel, so redete der unerbittliche Gottesmann Pavillon dem zerknirschten Conti ins Gewissen, habe er künftig die Messe kniend anzuhören – eine nicht geringe Zumutung für einen Prinzen von Geblüt. Beichtvater des Konvertiten wurde auf Pavillons Geheiß hin Gabriel Ciron, der Kanzler der Universität Toulouse. Dieser katechisierte den Prinzen keineswegs milder als der Bischof. Er beschwor ihn, er solle endlich dem skandalösen Verhältnis zu Madame de Calvimont ein Ende setzen und auf die 40000 Dukaten Einkünfte verzichten, die ihm aus verschiedenen aus der Zeit vor seiner Heirat stammenden geistlichen Pfründen zuflossen. Cosnac wußte später zu berichten, Mazarin sei darüber so in Rage geraten, daß er Ciron um ein Haar in der Bastille hinter Schloß und Riegel gesetzt hätte.

Die Konversion Contis, das stellte sich in den folgenden Jahren heraus, war erstaunlicherweise mehr als die flüchtige Anwandlung eines schwachen Charakters. Als der Einunddreißigjährige 1660 zum Gouverneur des Languedoc ernannt wurde, wandte er sich alsbald an den Bischof von Alet mit der Bitte, ihm ein Dossier über seine neuen Aufgaben zu erstellen. Pavillon empfahl seinem Schutzbefohlenen nicht nur, Übergriffe administrativer Art und adlige Willkür abzustellen, sondern er erinnerte ihn auch daran, Sorge dafür zu tragen, daß an Sonn- und Feiertagen die Läden nicht geöffnet würden und die Hugenotten den Hut abnähmen, wenn ihnen ein Priester mit der Wegzehrung für einen Kranken begegne. Religiöser Eifer und inquisitorische Intoleranz gingen hier ineinander über.

Wenn Conti schon bald nach seiner religiösen Krise Molière die Protektion entzog, so überrascht dies kaum. Seine geistlichen Ratgeber waren allesamt gegenreformatorische Eiferer, die nichts unversucht ließen, um den einflußreichen Bourbonen auf dem einmal eingeschlagenen Weg zu ermutigen. Es wäre nicht nur unfair, sondern wohl auch unrichtig, wollte man die Bekehrung des wegen seiner Lebensführung berüchtigten Libertins nur als frömmelnde Heuchelei deuten. Das siebzehnte Jahrhundert ist voll von vergleichbaren seelischen Kehrtwendungen. In einem in seinem Todesjahr 1666 erschienenen Traktat über die Pflichten der Großen dieser Welt forderte Conti: »Es reicht nicht aus, wenn ein Großer dieser Welt die Dinge wie ein Privatmann verrichtet. Denn ein Privatmann kann mit einer durchschnittlichen Tugend das Heil erlangen, ein Großer dieser Welt nur mit einer heldenhaften.« Hier spricht wohl ebenso der um seine Privilegien wissende hochmütige Aristokrat wie der um sein Seelenheil bangende Sünder.

Ein Jahr vor Contis entscheidendem Gespräch mit dem Bischof von Alet hatte Blaise Pascal, wie ein nach seinem Tod in dem Futter seines Anzugs entdecktes Papier belegte, ein entscheidendes visionäres Erlebnis, das auch bei diesem exakten und erfinderischen Denker in die Gewißheit mündete, Gott sei nicht der Gott der Philosophen und der Weisen, sondern der Gott der Bibel, »Gott Abrahams, Gott Isaaks, Gott Jakobs«. Zerknirscht bekannte er: »Jesus Christus. Jesus Christus. Ich habe mich von ihm getrennt. Ich habe ihn geflohen, ihm abgesagt, ihn gekreuzigt.« Das von Lichterscheinungen begleitete Erlebnis gipfelte in dem Entschluß, sich bedingungslos Jesus Christus, aber auch dem eigenen Seelenführer, dem »directeur«, zu unterwerfen.

Die Malerei des siebzehnten Jahrhunderts hat immer wieder die

Konversion der Sünder in den Mittelpunkt ihrer Bilder gestellt, und zwar als einen plötzlichen Einbruch himmlischen Lichts, welcher etwa das Pferd des Saulus scheuen und sich aufbäumen läßt, ehe der geblendete Reiter zu Boden stürzt. Im Fall Pascals war es Port-Royal mit seinen jansenistischen Theologen, das die Schritte des seiner übernatürlichen Erfahrung gewissen Wissenschaftlers lenkte, im Fall Contis waren es nicht weniger unerbittliche gegenreformatorische Eiferer.

Molières Truppe bekam es bald zu spüren, daß ihr Protektor sich von ihr distanzierte. Während die Ständeversammlung der Sitzungsperiode 1655/56 am 24. Februar 1656 den Schauspielern noch die stattliche Summe von 6000 Livres ausbezahlt hatte, wurde am 20. Dezember 1656 verfügt, daß während der nun laufenden Sitzungsperiode an die Komödianten keinerlei Gage entrichtet werden dürfe. Unschwer läßt sich erkennen, daß hinter diesem Beschluß der von seinem Beichtvater bedrängte und wegen seiner Sünden zerknirschte Prinz Conti stand.

Die Aufführung der neuen Komödie *Der Liebesverdruß* gab den äußeren Anlaß zu einer Kontroverse ab, die Molières Position im Languedoc zusätzlich erschütterte. Die Truppe glaubte, die einflußreichen Herren der dieses Mal in Béziers tagenden Ständeversammlung durch Freikarten zur Premiere am 16. Dezember 1656 für sich gewinnen zu können. Den Empfängern der Freikarten wurde aber überraschenderweise von Amts wegen bedeutet, sie hätten den regulären Eintrittspreis zu bezahlen. Das Wohlwollen der Ständeversammlung sollte nicht durch das Entgegenkommen der Truppe erkauft werden, wenn die Protektion Contis fehlte. Das Languedoc sollte den Komödianten offensichtlich mit allen Mitteln verleidet werden.

Als Conti im Mai 1657 den Oberbefehl über die Italienarmee übernahm, schrieb er an Abbé de Ciron: »Es sind hier Komödianten, die früher meinen Namen trugen. Ich habe ihnen mitteilen lassen, sie hätten davon Abstand zu nehmen.« Es kennzeichnet Konversionen im Zeitalter des Barocks, daß sie sich nicht mit Halbheiten zufriedengaben. Mit Sicherheit galt dies auch für den bald in die Compagnie du Saint-Sacrement eintretenden Prinzen. Was es mit dieser Gesellschaft auf sich hatte, sollte Molière später in Paris deutlicher erfahren, als ihm lieb sein konnte.

Die Sommermonate des Jahres 1657 verbrachten die Komödianten zum Teil in Dijon, wo sie sogar noch in einem Pavillon spielten, der dem Prinzen gehörte. Dann zogen sie wieder nach Lyon, um dort zu Beginn des Winters aufzutreten. Während des Karnevals 1658 war die Truppe in Grenoble, und nach der Osterpause machte sie sich auf den Weg nach Norden. Als »Truppe Ihrer Hoheit« – um welche Hoheit es sich handelte, war dieser Bezeichnung nicht zu entnehmen, aber es kann sich nur um den Prinzen Conti handeln – traf sie schließlich im Frühjahr 1658 in Rouen ein.

Rückkehr nach Paris

Im November 1657 war Molière mit seiner Truppe in Avignon. Dort lernte er die Maler Nicolas und Pierre Mignard kennen. Nicht zuletzt dieser Bekanntschaft ist es zu verdanken, wenn wir uns vom Aussehen des damals fünfunddreißigjährigen Dichters ein Bild machen können. Nicolas besaß in der ehemaligen Residenzstadt der Päpste ein Ballspielhaus, das er an die Schauspieler vermietete. Für sein Gemälde *Mars und Venus* nahm er Madeleine als Modell der Liebesgöttin. Pierre kam zu ebendiesem Zeitpunkt aus Italien zurück, er wurde zur Unterscheidung von seinem Bruder »Mignard, der Römer« genannt. In Rom hatte er sich durch seine Porträts geistlicher Würdenträger einen Namen gemacht. Sein seit 1624 in Rom ansässiger Landsmann Nicolas Poussin hatte allerdings die Leichtigkeit seiner Pinselführung als Mangel an Kraft kritisiert. Pierre Mignards in der Tradition Tizians stehende Bilder zeichnen sich durch ihre Sinnlichkeit und ihr lebhaftes Kolorit, nicht durch ihre durchdachte und komplexe Struktur aus. Hierin war er dem um sieben Jahre jüngeren Charles Le Brun unterlegen, der es verstand, zum dominierenden Maler unter Ludwig XIV. aufzusteigen. Molières Bekanntschaft mit Pierre Mignard in Avignon war mehr als eine flüchtige Episode. Die beiden Künstler, die gleichzeitig aufbrachen, um sich nach langer Abwesenheit in der französischen Hauptstadt durchzusetzen, blieben sich bis zu Molières Tod freundschaftlich verbunden.

Aus mehreren Gründen legten Molière und seine Truppe vor der endgültigen Rückkehr nach Paris eine längere Zwischenstation in Rouen ein. Die Stadt war reich und groß genug, um auch bei einem Aufenthalt von mehreren Monaten für eine Theatertruppe mit einem attraktiven Repertoire hinreichende Einkünfte sicherzustellen. Der Ort lag außerdem so nahe bei Paris, daß er gelegentliche Abstecher dorthin zu notwendigen Kontaktaufnahmen erlaubte. In Rouen lebte schließlich auch der bedeutendste französische Dramatiker der ersten Jahrhunderthälfte, Pierre Corneille, sowie sein um neunzehn Jahre jüngerer Bruder Thomas.

Über die Theateraufführungen von Molières Truppe in Rouen zwischen Ostern und Herbst 1658 ist nicht viel bekannt. Die Schauspieler mieteten einen Ballspielsaal in der unteren Rue du Vieux Palais. Marquise Du Parc und Catherine de Brie fehlten zunächst noch. Marquise aus triftigem Grund: Zum Zeitpunkt des Aufbruchs nach Norden war sie hochschwanger und wollte nicht auf der Reise niederkommen. So gebar sie am 1. Mai 1658 in Lyon eine Tochter. Die beiden Schauspielerinnen wurden in Rouen mit einiger Ungeduld erwartet, wie Thomas Corneille dem in preziösen Salons hochangesehenen Abbé Michel de Pure nach Paris berichtete. Er schilderte seinem Korrespondenten auch die Ungeduld, mit der Madeleine Béjart und ihre Truppe die Übersiedlung nach Paris vorbereiteten. Offensichtlich regte Thomas die Schauspieler auch an, sich mit dem Théâtre du Marais zusammenzutun, meinte zugleich aber skeptisch: »Ich weiß nicht, ob die Zeit dieses Wunder vollbringen kann.«

Louis Redon de Talhouet hatte im April 1656 das den Corneilles vertraute Theater von den Eigentümern für einen Zeitraum von drei Jahren gemietet, doch seit dem 1. April 1657 fanden in dem traditionsreichen Haus keine Aufführungen mehr statt. Madeleine Béjart verstand es, den Grafen dazu zu bewegen, von seinem Mietvertrag zurückzutreten, und ab 29. September sollte das Theater »mit allen Logen, Theaterdekorationen und Kristalleuchtern« gegen einen Mietzins von 3000 Livres für achtzehn Monate ihrer und Molières Truppe zur Verfügung stehen.

Nahezu zwei Jahrzehnte lang hatte Pierre Corneille das französische Theaterleben beherrscht. Gegen Ende 1651, als seine Tragödie *Pertharite, roi des Lombards (Pertharitus, König der Lombarden)* auf schroffe Ablehnung gestoßen war, hatte er seine dramatische Produktion abrupt abgebrochen. In den folgenden Jahren beschäftigte ihn eine – allerdings bereits vor dem mit *Pertharite* erlebten Fiasko begonnene – Versübertragung der dem niederrheinischen Mystiker Thomas a Kempis zugeschriebenen *Nachfolge Christi*, die er in Einzellieferungen veröffentlichte. Als Corneilles vom Publikum abgelehnte Tragödie im Sommer 1663 im Druck erschien, schickte er in seinem Vorwort an den Leser ein Zitat aus der Ersten Epistel des Horaz voraus:

>»Solve senescentem mature sanus equum, ne
> Peccet ad extremum ridendus et ilia ducat.«
> (Wenn du vernünftig bist, spannst du das alte
> Rennpferd beizeiten aus, damit es nicht zu
> guter Letzt als Zielscheibe des Spottes mit
> keuchenden Flanken daherstolpert.)

»Es ist besser«, klagte er angesichts der nachlassenden Gunst der Theaterbesucher, »daß ich selbst meinen Abschied nehme, statt abzuwarten, bis er mir ganz gegeben wird, und es ist richtig, daß ich mir nach zwanzigjähriger Arbeit allmählich klar darüber werde, daß ich inzwischen zu sehr gealtert bin, um noch in Mode zu sein.« Er nahm den melancholischen Kommentar über seinen verblassenden Ruhm zum Anlaß, sich zur Situation des französischen Theaters zu äußern, und stellte befriedigt fest, er könne im Augenblick seines Abschieds vom eigenen Bühnenschaffen feststellen, seit dem Beginn seiner Laufbahn habe sich nicht zuletzt dank anderer Gleichgesinnter das künstlerische und moralische Niveau gehoben. Im übrigen wolle er *Pertharite* nicht rechtfertigen, sei es doch nicht seine Gewohnheit, sich dem Urteil des Publikums zu widersetzen.

Aber die Wunde, die ihm durch den Mißerfolg von *Pertharite* zugefügt worden war, schwärte noch nach fast einem Jahrzehnt. Als Corneille im Hinblick auf die 1660 erscheinende Gesamtausgabe seiner Werke auch die Langobardentragödie einem »examen«, einer Selbstkritik, unterzog, bemerkte er bitter: »Die Aufnahme dieser Tragödie war so unglücklich, daß ich fast nichts über sie sagen werde, um mir den Kummer der Erinnerung zu ersparen.« Es läßt sich ermessen, was es für den Dichter bedeuten mußte, als er mit Molière und seinen Schauspielern in Rouen Gesprächspartner hatte, die sein Werk aufgeführt hatten, von Reaktionen des Publikums in verschiedenen französischen Städten berichten konnten und mit Marquise Du Parc eine Persönlichkeit von seltener Ausstrahlung besaßen.

Corneille verfaßte zu Ehren der Schauspielerin eine Reihe von Versen, die der Drucker Charles de Sercy 1660 in der fünften Folge seiner Auswahl französischer Gedichte, dem sogenannten *Recueil Sercy*, veröffentlichte. Angesichts seiner faltigen und vergilbten Züge stellt der Autor resigniert fest, er habe schon zu lange geliebt, um noch liebenswert zu sein. Aber dann erinnert er die ruhmbegierige Marquise daran, er, der alt gewordene Dichter, könne ihr immer noch mehr »gloire« versprechen als ein König. Während sich in einigen Versen eine ernste Betroffenheit des – die Porträts bezeugen es – stark gealterten Corneille auszudrücken scheint, erwecken andere eher den Verdacht, es handle sich letzten Endes nur um eine literarische Spielerei. So weist der Verfasser in einem Gedicht die Adressatin unerbittlich darauf hin, auch ihre Rosen werde die Zeit zum Welken bringen.

Als Molières Truppe Gabriel Gilberts mythologisches Schauspiel *Les Amours de Diane et d'Endymion (Die Liebe Dianas und Endymions)* aufführte, ließ sich Pierre Corneille zu einem Madrigal beflügeln, das den Kontrast zwischen Mond und Nacht thematisiert. Marquise hatte in dem Stück die Nacht dargestellt, Madeleine hingegen die Mondgöttin Luna: Er kenne niemanden, schloß Corneille sein Madrigal, der nicht der Helle des Gestirns die Schatten der Nacht vorgezogen hätte.

Die Bekanntschaft mit den Brüdern Corneille war für Molière folgenreich, so wechselhaft in den folgenden Jahren ihr Verhältnis sich auch gestalten mochte: Auf Phasen der Annäherung folgten solche der Kränkung und Polemik. Thomas, der jüngere Corneille, gehörte schon bald zu jenen, die Molière und seiner Truppe vorwarfen, sie könnten nur Bagatellstücke, nämlich Possen und Farcen, spielen, während sie unfähig seien, Tragödien angemessen aufzuführen.

Thomas Corneille war zu dem damaligen Zeitpunkt, als das französische Theater nur noch selten mit Neuheiten Aufsehen erregte, ein nicht zu unterschätzender Faktor, wenn es darum ging, die öffentliche Mei-

nung zu beeinflussen. Bereits im Alter von dreißig Jahren war es ihm
– wie seinerzeit seinem Bruder Pierre mit dem *Cid* – gelungen, ein
erfolgreiches Theaterstück, *Timocrate (Timokrates)*, zu schreiben. *Timocrate* wurde innerhalb eines einzigen Jahres achtzigmal wiederholt und
erreichte damit wohl einen absoluten Aufführungsrekord des siebzehnten Jahrhunderts. Die Tragödie wurde im November 1656 am Théâtre
du Marais inszeniert und erregte alsbald solches Aufsehen, daß Ludwig
XIV. und der Hof höchstpersönlich im Theater eine Aufführung an-
sahen, statt die Schauspieler in eine der königlichen Residenzen zu
laden.

Der erstaunliche Erfolg, den Thomas Corneilles *Timocrate* erlebte,
belegt, wie in den fünfziger Jahren die Preziosität um sich griff. In
diesem Stück geht es nicht mehr wie in den unter Richelieu entstandenen Dramen seines Bruders Pierre um die Konflikte zwischen einem
Herrscher und seinen Vasallen, also um die Spannung zwischen überge-
ordneter gesetzlicher Norm und individuellem Aufbegehren, sondern
nahezu ausschließlich um einen romanesk ausgeklügelten Liebeskon-
flikt, wie ihn auch Gomberville und La Calprenède sowie Georges und
Madeleine de Scudéry in ihren heroisch-galanten Romanen schilderten.

Die Geschwister Scudéry hatten mit ihrem mehrbändigen Roman *Le
Grand Cyrus (Der große Cyrus)* ein Werk verfaßt, hinter dessen Protagonisten Artamène leicht der »große« Condé auszumachen war. Im ersten
Band ihrer neuen Romanfolge *Clélie* hatten sie zwei Jahre zuvor ihre
»Carte de Tendre«, eine durch die Namen der Flüsse, Meere und Berge
gekennzeichnete Landkarte der Liebesverwicklungen, veröffentlicht,
die in den Pariser Salons im Mittelpunkt der Konversation stand. Die
schnell um sich greifende Mode der Preziosität fand an einem Werk wie
Timocrate Gefallen, gerade weil die Handlung aller Wahrscheinlichkeit
hohnspricht: Timocrate, der König von Kreta, liebt Ériphile, die Tochter der Königin von Argos. Die beiden Länder befinden sich im
Kriegszustand. Das wechselnde Schlachtenglück ist darauf zurückzuführen, daß Timocrate unter dem Namen Cléomène als Feldherr auf
der Seite von Argos kämpft, der gegnerischen Königin zum Sieg verhilft, zwischenzeitlich verschwindet, um das Schlachtenglück wieder für
Kreta zu entscheiden, bis sich im letzten Akt des Dramas das Verwirrspiel aufklärt und durch die Vermählung von Timocrate und Ériphile
die Zwistigkeiten zwischen dem Inselstaat und Argos beigelegt werden.

Die letzte verbürgte Spur des Aufenthalts von Molières und Madeleines Truppe in Rouen ist eine am 14. August 1658 an das Spital der Stadt ausbezahlte Geldspende. Derartige Zuwendungen waren sicher oft nicht in erster Linie auf spontane Mildtätigkeit zurückzuführen, sondern in der Regel eine den Wanderbühnen auferlegte Steuer.

Als die Truppe im Spätsommer des Jahres 1658 Paris erreichte, zählte sie zehn Mitglieder. Neben Molière und vier Geschwistern Béjart (Madeleine, Geneviève, Joseph, Louis) bestand sie aus den zwei Schauspielerehepaaren Du Parc und de Brie. Auch Dufresne, der Molière und die Béjarts nach dem Zusammenbruch des Illustre Théâtre in seine Truppe aufgenommen hatte, zählte während des Pariser Neuanfangs noch zu der »Troupe de Monsieur, frère unique du Roi«. Ein neuer Protektor für die Truppe war also mit »Monsieur«, wie der geläufige Titel des königlichen Bruders lautete, gefunden.

Der Herzog von Saint-Simon beschrieb in seinen *Mémoires* Philippe von Orléans, den Bruder Ludwigs XIV., als einen kleinen Mann mit Bauch, der auf seinen hohen Schuhen wie auf Stelzen daherkam, immer wie eine Frau herausgeputzt war, sich über und über mit Ringen, Armbändern und Edelsteinen verschönte, eine lange, nach vorn gekämmte, gepuderte schwarze Perücke trug und sich, wo es nur ging, mit Bändern schmückte, nach Parfum roch und in allen Dingen die Reinlichkeit selbst war. Man witzelte darüber, daß er sich heimlich schminkte und sein Sinn weniger nach Frauen als nach Männern stand.

Der für seine Biographien illustrer Persönlichkeiten bekannte Philippe Erlanger versuchte vor einigen Jahren wenn nicht gerade eine Ehrenrettung des Vielgeschmähten, so doch wenigstens eine plausible Erklärung dafür zu geben, warum Philippes Entwicklung von der seines Bruders so verschieden verlief. Danach wäre der putzsüchtige Bourbone das Ergebnis eines bewußten Erziehungskonzepts Mazarins gewesen. Hatte Ludwig XIII. doch erleben müssen, wie sein Bruder Gaston d'Orléans ständig gegen ihn konspirierte, und wäre doch Mazarin in den Jahren der Fronde beinahe selbst ein Opfer der Ränke und Kabalen der gegen die Monarchie verschworenen Hocharistokraten geworden. Der Kardinal war sicher nicht schlecht beraten, als er 1652 nach der Normalisierung der Situation den unzuverlässigen Bourbonen Gaston d'Orléans, der eines Tages auch Ludwig XIV. gefährlich werden konnte, nach Blois verbannte, wo dieser dann völlig entmachtet seine letzten acht Lebensjahre verbrachte. Ein königlicher Bruder aber, den niemand richtig ernst nahm, weil er sich mehr um Kosmetik als um Politik kümmerte, ließ Komplikationen, wie sie während der Fronde entstanden waren, von Anfang an nicht befürchten. Am 20. August 1660 hielt Anna von Österreich für ihren zweiten Sohn bei der in den Jahren der Cromwell-Diktatur im französischen Exil lebenden Witwe des enthaupteten Karl I. um die Hand von deren sechzehnjähriger Tochter Henriette Anna an. Diese war die Schwester des eben erst inthronisierten Karl II. Die veränderte Situation erlaubte es, die armen englischen Verwandten, die während der langen Jahre ihrer Verbannung in Paris recht notdürftig untergebracht waren, wieder in dynastische Überlegungen einzubeziehen. Im Oktober reiste Henriette mit ihrer Mutter nach London, wo sie am luxuriösen Hof Karls II., der die Jahre puritanischer Sittenstrenge schnell vergessen machte, trotz ihres etwas mißgebildeten Rückens als geistreiche Schönheit gefeiert wurde. Am 30. März 1661 fand im Palais-Royal die Hochzeit statt. Für Molière sollte sich die Ehe seines Protektors mit dessen gebildeter englischen Cousine als ein Glücksfall erweisen.

Den Handlungsspielraum des nicht nur auf den unerbittlichen Memorialisten Saint-Simon weibisch wirkenden »einzigen Bruders des Königs«, der Molières Truppe von 1658 bis 1665 unter seine Schirmherrschaft stellte, schränkte Ludwig XIV. zwar weitgehend ein, die Beziehungen Philippes zu verschiedenen männlichen Favoriten duldete er aber. Das Ergebnis dieser Nachsicht war eine an Unterwürfigkeit grenzende Bereitschaft Monsieurs, seinen königlichen Bruder wenn möglich nicht gegen sich aufzubringen.

Philippe ließ seine Residenz in Saint-Cloud mit den Gärten, die André Le Nôtre entwarf, von dem Architekten François Mansart und dem Maler Pierre Mignard ausstatten. Molière scheint mit seinem ganz im Schatten des Bruders stehenden Protektor gut zurechtgekommen zu sein. Sicher kam es ihm gelegen, daß sich auch Henriette Anna für die Belange seiner Truppe einsetzte, ehe der König diese im Jahr 1665 höchstpersönlich unter seinen Schutz nahm. Will man Saint-Simon Glauben schenken, so hätte Molière im Ernstfall kaum auf Monsieur zählen können: »Er war boshaft und unfähig, irgendein Geheimnis für sich zu behalten, argwöhnisch, mißtrauisch. Er stiftete Zwietracht an seinem Hof, indem er üble Nachreden in Umlauf setzte, um Verwirrung zu stiften, um Dinge in Erfahrung zu bringen, oft auch, um sich zu amüsieren; bei all diesen Fehlern, die durch keinerlei gute Eigenschaften aufgewogen wurden, hatte er einen abscheulichen Hang, der zum größten Ärgernis öffentlich bekannt wurde.«

Wer nicht übersieht, daß die Gesinnung Saint-Simons nicht immer so makellos war wie seine Prosa, ist wohl beraten. So viel ist jedenfalls unbestritten: Philippe war seinem Günstling Charles de Lorraine hoffnungslos verfallen. Daran vermochte auch die Ehe mit seiner Cousine nichts zu ändern. Merkwürdig ist, daß dieser geschniegelte und geschminkte Aristokrat nach dem Tod der eleganten Henriette mit einer so gegensätzlichen Persönlichkeit wie Liselotte von der Pfalz eine neue Ehe einging. Ihr verdanken wir eine erst lange Jahre nach dem Tod Philippes in einem Brief vom 9. Januar 1716 enthaltene Charakteristik ihres Mannes, die das Porträt Saint-Simons ergänzt:

»Man hat nie differentere Brüder gesehen, als Ihr. Maj. der König seel. und Mons. seel. waren, haben sich doch sehr lieb gehabt. Der König war groß und cendré oder lichtbraun, und sahe männlich aus, hatte außerdermaaßen hohe Mienen. Mons. sahe nicht ignoble aus, aber er war sehr klein, hatte pechschwarze Haare, Augenbrauen und Augenlieder, große braune Augen, ein gar lang und ziemlich schmal Gesicht, eine große Nase, einen gar zu kleinen Mund und häßliche Zähne, hatte mehr weibliche als Manns-Manieren an sich, liebte weder Pferde noch Jagen, nichts als Spielen, cercle halten, wohl essen, tanzen und geputzt seyn, mit einem Worte, alles was die Damen lieben. Der König aber liebte die Jagd, die Musik, die Comedien; mein Herr nur die großen Assemblen und Maskeraden; der König liebte Galanterie mit Damen, ich glaube nicht, daß mein Herr in seinem Leben verliebt gewesen.«

Molière und Madeleine verdankten es wohl dem seit den Tagen von Pézenas vertrauten Cosnac, der inzwischen zu dem mit karitativen Aufgaben betrauten Almosenier Herzog Philippes von Orléans ernannt worden war, daß sie bei der damals achtzehnjährigen königlichen Hoheit eingeführt wurden, die alsbald ihre Schirmherrschaft über die Truppe anbot. Was es trotz der Charakterschwächen Monsieurs bedeutete, von ihm protegiert zu werden, zeigte sich, als Molière am 24. Oktober 1658 die Gelegenheit erhielt, im Saal der Garden des Alten Louvre vor dem König, der Königinmutter, dem gesamten Hof und den als Zuschauer geladenen Schauspielern des Hôtel de Bourgogne aufzutreten. Es stellte sicher kein geringes Wagnis dar, vor dieser »Seule Troupe Royale entretenue par Sa Majesté« Pierre Corneilles Tragödie *Nicomède* aufzuführen, mußte das Hôtel de Bourgogne doch lebhaft daran interessiert sein, daß Molière keinen durchschlagenden Erfolg erzielte.

Nicht bekannt ist, was Molière dazu bewog, gerade *Nicomède* vor dem König zu spielen. Die Tragödie war aller Wahrscheinlichkeit nach im Januar 1651 zum erstenmal aufgeführt worden, zu jenem Zeitpunkt der Fronde also, als Anna von Österreich und Mazarin die Prinzen noch in Vincennes gefangenhielten, bis diese unter dem Druck der öffentlichen Meinung und der militärischen Ereignisse am 13. Februar wieder freikamen.

Nicomède spielt im zweiten vorchristlichen Jahrhundert in Kleinasien am Hof des Königs Prusias von Bithynien. Dessen zweite Frau sucht mit Hilfe der Römer den aus der ersten Ehe ihres Mannes stammenden Nicomède zugunsten ihres eigenen Sohnes zu entmachten. Nicomède erringt jedoch als überlegener Feldherr für Prusias Sieg über Sieg, so daß der König sich trotz aller Loyalität seines Sohnes durch ihn gefährdet sieht. Im Gegensatz zu der von Corneille benutzten historischen Vorlage wird der schwelende Konflikt schließlich durch die Großmut aller Beteiligten beigelegt. Nicomède versteht es auch, den auf die Nachricht von seiner Gefangennahme hin aufflackernden Volksaufstand durch seine Autorität bei den Rebellen beizulegen. Die Parallelen zu der während der Fronde entstandenen Situation waren offenkundig. Corneille schien mit seinem Drama den rivalisierenden Parteien nahelegen zu wollen, die Gegensätze gütlich zu überwinden. In seinem Vorwort an den Leser strich er als Neuheit dieses seines einundzwanzigsten Theaterstücks das Fehlen jeglicher zärtlichen und leidenschaftlichen Verwicklung heraus: Beherrscht werde sein Werk ausschließlich von einem großartigen Mut. Noch Jahre später gestand der Dichter, *Nicomède* liege ihm besonders am Herzen. Corneille konnte jedenfalls für sich in Anspruch nehmen, in seiner Tragödie den Frondeuren den richtigen Weg gewiesen zu haben.

Es überrascht einigermaßen, daß Molière, falls er in seiner Entscheidung frei war, gerade diese heikle politische Thematik wählte, um sich und seine Truppe dem König und dessen Hofstaat vorzustellen. Er mußte sich darüber klar sein, daß eine einmalige Chance vertan war, wenn er beim König lediglich ein unverbindliches Wohlwollen weckte.

Mehr als einen Achtungserfolg errang die Truppe mit *Nicomède* nicht. In seiner kleinen Dankrede bat Molière daher um die Gunst, noch eines seiner kleinen Unterhaltungsstücke spielen zu dürfen, die seiner Truppe bei ihren Reisen durch die französischen Provinzen ein gewisses Ansehen eingebracht hätten. Die Komödianten spielten daraufhin die nicht erhaltene Farce *Le Docteur amoureux (Der verliebte Doktor)* als Zugabe und erheiterten den König derart, daß er verfügte, die neue Truppe solle sich in Paris niederlassen und fortan gegen ein jährliches Entgelt von 1500 Livres gemeinsam mit den italienischen Komödianten den großen Saal des Petit-Bourbon benutzen, in dem 1614 zum letztenmal vor der Französischen Revolution die Generalstände getagt hatten. Freilich standen Molière und seiner Truppe vorerst nur die »außergewöhnlichen« Theatertage, nämlich Montag, Mittwoch, Donnerstag und Samstag, zu, an denen damals nur in Ausnahmefällen gespielt wurde. Die »ordentlichen« Tage, Dienstag, Freitag und Sonntag, blieben den im Petit-Bourbon etablierten italienischen Komödianten vorbehalten.

Am Allerseelentag, am Samstag, den 2. November 1658, stellte sich Molière mit seiner Truppe zum erstenmal dem Publikum der Hauptstadt vor. Schon zwei Tage nach der Vorstellung vor dem König war der Hof zu einer langen Reise durch die Provinzen aufgebrochen, wodurch sich die Zahl der möglichen Theaterbesucher verringert hatte. Molière schien sich in den Kopf gesetzt zu haben, viele Tragödien aufzuführen und damit in einen Wettstreit mit dem Hôtel de Bourgogne zu treten, das sich durch das Repertoire des jungen Konkurrenten brüskiert und herausgefordert sah und die Aufführungen am Petit-Bourbon sogar durch Unruhestifter stören ließ. Sobald Molière aber seine beiden von ihm selbst verfaßten fünfaktigen Komödien aufführte, verstand er es trotz der Machenschaften der königlichen Truppe, das Interesse des Publikums zu wecken. Erst Ende Januar 1659 kam der Hof in die Hauptstadt zurück, am 12. Februar erwies Monsieur dem von ihm protegierten Molière die Ehre eines Theaterbesuchs, und Ende März wurden die beiden Schauspielertruppen des Petit-Bourbon eingeladen, in Vincennes zu spielen, wo Ludwig XIV. bei Mazarin zu Gast war. Im April spielte Molière mit seinen Leuten in dem nicht weit von Paris gelegenen Schloß von Chilly. Dort empfing Marschall von La Meilleraye den König, Monsieur und die Nichten von Kardinal Mazarin. Für die Truppe waren diese Gastspiele aus verschiedenen Gründen wichtig: Sie halfen über Zeiten der Flaute im Petit-Bourbon hinweg, verschafften direkten Kontakt zu den Großen des Hofs und waren mitunter auch in finanzieller Hinsicht recht ergiebig.

Nach der Osterpause mußte Molière seine Truppe neu zusammensetzen. Marquise Du Parc wechselte mit ihrem Mann Gros-René zum Théâtre du Marais. Im Gegenzug kam Julien Bedeau, genannt Jodelet, zu Molière. Der bereits betagte Farceur hatte sowohl am Hôtel de Bourgogne wie am Théâtre du Marais gespielt, und Scarron und Thomas Corneille hatten diesem bekanntesten Komiker der ersten Jahrhunderthälfte eine Reihe von Rollen auf den Leib geschrieben. Jodelet kam in Gesellschaft seines Bruders, François Bedeau, genannt L'Espy, der ebenfalls auf eine jahrzehntelange Schauspielerlaufbahn an verschiedenen Theatern zurückblicken konnte. Ob die beiden Brüder von Molière erst engagiert wurden, als das Ehepaar Du Parc den Vertrag für die folgende Spielzeit nicht verlängerte, oder ob die Du Parcs die Truppe verließen, weil Unverträglichkeiten zwischen den beiden Farceuren Jodelet und Gros-René bestanden, bleibt unklar. An die Stelle von Dufresne, der sich auf sein Altenteil in die Provinz zurückzog, wurden gleich zwei neue Schauspieler engagiert: Philibert Gassot, genannt Du Croisy (zusammen mit seiner Frau, Marie Claveau), und Charles Varlet, genannt La Grange. Mit dem aus Südfrankreich stammenden La Grange hatte Molière einen hervorragenden Mitarbeiter gewonnen. Er fertigte seit seinem Eintritt in die Truppe, deren Sekretär er wurde, jenes für die Theatergeschichte unschätzbare Register an, das die für Molières Truppe wichtigen Daten, Zahlen und Ereignisse in kargen und sachlichen Sätzen sowie kuriosen Zeichen und Farbsymbolen festhält. Vier Jahre später übernahm La Grange als Nachfolger des überbürdeten Molière auch die Rolle des »Orateur«, der für die Werbung und die Öffentlichkeitsarbeit zuständig war und zum Beispiel nach Spielende das Programm der nächsten Aufführung vorstellte.

Nach der die jährlichen Spielzeiten markierenden Osterpause eröffnete das umbesetzte Ensemble am 28. April die Theatersaison 1659/60 mit Pierre Corneilles *Héraclius, empereur d'Orient (Heraklius, Kaiser des Ostreichs)*. Von den zahlreichen Werken, die in den Sommermonaten gespielt wurden, brachten einige nur enttäuschende Ergebnisse, wie sich an der geringen Zahl der Wiederholungen zeigt. Als im Mai im Alter von etwa dreiundvierzig Jahren Joseph Béjart verstarb, schloß das Theater für vierzehn Tage. Der durch seine für die Kultur- und Sozialgeschichte des siebzehnten Jahrhunderts aufschlußreichen Briefe bekannte Arzt Guy Patin berichtete einem Korrespondenten am 27. Mai, der Verstorbene habe stattliche 40000 Écus in Gold hinterlassen.

Molières Truppe konnte ihre Stellung im Petit-Bourbon wesentlich verbessern, als im Juli 1659 die italienischen Komödianten in ihre Heimat zurückkehrten und Monsieurs Truppe nun an den »ordentlichen« Tagen spielen durfte. Außerdem kam im Oktober Marquise Du Parc mit ihrem Mann wieder zu Molière zurück, so daß sich die Truppe jetzt aus sieben männlichen und fünf weiblichen Schauspielern zusammensetzte. Jetzt kam alles darauf an, in der laufenden Spielzeit nicht nur Achtungserfolge aneinanderzureihen, sondern durch eine Sensation die öffentliche Meinung zu faszinieren oder, wenn dies nicht gelang, zu provozieren.

Der Pyrenäenfrieden: Ludwigs Vermählung mit Maria Theresia von Österreich

Im November 1658 begannen in Lyon die schwierigen Verhandlungen zwischen Spanien und Frankreich, die von Februar bis Juni 1659 in Paris fortgesetzt wurden und ein Jahr später im Pyrenäenfrieden ihren krönenden Abschluß fanden. Das Tauziehen zwischen den beiden Großmächten wurde auf der extraterritorialen, mitten im französisch-spanischen Grenzflüßchen Bidassoa liegenden Fasaneninsel beendet. Die erste Begegnung zwischen dem spanischen Premierminister Luis Méndez de Haro und dem von Gicht und Koliken heimgesuchten

Kardinal Mazarin fand am 13. August 1659 statt. Am 7. November konnte das ausgeklügelte Vertragswerk unterzeichnet werden. Die folgenreichen Grenzberichtigungen (das katalanischsprechende Roussillon fiel damals an Frankreich) und Haros entschlossenes Eintreten für die Rehabilitierung des »Grand« Condé, der nach der Fronde zu den Spaniern übergelaufen war, drohten den Friedensvertrag wiederholt scheitern zu lassen.

Den Beteiligten war klar, daß der Frieden aller Voraussicht nach nur dann Bestand haben würde, wenn er durch die Vermählung Ludwigs XIV. mit Maria Theresia, der Tochter Philipps IV. aus erster Ehe, feierlich besiegelt wurde. Der Kardinal erhoffte sich mit Blick auf die schwächliche Konstitution des spanischen Thronfolgers eine eventuelle spätere Personalunion der französischen und spanischen Krone. Don Luis ließ jedoch im Vertrag eindeutig und unmißverständlich festhalten, daß die Infantin jetzt und künftig auf jeden Gebietsanspruch verzichte. Mazarin verlangte als Gegenleistung für diese Vertragsklausel eine in drei Raten an Frankreich auszubezahlende Summe von 500000 Golddukaten. Abzusehen war, daß die spanischen Finanzen es nie erlauben würden, der hiermit eingegangenen Verpflichtung nachzukommen, und daß die Verzichterklärung Maria Theresias damit gegenstandslos würde.

Mit dem Ehevertrag schob Mazarin außerdem künftigen Eskapaden seines königlichen Patenkindes einen Riegel vor. Hatte doch der junge Monarch noch wenige Wochen zuvor allen Ernstes Maria Mancini, die Nichte des Kardinals, heiraten wollen. Mazarin, der sich nicht noch in letzter Minute durch ein neunzehnjähriges Mädchen um die Ergebnisse seiner mühsamen Verhandlungen gebracht sehen wollte, verbannte seine Nichte kurzerhand nach Brouage an die Atlantikküste: Mochte sie dort unter den Augen einer mit präzisen Instruktionen versehenen Aufpasserin ihren phantastischen Träumereien nachhängen. Der Kardinal war entschlossen, alles zu tun, um zu vermeiden, daß sich der König an der »gloire« versündigte, in deren Pflicht dieser durch seinen Rang genommen war. Und Maria sah als Liebende ihre eigene, aus den heroisch-galanten Romanen gewonnene Auffassung von »gloire« verletzt, als der König am 22. Juni 1659, zwar in Tränen aufgelöst, aber zur endgültigen Trennung entschlossen, sich von ihr verabschiedete.

Während Mazarin mit dem spanischen Ministerpräsidenten verhan-

delte, hatte er darauf zu achten, daß die seinem wachsamen Auge
entzogenen Liebenden nicht vielleicht doch noch zueinander fanden.
»Gott hat die Könige eingesetzt, damit sie über das Wohl, die Sicherheit und die Ruhe ihrer Untergebenen wachen, und nicht, damit sie
diese ihre Güter und diese Ruhe ihren privaten Leidenschaften opfern«,
mahnte der Kardinal. Er ging so weit, seinen Rückzug aus allen Staats-
geschäften anzudrohen, falls sein verliebter Patensohn nicht Vernunft
annehme.

Ludwig und seine Mutter waren mit Mazarin und dem Hof bereits auf
dem Weg zu den abschließenden Friedensverhandlungen, die im äußer-
sten Südwesten Frankreichs, weit unten am Golf von Biskaya, stattfinden sollten, da erwirkte der König von Anna die Bewilligung zu einem
Abstecher nach dem nicht weit von Brouage gelegenen Saint-Jean-
d'Angély. Er ritt der Karosse seiner Mutter voraus und traf drei Stunden
vor ihr an dem verabredeten Ort ein. Er wollte Maria noch einmal
sehen, bevor er sich der Staatsräson fügte. Drei Tage verbrachten die
Liebenden mit Einwilligung der Königin miteinander. Als der Kardinal
davon erfuhr, kanzelte er den König wie einen Schuljungen ab: »Uner-
klärlich ist, daß Sie alle nur vorstellbaren Mittel anwenden, um Ihre
Leidenschaft anzuheizen, während Sie am Vorabend Ihrer Vermählung
stehen.« Mazarin scheute auch nicht davor zurück, seine Nichte zu
verunglimpfen: »Sagen Sie mir«, stellte er den König zur Rede, »was
für eine Person soll sie denn spielen, wenn Sie verheiratet sein werden? [...] Ich versichere Ihnen, daß mich nichts daran hindern könnte,
aus Gram zu sterben, falls ich mitansehen muß, daß eine Person, die
mich so sehr angeht wie Sie, mehr Unglück und Gefahr bringt, als ich
Ihnen vom Tag an, an dem ich in Ihren Dienst trat, Ihnen Dienste
erweisen konnte.« Endlich war auch Maria Mancini bereit, ihre hoch-
fahrenden Heiratspläne aufzugeben. Am 3. September teilte sie dem
Kardinal mit, sie habe den König gebeten, er möge künftig darauf
verzichten, ihr zu schreiben. Erst im Januar 1660 gestattete der Kardinal
seiner Nichte die Rückkehr nach Paris. Der König nutzte während der
in Südfrankreich verbrachten Monate die Möglichkeit, mit Olimpia, der
ihm schon seit Jahren vertrauten Schwester von Maria Mancini, zu
tändeln. Eine ernste Gefahr für das in Aussicht genommene Ehebünd-
nis stellte sie jedoch nicht mehr dar. Denn inzwischen hatte der
Herzog von Gramont bereits als außerordentlicher Botschafter des

Königs von Frankreich in Madrid um die Hand von Maria Theresia angehalten.

Auf der spanischen Seite brach am 15. April 1660 der kränkelnde und griesgrämige Philipp IV. mit großem Troß aus Madrid auf, um Maria Theresia bis zur spanisch-französischen Grenze zu begleiten. Dort sollte sie verabschiedet und dem sie erwartenden Franzosen übergeben werden. Der sechzigjährige Diego Velázquez, Hofmarschall Philipps, ritt voraus und trug mit drei Quartiermeistern dafür Sorge, daß die erlauchte Reisegesellschaft angemessen untergebracht wurde. Dies war gewiß keine leichte Aufgabe: Allein vier Leibärzte, vier Wundärzte, zwei Aderlasser, der Leibbarbier und dessen drei Gehilfen zogen im Gefolge des Königs mit. Und zudem reisten die spanischen Granden in Begleitung ihres eigenen kleinen Hofstaats. Im Fall von Luis Méndez de Haro waren dies nicht weniger als zweihundert Personen.

Am 24. April erreichte Philipp die alte Hauptstadt Kastiliens, Burgos. Hier hatte fünfundvierzig Jahre vorher »per procura« seine Vermählung mit Elisabeth von Bourbon stattgefunden, deren Tochter nun für Frankreich bestimmt war. Am 11. Mai traf der König mit Maria Theresia in San Sebastián ein, wo sich die illustre Gesellschaft drei Wochen lang aufhielt. Velázquez ließ währenddessen den alten Palast der Könige von Navarra in Fuenterrabía instand setzen und besichtigte das auf der Fasaneninsel des Grenzflüßchens Bidassoa gelegene und für die Begegnung der königlichen Geschwister vorgesehene Konferenzhaus, in dem Mazarin und Haro im vorausgegangenen Herbst den Pyrenäenfrieden unterzeichnet hatten. Die Flußinsel war etwa fünfhundert Fuß lang und sechzig Fuß breit. Der zentrale Konferenzraum des für die Kontakte zwischen den beiden Monarchen errichteten ephemeren Inselpalais war sechsundfünfzig Fuß lang, achtundzwanzig breit und zweiundzwanzig hoch. Zu seinen Seiten befand sich eine gleichgroße Zahl besonderer Gemächer für die Spanier und Franzosen. Alle Räume waren mit kostbaren Teppichen niederländischer Herkunft geschmückt.

Der König durfte seine Braut zunächst noch nicht sehen, obwohl bereits am 3. Juni Haro im Auftrag des französischen Königs »per procura« Maria Theresia in der Kathedrale von Fuenterrabía geheiratet hatte. Auf der Fasaneninsel trafen sich am folgenden Tag die königlichen Geschwister Anna von Österreich und Philipp IV. Eine vom Protokoll festgelegte Demarkationslinie mußte dabei genau respektiert werden. Die Geschwister waren sich seit fünfundvierzig Jahren nicht mehr begegnet. »Ich denke«, sagte Anna zu ihrem Bruder, »daß Ihre Majestät mir verzeihen werden, wenn ich eine so gute Französin war. Ich war es meinem königlichen Sohn und Frankreich schuldig.« »Ich weiß dies bei Ihrer Majestät zu schätzen«, erwiderte Philipp, »meine Gemahlin, die Königin, hielt es genauso.« Da traf, ohne daß dies vom Protokoll vorgesehen gewesen wäre, Ludwig ein: Er wollte unbedingt schon jetzt seine künftige Frau sehen. Als ihn der sonst als reserviert bekannte spanische König dabei zu Gesicht bekam, ließ er sich sogar zu Komplimenten hinreißen: »Ein schöner Schwiegersohn. Wir werden Enkel bekommen.«

Neben dem jungen Sonnenkönig konnte die Infantin kaum bestehen. Immerhin hat die in den Diensten von Anna von Österreich stehende Madame de Motteville in ihren Memoiren ein mit höfischen Artigkeiten umschnörkeltes, schmeichelhaftes literarisches Porträt von der durch die Natur weder mit geistigen noch mit körperlichen Vorzügen verwöhnten Maria Theresia verfaßt: »Ihre blauen Augen schienen uns schön zu sein. Sie bezauberten uns durch ihre Sanftmut und ihren Glanz. Wir lobten die Schönheit ihrer etwas dicken, roten Lippen. Die Form ihres Gesichts war länglich, aber da es in der unteren Hälfte rund war, gefiel es uns. Und ihre ein wenig dicken, aber schönen Wangen wurden in unserem Lob nicht vergessen. Ihr Haar war von silbern schimmerndem Blond, das vorzüglich zu den schönen Farben ihres Gesichts paßte. Zweifellos hätte man sie bei etwas größerem Wuchs und mit schöneren Zähnen zu den schönsten Personen Europas zählen können.«

Was die geistigen Anlagen Maria Theresias betraf, so war freilich bereits am 16. Oktober 1659 dem in Madrid als Brautwerber Ludwigs XIV. auftretenden Marschall von Gramont und seiner an Medisance und Esprit gewöhnten Begleitung aufgefallen, daß der Infantin nur einige nichtssagende, »sakramentale« Höflichkeitsfloskeln, etwa die Frage nach dem Befinden der französischen Königin, ihrer Tante, zu entlocken waren.

Auf der Fasaneninsel bekräftigten am 5. Juni die Könige im Beisein von Kardinal Mazarin durch einen Friedenskuß das Ende des Krieges zwischen den beiden Ländern, der vierundzwanzig Jahre gedauert hatte. Tags darauf trennte sich der Vater endgültig von seiner Tochter. Am 9. Juni fand in dem baskischen Hafenort Saint-Jean-de-Luz die Vermählung der Cousins statt. Der ehemalige Protektor Molières, Armand Prince de Conti, führte den Hochzeitszug an. Vor dem König schritt in Hermelin und Purpur der von seinen Leiden und Gebresten gezeichnete, aber geschminkte Kardinal. Maria Theresia ging bei der feierlichen Prozession zur Kirche vor ihrem Schwager Philippe und ihrer Tante und Schwiegermutter Anna von Österreich. Der Bischof von Bayonne segnete die Ehe in der Kirche Saint-Jean-Baptiste, dem größten und imposantesten Kirchenbau des französischen Baskenlandes, ein. Drei Galerien aus massiver Eiche im Innern bilden einen lebhaften Kontrast zu dem eher nüchternen Äußeren. Als die lange Hochzeitszeremonie gegen drei Uhr endete, wurde das Portal, durch das die Neuvermählten die Kirche verlassen hatten, hinter ihnen zugemauert. Die Braut erhielt Geschenke vom König und dessen Bruder. Mazarin übergab der Gemahlin seines Patenkinds Diamanten und Perlen im Wert von 120000 Livres, ein Tafelservice in massivem Gold und zwei von je sechs Pferden gezogene Kaleschen. Nach der Hochzeitsnacht in Saint-Jean-de-Luz machte sich der Hof auf den Weg nach Norden. Der König wußte es einzurichten, daß er sich unter dem Vorwand, er wolle La Rochelle besichtigen, von seiner Begleitung entfernen konnte: Am 28. Juni schlief er in Brouage in dem von Maria Mancini während ihrer Verbannung benutzten Zimmer.

Der Durchbruch: »Les Précieuses ridicules«

Mit der am 18. November 1659 im Anschluß an eine Aufführung von Pierre Corneilles *Cinna* erstmals inszenierten Farce *Les Précieuses ridicules (Die lächerlichen Preziösen)* erlebte Molière in den folgenden Wochen einen triumphalen Erfolg. Zum erstenmal schuf er sich aber auch mächtige Gegner. Die bis dahin fast konkurrenzlosen Grands comédiens vom Théâtre de Bourgogne fingen an, die neue Truppe zu fürchten. Über die Reaktion der einflußreichen Gesellschaft der Salons gibt es widersprüchliche Äußerungen. Ein unbekannt gebliebener Alkovenhabitué von Stand soll sogar ein Aufführungsverbot erwirkt haben. Ludwig XIV. weilte nicht in Paris. Er hatte wenige Tage vorher im Beisein Mazarins auf der Fasaneninsel den Pyrenäenfrieden unterzeichnet.

Zwischen dem 23. November und dem 2. Dezember gab die Truppe die Tragödie *Pylade et Oreste (Pylades und Orest)* des aus Rouen stammenden Coqueteau de La Clairière. Die Uraufführung spielte 553 Livres ein, immerhin 20 Livres mehr als die *Précieuses ridicules* fünf Tage zuvor. Aber die Einnahmen gingen bei den folgenden Wiederholungsaufführungen schnell zurück. Kein Wunder, denn Molières Ensemble könne ohnehin kein ernstes Stück spielen, meinte der mit dem Verfasser von *Pylade et Oreste* befreundete und der neuen Truppe nicht gerade wohlgesinnte Thomas Corneille.

Als am 2. Dezember die *Lächerlichen Preziösen* wiederholt wurden, konnte Molière die Eintrittspreise verdoppeln: Ein Parkettplatz kostete nun 30 Sous. Zum erstenmal erlebte Molière in Paris, daß ein Stück, das nicht sofort wiederholt wurde, während der Frist bis zur nächsten Aufführung die Ungeduld des Publikums anheizte. Da die Farce nicht die Länge einer normalen Theateraufführung erreichte, waren die eingenommenen 1400 Livres ein stolzes Ergebnis. Es wurde auch am darauffolgenden Freitag, den 5. Dezember, erreicht, obwohl für den Eintritt nur die normalen Preise verlangt wurden. Freilich gab es vor der Farce auch Pierre Corneilles Tragödie *Rodogune*, aber derentwegen war das Gros der Zuschauer sicher nicht in den Petit-Bourbon gekommen. Ganz im Gegenteil: Das Publikum war bereit, bei einer Tragödie auszuharren, wenn es für seine Geduld anschließend durch eine Farce belohnt wurde. Molière sollte dies später noch oft erfahren. Am Samstag, den 6. Dezember, wurden die *Lächerlichen Preziösen* nach einer *Cid*-Aufführung wiederholt. Die Truppe zahlte Molière an diesem Abend 500 Livres für seinen erfolgreichen Text aus.

Wie zugkräftig die *Lächerlichen Preziösen* waren, zeigte sich, als Molière am Freitag, den 12. Dezember, *Zénobie*, ein neues Stück des heute längst vergessenen königlichen Historiographen Jean Magnon aufführte. Bereits eine Woche später wurde das Drama vor fast leeren Plätzen gespielt. Unter richtiger Einschätzung seines Publikums koppelte Molière daraufhin das Stück am 26. Dezember mit seiner neuen

Farce. Der Kassensturz ergab mit 1200 Livres eine beachtliche Summe.
Der Erfolg dieser Theatersatire mußte Molière, der sein Repertoire
nicht auf Farcen spezialisieren wollte, nachdenklich stimmen: Ernste
Bühnenstücke erwartete man offensichtlich nicht von ihm.
Am 12. Januar 1660, zwei Monate nach der Uraufführung der
Lächerlichen Preziösen, erhielt Jean Ribou ein Privileg, die Komödie *Les
Véritables précieuses (Die wirklichen Preziösen)* von Antoine Baudeau de
Somaize, einem bis dahin noch unbekannten Literaten, zu drucken. Er
war um 1657 Sekretär bei Maria Mancini gewesen. Für Molière
brauchte der Raubdruck noch kein Anlaß zur Aufregung zu sein, aber
ärgerlich wurde die Angelegenheit, als er in Erfahrung brachte, daß
Ribou auch ein Druckprivileg für die *Lächerlichen Preziösen* erhalten
hatte. Irgend jemand mußte diesem eine Kopie des noch unveröffentlichten Textes zugespielt haben. Falls Molière nicht sofort einschritt,
riskierte er nicht nur, daß ein entstellter Text auf den Buchmarkt kam,
er hätte auch noch die ihm zustehenden Aufführungsrechte eingebüßt.
Am 19. Januar ließ daher ein von Molière gewählter Drucker, Guillaume de Luyne, beim Gericht ein Privileg für die *Précieuses ridicules*
registrieren, mit dem Ergebnis, daß bereits am folgenden Tag die
von Ribou erschwindelte Druckerlaubnis wieder zurückgenommen
wurde.

Aus der Vorrede zur Buchausgabe spricht Molières durch den Erfolg
gestärktes Selbstbewußtsein: Unziemlich wäre es, bemerkt er, wollte er
angesichts einer Komödie, die »bei dem Publikum, dem höchsten
Richter derartiger Werke«, so gute Aufnahme gefunden habe, noch den
Bescheidenen spielen. Bedauerlich finde er lediglich, daß er nun ein
Stück veröffentlichen müsse, das für das Rampenlicht bestimmt sei, in
dem es allein richtig zur Wirkung komme. Er befinde sich in der
Verlegenheit, ein Buch herauszubringen, ohne Zeit dafür zu haben,
durch einen blumigen Widmungsbrief eine hochgestellte Persönlichkeit als Schirmherrn zu verpflichten oder durch einige von Freunden
verfaßte französische, lateinische oder griechische Verse – »es ist nicht
unbekannt, daß ein Lob auf griechisch zu Beginn eines Buches eine
wunderbare Wirkung tut« – das Stück empfehlen zu lassen. Da er nicht
einmal die Muße habe, in ein paar Worten die Absichten seiner
Komödie zu rechtfertigen, beeile er sich, wenigstens zu versichern, sie
bewege sich durchwegs in den Grenzen ehrbarer und erlaubter Satire,

denn wahre Gelehrte und echte Helden ließen sich angesichts des
Dottore und des Capitano der Commedia dell'arte ebensowenig krän-
ken wie Richter, Fürsten und Könige, wenn sie von Trivelin oder sonst
jemandem auf der Bühne einen Richter, einen Fürsten oder einen König
lächerlich dargestellt sähen. Auch die echten Preziösen würden sich
daher ganz zu Unrecht betroffen fühlen, wenn man in seinem Stück die
sie schlecht nachahmenden lächerlichen Preziösen darstelle. Molière
verfolgte mit dieser Gegenüberstellung von echten und falschen Vertretern einer gesellschaftlichen Schicht eine Strategie, die er in den
später folgenden Auseinandersetzungen mit seinen Widersachern noch
oft benutzen sollte.

Zwischen der Uraufführung und der Veröffentlichung des Textes
waren einige Monate vergangen. Nicht auszuschließen ist, daß Molière
die Wellen der Aufregung zu glätten suchte, indem er im nachhinein aus
den beiden jungen Protagonistinnen zwei »Provinzgänse« machte, die
ihren mit den Gepflogenheiten preziöser Galanterie nicht vertrauten
Bewerbern La Grange und Du Croisy eine Abfuhr erteilen. In dem
Bericht in Prosa und Vers über die Farce Die Preziösen, den die auch unter
dem Namen Madame de Villedieu bekannte Marie-Catherine Desjardins wenige Tage nach der Aufführung veröffentlichte, ist nirgends
davon die Rede, daß die beiden Preziösen keine Pariserinnen seien.
Molière, der sich später in einer Reihe von Werken über die Provinz
mokierte und dabei die Provinzler auch durch ihre Sprache kennzeich-
nete, läßt die regionale Herkunft seiner Preziösen auffällig unpräzisiert.
Aber zwei mit den Lebensgewohnheiten der Hauptstadt nicht vertraute,
gerade eben vom Land nach Paris gekommene junge Mädchen durch
die als Marquis beziehungsweise Vicomte herausgeputzten Lakaien
Mascarille (Molière) und Jodelet (Jodelet) zum besten zu halten war
relativ leicht zu bewerkstelligen. Molière war es nicht um ein didakti-
sches Thesenstück zu tun, sondern um die in der Personenkonstellation
angelegte Situationskomik.

Das komplexe historische Phänomen der Preziosität wurde durch die
beiden Vertreterinnen in Molières Komödie wirkungsvoll reduziert.
Nicht mehr zufrieden mit ihren Namen Cathos und Magdelon, wollen
die beiden ambitionierten, durch die Lektüre heroisch-galanter Romane verdorbenen Mädchen sich fortan Aminthe und Polixène nennen,
weil auch die von ihnen bewunderten Vorbilder ihre Namen verfremdet

hatten, seitdem François de Malherbe Marquise de Rambouillets Vornamen Catherine zu dem Anagramm Arthénice verschlüsselt hatte und Madeleine de Scudéry als Sappho bezeichnet und zitiert wurde. Anlässe zu einer satirischen Darstellung preziöser Exzentrik gab es genug. Seit der Fronde hatten Luxus und Verschwendungssucht ständig zugenommen. Die von den beiden falschen Marquis getragenen »canons« (es handelt sich um die modisch gewordenen Spitzenbesätze am Knie) nahmen bei zeitgenössischen Vertretern der Pariser Gesellschaft Dimensionen an, die den von Molière und Jodelet bei den Aufführungen getragenen in nichts nachstanden. Die schmarotzenden Müßiggänger der Aristokratie, die ihre Tage in den Salons bei Galanterie und Konversation verbrachten, ließen nichts unversucht, um aufzufallen. Bereits der Hugenottendichter Théodore Agrippa d'Aubigné hatte dieses aufdringliche Zurschaustellen der eigenen Erscheinung in den erst 1630 veröffentlichten *Abenteuern des Barons von Foeneste* angeprangert – dem Namen liegt das griechische Verb für »scheinen« zugrunde; er spielt auf die Bedeutung von Äußerlichkeiten für den Protagonisten an. Nicht wenige von Molières aristokratischen Zeitgenossen trugen Bänder, Spitzen und Federn auf Kleidern und Hüten, und gegen 1558 wurde es große Mode, die ohnehin schon parfümierten Handschuhe obendrein noch mit Perlen und Diamanten zu übersäen. Einige Abbés – sie waren unter dem Klerus die Entsprechung für die weltlichen Marquis – trugen Schönheitspflästerchen. Die Damen stöckelten nicht nur auf hohen Absätzen einher, sondern preßten ihre Füße auch noch mit engen Bandagen zusammen. Von einer Preziösen wird berichtet, sie habe Jasminwasser getrunken, um ihrem Gesicht zu einem hellen Teint zu verhelfen.

Das waren freilich Auswüchse, über denen nicht die Bedeutung der Preziösen für die frühe Frauenbewegung übersehen werden darf. Historiker und zeitgenössische Gewährsleute sind sich darüber einig, daß der französische Adel nach den Religionskriegen in der zweiten Hälfte des sechzehnten Jahrhunderts verroht war. Auch Heinrich IV., der mit dem freie Religionsausübung garantierenden Edikt von Nantes (1598) die Voraussetzung für den inneren Frieden im Lande geschaffen hatte, war als Monarch nicht darum bemüht, seine Vasallen und Untertanen zu gesellschaftlichen Umgangsformen zu erziehen. Wenn sich hingegen allmählich das für den Aristokraten des siebzehnten Jahrhunderts kennzeichnende Lebensideal des »honnête homme« herauskristallisierte, war dies das Verdienst von Honoré d'Urfé, der die fünf Teile seines Schäferromans *Astrée* zwischen 1607 und 1628 veröffentlichte, und von Catherine de Vivonne, die in ihrem nach eigenen Entwürfen ausgestatteten Hôtel de Rambouillet seit 1620 eine erlesene Gesellschaft empfing. Die sich in der »chambre bleue« bei Catherine de Vivonne versammelnden Damen und Herren bezogen ihre Normen für richtiges Benehmen direkt oder indirekt aus Baldassarre Graf Castigliones *Cortegiano* (1528), aus dem *Galateo* (1558) von Giovanni Della Casa und aus *La civile conversazione* (1574) von Stefano Guazzo. Alle diese Werke waren innerhalb weniger Jahre nach ihrem Erscheinen ins Französische übersetzt und mehrfach aufgelegt worden. Ihr Gedankengut hatten in Frankreich zahlreiche Nachahmer so weit assimiliert und verbreitet, daß im siebzehnten Jahrhundert Neuauflagen der aus dem Italienischen übersetzten Werke nahezu entbehrlich wurden.

Nichts war dieser Gesellschaft verhaßter als pedantische Gelehrsamkeit. Eigenes Wissen und Können mußte nach außen hin bagatellisiert werden. Castiglione hatte diese Untertreibung »sprezzatura« genannt. Es handelte sich dabei um eine Art gespielter Bescheidenheit, welche auch das in Montaignes *Essais* vorherrschende Lebens- und Stilideal ist. Nonchalance und Affektiertheit lagen allerdings oft eng beieinander. Die Aristokraten glaubten sich bereits dank ihrer Herkunft im Besitz des für sie Wissenswerten, nichts scheuten sie so sehr wie pedantische Didaktik. Was sie zur Konversation beitrugen, sollte unverbindliche und leicht hingeworfene Meinungsäußerung bleiben. Die französische Salonkultur entfaltete sich somit auf der Grundlage dieser an den italienischen Höfen gepflegten »sprezzatura«. Die Literaten der Zeit waren sich darüber einig, daß im Hôtel de Rambouillet der richtige Ton herrschte. Jean Chapelain schrieb am 25. März 1638 an Jean Louis Guez de Balzac: »Es gibt keinen Ort mit mehr ›bon sens‹ und weniger Pedanterie.« Von Pedanterie war der Verfasser des Briefs allerdings selbst nicht frei, wie die Marquise de Rambouillet mißbilligend bemerkte. Allzugern gab nämlich Chapelain seiner Manie nach, antike Autoren zu zitieren. Unter Männern bestand schließlich einhellige Meinung darüber, daß sich Frauen nicht durch den Ballast gelehrten Wissens ihrer Anmut berauben sollten: »Lieber wäre mir eine Frau mit einem Bart als eine, welche die Gelehrte spielt«, bemerkte Balzac.

Molière konnte damit rechnen, daß er in seiner satirischen Darstellung preziöser Auswüchse die Lacher auf seiner Seite haben würde. Dies um so mehr, als sich die Frauen in den preziösen Zirkeln einen Freiraum geschaffen hatten, in dem der Mann sich ihren Gesetzen, den Gesetzen der Galanterie, unterzuordnen hatte. Der Abbé Michel de Pure hatte in einem zwischen 1656 und 1658 publizierten, zum Teil ironisch distanzierten vierbändigen Werk *La Prétieuse ou Les Mystères des ruelles (Die Preziöse oder Die Alkovengeheimnisse)* die Liebe und deren Varianten mit den in den Salons herrschenden Gepflogenheiten durch den Mund von Ménage, d'Aubignac und Chapelain, deren Namen er in leicht durchschaubaren Anagrammen verschlüsselt hatte, kodifiziert. Gefühlsanalyse und Auffächerung der Liebe nach ihren verschiedenen Erscheinungsformen gehörten zu den beliebtesten Themen der in den Salons geführten Konversation und der dort vorgetragenen Literatur. Und eben erst waren die von Charles Sorel verfaßten und 1644 erschienenen *Loix de la galanterie (Die Gesetze der Galanterie)* neu aufgelegt worden. Wie die Reaktion der beiden Preziösen bei Molière zeigt, disqualifizierte sich ein Verehrer vor allem dann, wenn er seine Werbung ohne verklausuliertes sprachliches Versteckspiel vorbrachte und mit der Tür ins Haus fiel. In seiner im Jahre der *Précieuses ridicules* erschienenen *Morale galante ou L'Art de bien aimer (Galante Moral oder Die Kunst, richtig zu lieben)* hatte Le Boulanger im Anschluß an Madeleine de Scudérys *Cyrus* doziert: »Das Wort ›ich liebe‹ ist für eine Person, die Schamgefühl besitzt, zu roh, es bedarf sanfterer Ausdrücke, wenn man seine Liebe gestehen will.«

Die sichere Beherrschung des in den preziösen Salons nach dem Muster der Schäferliteratur und der heroisch-galanten Romane aufgestellten Codes war unerläßlich. Die Koketterie der Frau war darauf angelegt, den Partner durch ständige Streitgespräche über richtige Liebe immer wieder herauszufordern. Galanterie, wie sie im Salon des siebzehnten Jahrhunderts gepflegt wurde, war ein um Gewähren und Verweigern kreisendes Gesellschaftsspiel. Ninon de Lenclos, die in ihrem Salon libertinistische Freidenker um sich versammelte, nannte die Preziösen einmal Jansenisten der Liebe. Somit durften nach Meinung dieser Vertreterinnen einer spirituellen Liebesauffassung nicht einfach Forderungen gestellt werden, sondern die Angebetete konnte wie Gott ihre Gnade und Huld gewähren oder verweigern. Mit Recht lehnen sich die beiden Mädchen in den *Lächerlichen Preziösen* gegen ihren Vater beziehungsweise erziehungsberechtigten Onkel Gorgibus auf, der sie ohne viel Federlesens verheiraten möchte und nicht wahrhaben will, daß seine Schutzbefohlenen den Gedanken schockierend finden, künftig allen Ernstes neben einem nackten fremden Mann ihre Nächte verbringen zu müssen.

Molière fand die grobe und polternde Art seines Gorgibus sicher nicht weniger lächerlich als die übertriebenen Lebens- und Liebeserwartungen der beiden preziösen Aspirantinnen. Die komische Wirkung dieser Farce entsteht nicht zuletzt dadurch, daß hier zwei völlig unvereinbare Positionen aufeinanderprallen und sich durch ihre Ausschließlichkeit in gleichem Maße bloßstellen. Tatsächlich erwächst die Streitfrage zwischen Gorgibus und seinen Mündeln aus dem Widerspruch zwischen der bürgerlichen Arbeits- und Handelswelt des Erziehungsberechtigten und der bei den Mädchen infolge des erreichten Wohlstands freigesetzten, aber richtungslosen und jeder Mode preisgegebenen geistigen Energien. Die von Magdelon und Cathos abgewiesenen Freier haben keine Ahnung von den Regeln richtiger Galanterie. Eine Werbung muß nach den Vorstellungen der lächerlichen Preziösen Molières einen strengen Gesetzen folgenden Verlauf nehmen: »Die Heirat darf erst nach zahlreichen Abenteuern erfolgen. Wenn ein Freier sich um unsere Gunst bemüht, muß er seine Gefühle in erlesene Worte kleiden, er muß sich als schmachtend, zärtlich und leidenschaftlich erweisen und uns den Hof machen, wie sich's gehört. In der Kirche, auf einem Spaziergang oder bei einer öffentlichen Zeremonie muß er der Person ansichtig werden, in die er sich verliebt; oder das Schicksal führt ihn in Gestalt eines Freundes, eines Verwandten bei ihr ein – und er verläßt ihr Haus verträumt und schwermütig. Eine Zeitlang verhehlt er der Angebeteten seine Neigung, macht ihr aber mehrmals seine Aufwartung und versäumt dabei nie, das Gespräch auf die Dinge des Herzens hinzulenken und dadurch die ganze Gesellschaft anzuregen. Dann kommt der Tag der Liebeserklärung, die für gewöhnlich in der Allee eines Gartens gemacht wird, während sich die übrige Gesellschaft gerade entfernt hat.

Diese Erklärung ruft augenblicklich Zorn hervor, der sich in heftigem Erröten äußert und den Bewerber einige Zeit aus unserer Nähe verbannt. Dann gelingt es ihm, uns zu besänftigen, uns allmählich an die Beteuerungen seiner Leidenschaft zu gewöhnen und uns das Geständnis, das uns so schwerfällt, abzuschmeicheln. Darauf folgen Abenteuer: Nebenbuhler, die das zarte Band zerreißen wollen, Väter, die Gewalt anwenden, Eifersuchtsszenen auf Grund trügerischer Mißverständnisse, Jammern und Wehklagen, Verzweiflung, Zusammenbrüche, Entführungen und was sonst noch dazugehört. Auf diese Art müssen die Dinge ablaufen – das sind die Formen, welche man in Herzensangelegenheiten nicht entbehren kann. Aber nur eins-zwei-drei auf das Heiraten losgehen, die Vereinigung gleich auf dem Papier eines Ehekontrakts vollziehen, das heißt: den Roman am unrechten Ende anpacken, das wäre ja das reinste Handelsgeschäft; mir wird schon ganz übel, wenn ich nur daran denke.«

Die modisch übertriebene Aufmachung der lächerlichen Preziösen und der im Auftrag ihrer Herren als Kavaliere verkleideten Diener Mascarille und Jodelet widersprach dem Ideal des »honnête homme«. Nur zwei dumme Gänse konnten nach Meinung der Eingeweihten auf eine derartige Maskerade hereinfallen. Jacques de Callières hatte in seinem 1658 erschienenen Traktat *La Fortune des gens de qualité (Der Erfolg der Menschen von Stand)* die wesentlichen Züge des »honnête homme«, wie sie sich in den Salons herausgebildet hatten, rekapituliert: Eine bizarre Aufmachung lasse auf ähnliche Sitten schließen, ein Edelmann sei angemessen angezogen, wenn seine Kleidung »schwarz, sauber und neu« sei; wer gar am Hofe lebe, tue gut daran, den richtigen Mittelweg einzuschlagen, um nicht aufzufallen. Auch die Religion will Callières von dieser Grundregel richtigen Verhaltens nicht ausgenommen wissen, denn Lebensführung lerne man mit Blick auf den königlichen Hof, nicht durch exzentrische religiöse Praxis: »Genau besehen, steht die Frömmigkeit nicht im Widerspruch zu den Umgangsformen eines Höflings; sie muß wie die anderen Dinge mit Überlegtheit ausgeübt werden. Was zu einem Kapuziner paßt, stünde einem Mann des Hofes schlecht an, wir können unter gestickten Gewändern ein Büßerhemd tragen; um keusch und enthaltsam zu sein, brauchen wir die Alkoven der Damen von Stand nicht zu fliehen [...]. Es ist ein sehr abwegiges Mittel, sein Glück zu gestalten, indem man sich in einem Betsaal einschließt, während der Fürst im Theater ist.«

Diese auf Ausgewogenheit und kluges Mittelmaß abgestellte Lebensauffassung vertreten auch die »raisonneurs« bei Molière, jene zahlreichen um die Erwartungen der Welt wissenden, sich darauf einstellenden und durch keinerlei persönliche Exzentrik gefährdeten Figuren. Sie bildeten sicher einen Grundstock seines Publikums, das sich über all die abartigen Originale auf seinem Theater amüsierte.

Verglichen mit Molières *Lächerlichen Preziösen* sind die eingangs erwähnten *Wirklichen Preziösen* von Somaize nur das billige Machwerk eines ehrgeizigen Möchtegern-Literaten, der mit aller Gewalt versuchte, sich Eintritt in die Welt der Salons und des Theaters zu verschaffen. Er gab die Absicht nicht auf, sich einen Anteil am Erfolg der *Lächerlichen Preziösen* zu sichern. Am 3. März ergatterte der offensichtlich mit Ribou konspirierende Somaize das Druckprivileg für eine Versfassung von Molières Komödie. Damit ließ sich der den *Lächerlichen Preziösen* Molières gewährte Urheberschutz unterlaufen. In seinem Widmungsschreiben an Maria Mancini tat er sich einiges darauf zugute, Molières Prosa in Verse übertragen zu haben, und versuchte sich und seinen Lesern weiszumachen, er habe die Komödie damit in eine Form gebracht, »welche den ihr von aller Welt eher infolge glücklicher Umstände als eigentlichen Verdienstes gespendeten Beifall nun auch ein wenig rechtfertigte«. Was seien denn diese beklatschten *Lächerlichen Preziösen* schon viel anderes als ein Plagiat. Molière habe einfach eine von Michel de Pure für die Italiener verfaßte Farce paraphrasiert.

Es lohnt sich nicht, die Unterstellung ernster zu nehmen, als sie es verdient: Von der angeblichen Vorlage ist nichts erhalten, wenn es auch stimmt, daß die im Petit-Bourbon spielenden Italiener drei Jahre zuvor eine von Abbé de Pure angeregte Stegreifkomödie *Die Preziösen* aufgeführt hatten. Auch Jean Donneau de Visé, der Molières Laufbahn als die Karriere eines geschickten Farcenplagiators darstellte, sah in den *Lächerlichen Preziösen* nichts anderes als einen Aufguß dieser italienischen Komödie. Der Streit ist müßig. Auch vor Molière war bereits über die preziöse Mode gespottet worden, nur war es bis jetzt niemandem gelungen, das Thema mit einem auch nur annähernd vergleichbaren Erfolg literarisch zu behandeln.

Somaize hatte am 3. März außer dem Privileg für seine Versfassung von Molières Komödie zusätzlich eines für den *Prozeß der Pre-*

ziösen, eine Komödie in burlesken Kurzversen, sowie für seinen *Dictionnaire des Prétieuses* registrieren lassen. Dieser *Dictionnaire* ist ein um Stichworte angeordnetes Nachschlagewerk über die galante Gesellschaft. Es will eine Art *Wer ist wer?* der Preziösen und ihrer Verehrer sein. Somaize führt die bekanntesten weiblichen und männlichen Salongrößen auf, entschlüsselt die Anagramme der Romanhelden und gibt sich als versierter Kenner der eleganten Welt. Wenn es geheißen hatte, Molière habe mit den *Lächerlichen Preziösen* Madeleine de Scudéry aufs Korn nehmen wollen, so setzte Somaize nun in seinem der »Königin der Zärtlichkeit« gewidmeten Artikel auseinander, wie unberechtigt dieser Vorwurf gewesen sei. Somaize trug zweifellos entscheidend dazu bei, daß Molières Komödie zu einem Fall aufgebauscht wurde, hütete sich aber, in der sich abzeichnenden Auseinandersetzung um die Rolle der Frau in der Gesellschaft eindeutig Stellung zu beziehen. Oft begnügt er sich damit, die Sprache der Salons einfach zu registrieren, hält das von dem Verfasser der *Lächerlichen Preziösen* mit satirischer Verve persiflierte Kauderwelsch der galanten Konversation fest, ist aber nicht in der Lage, dieses in seinen *Wirklichen Preziösen* auch theatralisch umzusetzen. Dagegen sind etwa das Adjektiv beziehungsweise Adverb »furieux/furieusement« und ähnliche im Dienst der Übertreibung stehende Floskeln im Mund von Molières Provinzlerinnen nicht zu überhören. Im Gegensatz zu Molière, der seine Gesellschaftssatire durch Sprache, Mimik und Kostümierung dramatisiert, verfährt Somaize in seinem *Dictionnaire* trocken und pedantisch. So führt er unter dem Stichwort »Bernise« aus: »Eine Preziöse, die nicht jung, nicht alt, nicht schön, nicht häßlich ist, aber erträgliches Mittelmaß darstellt, sie schockiert nicht und begeistert nicht, hat es aber dessen ungeachtet fertiggebracht, dank ihrer geistigen Verfassung Licandre an sich zu binden. [...] Sie redet viel, und die Wörter ›zärtlich‹, ›wahnsinnig‹, ›gewaltig‹, ›schrecklich‹ stehen gewöhnlich am Anfang und Ende ihrer Äußerungen, so daß man von ihr sagen kann, sie rede wahnsinnig, sie schreibe zärtlich, sie lache gewaltig, sie sei schrecklich schön, sie benutze häufig neue Wörter und sei unsäglich preziös.«

Für die dümmlichen Marquis, wie wir sie aus Molières Komödien kennen, mußte dieser fade Sprach- und Salonführer geradezu eine Fundgrube darstellen. Solange keine profilierteren Gegner auf den

Plan traten, konnte der von der Euphorie seines Pariser Durchbruchs beflügelte Molière unbesorgt sein, zumal da der im Sommer 1660 endlich nach Paris zurückgekehrte König in den folgenden Monaten mehrfach kundtat, wie sehr ihn Molières *Lächerliche Preziösen* amüsierten. Nachdem er am 29. Juli 1660 im Wald von Vincennes sich die Farce zusammen mit dem *Wirrkopf* hatte vorführen lassen, sah er sich die beiden Stücke auch am 26. Oktober inkognito bei dem kranken Mazarin an, stehend und dabei lässig auf die Lehne des Sessels Seiner Eminenz gestützt.

Das Jahr 1660: Erfolge und Niederlagen

M olière konnten die Auseinandersetzungen um die *Lächerlichen Preziösen* nur recht sein. Solange er keine neue zugkräftige Komödie hatte, mußte er sein Repertoire mit Werken bestreiten, die kaum einen großen Erfolg versprachen. Der Name Molière allein reichte nicht aus, um das Publikum in den Petit-Bourbon zu locken. Der Erfolg oder Mißerfolg hing jeweils an originellen pantomimischen Einfällen und an einem zugkräftigen komischen Text. Man kam nicht zu ihm, um sich die Deklamation von tragischem Pathos anzusehen oder um sich an romanhaften Verwicklungen oder rührseligen Romanbearbeitungen zu erfreuen. Molière brauchte einige Zeit, um sich darüber klar zu werden, wie schnell ihn nach seinen ersten Erfolgen seine Zuschauer darauf festgelegt hatten, sie durch die satirische und komische Darstellung zeitgenössischer Unsitten zu provozieren und zu erheitern. Das zeigte sich deutlich genug, als Madeleine Béjart mit dem von ihr selbst zusammengestückelten Text *Dom Guichot ou Les Enchantements de Merlin (Don Quijote oder Die Zaubereien Merlins)*, der am 30. Januar 1660 zum erstenmal aufgeführt wurde, das Publikum eher anödete. Wie bereits *Pylades und Orest* konnte das Stück nur zweimal wiederholt werden. Wahrscheinlich war sie zu dem dramatischen Versuch durch die in den vorausgegangenen Jahren mehrfach aufgeführte Komödie *Le Gouvernement de Sanche Pansa (Sancho Pansas Statthalterschaft)* von Guyon-Guérin de Bouscal angeregt worden. Am 21. Februar boten alle Pariser Theater freien Eintritt an, um des zwischen Spanien und Frankreich unterzeichneten Pyrenäenfriedens festlich zu gedenken. Im Petit-Bourbon wurden *Der Liebesverdruß* und *Der fliegende Arzt* aufgeführt.

Während der 1660 besonders frühen Osterpause, und zwar am Karfreitag, den 27. März, starb der erst ein Jahr zuvor von Molière engagierte Jodelet. Mit diesem Komödianten ging der Truppe ein Stück Theatergeschichte verloren. Erste Theaterauftritte von ihm sind bereits für das Jahr 1603 in Angers belegt. Gédéon Tallemant des Réaux erwähnte den Farceur in dem Mondory und den bedeutendsten französischen Komödianten gewidmeten Abschnitt seiner für die Kulturgeschichte des siebzehnten Jahrhunderts überaus ergiebigen *Historiettes* mehrfach: »Jodelet näselt, weil er schlecht gepflegt wurde, als er die Pocken hatte, aber das gibt ihm eine besondere Anmut.« Molière mußte es als großen Gewinn betrachten, daß es ihm gelang, den alten Schauspieler vom Théâtre du Marais abzuwerben. Das Repertoire der Troupe de Monsieur enthält nicht weniger als drei Jodelet auf den Leib geschriebene Komödien Scarrons, die bis in die Mitte der sechziger Jahre wiederholt aufgeführt wurden: *Dom Japhet d'Arménie (Don Japhet von Armenien), L'Héritier ridicule (Der lächerliche Erbe), Jodelet ou Le Maître valet (Jodelet oder Der Herr als Diener).* Aber der die Tagesereignisse referierende und kommentierende Jean Loret meinte in seiner durch ihre Plattheit oft ärgerlichen *La Muse historique (Die Geschichtsmuse)* betitelten Gazette vom 3. April 1660, die Schauspielerkollegen hätten den Tod des Verstorbenen nicht beweint, obwohl sie sich mit Zwiebeln eingerieben hätten, denn mit Du Parc komme ein Nachfolger, der Jodelet dreimal aufwiege. Die mit dem Tod Jodelets entstandene Lücke wurde also schleunigst wieder geschlossen.

Im Frühjahr 1660 verlor Molière nicht nur den für sein Farcenrepertoire so wichtigen Jodelet, sondern auch seinen Bruder Jean, an den er seine Charge als königlicher Tapezierer und Kammerdiener abgetreten hatte. Der Dichter gab sich Rechenschaft, welche Vorteile für ihn auch jetzt noch mit diesem Amt verbunden waren, und trat es daher nach siebzehnjähriger Unterbrechung wieder an. Es ist wohl anzunehmen, daß er die damit verbundenen Aufgaben bis zu seinem Tod an andere abtreten konnte.

Nach der Osterpause eröffnete das Theater im Petit-Bourbon die neue Saison am 9. April 1660 mit Scarrons *L'Héritier ridicule*, einer Komödie, die weder den Reiz noch das Risiko einer Neuheit mit sich brachte. Eine Neuheit war hingegen die am 7. Mai – als Antwort auf die vom Hôtel de Bourgogne gespielte Farce *Die wirklichen Preziösen* von Somaize – uraufgeführte Komödie *La Vraie et la fausse précieuse (Die wahre und die falsche Preziöse)* von Gabriel Gilbert, von dem Molière im selben und im folgenden Jahr noch drei weitere Stücke inszenierte. Dem Verfasser der 1660 noch achtmal wiederholten Komödie wurden 550 Livres Autorenhonorar ausbezahlt. Wenn Molière die Diskussion um die echte und falsche Preziosität noch einmal anheizte, so zeigte er damit allen, daß er Polemiken nicht nur vom Zaun brach, sondern auch fest entschlossen war, diese bis zur Bereinigung der ausgelösten Konflikte durchzufechten.

Mit einiger Wahrscheinlichkeit gehörte Jean de Rotrous Tragödie *Venceslas (Wenzel)* bereits seit den Wanderjahren in der Provinz zum Repertoire Molières. Sie wurde zwischen 1659 und 1668 insgesamt zwölfmal aufgeführt und war eines von jenen Stücken, die im Petit-Bourbon beziehungsweise im Palais-Royal mehr aus Verlegenheit als aus dramaturgischer Notwendigkeit gespielt wurden. Die 1647 am Hof aufgeführte Tragödie des 1650 kaum vierzigjährig verstorbenen Rotrou stellt die Bearbeitung einer spanischen Vorlage von Francisco de Rojas Zorilla dar: *No ay ser padre siendo rey (Ein König sollte nicht Vater sein)*. Wenn Rotrou sich vom spanischen Theater anregen ließ, so stand er damit in der Tradition von Pierre Corneilles *Cid*. Neu war freilich, daß die Handlung der Tragödie in Osteuropa spielt. Die Wahl des Stoffes hatte politische Gründe, da die 1645 gefeierte Vermählung von Luise Maria von Gonzaga-Nevers mit König Johann II. Kasimir von Polen die Aufmerksamkeit der französischen Öffentlichkeit auf das slawische Land lenkte. Molière wußte sehr wohl, daß mit dem inzwischen nicht mehr aktuellen Stück kaum ein volles Haus zu erwarten war. Daher lockte er sein Publikum bei der einzigen *Venceslas*-Aufführung des Jahres 1660 am 28. Mai mit einem von ihm selbst verfaßten neuen kleinen Lustspiel: *Sganarelle ou Le Cocu imaginaire (Sganarelle oder Der eingebildete Hahnrei)*. Die Komödie in gereimten Alexandrinern mit ihren 657 Versen war keine Sensation wie die *Lächerlichen Preziösen*. Keine gesellschaftliche Gruppe konnte sich verunglimpft fühlen, kein Skandal zeichnete sich ab. Aber Molière erzielte in der Rolle des eifersüchtigen Pariser Bürgers Sganarelle einen nachhaltigen Erfolg. Der bereits in den *Lächerlichen Preziösen* eingeführte, dem konservativen Denken verpflichtete und auf seine väterliche Autorität pochende Gorgibus tritt in der Farce wieder auf. Auch jetzt hat er sich darum zu sorgen, daß seine Tochter Célie standesgemäß verheiratet wird. Doch die von einem Ohnmachtsanfall Célies, einem dabei verlorengegangenen und von Sganarelles Frau gefundenen Porträt Lélies ausgelöste Kettenreaktion an Eifersuchtsszenen, bald zwischen Sganarelle und seiner Frau, bald zwischen Célie und Lélie, sowie der überraschende glückliche Ausgang für das junge Paar machen aus *Sganarelle* ein heiter-gelöstes Verwirrspiel, das sich wegen seines lockeren Tempos leicht im Anschluß an umfangreichere Stücke aufführen ließ. Bis zu seinem Tod spielte Molière das Stück auf den Bühnen des Petit-Bourbon und des Palais-Royal hundertdreiundzwanzigmal, häufiger als jedes andere seiner Werke. Dies gilt auch für die zwanzig privaten Aufführungen, deren Zahl ihrerseits von keiner anderen seiner Komödien erreicht wurde.

In der ersten Szene wettert Gorgibus gegen die von seiner Tochter geradezu verschlungenen Bände der *Célie* von Madeleine de Scudéry. Er empfiehlt dagegen die wegen ihres erzieherischen Werts für die Jugend hoch zu veranschlagenden und zum Memorieren geeigneten Vierzeiler des 1584 verstorbenen Pariser Parlamentspräsidenten Seigneur de Pibrac, die einem ähnlichen Geist verpflichteten, 1614 erschienenen *Tablettes (Notizblätter)* von Pierre Matthieu und den *Leitfaden für Sünder* eines spanischen Dominikaners. Die Auseinandersetzung mit der Erziehung heranwachsender Mädchen bleibt in dem Einakter zwar noch marginal, aber Molière schlug in dem Disput zwischen Vater und Tochter ein Thema an, das er bis zu seinem *Eingebildeten Kranken* leitmotivartig variieren sollte:

»Und wärst du tausendmal mit ihm verlobt und mehr,
Ein andrer ist da, mit Geld; das zählt, nicht er!
Merk dir, daß man die Reize des Äußeren leicht vergißt:
Was einer hat, ist alles, und nicht, wie einer ist.
Das Geld macht jeden hübsch, der Häßlichste gefällt,

Zu nichts wird alles andere bei jedem ohne Geld.
Und siehst du an Valerio kein Licht und nur viel Schatten,
Gilt das für ihn als Liebsten und nicht für ihn als Gatten.
Glaub mir, wenn ich vor allem auf Rang und Herkunft sehe –
Gar oft erblüht die Liebe als Folge einer Ehe ...
Doch bin ich wahrhaft töricht, daß ich da räsoniere,
Wo ich mit aller Macht ja unumschränkt regiere.
Drum mußt du ihr hinfort den Widerstand versagen,
Ich will auch nichts mehr hören von abgeschmackten Klagen,
Dein Bräutigam ist heute am Abend unser Gast,
Und wenn du für ihn nicht dein schönstes Lächeln hast
Und ihn nicht huldvoll aufnimmst mit strahlendem Vergnügen,
Dann ... Nein, ich sag' nichts mehr. Das dürfte wohl genügen.«

Im Herbst stand Molière einer für den Weiterbestand der Truppe
gefährlichen Krise gegenüber: Der Superintendant der königlichen
Bauten, Antoine de Ratabon, ließ, ohne Molière vorher zu verständigen
und ohne Rücksichtnahme auf die Komödianten, Erweiterungsbauten
am Louvre durchführen, denen der Saal des Petit-Bourbon zum Opfer
fiel. Am 11. Oktober wurden die Schauspieler auf die Straße gesetzt.
»Die böse Absicht von Monsieur de Ratabon war offenkundig«, bemerkte La Grange in seinem *Register*. In der Tat ist zu vermuten, daß der
unvorhergesehene Abbruch von Molières Theatersaal nicht ohne intri-
gierendes Zutun des Hôtel de Bourgogne erfolgte, das dem ständig
wachsenden Zulauf der erfolgreichen Rivalen damit ein Ende zu machen hoffte. Der König stellte der Truppe seines Bruders nun zwar in
der ehemaligen Residenz Richelieus, dem Palais-Royal, einen neuen
Theaterraum zur Verfügung, aber der Umzug belastete die Komödianten finanziell beträchtlich. Der Saal war von dem theaterbesessenen
Kardinal zwischen 1637 und 1641 eingerichtet worden, befand sich aber
in einem restaurierungsbedürftigen Zustand. Die gröbsten Instand-
setzungsarbeiten brauchte Molière zwar nicht zu tragen, jedoch die
von der Truppe zu bezahlenden Theatereinrichtungen kosteten 2114
Livres. Dazu kam, daß Gaspare Vigarani, der von seinen Söhnen Carlo
und Lodovico assistierte königliche Theatermaschinist, den Theater-
dekor des Petit-Bourbon für die »salle de machines« in den Tuilerien anforderte, dann aber kurzerhand verbrennen ließ, ganz offensichtlich, um

das Werk und damit das Andenken an Giacomo Torelli, den wegen seiner bühnenbildnerischen Zaubereffekte bewunderten Vorgänger im Amt, auszulöschen. Molières Truppe konnte infolge des Umzugs monatelang kaum spielen. Sie versuchte zwar den Ausfall an Einnahmen durch Aufführungen am Louvre und durch Gastspiele in verschiedenen Hôtels der Aristokratie wenigstens zum Teil auszugleichen, doch die Zerreißprobe war hart und nur dank der Solidarität aller Mitglieder des Ensembles durchzustehen, von denen sich trotz verlockender Angebote der konkurrierenden Theater keines abwerben ließ. Von den in diesen Monaten eingenommenen 5 000 Livres mußte fast die Hälfte für die notwendigen Umbauten im Saal ausgegeben werden. Ein schlichter Vergleich kann das Ausmaß der finanziellen Belastung illustrieren: Allein im Zeitraum vom 11. Oktober 1658 bis zum 20. Januar 1659 hatte die Truppe 20 000 Livres eingespielt. Aber sie überstand die Krise nicht zuletzt deshalb, weil der Hof seit dem Sommer wieder in Paris zurück war und der König und die zu Privataufführungen einladenden Aristokraten mit Zeichen ihrer Gunst nicht geizten: Ludwig XIV. ließ der Truppe eine Gratifikation von 3000 Livres auszahlen, und auch die Einladungen in die Residenzen der Großen des Königreichs wurden jeweils mit mehreren hundert Livres honoriert.

Der feierliche Einzug des königlichen Paares in Paris

Als Ludwig XIV. mit seiner Gemahlin im Sommer 1660 nach dem langen Weg von der spanisch-französischen Grenze zur Hauptstadt seines Reiches zurückkehrte, residierte er zunächst in dem östlich von Paris liegenden Schloß Vincennes. Erst am 26. August sollte das königliche Paar feierlich in Paris einziehen. Um einen eindrucksvollen Ablauf der Zeremonien zu sichern, wurde der Jesuitenpater Gabriel

Cossart von der Stadt beauftragt, das Festprogramm im einzelnen fest-
zulegen und zu koordinieren. Es ging nicht zuletzt darum, die Tradition
des monarchischen Anspruchs eindrucksvoll ins Bild zu setzen. Die
feierliche Einholung des Königs war nicht nur dazu angetan, Rechtsver-
hältnisse ins Bild zu bringen und zu klären, sondern sie besaß darüber
hinaus auch sakrale Züge. Als im Hellenismus die Herrscher zu Götter-
ehren gelangten, wurde der an sie geknüpfte Heils- und Erlösungs-
mythos bei ihren Einzügen in die Städte als sakrales Ereignis zelebriert.
In dieser Tradition ist auch das Palmsonntagsgeschehen in Jerusalem zu
sehen, dessen heilsgeschichtliche Bedeutung als zusätzliche Kompo-
nente in die Tradition der »Entrée« übernommen wurde.

Den für den Ablauf der »Entrée« Verantwortlichen fiel es im Falle
Ludwigs XIV. gewiß nicht schwer, die besondere Auserwähltheit des
französischen Königs in Erinnerung zu rufen: Erst nach zweiundzwan-
zigjähriger kinderloser Ehe seiner Eltern war, wie durch ein Wunder,
mit der Geburt des Thronfolgers die Erbnachfolge des königlichen
Hauses gesichert worden. Der somit schon durch sein bloßes Dasein
sichtbar Ausgezeichnete wurde schließlich in den Wirren der Fronde
aus mannigfacher Bedrohung und Gefahr errettet. Anlaß genug, ihn als
neuen Heiland zu feiern, ganz abgesehen davon, daß die kultische
Selbstdarstellung des Königtums ohnehin Tradition hatte. Allem Volk
wurde an den großen Kirchenfesten bei den in Szene gesetzten Heilungen der von Skrofulose, einer Haut- und Lymphknotenkrankheit,
Befallenen die angebliche magische Wunderkraft der Könige vor Augen
geführt. In den Monaten vor seinem Einzug in Paris hatte Ludwig XIV.
in Toulouse im Beisein einer riesigen Menschenmenge gezeigt, daß
auch er wie alle anderen französischen Könige von Gott die geheimnisvollen Wunderkräfte verliehen bekommen hatte, wenn er, über den
Kranken ein Kreuz schlagend, die Worte sprach: »Der König berührt
dich, Gott heilt dich.« An ärztlichen Gutachten fehlte es nicht, um die
Heilungen zu bestätigen.

Ludwig XIV., der während der langen Jahre seiner Regierung keinen
Aufwand scheute, um das Gottesgnadentum und die herausragende
Rolle der französischen Krone vor aller Welt durch Prachtentfaltung zu
unterstreichen, unterzog sich schon sehr früh der Mühe, seine Heilkraft
immer wieder unter Beweis zu stellen. Einige Zahlen können verdeutlichen, wie verbreitet dieser fromme Glaube war: Waren es an Ostern

1613 schon mehr als tausend auf Heilung Wartende gewesen, die der damals zwölfjährige Ludwig XIII. zu berühren hatte, so harrten an Pfingsten 1698 an die dreitausend Skrofelkranke auf Ludwig XIV. Die Zahl derer, die sich zu den öffentlich bekanntgemachten Zeremonien drängten, blieb auch noch in den Jahren der Frühaufklärung hoch. Nur der englische König besaß angeblich eine vergleichbare heilende Kraft. In der Tat wurde Karl I. auch noch nach seiner Vertreibung aus London von seinen Anhängern beschworen, die auf ihn hoffenden und ihm ergebenen Kranken zu heilen. Aber nach dem gewaltsamen Tod dieses Konkurrenten war Ludwig XIV. vorübergehend der einzige Monarch, der seine Auserwähltheit allem Volk kundzutun vermochte. Es war daher nur selbstverständlich, daß Karl II., als er nach dem Ende von Cromwells Diktatur den englischen Thron bestieg, es nicht versäumte, die Heilungspraxis wieder aufzugreifen: Von Mai 1660 bis September 1664 berührte er ungefähr dreiundzwanzigtausend Personen.

Zu Ludwigs feierlichem Einzug in Paris strömten an die hunderttausend Menschen aus den Provinzen und aus dem Ausland in die Hauptstadt. Der König besichtigte vor dem großen Tag höchstpersönlich die Festdekoration und legte seine Vorstellungen über den Ablauf der Prozession dar. Wir dürfen wohl annehmen, daß Molière – dessen Theater allerdings auch am 26. August nicht geschlossen blieb, wie die bescheidene Tageseinnahme von 190 Livres zeigt – mit ganz besonderer Aufmerksamkeit die Vorbereitungen verfolgte. Seinen späteren Erfolg am Hof erreichte er nicht zuletzt dadurch, daß er begriffen hatte, wie sehr der König auf die Zelebration seiner Stellung als Monarch Wert legte.

Als der für den Einzug festgesetzte Tag gekommen war, nahm Ludwig unter einem zwischen Vincennes und dem Stadttor Saint-Antoine (heute Place de la Nation) errichteten Thronhimmel die Huldigungen der Stände entgegen. Dem bereits unter Ludwig XIII. mit dem hohen Amt bekleideten, nunmehr achtundsiebzigjährigen Kanzler Pierre Séguier kam es zu, die »Cours souveraines«, die höchsten Verwaltungsinstitutionen des Landes, dem König zu präsentieren und dessen Antworten an die Anwesenden weiterzugeben.

Die langwierige Zeremonie forderte allen Beteiligten ein hohes Maß an Durchhaltevermögen und Geduld ab. Langsam und feierlich schritten vier verschiedene Mönchsorden und die Geistlichen der Stadtpfarreien singend und sich verbeugend am Thronhimmel vorbei. Nach dem Klerus war die Universität an der Reihe, danach kamen die Honoratioren der Stadt, schließlich die Zünfte und endlich der Parlamentspräsident Guillaume de Lamoignon, der sich damit begnügte, »mit drei Worten seine Hochachtung und Ergebenheit zum Ausdruck zu bringen«.

Nach dem anstrengenden Defilee nahm das königliche Paar eine Mahlzeit ein. Um zwei Uhr begann der Einzug in die Stadt. Erst um sechs Uhr abends traf man über die von Festtribünen gesäumte Prachtstraße Saint-Antoine (dort verfolgten vom Hôtel de Beauvais aus Anna von Österreich, Henriette Anna von England und der todkranke Mazarin den Festzug) und die Île de la Cité im Louvre ein, während unablässiges Glockengeläute das Geschehen begleitete. Für das Tedeum in der Kathedrale Notre-Dame blieb keine Zeit mehr. Es wurde am folgenden Tag nachgeholt. Am Portal empfingen der Doyen und das Domkapitel den König. Die Kathedrale war wie zu Pfingsten geschmückt: Der Heilige Geist sollte die für das Wohl des Staates Verantwortlichen erleuchten.

Die »Entrée Solennelle« war eine besonders herausragende Möglichkeit, allen Anwesenden und allem Volk die unvergängliche Dauer des Königtums und der auf ihm gründenden staatlichen und gesellschaftlichen Ordnung zu zeigen. Zeremoniell und Fest mit ihrem bis in Einzelheiten festgelegten Ablauf konnten das ineinandergreifende Zusammenspiel des sozialen Systems verdeutlichen. Jeder mußte den Platz kennen, der ihm auf Grund der gesellschaftlichen Schichtung und Gliederung des Staatswesens zukam. Eine strenge Kleiderordnung signalisierte den Rang einer Korporation schon durch die Art und Farbe der ihr konzedierten Stoffe. Mazarin hatte nämlich in den Jahren 1644 und 1656 Kleiderordnungen zur Eindämmung des Luxus erlassen. Danach durften die prunkvollsten aus Seide gefertigten Gewänder nur mit einer Borte Seidenspitzen besetzt sein, und bei Strafe wurde untersagt, Kleider zu tragen, in denen Gold- oder Silberfäden verwoben waren. Wenige Wochen vor dem Aufbruch des Hofs zu der Unterzeichnung des Pyrenäenfriedens wurden diese gesetzlichen Bestimmungen, von denen das Gefolge des Königs auf Reisen ausdrücklich ausgenommen war, noch einmal bestätigt. Dank der Aufzeichnungen des den Hof begleitenden François Colletet sind wir nicht nur bestens über die einzelnen Etappen der Reiseroute des Hofs unterrichtet. Der Chronist blieb auch nicht die Erklärung schuldig, warum es gerade zu diesem Zeitpunkt besonders notwendig war, die Bestimmungen der Kleiderordnung ins Gedächtnis zu rufen: Die den König und seinen Hof feierlich empfangenden Städte sollten in ihre Grenzen verwiesen werden, »damit das Zeremoniell seiner Einzüge in seinem ganzen Glanz und Pomp erscheinen konnte«.

Auf der Place Dauphine, die auf der Île du Palais, der heutigen Île de la Cité, lag, hatte der damals noch in den Diensten von Nicolas Fouquet stehende Maler Charles Le Brun als letzte Festdekoration der »Entrée« einen von einem Obelisken gekrönten Triumphbogen errichtet. Auf der Spitze des die Sonne und den Herrscher versinnbildlichenden Bauwerks ragte die allegorische Gestalt der Aeternitas. Ludwig, das sollte noch einmal deutlich werden, war von Gott zum Heil seiner Stadt, seines Volks und der Welt gesandt. Schon sehr früh war unter Anspielung auf die wundersame Geburt des Königs im Zeichen der Jungfrau die berühmte Passage aus Vergils vierter *Ekloge* herangezogen worden:

»Nun kehrt wieder die Jungfrau, kehrt wieder saturnische Herrschaft, Nun wird neu ein Sproß entsandt aus himmlischen Höhen.«

Der die Häuser der Place Dauphine überragende Obelisk sollte die Harmonie im Staat sichtbar machen. Hörbar wurde sie durch die Musik, mit der vierundzwanzig Streicher des königlichen Orchesters den Beginn der Friedensära begleiteten, die nun dank des königlichen Paares anbrechen sollte.

Der Medizin- und Sozialhistoriker Michel Foucault setzt an der Wende vom sechzehnten zum siebzehnten Jahrhundert einen tiefen Bruch im europäischen Denken an, da zu diesem Zeitpunkt radikale Zweifel an der Verbindlichkeit der noch für die Renaissance zentralen Analogie von Makro- und Mikrokosmos laut wurden. Das Selbstverständnis des von Ludwig XIV. und seinen künstlerischen Ratgebern zu glanzvoller Größe geführten Absolutismus stellte sich, wie der feierliche Einzug des königlichen Paares zeigte, dessen ungeachtet in ungebrochener Geschlossenheit dar.

Umzug in den Palais-Royal: »Dom Garcie de Navarre«

Nach der Vertreibung aus dem Petit-Bourbon und der dadurch notwendig gewordenen dreimonatigen Pause, die er durch Privataufführungen mühsam überbrückte, war es Molière nicht vergönnt, die ihn schwer belastenden finanziellen Ausfälle durch einen glänzenden Erfolg wettzumachen. Im Gegenteil: die nach der Eröffnung des neuen Saals im Palais-Royal am 4. Februar 1661 inszenierte und von ihm verfaßte »heroische« Komödie *Dom Garcie de Navarre ou Le Prince jaloux (Dom Garcie von Navarra oder Der eifersüchtige Prinz)* fiel durch. Sie wurde Molières größter Mißerfolg nach seiner Rückkehr aus der Provinz. Alle Sorgfalt, die er auf die Aufführung des durch einen Text des Florentiner Dramatikers Giacinto Andrea Cicognini angeregten und 1659 geschriebenen Stücks verwandt hatte, fruchtete nichts. An der »heroischen Komödie«, einer weniger romanhaften Variante der »Tragikomödie«, hatten sich fast alle französischen Theaterautoren von Du Ryer bis Rotrou versucht, seitdem Pierre Corneille im Winter 1649/50 mit seinem *Dom Sanche d'Aragon (Dom Sancho von Aragonien)* das erfolgreiche Vorbild geschaffen hatte. Erst der eklatante Mißerfolg von *Dom Garcie* brachte Molière allmählich dazu, seine Ambitionen als Schauspieler und Autor ernsten Theaters aufzugeben. Er war gut damit beraten, denn die modischen heroisch-galanten Stücke und Romane, deren lächerliche Seiten er vor dem Pariser Publikum bereits mehrfach persifliert hatte, waren nicht seine Stärke.

Gewiß war *Dom Garcie* im Hinblick auf ein Publikum geschrieben worden, das die Diskussion über die Liebe entschieden bevorzugte. Gleich zu Beginn der Komödie erörtert daher Done Elvire in einem Gespräch mit ihrer Vertrauten die Frage, was denn besser sei, ein eifersüchtiger oder ein dieser Leidenschaft nicht ausgelieferter Verehrer. Done Elvire hält nichts von dieser Äußerung der Affekte, ihre Vertraute hingegen sieht darin ein Zeichen der Liebe. Dom Sanche, der eine ihrer beiden Verehrer (der zweite enthüllt sich später als ihr

Bruder, der unter einem falschen Namen vor dem Usurpator von León nach Kastilien geflohen ist und um seine Verwandtschaft zu Done Elvire zunächst nicht weiß), stellt geradezu einen Testfall für die pathologischen Seiten der Eifersucht dar. Dagegen bleiben die politischen Motive für die Allianz zwischen León, Navarra und Kastilien recht vage. Dom Garcie reagiert auf jeden eingebildeten Anlaß zur Eifersucht mit überzogenen Äußerungen und wirkt in seiner aufbrausenden Art mitunter unfreiwillig komisch, wie etwa in der siebten Szene des vierten Aktes, wo er durch eine Tür Done Elvire in den Armen eines Mannes zu überraschen glaubt, es sich in Wirklichkeit aber um die verkleidete und vor dem Usurpator von León geflohene Done Ignès handelt. Solche Szenen stehen eigentlich eher einer Farce an als einer heroisch-galanten Komödie.

Die siebte und letzte Aufführung von *Dom Garcie* brachte nur noch 70 Livres ein. Molière hoffte, das Stück werde vor dem Hof eher bestehen als vor dem städtischen Publikum, das offensichtlich ungern sah, wie der sonst auch mit derben komischen Effekten und handfester sprachlicher Direktheit nicht geizende Theaterautor sich nun mit Fragen und Situationen herumschlug, die eher in einen preziösen Salon gehörten als auf eine Bühne, von der man zugkräftige Gesellschaftssatire verlangte. Daß Molière mit dieser Hoffnung nicht ganz unrecht hatte, zeigt die relativ günstige Aufnahme bei Wiederholungen in Chantilly und Versailles.

Immerhin gab sich Molière trotz dieser Achtungserfolge augenscheinlich Rechenschaft über seine inadäquate Leistung als tragischer Schauspieler, denn man hatte sich vor allem über die Passagen unfreiwilliger Komik mokiert. Bei einer neuerlichen Aufführung vor dem Pariser Publikum interpretierte er die Titelrolle nicht mehr selbst, sondern trat sie aller Wahrscheinlichkeit nach an den im Juni 1662 vom Marais abgeworbenen Guillaume Marcoureau, genannt Brécourt, ab. Aber auch das fruchtete nichts. Und Molière, der sich in seinen Vorreden stets auf das Votum des Publikums berief, ließ es sich gesagt sein: Obwohl er für seine »heroische Komödie« bereits 1660 ein Druckprivileg beantragt und erhalten hatte, ist das Stück zu seinen Lebzeiten nicht erschienen. Fortan benutzte er es als Steinbruch für andere Werke. So finden sich Verse und Situationen aus der gescheiterten Komödie in *Tartuffe*, *Amphitryon* und in den *Gelehrten Frauen* wieder.

Vor allem aber *Der Menschenfeind* vertieft dann die in *Dom Sanche* angeschlagene Thematik. Die Handlung spielt dort aber nicht mehr in Spanien, sondern in der Gegenwart eines zeitgenössischen Pariser Salons.

Nach der Vertreibung aus dem Petit-Bourbon hatte La Grange vermerkt: »[...] alle Schauspieler liebten Monsieur de Molière, ihren Direktor, der neben seinen außergewöhnlichen Verdiensten und Fähigkeiten eine durchaus redliche und verbindliche Art besaß, so daß sich alle gedrängt fühlten, ihm zu versichern, sie wollten ihr Los mit dem seinen teilen und ihn niemals verlassen, welche Angebote man ihnen auch unterbreiten möge und welchen Vorteil sie auch anderswo finden könnten.« Zusicherungen und Sympathiekundgebungen dieser Art gelten jedoch nicht für alle Zeiten. Molière wußte zwar, daß er seiner Truppe Opfer abverlangen konnte, daß sie ihm zugetan war und daß sie nicht bei der ersten Zerreißprobe auffliegen würde, aber auf die Dauer würde auch sie ständigen Belastungen nicht standhalten können. Die konkurrierenden Theater lagen auf der Lauer, um ihm seine besten Leute abzuwerben. Neben dem Hôtel de Bourgogne und dem Marais etablierten sich nun auch andere Bühnen: Neben den »Komödianten von Mademoiselle« im Faubourg Saint-Germain spielte noch eine allerdings nur wenig erfolgreiche spanische Truppe. Außerdem war zu berücksichtigen, daß auch die italienischen Komödianten ihre baldige Rückkehr angekündigt hatten. Noch einige Belastungen, wie Molière sie nach der Vertreibung aus dem Petit-Bourbon erlebt hatte, und es war um die »Troupe de Monsieur, Frère Unique du Roi« geschehen, wie seinerzeit um das Illustre Théâtre. Mit dem am 25. Februar 1661 aufgeführten Drama *Le Tyran d'Égypte (Der Tyrann von Ägypten)* von Gabriel Gilbert und der am 6. Mai inszenierten Komödie *Le Riche impertinent (Der impertinente Reiche)* von Samuel Chappuzeau, das war abzusehen, ließ sich kein entscheidender Erfolg erzielen, allenfalls mit Hangen und Bangen eine magere Saison überstehen.

Der Tod Mazarins

S eine mannigfachen Gebrechen suchte Mazarin nicht so sehr in religiösen Betrachtungen zu vergessen, sondern vielmehr am Spieltisch und bei Theateraufführungen. Anfang 1661 war es allen am Hof klar, daß der Kardinal ernstlich krank war. Mazarin hielt zwar immer noch die Staatsratsitzungen im Louvre ab und unterhielt sich stundenlang mit seinem königlichen Patenkind, aber am 8. Februar ließ er sich in die Burg von Vincennes begleiten, deren Kommandant er war. Sein Beichtvater, der Theatinermönch Angelo Bissari, hat in einem ausführlichen Bericht die letzten Tage des Kardinals geschildert. Der Mann, der jahrelang die Geschicke Frankreichs gelenkt hatte, war auch am Ende seiner Tage nicht allein. Pater Bissaro konnte sich zur geistigen und seelischen Verfassung seines Beichtkinds beglückwünschen: Bis zu seinem letzten Atemzug sei Mazarin eine Schatzkammer für diejenigen gewesen, die Vergünstigungen von ihm erwarteten. Der Kardinal mußte mit Blick auf sein Seelenheil brennend daran interessiert sein, durch Stiftungen und Schenkungen wenigstens einen Teil des von ihm in skandalöser Weise zusammengerafften Vermögens rasch noch einer edlen Bestimmung zuzuführen. Im siebzehnten Jahrhundert wurde einem todgeweihten Kranken grundsätzlich die Bereitschaft unterstellt, getanes Unrecht gutzumachen. Die Hoffnung auf Stiftungen, Spenden und Almosen kann das Gedränge vor dem Sterbezimmer des steinreichen Mannes hinreichend erklären: »Vier- oder sechsmal am Tag traten der König und die Königinmutter bei seiner Eminenz ein, und der König auch öfter. Die Zimmer waren voll mit Herrschaften, und in der Garderobe, die der König durchmaß, erstickte man.« Alle wollten mit dem Kardinal reden, »was mir äußerst peinlich war [...], denn es war gefährlich, Leuten von Stand ›nein‹ zu sagen«.

Unmöglich war es für Mazarin, die Ärzte abzuschütteln. Alles, was medizinischen und pharmazeutischen Rang und Namen hatte, drängte sich um den illustren Kranken. Die Konsultationen am Krankenbett kosteten die horrende Summe von 25800 Livres. Der Bericht Bissaros liest sich wie der Entwurf zu einer von Molières Ärztesatiren. Die medizinischen Autoritäten versicherten bis kurz vor Eintritt des Todes, der Kranke habe kein Fieber, sondern lediglich einen unregelmäßigen Puls, der auf eine schwierige Atmung zurückzuführen sei, die seine Hauptkrankheit dargestellt habe, ehe dann noch die Wassersucht aufgetreten sei: »Nach dem Tod sah man jedoch, daß die Lunge krank und die Leber ausgetrocknet war, aber man fand auch eine große, vorzüglich verteilte Hirnmasse vor.«

Mit der ihm bis zu seinem Lebensende zu Gebote stehenden Luzidität hatte Mazarin noch arrangiert, daß seine Nichte Hortense am 26. Februar 1661 einen Sohn von Charles de La Porte, Maréchal de France und Herzog von La Meilleraye, heiratete und wenigstens die Weichen für die Eheschließung der nun in Rom lebenden Maria Mancini mit dem aus der römischen Aristokratie stammenden Konstablen Lorenzo Onofrio Colonna gestellt wurden. Auf die letzten Verfügungen des Kardinals geht auch die heute noch an ihn erinnernde Bibliothèque Mazarine in Paris zurück. Als der nahezu allmächtige Mann am 9. März starb, war der König in Tränen aufgelöst. Dessen ungeachtet war er aber bereit, künftig die Regierungsgeschäfte selbständig zu führen. Bei der Sitzung seines Rats am folgenden Tag gab er diesen Entschluß unmißverständlich bekannt.

Drei Wochen nach dem Tod des Kardinals fand im Palais-Royal, und zwar in der Residenz der Königin, die Vermählung von Molières Schirmherrn Philippe von Orléans mit Henriette Anna statt. Die Ehe war noch von Mazarin in die Wege geleitet worden. Er hatte Anna von Österreich dazu bestimmt, bei der seit Jahren im französischen Exil lebenden Witwe Karls I. um die Hand des sechzehnjährigen Mädchens anzuhalten. Mutter und Tochter sind von Jacques Bénigne Bossuet in zwei Leichenreden gewürdigt worden, die freilich weder auf die freudlose Bigotterie der Mutter noch auf die maßlose Koketterie der Tochter eingingen. Wohl aus Mitleid mit dem traurigen Schicksal der englischen Königsfamilie übergingen die meisten Biographen diese Charakterschwächen: Henriette-Anne war nämlich erst zwei Jahre alt gewesen, als ihr Vater hingerichtet wurde.

Ludwig XIV. nahm von seiner nach Frankreich geflüchteten Cousine zunächst kaum Notiz. Das wurde allen offenbar, als er sich einmal bei einem Ball im Louvre mehrmals überlegte, ob er mit seiner etwas verwachsenen und schmächtigen, unvermögenden englischen Verwandten überhaupt tanzen sollte. Erst nach der Vermählung Henriettes mit Monsieur bekundete vorübergehend auch der König Interesse an dem plötzlich so vorteilhaft verwandelten Aschenbrödel. Die junge Frau zog mit ihrer Ausstrahlung neben Ludwig XIV. bald den wegen seines Draufgängertums berühmten und berüchtigten Grafen Guiche aus dem Haus der Herzöge von Gramont in ihren Bann, der sich dabei über alle von der höfischen Etikette geforderten Rücksichtnahmen hinwegsetzte. Madame de La Fayette, die von der jungen Schwägerin Ludwigs XIV. ins Vertrauen gezogen wurde, hat in ihrer *Histoire d'Henriette d'Angleterre* die galanten Intrigen am Hof in einer ihres großen Romans *La Princesse de Clèves (Die Prinzessin von Clève)* nicht unwürdigen Weise erzählt.

Der Bericht der von Madame ins Vertrauen gezogenen Madame de La Fayette kann eine Vorstellung von der am »jungen Hof« Ludwigs XIV. herrschenden Atmosphäre vermitteln, als der König seine Schwägerin umwarb und dann zunächst lediglich zur Ablenkung der Mahner und Aufpasser der von Henriette als Ehrendame gerufenen siebzehnjährigen Louise Françoise de La Baume le Blanc, späterer Herzogin von La Vallière, seine Liebe antrug und sich die Beobachter der Hofintrigen ständig neuen Verwicklungen und Konstellationen gegenüber sahen: »Madame war der Langeweile und des Zwangs, denen sie bei ihrer königlichen Mutter ausgeliefert gewesen war, müde. Sie glaubte, ihre königliche Schwiegermutter wolle über sie eine ähnliche Autorität ausüben. Sie war von der Freude erfüllt, den König wieder für sich eingenommen und von diesem selber erfahren zu haben, daß die Königinmutter ihn von ihr zu entfernen suchte. All dies lenkte sie derart von den Vorsichtsmaßnahmen ab, die man ihr nahelegte, daß sie überhaupt keine mehr beobachtete. Sie knüpfte eine enge Verbindung zur Gräfin von Soissons, die damals die Eifersucht der Königin und die Abneigung der Königinmutter erregte, und dachte nur noch daran, wie sie dem König als Schwägerin gefallen könne. Ich glaube, er gefiel ihr lediglich als Schwager, obwohl er vielleicht darüber hinaus ihr Gefallen erregte. Aber da schließlich beide unendlich liebenswürdig und beide zur Galanterie veranlagt waren, sich täglich bei Vergnügungen und Zerstreuungen sahen, schien es aller Welt, sie verspürten füreinander jene Anziehung, die gewöhnlich den großen Leidenschaften vorausgeht.«

Eine aufgeklärte Moral: »L'École des maris«

Am 25. Februar 1661 hatte Molière sein Theaterrepertoire mit dem Ausstattungsstück *Der Tyrann von Ägypten* von Gabriel Gilbert bereichert. Nach acht Aufführungen mußte er die in einer orientalischen Umgebung spielende fünfaktige Verstragödie vom Spielplan absetzen. Wenn er das erfolglose Werk am 24. Juni trotzdem wiederholte, so zeigt dies, wie schwierig es in den ersten Pariser Jahren immer wieder war, ein zugkräftiges Theaterprogramm zusammenzustellen. Molière durfte hoffen, durch die Ankündigung der neuen dreiaktigen Verskomödie *L'École des maris (Die Schule der Ehemänner)*, mit der er die Zuschauer der Tragödie für ihre Geduld belohnen wollte, ins Theater zu locken. Der Kassensturz nach der Uraufführung ergab lediglich 410 Livres. Aber bald kamen die Zuschauer in Scharen: Am 10. Juli waren die Einnahmen auf 1 132 Livres gestiegen, was alle Erwartungen übertraf. Bald lud der König die erfolgreichen Schauspieler nach Fontainebleau, und Fouquet holte sie zu einem Gastspiel nach Vaux-le-Vicomte. Die zugkräftige Komödie erlaubte es Molière, in den folgenden sieben Wochen Repertoirestücke wie Corneilles *Nicomède* und *Héraclius* zu wiederholen, die er ohne die jeweils versprochene Zugabe der *Schule der Ehemänner* aller Wahrscheinlichkeit nach vor leerem Haus hätte spielen müssen.

Molière lehnte sich mit seiner Komödie an die *Adelphoi (Die Brüder)* von Terenz an: In dem Stück des im zweiten Jahrhundert vor Christus lebenden Römers teilt sich ein Brüderpaar in die Erziehung der beiden Söhne des Jüngeren: Demea, ein unnachgiebiger Bauer, unterwirft seinen Sohn den Geboten strenger alter Römerzucht; Micio, sein urbaner, unverheirateter Bruder hingegen will den ihm zur Erziehung übergebenen Knaben mit Milde großziehen. Der spanische Renaissancedichter Diego Hurtado de Mendoza übernahm den von Terenz dramatisierten Kontrast, er ersetzte die beiden Söhne allerdings durch zwei Ehefrauen, die sich mit sehr ungleichen Brüdern vermählt haben. Der eine überwacht seine Frau aufs strengste, wird aber dessen ungeachtet von ihr schließlich betrogen, die andere hingegen kann ihre Persönlichkeit frei entfalten und fühlt daher gar nicht das Bedürfnis, ihre ehelichen

Verpflichtungen nicht zu respektieren. Molière kombinierte in der *Schule der Ehemänner* die Komödie des Römers mit der des Spaniers: Die bei ihm noch unverheirateten Mädchen Isabelle und Léonor sind durch einen Freund vor dessen Tod den Brüdern Ariste und Sganarelle zur Erziehung anvertraut worden. Die Brüder haben die Absicht, ihre Mündel später zu heiraten. Der sechzigjährige, aber liberale Ariste hält weitgehendes Entgegenkommen für den einzigen Weg, dieses Ziel zur Zufriedenheit aller zu erreichen. Der vierzigjährige, aber von Hahnrei-obsessionen geplagte Sganarelle hingegen überwacht die seiner Obhut übergebene Isabelle wie ein Kerkermeister und verschließt sein Haus allen geselligen Freuden. Durch seine altfränkische Tracht und seine stockkonservative Weltanschauung gibt er jedem unmißverständlich zu verstehen, daß er nicht bereit ist, in irgendeiner Form Zugeständnisse an den lockeren und ungezwungenen Zeitgeist zu machen:

»Ja, soll vielleicht die Mode des Mannes Tracht entscheiden,
So darf ich mich denn nicht nach meinem Willen kleiden?
Das Ziel der guten Lehren, mein lieber Bruder, ist es ...
Mein älterer Herr Bruder, ja, Gott sei Dank, du bist es,
Wenn du es wissen willst: um runde zwei Jahrzehnte,
Doch wäre man zu kleinlich, wenn man die Zahl erwähnte –
Ist das Ziel, so frag' ich, soll ich wohl die Manieren
Der parfümierten Stutzer und Gecken imitieren,
Und soll ich Hütchen tragen wie sie, mit bloßer Stirne,
Sie brauchen frische Luft für ihre müden Hirne,
Darunter blonde Locken in überlangen Wellen,
Die jedes Menschenantlitz verschandeln und entstellen,
Die Westen, kurz und eng, die unseren Leib einzwängen,
Die überlangen Kragen, die bis zum Nabel hängen,
Und Ärmel, die bei Tisch in Saucen tauchen müssen,
Und Röcke, wie die Weiber beim Tanz, bis zu den Füßen,
Und auf dem Fuß ein Schuh, so eng, daß er uns drückt,
So wie man auf der Tafel gefüllte Tauben schmückt,
Und Borten, Bänder, Spitzen, in die man morgens fest
Die armen Unterschenkel wie in den Schraubstock preßt,
Dank denen wir die Herren, weil sie nicht gehen können,
Als wären sie Federbälle, nur hüpfen sehen können?

Vermutlich würde dir die Tracht an mir behagen,
Ich sehe dich ja selbst dergleichen Dinge tragen.«

Bereits nach dem die Komödie eröffnenden Gespräch zwischen den beiden in Lebensführung und Auftreten gegensätzlichen Brüdern zeichnet sich das Ende des Konflikts ab: Sganarelles Erziehungsvorstellungen sind von allem Anfang an zum Scheitern verurteilt. Isabelle beteuert ihrem Vormund, ein junger Mann sei hinter ihr her und belästige sie mit seinen Versuchen, sie zu umwerben. Er möge dem Aufdringlichen zu verstehen geben, dies sei ihr äußerst lästig, was Valère – dies ist der Name des jungen Mannes – richtig dahin deutet, er solle nichts unversucht lassen, um das junge Mädchen von ihrem tyrannischen Erzieher und Vormund zu befreien. Komischerweise macht sich Sganarelle in diesen und in den folgenden Szenen selbst zum Liebesboten zwischen den jungen Leuten: In ähnlicher Weise mißbraucht schon in der dritten Novelle des dritten Tags von Giovanni Boccaccios *Decamerone* eine junge Frau ihren Beichtvater als Überbringer von Botschaften.

Der Höhepunkt der Komödie wird erreicht, als Sganarelle den von Isabelle ausgeheckten Plan zu ihrer Entführung übermittelt. Im Schutz der Dunkelheit gelingt es den Liebenden, miteinander zu fliehen und sich trauen zu lassen, und zwar wieder mit Hilfe Sganarelles, der sich im Vertrauen auf frühere Aussagen Isabelles einbildet, die von Valère in sein Haus entführte Schöne sei Léonor. Schadenfroh holt er seinen Bruder, um diesem das Fiasko seines Erziehungskonzepts vor Augen zu führen, muß aber bald feststellen, daß er selbst der Düpierte ist:

»Ich kann mich kaum erholen, ich bin noch wie erschlagen,
Verrat, Betrug und List – was soll ich dazu sagen?
Nein, diese Intrigantin, erst schamlos, dann voll Hohn,
Sie übertrifft sogar den Satan in Person.
Ins Feuer hätte ich für sie die Hand gelegt...
Weh jedem, der zu Frauen noch je Vertrauen hegt!
Die allerbeste selbst wird eifrig Böses stiften,
Die Weiber sind geschaffen, die Menschheit zu vergiften.
Dem gräßlichen Geschlecht entsage ich hinfort,
Ich wünsche es zur Hölle, dort ist's am rechten Ort!«

Mit der *Schule der Ehemänner* hat Molière nicht nur in die in den Salons und preziösen Zirkeln geführten Diskussionen über die richtige Erziehung junger Mädchen eingegriffen. Er schrieb die Komödie auch in eigener Sache. Denn von Madeleines jüngster Schwester Armande fasziniert, trug er sich mit dem Gedanken, das junge Mädchen zu heiraten. Aus dieser Sicht ist *Die Schule der Ehemänner* Molières öffentliche Beteuerung, er werde sich nicht wie Sganarelle, sondern wie der ausgeglichene Ariste benehmen und die persönlichen Entfaltungsmöglichkeiten seiner künftigen Frau respektieren.

Die erste Ballettkomödie: »Les Fâcheux«

Molière bekam am 2. August 1661 den Auftrag, für ein großes Sommerfest des Finanzministers Fouquet ein eigenes neues Stück zu verfassen und zu inszenieren. Der Dichter hatte somit für die Ausarbeitung seines Textes (es wurden immerhin 826 Verse) und für die Einstudierung mit den Schauspielern (er selbst soll nach dem Zeugnis des zeitgenössischen Chronisten Robinet nicht weniger als sieben Rollen übernommen haben) nicht viel mehr als zwei Wochen Zeit. Die Aufgabe war noch zusätzlich dadurch erschwert, daß die dreiaktige Szenenfolge durch Tanzeinlagen von Pierre Beauchamp und Olivet gestreckt wurde. Die Theatermaschinen baute Giacomo Torelli, das Bühnenbild Charles Le Brun. Molière schuf mit *Les Fâcheux (Die Lästigen)* die erste seiner Ballettkomödien, die etwa ein Drittel seines gesamten Werks ausmachen.

Die Handlung ist denkbar einfach: Der junge Éraste wartet mit seinem Diener La Montagne in einer viel frequentierten Allee auf die von ihm umworbene Orphise, um deren Hand er bei ihrem Vormund Damis vergeblich angehalten hat. Éraste wird von verschiedenen Bekannten angesprochen. Jeder wird ihm in dieser Situation zum lästigen Störenfried, den es abzuschütteln gilt. Als ihn im zweiten Akt zwei junge

Damen als Schiedsrichter in einer Streitfrage aufrufen, weckt dies die
Eifersucht der endlich erscheinenden Orphise. Doch alles wendet sich
zum Guten, denn ein Überfall auf Damis gibt Éraste die Gelegenheit,
seinen Mut unter Beweis zu stellen und damit den Vormund umzustimmen.

Ludwig XIV., der offensichtlich das Fest in Vaux-le-Vicomte bereits
mit der festen Absicht verließ, Fouquet zu stürzen, wies beim Gang zu
seiner Karosse mit seinem Stock auf den Marquis de Soyecourt, einen
passionierten Jäger, und sagte zu Molière: »Hier hast du ein Original,
das du noch nicht kopiert hast.« Als am 25. August 1661 in Fontainebleau die *Fâcheux* vor versammeltem Hof erneut aufgeführt wurden,
hatte Molière durch den Einschub der sechsten Szene des zweiten Akts
diese Lücke bereits behoben.

Durch die karikierende Darstellung bestimmter Typen hatte Molière
seinen Ruhm begründet. So viele Feinde er sich dabei auf den Hals
hetzen mochte, die Gesellschaft der Zeit pflegte in den Salons der
Preziösen und in den dort verfaßten und gelesenen Romanen die Kunst,
Porträts zeitgenössischer Persönlichkeiten in leicht durchschaubaren
historischen Kostümen einzufügen, und wurde nie überdrüssig, sich
selbst dargestellt zu sehen. In einem der erfolgreichsten Werke des
späten siebzehnten Jahrhunderts, in den dem antiken Theophrast nacheifernden *Caractères* von La Bruyère, erreichte diese Porträtkunst dann
ihre höchste Vollendung.

Zu Beginn der Szenenabfolge erzählt der eben aufgebracht aus dem
Theater kommende Éraste seinem Diener von einem Lästigen, der ihn
dort um die Möglichkeit gebracht habe, einer Aufführung zu folgen.
Molière schuf sich mit dieser Episode eine Gelegenheit, um mit einer
Spezies abzurechnen, die ihm ständig Ärger bereitete. Die teuersten
Theaterplätze waren direkt auf der Bühne an den Seitenwänden, was für
die Schauspieler keine geringe Behinderung darstellte. Dazu kam noch,
daß es sich bei den Theaterbesuchern, die sich diese Plätze leisten
konnten, um Leute handelte, die ihre Bedeutung noch dadurch unterstrichen, daß sie ohne Rücksicht auf den Spielbeginn mitten in eine
Aufführung hineinplatzten, auf der Bühne gestikulierend und lauthals
Leute begrüßten, lärmend ihren Stuhl mitten auf die Bühne stellten und
sich, wie der von Éraste geschilderte zu spät Eintreffende, in einer Art
und Weise darauf hinlümmelten, daß Schauspieler und Zuschauer in

gleicher Weise gestört wurden. Molière suchte später dieser Unsitte dadurch etwas abzuhelfen, daß er die allzu leicht verstellbaren Sitze durch festgeschraubte Bänke ersetzen ließ. Nacheinander tauchen die verschiedenen Lästigen des Stücks auf. Auch Érastes eigener Diener mit der Manie, ständig die Kleidung seines Herrn zu überprüfen und weitschweifig Dinge zu erzählen, kann zu ihnen gezählt werden. Inzwischen taucht Orphise auf, die sich ihrerseits über lästige Menschen beklagt. Vorher schon hatte Éraste unter Hinweis auf das ausdrückliche Verbot von Duellen den aufdringlichen Alcandre abgewiesen, der ihn als Zeuge beim Austragen eines Ehrenhandels gewinnen wollte. Die Szene gibt Molière die Möglichkeit, ein Kompliment an die Adresse Ludwigs XIV. einzustreuen: »Und unser König ist als Monarch nicht nur gemalt.« Das war ein Hinweis auf die seit dem Tod Mazarins von Ludwig XIV. persönlich geführten Regierungsgeschäfte. Ihm lag besonders daran, die Zweikämpfe abzustellen, die den Adel dezimierten: Zwischen 1644 und 1654 waren immerhin neunhundertvierundfünfzig Duellanten an den Folgen ihrer Verletzungen gestorben.

In der dritten Szene des dritten Akts taucht Ormin auf, der Éraste unter dem Siegel der Verschwiegenheit anvertraut, er habe ein Projekt, das für den König eine nicht hoch genug zu veranschlagende Einnahmequelle darstellen könne: Da man sehe, welche Gewinne der Seehandel abwerfe, genüge es, an allen Küsten viele gute Häfen anzulegen, um fabelhafte Summen zu erzielen. Vorerst allerdings pumpt Ormin seinen Bekannten um einen kleinen Betrag an, den dieser gerne gewährt, um sich damit seine Ruhe zu erkaufen. Der Projektmacher, wie Werner Sombart in seinem Buch *Der Bourgeois* diesen von Molière skizzierten Typ nannte, war eine in Frankreich besonders verbreitete Erscheinung. Er entwickelte sich dann am Vorabend der Französischen Revolution in einer zwielichtigen Figur wie Cagliostro bis hin zum Schwindler großen Ausmaßes. Es ging darum, irgendeine bizarre Idee bis zum Stadium eines in alle Einzelheiten ausgetüftelten Plans zu entwickeln und diesen dann unermüdlich zu verfolgen. Die Spezies reichte von versponnenen Spintisierern bis hin zu waghalsigen Bankrotteuren.

Mit den *Lästigen* hatte Molière sein Theaterrepertoire folgenreich ergänzt. Er setzte mit ausdrücklicher Billigung des Monarchen die mit den *Lächerlichen Preziösen* eingeleitete Gesellschaftssatire fort. Mit seiner Abfolge von Sketchen hatte er eine Form gefunden, die er jederzeit variieren und ergänzen konnte. Molière streicht in seiner Vorbemerkung zu der gedruckten Ausgabe der im Januar 1662 veröffentlichten *Fâcheux* die Neuheit der Ballettkomödie besonders heraus. Er räumt zwar ein, daß sich Wort und Tanz nicht immer mit der notwendigen Natürlichkeit ergänzen, aber die Euphorie über das Erreichte ist unverkennbar, wenn er bemerkt, er könne angesichts des Erfolgs bei seinem Publikum darauf verzichten, sich bei Aristoteles und Horaz zu versichern, ob er es auch richtig mache.

Für die Aufführung in Vaux hatte der auch nach dem Sturz Fouquets diesem treu ergebene, aus Béziers stammende Paul Pellisson einen kurzen Prolog zum Lob des Königs beigesteuert, den Madeleine Béjart als Najade verkleidet vortrug. Sie entstieg in arkadischer Gartenlandschaft unter plätschernden Wasserspielen einer Muschel. Donneau de Visé kommentierte den Auftritt von Molières langjähriger Gefährtin später in seiner *Réponse à L'Impromptu de Versailles ou La Vengeance des marquis (Antwort auf das Impromptu von Versailles oder Die Rache der Marquis)*: Man habe geglaubt, die Augen täuschen zu können, indem man Madeleine zeigte und sich einbildete, einen alten Fisch als frisch ausgeben zu können.

In einem ausführlichen Brief an den im Auftrag Fouquets in Rom weilenden und ihm seit Schultagen vertrauten François de Maucroix schildert Jean de La Fontaine den Verlauf des Festes, erwähnt das unterhalb einer Tannenallee errichtete Theater, die Dekorationen Le Bruns und die Maschinen Torellis. Aber vor allem rühmt er Molière, der in Frankreich den guten Ton des Terenz wieder eingeführt habe, neben dem Plautus nur noch als platter Spaßmacher erscheine und Jodelet vergessen gemacht werde: Jetzt gehe es darum, keinen Schritt mehr von der Natur abzuweichen. Gemeint war damit wohl in gleicher Weise der Verzicht auf derb karikierende Farcenkomik wie auf fade Salonpoesie zugunsten einer realistischen Darstellung der zeitgenössischen Gesellschaft.

Für Molière war das mit einem gewaltigen Feuerwerk ausklingende Fest eine weitere Sprosse auf dem Weg zum Favoriten unter den Hofdichtern, denn der baldige Sturz Fouquets scheint ihn weniger getroffen zu haben als La Fontaine, der sich durch eine klare Parteinahme für den beim König in Ungnade Gefallenen kompromittierte.

Ludwigs Alleinherrschaft: Der Sturz Fouquets und der Aufstieg Colberts

Nicolas Fouquet, der damals fünfundvierzigjährige Superintendant der königlichen Finanzen, war nach dem Tod Mazarins neben dem König der mächtigste Mann Frankreichs. Dank einer Ausnahmegenehmigung »im Hinblick auf die Verdienste des Herrn Fouquet, seines Vaters« war er bereits mit achtzehn Jahren als Advokat am Pariser Parlament zugelassen worden. Der aus kleinen Verhältnissen stammende François Fouquet hatte nämlich mit Hilfe der Mitgift seiner Frau seine Position in den Parlamentskreisen gefestigt und Richelieus Aufmerksamkeit auf sich gezogen. Im Rahmen der Um- und Neustrukturierung der staatlichen Verwaltung durch Richelieu wurde Nicolas Fouquet dann als blutjunger Jurist Rat an dem von dem allmächtigen Kardinal neu geschaffenen Parlament in Metz, wo er bereits wenige Jahre später zum »maître des requêtes« aufstieg. Der Inhaber dieser Charge verfügte über weitgehende Entscheidungsbefugnisse in den dem Parlament vorliegenden Verfahren. Nicolas Fouquets Heirat mit der Tochter eines Rats am Parlament in Rennes brachte im Jahre 1640 dem Fünfundzwanzigjährigen eine Mitgift von 160000 Livres ein, und als er einen Interessenten für seine Charge als »maître des requêtes« fand, erhielt er dafür die stattliche Summe von 150000 Livres.

Unter Mazarin setzte Fouquet seinen Aufstieg fort. In den Wirren der Fronde bewährte er sich als geschickt lavierender, aber zuverlässiger Vertreter der königlichen Sache. Seit 1650 war er Generalprokurator am Pariser Parlament. Nach dem frühen Tod seiner ersten Frau Louise konsolidierte er durch eine neue Heirat seine Verbindungen zum Robenadel. Mazarin, der eben erst aus dem Exil zurückgekehrt war, ernannte ihn und Abel Servien im Jahre 1653 zu Superintendanten der königlichen Finanzen. Als Servien 1659 starb, behielt Fouquet das einflußreiche Amt »sine collega« inne. Damit hatte er eine Position erreicht, die ihm nahezu unbeschränkte Möglichkeiten eröffnete, sich persönlich zu bereichern. Einen nicht unerheblichen Teil seiner Einnahmen – private und öffentliche Gelder vermengte er immer sorgloser – gab er für Repräsentation aus. Bereits 1641 hatte er einen Teil der Mitgift seiner ersten Frau dazu verwendet, den Besitz Vaux-le-Vicomte bei Melun zu erwerben. Wie Ludwig XIV. später das relativ bescheidene Jagdschloß Versailles zu einer von aller Welt bewunderten, glanzvollen Residenz umbauen ließ, so legte Fouquet es darauf an, seinen neuen Herrensitz zu einem der prächtigsten Schlösser Frankreichs auszugestalten. Mit der Anlage der Gärten betraute er André Le Nôtre. Dieser hatte seit 1656 beim König das wichtige Amt des »contrôleur des bâtiments«, des Oberaufsehers über die Bauten, inne. Mit Vaux-le-Vicomte schuf der Architekt seine erste große Parkanlage. Sie antizipierte bereits seine Tätigkeit in Versailles. Rechtwinklige Bassins, Kanäle, Wasserspiele, Alleen und Blumenbeete machten aus dem Park ein Meisterwerk des französischen Klassizismus. Der Besucher, der durch die Mittelallee mit ihren auf beiden Seiten in engem Abstand aufeinanderfolgenden Springbrunnen ging, hatte den Eindruck, sich an einer »Kristallbalustrade« entlang zu bewegen, wie Madeleine de Scudéry begeistert feststellte. Architekt des Schlosses war Louis Le Vau, und der Maler Charles Le Brun wurde mit der Innenausstattung beauftragt. In kurzer Zeit verwandelten Tausende von Arbeitern ein sumpfiges Gelände – ein Zeitgenosse sprach von einer »Kloake, einem Krötenloch« – in eine allgemein bestaunte Residenz.

Fouquet empfing bereits in den fünfziger Jahren in seinem Palais in Saint-Mandé, unweit von Vincennes, Mazarin und den noch im Schatten des Kardinals stehenden König und trug dafür Sorge, daß seine Brüder auf gut dotierten Posten in Staat und Kirche plaziert wurden: Einer wurde Erster Stallmeister des Königs, ein anderer Bischof von Agde, ein dritter – wenn es schon kein Bistum sein konnte – wenigstens Koadjutor des Bruders. Daß Nicolas Fouquet, der Urenkel eines Tuchhändlers aus Angers, schließlich seine Tochter Marie um den Preis einer Mitgift von 600000 Livres mit dem Herzog von Charost verheiratete, ist ein besonders eindrucksvolles Beispiel dafür, wie sich der zusehends verarmende alte Schwertadel durch Verbindungen mit den nach blauem Blut lechzenden jungen Kapitalisten seinen gesellschaftlichen Status auch ökonomisch zu erhalten suchte.

Gewiß stand nicht nur Eitelkeit, sondern auch eine unbestreitbare künstlerische Sensibilität dahinter, wenn Fouquet eine imponierende Anzahl kreativer Persönlichkeiten um sich versammelte. Die von dem großzügigen Mäzen Empfangenen zerbrachen sich dabei wohl kaum den Kopf darüber, was es mit der Prachtentfaltung, den kostspieligen Festen und Empfängen auf sich hatte, zumal da auch die persönliche Ausstrahlung des auch wegen seiner amourösen Abenteuer bald gerügten, bald beneideten Superintendanten außergewöhnlich gewesen sein muß. Das belegen zahlreiche Zeugnisse aus dem siebzehnten Jahrhundert. Geirrt hatte sich Fouquet allerdings, wenn er geglaubt hatte, es sei ihm gelungen, auch Ludwig XIV. in seinen Bann zu schlagen.

Der Sturz dieses Mächtigen wirkt wie ein Lehrstück von der Unbeständigkeit menschlicher Größe und der Unzuverlässigkeit königlicher Gunst. Fouquet hatte – und das war sein entscheidender Fehler – nicht verstanden, daß Ludwig XIV. nach dem Tod Mazarins nicht willens war, Günstlinge von ehedem unbesehen in ihrem Amt zu belassen. Als der sich als Mäzen in großem Stil gebärdende Finanzminister unter Mithilfe zahlreicher Künstler am 17. August 1661 in Vaux-le-Vicomte sein großes Fest veranstaltete, fühlte sich der König durch den Aufwand brüskiert. Fouquet schien den Sinn für die ihm gesetzten Grenzen gänzlich verloren zu haben. Gerade daher wollte der König nun am Superintendanten ein Exempel statuieren, das für alle eine Warnung sein konnte, die noch nicht begriffen hatten, daß Ludwig seit dem Tod des Kardinals die Regierungsgeschäfte höchstpersönlich führte. Jean-Baptiste Colbert, der viele Jahre in Mazarins Diensten gestanden hatte und nun nach dessen Tod Fouquets gefährlichster Rivale geworden war, ließ es sich angelegen sein, dem König die Augen hinsichtlich Fouquets privater Bereicherung zu öffnen. An stichhaltigen Fakten mangelte es jedenfalls nicht.

Fouquet gab im Monat für sich und seine Familie 25 000 Livres aus, einen Teil davon verschleuderte er bei Spiel und Galanterie. Welche Summen ihm zur Verfügung standen, hatte er 1658 gezeigt, als er in der Bretagne für 130000 Livres das Schloß Belle-Isle-en-Terre erwarb. Daß er dabei ins Gerede kam, nahm er in Kauf, ohne zu bedenken, wie leicht es gegebenenfalls wurde, die öffentliche Meinung gegen ihn zu mobilisieren. Kaum drei Wochen nach dem Fest von Vaux-le-Vicomte, am 5. September 1661, wurde der mächtige Superintendant in Angers verhaftet, von dort nach Vincennes gebracht, trotz zahlreicher Petitionen seiner Freunde 1664 verurteilt und schließlich in die Festung Pignerolo im Piemont eingeliefert. In einem in Potsdam geschriebenen

Brief erinnert sich Voltaire an das Schicksal des Gestürzten: Er habe von Fouquets Schwiegertochter mit letzter Sicherheit erfahren, der in Pignerolo Inhaftierte sei kurz vor seinem Tod aus dem Gefängnis entlassen worden. Die Tatsache, daß man nie mit eindeutiger Sicherheit erfahren hat, wo dieser Mann gestorben ist, der nahezu Herr des Königreiches gewesen war, war für Voltaire »ein schönes Beispiel dafür, daß man von den Unglücklichen nur geringes Aufhebens macht«.

Als der Wagen mit dem verhafteten Superintendanten durch die Straßen von Angers fuhr, geschah dies zwar unter feindseligen Manifestationen der Menge, aber die zahlreichen Anhänger, die er durch seine gewinnende Art für sich eingenommen hatte, verstummten jahrelang nicht. So wurden im Jahre 1663 sieben Drucker in die Bastille eingeliefert, weil sie Schriften verbreitet hatten, die für den noch nicht rechtskräftig verurteilten Fouquet Partei ergriffen.

Ludwig XIV. ging bei der Verhaftung Fouquets wie ein machiavellistischer Fürst zu Werk, der je nach Gunst oder Ungunst der Stunde wie ein Löwe oder wie ein Fuchs handeln muß. In diesem Fall war das Verhalten eines Fuchses angezeigt: Fouquet war der Generalprokurator des Pariser Parlaments; ein einflußreicher Teil der öffentlichen Meinung war auf seiner Seite; sein inzwischen ausgebautes bretonisches Schloß Belle-Isle-en-Terre war befestigt und bot ihm die Möglichkeit, sich zu verschanzen.

Der Unmut des Königs mußte ein kaum noch zu verbergendes Ausmaß erreicht haben, als Fouquet ihm bei dem großen Fest mit einem eigenen Hofstaat von Künstlern und Günstlingen entgegentrat. War es doch eine freche Herausforderung, eine Unverfrorenheit ohnegleichen, wenn überall das Wappen des Prunksüchtigen mit einem Eichhörnchen und der Devise »Quo non ascendet?« (Wohin wird es nicht steigen?) zu sehen war. Von diesem Mann mit seinem grenzenlosen Ehrgeiz und der in seinem Bann stehenden Anhängerschaft war das Schlimmste zu befürchten. Bei der Hausdurchsuchung in Fouquets Palais in Saint-Mandé wurden Pläne entdeckt, die der Waghalsige noch unter Mazarin aufgezeichnet hatte, als er in Ungnade zu fallen fürchtete. Danach schien es tatsächlich seine Absicht gewesen zu sein, sich gegebenenfalls nach Belle-Isle-en-Terre zurückzuziehen, um sich dort zu verteidigen. Diese noch zu Lebzeiten des Kardinals formulierten Anweisungen an seine Getreuen für den Ernstfall lesen sich wie der Entwurf für eine Verfilmung der *Drei Musketiere* und mußten im Augenblick des Prozesses Fouquet als potentiellen Frondeur schwerwiegend belasten: »Und da es den Anschein hat, daß man gegebenenfalls den ersten Schlag gegen Belle-Isle und Concarneau richten dürfte, um sie durch ein Überraschungsmanöver einzunehmen, und Marschall von La Meilleraye, trotz seiner in Gegenwart von Monsieur de Brancas und Madame du Plessis gegebenen Zusicherung, meine Interessen gegenüber allen und gegen alle zu vertreten, vielleicht nicht ganz dazu stehen würde, müßte man Deslandes anweisen, so viele Männer wie möglich in seine Dienste zu nehmen, ohne freilich absichtlich etwas Ungesetzliches zu tun.«

Geradezu naiv wirkt dieser zum Widerstand gegen die Staatsgewalt entschlossene Nachzügler frondistischer Zeiten, wenn er sich einredet, er könne auf Leute zählen, die er sich durch Gefälligkeiten verbunden hatte: »Es ist gut, daß meine Freunde wissen, daß der Herr Kommandant von Neuf-Chaise es mir verdankt, wenn er wieder in den Besitz seines Vermögens gelangte, daß seine Charge als Vizeadmiral mit dem Geld bezahlt wurde, das ich ihm über Madame de Plessis aushändigen ließ, und daß ein Mensch noch nie feierlicher als er sein Wort gegeben hat, auf alle Zeiten meine Interessen ohne Unterschied und Vorbehalt gegenüber allen und gegen alle zu vertreten.« Man kann sich angesichts eines derartigen Dilettantismus, den der Angeklagte später als Ergebnis von phantastischen und chimärischen Ausdünstungen bezeichnete, fragen, wie es Fouquet überhaupt fertiggebracht hatte, zu einem der einflußreichsten Männer Frankreichs zu werden. Dieser in gleißendes Gold und schönen Schein verliebte Mäzen der Künste hätte bei einer Zuspitzung des Konflikts mit dem kalt berechnenden Kardinal gewiß den kürzeren gezogen. Wie die Ereignisse des Jahres 1661 zeigten, hatte er zu seinem Nachteil auch das Format des um dreiundzwanzig Jahre jüngeren Königs unterschätzt.

Mit Hilfe von Briefen ließ sich leicht genügend belastendes Material gegen Fouquet zusammentragen. Aber all das war wohl gar nicht mehr entscheidend. Ludwig XIV., der Fouquets Widersacher Colbert ins Vertrauen gezogen hatte, wäre wohl auch bereit gewesen, den Maßlosen mit fadenscheinigen Gründen ins Verderben zu stürzen.

Unter seinen zahlreichen Ämtern hatte Fouquet auch das des Superintendanten der schönen Künste inne. Widmungsbriefe und Huldigungsgedichte der zeitgenössischen Literaten an seine oder seiner Frau Adresse waren damit für den mit Zeichen seiner Gunst verschwenderischen und für Lob stets empfänglichen Mäzen eine Selbstverständlichkeit. Allerdings fehlen auch gegenteilige Zeugnisse nicht, die von seiner kränkenden Herablassung sprechen.

Madame de Sévigné berichtete in einer Reihe von Briefen an Arnauld de Pomponne, den Sohn von Robert Arnauld und Neffen des »Großen Arnauld«, der als Günstling Fouquets von der Hauptstadt auf seine Güter verbannt wurde, über den gegen Ende 1664, also drei Jahre nach der Verhaftung Fouquets, inszenierten Prozeß. Am 27. November beobachtete sie den von fünfzig Musketieren bewachten Untersuchungshäftling maskiert aus der Ferne: »Er schien ziemlich träumerisch. Was mich anbetrifft, so haben meine Beine gezittert, und mein Herz hat so stark geschlagen, daß ich es nicht mehr aushielt. Als er sich uns näherte, um in sein Loch zurückzukehren, hat ihn Monsieur d'Artagnan angestoßen und darauf aufmerksam gemacht, daß wir anwesend waren. Er hat uns also gegrüßt und hat jene lachende Miene aufgesetzt, die Sie kennen. Ich glaube nicht, daß er mich erkannte. Aber ich gestehe Ihnen, daß ich merkwürdig ergriffen war, als ich ihn in diese enge Tür treten sah.«

Nachfolger in Fouquets Amt wurde der 1619 in Reims als Abkömmling einer durch Geldgeschäfte und Handel zu Macht und Ansehen gelangten Sippe geborene Jean-Baptiste Colbert. Sein Vater kaufte Nicolas 1630 das Amt eines königlichen Sekretärs. Noch unter Mazarin brachte es der ehrgeizige Streber Jean-Baptiste bis zum Intendanten. Am 8. August 1657 schrieb er an seinen Bruder Charles: »Ich gestehe Ihnen, daß ich danach brenne, unsere Familie auf den Wegen der Ehre und der Tugend aufsteigen zu sehen, so daß alle Welt zugeben muß, daß uns unser Vermögen auch zusteht.« Charles de La Roncière schildert Colbert mit seiner düsteren Miene und seinem auf seiner Arbeitsmoral gründenden Selbstbewußtsein: »Ein unendlicher Fleiß und eine unstillbare Wißbegier vertraten bei ihm die Stelle der Bildung. Die Natur war nicht verschwenderisch mit ihm gewesen. Nur das, was er selbst tat, führte bei ihm zum Erfolg, und er tat alles mit unerbittlicher Schaffenskraft.«

Bei Colbert findet sich nichts von dem hohe Einsätze liebenden finanziellen Abenteurertum Fouquets. Statt dessen besaß er eine durch und durch bürgerliche, auf ausgewogene und saubere Bilanzen bedachte Kaufmannsmentalität. In kurzer Zeit wurde er nach dem Sturz Fouquets zum einflußreichsten Mann in der Umgebung Ludwigs XIV. Aber er besaß im Gegensatz zu dem Superintendanten ein zuverlässiges Gespür dafür, welche Grenzen er nicht überschreiten durfte. Das von ihm entwickelte und mit allen Mitteln geförderte merkantilistische System beruhte auf der Vorstellung, auf der Welt sei eine stets gleichbleibende Menge Geld im Umlauf. Daher sollte Frankreich mit allen Mitteln versuchen, den Import zu drosseln und den Export zu fördern. Durch Schaffung eigener Industrien und Manufakturen der französischen Krone sollten Güter im eigenen Lande hergestellt und nicht länger eingeführt werden. Mit Entsetzen sah Colbert, daß etwa für den Kauf von Spiegeln jährlich eine Million Livres an Venedig bezahlt werden mußte. Colbert förderte daher jede Form von Industriespionage: Sein ältester Sohn, Jean Baptiste Antoine, Marquis von Seignelay (Colbert hatte den Grundbesitz 1657 gekauft), wurde auf Reisen geschickt, um in englischen, holländischen und venezianischen Werften Produktionsgeheimnisse auszukundschaften, dies, obwohl derartige Vergehen in Frankreich durch strenge Strafen geahndet wurden. Bewunderte Vorbilder bei der Konzeption seiner merkantilistischen Ideen waren ihm Länder wie England und Holland.

Colbert war letztlich nicht weniger als Fouquet darauf bedacht, für sich und seine Angehörigen Vermögen anzuhäufen und Ämter zu akkumulieren: 1664 wurde er Marineintendant und Superintendant für die öffentlichen Gebäude; er wurde Superintendant für den Handel; ab 1665 hatte er die Oberaufsicht über die Staatsfinanzen inne. Bereits 1670 kaufte er wenige Kilometer südlich von Paris den Herrensitz Sceaux und ließ dort einen Park von Le Nôtre anlegen. Das nach seinem Tod im Jahre 1683 erstellte Inventar zeigt, wieviel Luxusgüter auch von diesem eher trockenen Verwaltungsfachmann zusammengetragen worden waren: In der Orangerie in Sceaux befanden sich zweihundertachtzig Orangenbäume, einhundertfünfzig Jasminsträucher und einhundertsechsundzwanzig Lorbeerbäume; jede seiner Residenzen besaß Kunstsammlungen mit wertvollen Gobelins, Bildern und Skulpturen. Seine Angehörigen hatten sich ebensowenig zu beklagen wie diejenigen Fouquets: Charles Colbert wurde Botschafter und Außenminister, ein anderer Bruder, Nicolas, Bischof von Luçon, seine drei Töchter wurden alle mit Herzögen verheiratet, und die sechs Söhne brachte er in gut dotierte Positionen. Aber sie mußten es sich auch gefallen lassen, daß sie ihr unermüdlicher Vater nachdrücklich auf seine bürgerliche Leistungsmoral verpflichtete.

Colbert hatte 1664 die Leitgedanken seines Schutzzollsystems entwickelt: Schutzzölle sollten auf eingeführte Fertigwaren erhoben werden, nicht auf Rohstoffe und lebenswichtige Konsumgüter, an denen Frankreich Mangel litt, und auch nicht auf im Inland hergestellte Gewerbeerzeugnisse. Entsprechende Verordnungen wurden erlassen. Der Einfuhrzoll auf einen Hammel wurde von dreißig auf fünf Sous herabgesetzt, aber für ein Dutzend Hüte aus Biberfell war eine Abgabe von 36 Livres an die Behörde zu entrichten. Für das französische Gewerbe war dies noch nicht genug. Colbert setzte daher die Zolltarife 1667 noch einmal herauf: Der Schutzzoll auf Tuch aus Holland oder England wurde verdoppelt.

Die Wirtschaftspolitik Colberts und seines merkantilistischen Systems war darauf angelegt, die Handelsmächte England und Holland zugrunde zu richten. Natürlich reagierten in diesem Wirtschaftskrieg die nördlichen Nachbarn Frankreichs mit vergleichbaren Maßnahmen. Die eigentliche Ursache für die großen Kriege Ludwigs XIV. liegt nicht zuletzt hierin. Dazu kam die Expansion Frankreichs nach Übersee, die notwendigerweise zu Auseinandersetzungen mit Holland, England und Spanien führen mußte. Seit 1664 betrieb Colbert die Förderung der kurz zuvor ins Leben gerufenen Ostindischen und Westindischen Gesellschaft. Die Kapitalbeschaffung für die Ostindische Gesellschaft, die ein auf fünfzig Jahre begrenztes Monopol für den Handel mit den Ländern östlich des Kaps der Guten Hoffnung erhalten hatte, erwies sich jedoch als schwierig, obwohl der König von den notwendigen fünfzehn Millionen Livres drei Millionen gezeichnet hatte. Die Westindische Gesellschaft, die das Handelsmonopol für die westafrikanische Küste und Kanada erhalten hatte, erfüllte die Erwartungen nicht. Bereits 1674 hatte sie mehr als drei Millionen Schulden. In Colberts Merkantilsystem sollten die Kolonien nicht so sehr der Besiedlung als dem Handel dienen. Es entsprach diesem wirtschaftlichen Konzept, daß nur Handelsniederlassungen, keine territorial ausgedehnten Kolonien gegründet wurden. Diese Emporien sollten es ermöglichen, Erzeugnisse des Mutterlandes abzusetzen, um dann im Tausch Kolonialwaren zu erwerben.

So wie Colberts zentralistische Politik darauf angelegt war, durch königliche Intendanten die Provinzen enger an die Krone zu binden und lokale oder ständische Autonomien zu beschneiden, verfügte er 1673 auch, daß künftig alle Gewerbezweige als »geschworene Zünfte« zu organisieren seien, die von staatlichen Beamten verwaltet werden sollten. Die Zünfte wandten sich in den neunziger Jahren angesichts der Untergrabung alter Privilegien mit der Bitte an den König, die Ämter selbst erwerben zu dürfen. Das Gesuch wurde zwar bewilligt, aber die Zünfte mußten zum Teil Anleihen aufnehmen und ihren Besitz verpfänden, um sich die königlichen Beamten vom Leib zu halten.

Mit Colbert wurde die Harmonie zwischen »vita activa« und »vita contemplativa«, wie sie in mittelalterlichen Klöstern und humanistischen Kreisen als Lebensideal gepflegt und gefördert wurde, endgültig verabschiedet. Am liebsten hätte der Unermüdliche die Klöster geräumt, um die Mönche aus ihrem angeblichen Müßiggang aufzuscheuchen. Da ihm dies nicht möglich war, ließ er Bettler und Landstreicher aufgreifen und in Werkstätten zur Zwangsarbeit einweisen. Im christlichen Mittelalter hatte der Arme noch einen sozialen Status, der durch einschlägige Stellen des Evangeliums abgesichert war. Franz von Assisi und die Bettlerorden waren die Verfechter einer radikalen Absage an die Welt mit ihren Bedürfnissen und ihrem frühkapitalistischen Erwerbsstreben. Manche Klöster trugen dieser Tradition mit regelmäßigen Armenspeisungen auch im siebzehnten Jahrhundert noch Rechnung. Für Colbert war diese karitative Fürsorge für Arme und Obdachlose lediglich ein das Wirtschaftsgefüge des Staates gefährdender Unfug.

Bereits 1656 waren in Paris und Lyon trotz der Proteste des heiligen Vinzenz von Paul die Bettler in den Spitälern zur Zwangsarbeit herangezogen worden. Mit Colbert, der bei seinen Maßnahmen ungern auf halbem Weg stehenblieb, wurde der Stand des Bettlers kriminalisiert. Bereits 1637, noch unter Richelieu, war es den Klöstern untersagt worden, nach altem Brauch an der Pforte Essen zu verteilen, unter Colbert wurde das Verbot verschärft, denn er wollte es nicht länger dulden, daß infolge der Tolerierung des Bettelns allein in Paris fünfundvierzigtausend Arbeitskräfte brachlagen. Als Allheilmittel bot er die von ihm organisierte Zwangsarbeit an: »Die Manufakturen in den Spitälern sollen überall gefördert werden. Es gibt nichts, was geeigneter wäre, um Faulenzerei und Müßiggang im Volk zu vertreiben.« Herumirrende elternlose Kinder wurden schon im Alter von zehn Jahren von dem Zuchtmeister der Nation in den Manufakturen kaserniert. Die zahlreichen Feiertage, deren Reduzierung bereits Heinrich IV. vergeblich beim Papst beantragt hatte, waren für Colbert ein besonderes Ärgernis. Schon 1666 tilgte er zwanzig. Die noch verbleibenden zweiundneunzig schienen ihm immer noch genug. Diese organisatorischen Neuerungen wirken bereits im siebzehnten Jahrhundert wie ein Auftakt zur organisierten Ausbeutung des Lohnarbeiters in der kapitalistischen Industriegesellschaft.

Es liegt nahe, daß dieser Technokrat mit den Künsten nur so weit Umgang pflegte, als sie dem Ansehen des Monarchen dienten und von diesem gefördert wurden. Doch kein Weg führte an Colbert vorbei: Auch die königlichen Pensionen gingen durch seine Hand. Molière wurde am 3. April 1663 in seiner Eigenschaft als »hervorragender komischer Dichter« eine Gratifikation von 1000 Livres zuerkannt. Der fast siebzigjährige Jean Chapelain, der vom König aufgefordert worden war, eine Liste besonders verdienter Literaten aufzustellen, unterließ es allerdings in seiner kurzen Charakteristik des Ausgezeichneten nicht, mahnend einzuflechten, er solle sich vor zu derber Komik in acht nehmen. Die Kritik von Chapelains Gegner Nicolas Boileau-Despréaux zielte mehr als ein Jahrzehnt später in die gleiche Richtung. In seinem von den Druckern Luyne und Quinet nach der Verleihung der Pension veröffentlichten Dankgedicht an den König mimt Molière Ungehaltenheit über seine saumselige Muse und empfiehlt ihr, sie solle sich, um sich beim morgendlichen Empfang des Königs Eingang zu verschaffen, als Marquis verkleiden. Die seit den *Lächerlichen Preziösen* und den *Lästigen* bekannte komische Figur in Molières Theater wird dabei mit kostbarer Perücke, dreißig Federn auf dem Hut und einem bunten Band auf dem Rücken wieder einmal karikiert. Das übrige sind Artigkeiten und die Aufforderung an die Muse, sie solle sich kurz fassen, der König habe wichtigere Geschäfte, als weitschweifige Komplimente anzuhören; mit mildem Lächeln werde er abwinken.

Molières Vermählung mit Armande Béjart

In einem in Prosa und Vers verfaßten Brief, den er im Frühjahr 1659 an Molière schrieb, vergleicht Chapelle seinen Adressaten mit Jupiter zwischen den drei Göttinnen Juno, Minerva und Venus. Es besteht kaum ein Zweifel, daß der Freund mit dem mythologischen Bild auf die Schauspielerinnen Madeleine Béjart, Catherine de Brie und Marquise Du Parc anspielte. Nur Mutmaßungen hingegen sind möglich, wenn es darum geht, eine Personenentsprechung für jene von Chapelle erwähnte noch junge und schwache Pflanze zu finden, welche einer ihr die Arme ausstreckenden Weide entgegenwachse. Der Dichterfreund bittet am Ende seines Briefes Molière, seine Verse Mademoiselle Menou zu zeigen. Die Frage, ob es sich bei diesem nur vorübergehend auf den Theaterprogrammen der Truppe auftauchenden Namen um ein Pseudonym für Molières künftige Frau Armande handelt, konnte nie endgültig geklärt werden. Dies ist nicht das einzige Rätsel, welches Armande aufgibt, denn es ist auch nicht eindeutig zu entscheiden, ob es sich bei der späteren Lebensgefährtin Molières um die jüngste Schwester oder um die Tochter Madeleine Béjarts handelt, da ihre Taufurkunde nicht bekannt ist.

Marie Hervé war, als sie Witwe wurde, etwa achtundvierzig Jahre alt. Da ihre Tochter Madeleine zu diesem Zeitpunkt vierundzwanzig Jahre zählte und ihrerseits bereits seit zwei oder drei Jahren Mutter einer Tochter war, fand schon früh das Gerücht Nahrung, Armande sei eine Tochter Madeleines, eine Vorstellung, die besonders das neunzehnte Jahrhundert schockierte und die in ebenso unerfreulichen wie unergiebigen Diskussionen um das Für und Wider dieser Mutterschaftsfrage ihren Niederschlag fand. Sicher ist, daß Molière sich bereits im April 1661 mit dem Gedanken trug, Armande zur Frau zu nehmen. La Grange notierte kommentarlos, Molière habe, »für den Fall, daß er sich verheirate«, außer der ihm zustehenden Gage eine zweite für seine Frau verlangt.

Durch den Entschluß, sich zu verehelichen, waren besonders Molières langjährige Geliebte Madeleine Béjart und Catherine de Brie betroffen. Wie diese darauf reagierten, darüber sind die zeitgenössi-

schen Kommentare im Fall der einen zu dürftig, im Fall der anderen zu
widersprüchlich, als daß sich ein eindeutiges Bild der Umstände und
Motivierungen von Molières Heirat ergeben würde. Grimarest kolpor-
tiert eine Szene zwischen dem Dichter und Madeleine, wonach sich die
Schauspielerin zutiefst über die Entscheidung ihres langjährigen Part-
ners betroffen und enttäuscht gezeigt habe. Die unter dem fingierten
Druckort Frankfurt 1688 in den Niederlanden erschienene und gegen
Armande gerichtete, gut informierte anonyme Schmähschrift *La Fameuse comédienne (Die berühmte Komödiantin)* deutet hingegen die Verbindung als das Ergebnis von Machenschaften Madeleines, die – ganz
im Gegenteil zu der Darstellung Grimarests – ihre Rivalin de Brie
unschädlich machen wollte: »[Madeleine] merkte mit Vergnügen, daß
Molière eine Schwäche für die Jugend hatte, daß er außerdem eine
besondere Neigung [für Armande] empfand, weil er sie aufgezogen
hatte und dieses Kind Molière wie seinen Vater liebte. Es verwöhnte ihn
mit tausend kleinen, seinem Alter erlaubten Zärtlichkeiten. Es ist sicher,
daß die Guérin [es handelt sich um den Namen von Armandes zweitem
Mann], obwohl häßlich, sehr anmutig war, wenn sie zu gefallen
wünschte. Die Béjart, die sie zu diesen kindlichen Liebkosungen und
Zärtlichkeiten ermunterte, da es der einzige Weg zur Verwirklichung
ihrer Absicht war, unterließ es nicht, Molière in glühenden Farben die
Genugtuung zu schildern, die daraus entstehe, daß man ein Kind für
sich heranziehe, dessen Herz wir sicher zu besitzen wissen, dessen
Launen wir kennen, und sie stellte ihm dar, daß man nur in diesem
unschuldigen Alter jene Offenheit antreffen könne, die man nur selten
bei der Mehrzahl der Menschen finde, die in der großen Welt verkehrt
haben [...].«

Will man dem Pamphlet vertrauen, dann ging es Madeleine darum,
mit Hilfe ihrer jungen Schwester Molière ganz von ihrer langjährigen
Rivalin de Brie zu trennen. Leicht war dies nicht, falls die Unterstellung
des Verfassers von *La Fameuse comédienne* nicht aus der Luft gegriffen
war, daß Molière »Liebespfänder« von Catherine de Brie besaß, die es
für ihn unerläßlich machten, sie mit taktvoller Rücksichtnahme zu
behandeln. Mit den »Liebespfändern« konnten nur Kinder Molières
gemeint sein: Bereits 1652 übernahm der Theaterdirektor die Patenschaft für den kleinen Jean-Baptiste Villequin. Angesichts der verbreiteten Meinung über die angebliche Promiskuität der Schauspieler über-

raschte die üble Nachrede nicht, es handle sich bei diesem Kind um einen Sohn Molières.

Der Altersunterschied zwischen Molière und Armande von immerhin zwei Jahrzehnten war für die damalige Zeit keineswegs außergewöhnlich. Paradoxerweise hat aber gerade Molière in zahlreichen seiner Komödien immer wieder zugunsten der Liebesheirat zwischen jungen Leuten und gegen die von ökonomischen und finanziellen Überlegungen der Eltern diktierten Verbindungen Stellung bezogen, mag er auch in der *Schule der Ehemänner* die Zuversicht zum Ausdruck gebracht haben, nicht das Alter, sondern die richtige Lebensauffassung sei die entscheidende Voraussetzung für Gelingen oder Mißlingen einer Ehe.

Am Montag, den 20. Februar 1662, wurden Jean-Baptiste Poquelin und Armande Grésinde Claire Élisabeth Béjart, »zwanzig oder ungefähr zwanzig Jahre alt«, in Saint-Germain-l'Auxerrois in Gegenwart ihrer engsten Angehörigen getraut. Die Braut brachte 10000 Livres Mitgift in die Ehe. Alle rechtlichen Aspekte, vor allem auch die eventuelle Erbfolge im Todesfall, wurden mit peinlicher Genauigkeit geregelt. Die Brautleute vereinbarten Gütergemeinschaft und richteten sich in einer dem Arzt Louis-Henri Daquin gehörenden geräumigen Wohnung ein. Molière hatte sie bereits im Oktober 1661 vom Marquis de Boulainvillers in Untermiete übernommen und bezogen.

Armande wurde schon bald zu einer der wichtigsten Schauspielerinnen in der Truppe des Palais-Royal. Neben La Grange ist es nicht zuletzt ihr zu verdanken, wenn auch nach dem Tod Molières seine Stücke in der von ihm gewollten Form weiterhin aufgeführt werden konnten. Die Nachwelt hat sich allzuoft lieber mit Armandes angeblichen, aber in keinem Fall stichhaltig zu belegenden ehelichen Eskapaden und mit den bald nicht ausbleibenden Auseinandersetzungen zwischen dem ungleichen Paar beschäftigt als mit dem Talent der Schauspielerin und den organisatorischen Fähigkeiten von Molières Witwe.

Das Elend des Volks und der Glanz des Hofs: Das Reiterkarussell im Hungerjahr 1662

Molières satirische Darstellung der zeitgenössischen Gesellschaft erlaubt nur in Ausnahmefällen Einblicke in das Elend der großen Volksmassen. Die von der herrschenden Dichtungsnorm der klassischen Doktrin vorgeschriebene »bienséance«, das Dezenz- und Schicklichkeitsgebot, schloß von vornherein aus, daß die untersten Schichten sich auf der Bühne artikulieren konnten. Die Auftritte von Bauern, Tölpeln und Provinzlern sollten beim Publikum nur Gelächter produzieren, mochten auch hier und dort bei den Dienerfiguren bereits Überlegungen aufblitzen, die in der schon bald nach Molières Tod einsetzenden Frühaufklärung zu einer radikalen Kritik an der absoluten Monarchie führen sollten.

Nach den vom Jahrhundert Ludwigs XIV. faszinierten Geschichtsschreibern in der Nachfolge Voltaires und den sich jede kritische Einschränkung verbietenden monarchistischen Verherrlichern des Lilienbanners der um 1900 ins Leben gerufenen Action française hat die neuere Historiographie nachdrücklich die Nacht- und Kehrseiten des »Grand siècle« herausgestellt und auf die zahllosen unter Richelieu, Mazarin und Ludwig XIV. niedergeschlagenen Bauernaufstände in den bis aufs Blut ausgesogenen Provinzen hingewiesen. Aber auch die Mahnungen zu christlicher Nächstenliebe, wie sie sogar die Prediger vor versammeltem Hof vorzutragen pflegten, und die Berichte von Zeitgenossen geben eine Vorstellung davon, welcher Abgrund von Not sich hinter dem blendenden Glanz des höfischen Prunks auftat. »Die Scharen der Armen und Elenden in allen Vierteln der Stadt sind so groß«, schrieb der englische Arzt Martin Lister über eine 1698 unternommene Reise nach Paris, »daß man im Wagen oder zu Fuß oder in einem Laden nichts zu einem guten Ende führen kann, so zahlreich und lästig sind die Bettler, und wenn man einem etwas gibt, so stürzt sich gleich der ganze Schwarm auf einen.«

Guy Patin, der damals sechzigjährige Pariser Arzt und langjährige Dekan der medizinischen Fakultät, kritisierte am 13. Januar 1661 in einem Brief an einen Bekannten offen das höfische Treiben:»Am Louvre wird viel von Bällen, Balletten und Vergnügungen gesprochen, aber keiner redet davon, wie man dem an seinem Elend zugrunde gehenden Volk helfen könnte.« Ein Jahr später, als eine der schlimmsten Mißernten die Not im Lande verschärft hatte, wandte sich Jacques Bénigne Bossuet in seiner »Predigt über die Passion unseres Herrn Jesus Christus« vom 7. April direkt an den anwesenden König: »Majestät [...], da das Elend zunimmt, muß auch die Barmherzigkeit zunehmen. Da Gott seine Züchtigungen verdoppelt, muß auch die Hilfe verdoppelt werden, und es muß, solange dies möglich ist, die Arznei der Krankheit angeglichen werden. [...] Majestät, der sterbende Jesus mahnt Sie dazu. Er empfiehlt Ihnen Ihre armen Untertanen: Und wer weiß, ob es nicht Gottes Ratschluß ist, die Welt mit so viel Jammer heimzusuchen, damit Ihre Majestät, indem Sie über so viel Elend eilig Ihre helfende Hand ausstreckt, auf Ihre Herrschaft all jene Segnungen herabruft, die der Himmel Ihr so offenkundig verheißt.« Es ist gewiß nicht leicht, eine Argumentation nachzuvollziehen, derzufolge Gott erst einmal durch Anhäufung beklagenswerten Jammers den Großen dieser Welt die Möglichkeit gibt, noch größer zu erscheinen, aber wenigstens wird durch diese mutige Kanzelrede für einen Augenblick der Schleier schönen Scheins zerrissen, der so häufig das Elend der unterprivilegierten Massen mit höfischer Rhetorik drapierte.

Im selben Jahr, in dem Bossuet Ludwig XIV. an seine Pflichten als christlicher Herrscher mahnte, wurden die Armen von Paris in einer Petition an den König vorstellig: »Die Armen«, so klagten sie, »haben sogar ihre Kleider verkauft. Die Scham und die Scheu, ihr Elend zu zeigen, vermehren ihre Schwäche, die sie an ihre Zimmer bindet, wo Frauen und Kinder ihren Schmerz bei Tag und Nacht durch Schreien und Seufzen verdoppeln, was sie zur Verzweiflung treibt.« Der König wurde angefleht, einigen Pfarreien, deren Ressourcen total aufgebraucht, und einigen Spitälern, die hoffnungslos überfüllt waren, mit Getreidezuteilungen zu helfen.

Während die ersten Jahre der persönlichen Regierung Ludwigs XIV. durch Ausgaben für Kriege und Feldzüge noch kaum belastet waren, nahm das Elend am Jahrhundertende in einem kaum noch zu ertragenden Ausmaß zu. Wieviel der König aber auch bereits in den sechziger

Jahren seinen Untertanen zumutete, zeigt ein Brief des Herzogs von Vendôme, der als Gouverneur der Provence bei Colbert protestierte, als das Steueraufkommen von 400 000 Livres um fünfzig Prozent erhöht wurde. Mit dem Hinweis auf die Mißernte suchte er dem Minister die Unerfüllbarkeit eines derartigen Ansinnens vor Augen zu führen. Schon im Jahr zuvor hatte der vom König in dem verarmten Berry eingesetzte Intendant Robertot an Colbert geschrieben, den Landbewohnern gehe es schlechter als türkischen Sklaven und polnischen Bauern, weil ihnen erbarmungslose Wucherer im Nacken säßen, »die den Landarbeitern Vieh und Getreide abkaufen und es ihnen dann um den doppelten Preis und gegen neue Zinsen wiederverkaufen«.

Emmanuel Le Roy Ladurie hat in seiner Untersuchung zur sozialen Lage der Bauern des Languedoc während des Ancien régime aufgezeigt, wie sich in dem bald von Mißernten, bald von Absatzschwierigkeiten heimgesuchten Land die Situation wiederholt so zuspitzte, daß es zu Meutereien und Ausschreitungen kam. Diese wurden durch den von den wenigen Reichen zur Schau gestellten Luxus noch zusätzlich geschürt. Ein Mann wie Conti hatte neben der ihm als Prinz von Geblüt zustehenden Pension von 100 000 Écus, seinem sich auf 80 000 Écus belaufenden Gehalt als Gouverneur des Languedoc, den 70 000 Écus Einkünften aus der ihm unterstehenden Grafschaft Pézenas und seinen 40 000 Écus aus kirchlichen Pfründen ein jährliches Reineinkommen von 300 000 bis 400 000 Écus, das heißt von etwa einer Million Livres. Kein anderer in der Region konnte einen vergleichbaren Aufwand und ein Mäzenatentum in derart großem Stil betreiben: Neben dem von ihm protegierten Molière und seinem Sekretär Sarasin hielten sich auch Vicomte de Guilleragues, der spätere Verfasser der *Portugiesischen Briefe*, sowie der Graf von Aubijoux, ein ehemaliger Habitué von Ninon de Lenclos' freigeistigem Salon, in seiner Nähe auf.

Wie ein Kontrast zur verschwenderischen Zurschaustellung eines luxuriösen Lebensstils durch einige reiche Honoratioren und Grundbesitzer der Provinz wirkt die wiederholt durchbrechende Volkswut. Die erbarmungslose, nur den Adel und den Klerus verschonende Steuergesetzgebung trug entscheidend dazu bei, daß Kapital und Vermögen in den Händen weniger angehäuft wurden. Der Volkszorn richtete sich vorwiegend gegen die, die durch Ämterkauf zu Steuereinnehmern avanciert waren. Ein Ereignis unter vielen anderen ist der Aufstand in

dem südlich vom Zentralmassiv liegenden Aubenas: Ein Schäfer, La-
roze, setzte sich an die Spitze eines meuternden Haufens, richtete am
26. Juni 1670 mit seinen Anhängern ein Blutbad an, riß einem Monsieur
de Lassagne die Eingeweide aus dem Leib, trug sie als Trophäe um den
Hals und zwang einen anderen Notablen der Stadt, Antoine Du Roure,
sich an die Spitze der Rebellion zu stellen. Die französische Sozialgeschichte unter Ludwig XIV. kennt viele solche Episoden. Allen ist
ihnen gemeinsam, daß sie binnen kurzer Zeit von der Zentralgewalt
niedergeschlagen und die von der Justiz ausgemachten Anführer der
Aufstände verurteilt und öffentlich hingerichtet wurden.

Wirtschafts- und Sozialhistoriker haben in den letzten Jahrzehnten
durch statistische Auswertung der Pfarrbücher und Testamente die
spezifischen Probleme einzelner Regionen sowie die Jahre der großen
Hungersnöte und deren Ursachen eindrucksvoll belegt. Wenn etwa
eine Mißernte im Süden wegen fehlenden Regens durch relativ gute
Erträge im Norden Frankreichs ausgeglichen werden hätte können, so
strichen die Transportunternehmer derart hohe Gewinne ein, daß
Grundnahrungsmittel für die notleidende Bevölkerung nicht mehr
erschwinglich waren.

Während Molière sich im französischen Süden und Südwesten auf-
hielt, wurde diese Gegend von 1653 bis 1655 zum letztenmal von der
Pest heimgesucht. Neben der ständigen Unterernährung der breiten
Volksschichten sollten dort fortan andere epidemische Krankheiten wie
Pocken und Blattern die Menschen dezimieren. Madame de Sévigné
wurde nicht müde, ihre in der Provence lebende Tochter, Madame de
Grignan, anzuflehen, sie solle auf ihre Gesundheit achten. Am 17. Fe-
bruar 1672 schrieb sie ihr: »[...] Sie in Aix zu wissen, während die
Pocken überall in der Luft sind! Vermeiden Sie öffentliche Orte. Es ist
eine schreckliche Krankheit.«

Die steil ansteigende Kurve der Todesfälle in den Jahren 1670 bis
1675 hatte Konsequenzen für den Getreidepreis, der wegen mangeln-
der Nachfrage stagnierte oder zurückging, was wiederum den Erwerb
der Tagelöhner und Bauern unter das Existenzminimum drückte. Vor
dem Hintergrund der häufigen die Hauptstadt und die Provinzen des
Landes heimsuchenden Seuchen und Hungersnöte erhielt so der Aufwand der am Hof veranstalteten Feste geradezu irreale Züge. Doch
rechtfertigte Ludwig XIV. in den zwischen 1668 und 1672 für seinen

Sohn diktierten *Mémoires* in Erinnerung an die am 5. und 6. Juni 1662 auf dem Platz vor den Tuilerien veranstaltete Reiterparade (seitdem heißt der Ort »Place du Carrousel«) ausführlich die höfischen Feste, obwohl gerade zu diesem Zeitpunkt eine der schlimmsten Hungersnöte Frankreich heimsuchte.

Schon sieben Monate vorher waren die Gäste aus dem In- und Ausland zu der großen Reiterparade geladen worden. Die Königinmutter, Anna von Österreich, und die Königin, Maria Theresia, nahmen unter einem seidenen Baldachin an den Feierlichkeiten teil. In weißem Gewand führte der König seine als Römer verkleideten Ritter an. Herolde und Pagen trugen sein durch die Worte »Nec pluribus impar« (»Von keinem übertroffen«) erläutertes Sonnenemblem voraus. Monsieur, der Bruder des Königs, ritt an der Spitze der als Perser verkleideten zweiten Entree, der Fürst von Condé führte ein türkisches Aufgebot an und sein Sohn Henri-Jule, der Herzog von Enghien, ein amerikanisches, was gemäß den geltenden Klischees als Wilde verkleidete Reiter waren.

Die Ausgaben für das Fest beliefen sich auf beinahe eine Million Livres. Aber Ludwig XIV. scheute auch zu einem Zeitpunkt großer Not diese Ausgaben nicht. Es sei von eh und je Tradition der französischen Könige gewesen, Kontakt mit ihren Untertanen zu pflegen und ihnen freien Zutritt zu gewähren, schreibt er in seinen *Mémoires*. Allerdings sei darauf zu achten – das habe ihn die Erfahrung während der turbulenten Jahre der Fronde gelehrt –, daß bei derartigen Festen die Geselligkeit nie den vorgesehenen Rahmen verlasse und die Vertraulichkeit, die durch derartige Veranstaltungen gefördert werde, nie die Grenzen des Erlaubten überschreite. Auch das Volk habe an diesen Lustbarkeiten seine Freude, und man gewinne dadurch vielleicht mehr Macht über seinen Geist und über sein Herz als durch Belohnungen und Wohltaten. Und auf die Ausländer machten derartige Feste mit ihrer nur scheinbar überflüssigen Prachtentfaltung großen Eindruck.

Entscheidend erschien dem König, daß er bei den höfischen Festen und Veranstaltungen der Fluchtpunkt blieb, auf den alles zulief, mochten auch andere besser fechten, tanzen und reiten können als er selbst. Nach eigenem Bekunden war es nicht sein Ehrgeiz, sie alle zu übertreffen. Vielmehr erinnerte er den Dauphin an jene tadelnde Frage eines Königs an seinen Sohn, ob er sich denn nicht schäme, als jemand, der künftig ein Reich zu regieren habe, so gut die Lyra spielen zu können.

Seinen mutmaßlichen Nachfolger mahnte er: »Dulden Sie es gern, wenn es in allen diesen Dingen unter Ihren Untertanen Leute gibt, die Sie übertreffen. Aber niemand soll, wenn es nur irgend möglich ist, es Ihnen in der Kunst des Regierens gleichtun, die Sie niemals zu gut verstehen können und der Sie vor allem Ihr Augenmerk zuwenden müssen.« Das ohne Rücksicht auf die jeweilige Situation zu zelebrierende Hofzeremoniell und die dazu gehörenden Feste waren also für den König wesentliche Bestandteile seines Regierungskonzepts, deren Glanz dazu angetan war, ihn und seinen Hofstaat die entsetzliche Wirklichkeit des Elends seiner Untertanen vergessen zu machen.

Die Höflinge

Die mittellosen, aber dafür um so nachdrücklicher auf ihre Herkunft pochenden Adligen mußten als bloße Statisten die Liturgie des Hofes mitzelebrieren und mit allen Mitteln vermeiden, daß die Kluft zwischen ihrem sozialen Status und ihren finanziellen Möglichkeiten sich zu einem Abgrund weitete. Solange auch nur ein Schimmer königlicher Gunst auf sie fiel, waren sie vor den schlimmsten Zudringlichkeiten ihrer Gläubiger sicher. Durch bezahlte Zwischenträgereien und Informationen, durch riskantes Spiel und teure Lotterien suchten die Höflinge ihre stets leeren Taschen zu füllen. Aber das blieben meist nur eitle Hoffnungen und Erwartungen, die selbst dann, wenn sie sich einmal erfüllten und nicht neue Schulden das Ergebnis eines hohen Einsatzes waren, in kurzer Zeit wieder zerrannen. »Eher«, klagte ein durch die Zahlungsunwilligkeit oder -unfähigkeit der mittellosen Aristokraten zur Verzweiflung gebrachter Lieferant, »kriecht mir ein Löwe aus dem Arsch, als daß aus den leeren Taschen eines Höflings ein schäbiger Dukaten fällt.« Und Madame de Motteville, die es als langjährige Gesellschaftsdame Annas von Österreich wissen mußte, schrieb in ihren *Mémoires*, das Haus des Königs sei wie ein großer Markt, auf dem

jeder für seinen und seiner Angehörigen Lebensunterhalt etwas absetzen und verkaufen müsse. Von dieser bis zu jener von Primi Visconti in
seinen Memoiren überlieferten Äußerung eines anderen Aristokraten,
der Hof sei ein wahres Bordell, war nur noch ein kleiner Schritt. Selbst
die von Ludwig XIV. verwöhnte Herzogin von La Vallière gab sich dazu
her, gegen kleine Erkenntlichkeiten Petitionen an den König weiterzureichen.

Molière hat mit seinen lächerlichen Marquis, den von Salon zu Salon
und von Zerstreuung zu Zerstreuung eilenden adligen Parasiten, deren
Existenz von einem Zeichen königlicher Gunst oder Ungnade abhing,
eine Gesellschaftsschicht karikiert, die 1672 mit dem endgültigen Umzug des Hofs nach Versailles noch weiter entmündigt werden sollte.
Denn um den Adligen einen zusätzlichen Anreiz zu geben, Paris mit der
zunächst als besonders unattraktiv verschrienen Residenz des Königs zu
vertauschen, wurde denjenigen, die auf den in Versailles vom König
zugeteilten Grundstücken Immobilien errichteten, das Privileg zugestanden, daß ihr Besitz nicht zwangsversteigert werden konnte. Manche, die über ihre Verhältnisse lebten, fühlten sich damit vor ihren
Gläubigern sicher.

Der Grundbesitz der Adligen wurde in der Regel in abgelegenen
Regionen von Treuhändern verwaltet, deren Zuverlässigkeit und Redlichkeit häufig zu wünschen übrig ließen. Die Klage von Madame de
Sévigné, sie könne nur mit einem Viertel der ihr aus ihren Besitzungen
in der Bretagne zustehenden Einkünfte rechnen, war somit sicher nicht
ganz aus der Luft gegriffen.

Die Beträge, welche Mode und Vergnügungen in der Residenz
verschlangen, waren gewaltig. Kreditaufnahmen waren deshalb an der
Tagesordnung. Molière brauchte somit den in seiner Komödie *Dom
Juan* auftretenden Monsieur Dimanche, der unterwürfig die ihm von
Herr und Diener geschuldeten Summen anmahnt, ebensowenig zu
erfinden wie den Grafen Dorante im *Bürger als Edelmann*, der Monsieur
Jourdain mit seinen angeblichen Verbindungen zur aristokratischen
Gesellschaft blendet und ihm versichert, er habe im Schlafzimmer des
Königs von ihm gesprochen.

La Bruyère, der 1684 als Erzieher des sechzehnjährigen Herzogs von
Bourbon in die Dienste der Familie Condé trat, hatte eine ideale
Stellung inne, um die Großen seiner Zeit zu beobachten. Die im Kapitel

»Vom Hof« seiner *Charaktere* veröffentlichten Streiflichter und Reflexionen schildern anschaulich den in der Umgebung der königlichen Familie lebenden Menschentyp: Oberstes Gebot waren für diesen die vom König ausgehenden gesellschaftlichen Zwänge, denen er sich mit einer derartigen Ausschließlichkeit unterwarf, daß es für einen selbstbewußten Bürger geradezu ein Kompliment war, wenn ihm vorgeworfen wurde, er verstehe sich nicht auf den Hof. Denn der dort Erfolgreiche »ist Herr seiner Bewegungen, seiner Blicke, seiner Mienen; er ist undurchdringlich, unergründbar; er weiß schlimmem Tun einen angenehmen Schein zu geben, lächelt seinen Feinden zu, bezwingt seine Laune, verhehlt seine Leidenschaften, verleugnet sein Herz, spricht und handelt wider seine Gefühle«. Doch dieses auf ständige Beherrschung jeder Regung und Bewegung abgestellte Verhalten veränderte sich schlagartig, sobald sich ein wirklich Mächtiger zeigte. Das dann plötzlich zum Vorschein kommende natürliche Wesen fand La Bruyère weniger schlimm als die von ihm geschmähte Pfaueneitelkeit und die auf nichts gründende falsche Erhabenheit der Hofschranzen.

La Bruyère wurde nicht müde, Abscheu gegenüber jenen zum Ausdruck zu bringen, die es verstanden, sich bei den höchsten Fürsten Gehör zu verschaffen und allen Vergnügungen und allen Festen der Mächtigen beizuwohnen: »Ihr Geschäft besteht darin, gesehen und wieder gesehen zu werden, und sie legen sich niemals zu Bett, ohne sich dieses ernsten, für den Staat so wichtigen Amtes entledigt zu haben.« Die Selbstsucht »ist die Triebfeder im Denken, Sprechen, Schweigen, Handeln; sie ist der Grund, daß man die einen und die andern vernachlässigt; die Richtschnur, an der man seine Dienste und Gefälligkeiten, seine Achtung, Gleichgültigkeit oder Geringschätzung mißt«.

Letzte Konsequenz dieses ausschließlich nach dem Hof ausgerichteten Lebens und der totalen Unterordnung des Individuums unter den Monarchen war, daß sich dieser auch zwischen Gott und den Betenden stellte. Nicht zum Altar wandte sich daher der Andächtige, sondern zum König, der sich als Mittler zwischen seinen Untertanen und Gott eingeschaltet hatte. So schildert La Bruyère, als wäre er bereits Zeitgenosse Montesquieus und anderer Aufklärer, ein nicht näher bezeichnetes Land, »ungefähr achtundvierzig Grad unter der Polhöhe und mehr als elfhundert Seemeilen von den Wohnsitzen der Irokesen und Huro-

nen entfernt«, folgendermaßen: »Tag für Tag versammeln sich die
Großen des Stammes zu einer bestimmten Stunde in einem Tempel,
den sie Kirche nennen; im Hintergrund befindet sich ein ihrem Gott
geweihter Altar, wo ein Priester geheimnisvolle Zeremonien zelebriert,
die sie als heilig, weihevoll und·ehrwürdig ansehen; die Großen bilden
einen weiten Kreis am Fuße dieses Altars und stehen aufrecht, den
Priestern und den heiligen Mysterien den Rücken zugewendet, die
Gesichter zum König, den man auf einer Tribüne kniend erblickt,
erhoben, auf den sie ihren ganzen Sinn und ihr ganzes Herz zu richten
scheinen. Man könnte sagen, daß dieser Brauch eine gewisse Stufen-
folge in sich schließt; denn das Volk scheint den Fürsten und der Fürst
Gott anzubeten.«

Der nach einem festen Plan zelebrierte höfische Tagesablauf wurde
mit zunehmendem Alter Ludwigs XIV. immer gespenstischer. Bereits
für Molière, der anderthalb Jahrzehnte lang die Routine des Lebens in
der nächsten Umgebung des noch jungen Sonnenkönigs nicht als
distanzierter Beobachter, sondern als ein für den reibungslosen und
glanzvollen Ablauf von dessen Festen mitverantwortlicher Impresario
miterlebte, müssen sich vergleichbare Gedankengänge aufgedrängt
haben, sonst wäre eine Figur wie sein *Menschenfeind* Alceste nicht zu
erklären. Die zu Marionetten degradierten Marquis seiner Komödien
und die geschäftigen Frauen vom Schlag der sich Alceste aufdrängenden
Arsinoé, denen er auf Schritt und Tritt begegnete, muß er zutiefst
verachtet haben.

Im Kapitel »Von den großen Herren« seiner *Charaktere* zeichnete
dann La Bruyère bereits mehrere Jahre nach Molières Tod in Pamphil
jenen unter Ludwig XIV. gedeihenden Menschentyp, der sein Verhalten ausschließlich an Überlegungen der Opportunität orientiert. Pamphil ist dabei eine höfische Variante zu der ebenfalls von La Bruyère
unter dem Namen Onuphre skizzierten Figur des Scheinheiligen: »Ein
Pamphil ist ganz erfüllt von sich selbst, er verliert sich niemals aus dem
Auge, bleibt immer befangen in der Vorstellung von seiner Größe,
seinen Verbindungen, seiner Stellung, seiner Würde; er sammelt sozusagen, was er an Ehrenstücken besitzt, und behängt sich damit, um sich
ins rechte Licht zu setzen. Er sagt: ›Mein Orden, mein blaues Band‹; er
legt es sichtbar um oder versteckt es auffällig. Mit einem Wort, ein
Pamphil möchte ein großer Herr sein, er glaubt es auch zu sein; aber er

ist es nicht, er ist das Zerrbild eines Großen. Wenn er zuweilen einem
Menschen von niedrigstem Stande, einem Mann von Geist, zulächelt,
so wählt er den Augenblick so geschickt, daß er nie darauf ertappt wird:
denn ihm würde bestimmt die Schamröte ins Gesicht steigen, wenn man
ihn unglücklicherweise ein freundliches Wort zu jemandem sagen
hörte, der weder reich noch mächtig, kein Freund, Verwandter oder
Mitarbeiter eines Ministers ist. Er ist streng und unerbittlich gegen
jeden, der noch nicht sein Glück gemacht hat. Er erblickt euch eines
Tages in einem Wandelgang und weicht euch aus; und wenn er euch am
folgenden Tage in einem abgelegenen Gemach trifft oder auch in einem
öffentlichen Saal in Gesellschaft eines Großen, dann faßt er plötzlich
Mut, kommt auf euch zu und sagt: ›Sie scheinen uns gestern nicht
bemerkt zu haben.‹ Bald läßt er euch unversehens stehen, um sich mit
einem Standesherrn oder einem Hofbeamten zu unterhalten; bald fällt
er euch ins Wort, wenn ihr mit ihnen im Gespräch begriffen seid, und
entführt sie euch. Ein andermal redet ihr ihn an, ohne daß er stehen
bleibt; ihr müßt ihm nachgehen, und er spricht so laut mit euch, daß alle
Umstehenden das Schauspiel vergnügt betrachten. Die Pamphile benehmen sich denn auch wie auf der Bühne: groß geworden in Verstellung, hassen sie nichts so sehr wie schlichte Natürlichkeit; wahre
Komödianten, wie Floridor und Mondori.«

Mädchenerziehung und Ehe: »L'École des femmes«

Am 26. Dezember 1662 fand im Palais-Royal die Uraufführung der
Komödie *L'École des femmes (Die Schule der Frauen)* statt. Schon
der Titel kündigte an, daß hier die in der *Schule der Ehemänner* angeschlagene Thematik wieder aufgegriffen und weitergesponnen würde.
Die Verwendung von Alexandrinern und die Einteilung in fünf Akte
wiesen zudem bereits äußerlich darauf hin, daß Molière mit seinem

achten Stück keine in Eile verfaßte Gelegenheitsarbeit auf die Bühne
stellte, sondern sein Repertoire um eine nach allen Regeln der Kunst
verfaßte Komödie erweitern wollte.

Die Handlung ist leicht überschaubar: Arnolphe, ein älterer Jungge-
selle, hat in seinem Haus vor Jahren ein vierjähriges Mädchen, Agnès,
aufgenommen und sie zunächst in einem Internat, dann unter der Aufsicht von zwei ignoranten Dienern in völliger Unwissenheit aufwachsen
lassen. Als er von einer kurzen Reise zurückkommt – hier setzt die Komödie ein –, erfährt er von dem zutraulich drauflos plappernden Mädchen,
sie habe einen jungen Mann, Horace, kennengelernt. Der Zufall will es,
daß dieser der Sohn von Arnolphes Freund Oronte ist. Ohne sich Rechenschaft darüber zu geben, daß der von Agnès als Zerberus geschilderte
Monsieur de la Souche mit Arnolphe identisch ist, berichtet Horace
diesem durch eine Reihe von Szenen hindurch von seinen Erfolgen bei
dem Mädchen und den jeweiligen Plänen, um die Überwachung des
eifersüchtigen Vormunds zu überlisten. Das junge Paar kommt jedoch
schließlich an das Ziel seiner Wünsche. Der in den Wirren der Fronde
aus Frankreich geflohene und nun im richtigen Augenblick aus der Ferne
wohlhabend in das neu erblühte Land heimkehrende Vater des Mädchens und der seit Jahren mit Arnolphe befreundete Vater des jungen
Galans sorgen am Ende für den glücklichen Ausgang. Nur der altmodi-
sche Arnolphe ist – zur Erheiterung des Publikums – der Geprellte. Nicht
der Altersunterschied zwischen Agnès und ihm ist Ursache für das
Scheitern seiner Heiratsabsichten, sondern seine vorgestrige Gesinnung
in Fragen der Erziehung und des Eherechts, die er gleich eingangs in
einem ausführlichen Gespräch mit seinem Freund Chrysalde offenbart:

»In einem kleinen Kloster, vom Lärm der Welt entfernt,
Ließ ich das Kind erziehen, doch hat sie nur gelernt,
Was ich den Lehrern vorschrieb, um ganz in meinem Sinn
Zur reinen Idiotin dereinst heranzublüh'n.
Ich wartete geduldig, und die Erfüllung kam:
Sie blieb in all den Jahren unschuldig wie ein Lamm,
Ich schickte Dankgebete zum Himmel, denn ich fand
Ein Weib, wie ich es wollte, ein Weib ohne Verstand.
Da nahm ich sie zu mir. Jedoch in meinem Haus
Gehen Leute aller Art tagtäglich ein und aus,

In meiner zweiten Wohnung hab' ich sie drum versteckt,
Wo niemand mich besucht; hier bleibt sie unentdeckt –
Um ihre Herzenseinfalt und Reinheit zu bewahren,
Nahm ich nur Leute auf, die gleichfalls Simpel waren.«

Molière variierte in diesem Dialog Argumente, die bereits die beiden Brüder in der *Schule der Ehemänner* vorgebracht hatten. Der Erfolg der *Schule der Frauen* übertraf alles von Molière bis dahin Erreichte: Die ersten zehn Aufführungen brachten 11 000 Livres in die Theaterkasse, ein erklecklicher Zuwachs, verglichen mit den 7 000 Livres, welche jeweils bei den ersten zehn Aufführungen der *Lächerlichen Preziösen* und der *Schule der Ehemänner* eingespielt worden waren.

Der Triumph kostete allerdings seinen Preis. Denn mit allen Mitteln suchten die durch das Erscheinen von Molières Truppe in den Hintergrund gedrängten Konkurrenten vom Hôtel de Bourgogne die Theatersensation des Winters 1662/63 bald als Skandal, bald als Bagatelle abzutun. Junge Literaten, die sich auf ihre Kompetenz in Plagiatsfragen einiges zugute taten, spürten Molières Quellen auf, um nachzuweisen, daß der versierte Theaterautor alles irgendwo zusammengeklaubt und zu einer Komödie zusammengekleistert habe, daß die Komödie also der Originalität ermangele: Bei Paul Scarron, bei dem Novellen- und Märchenerzähler Gianfrancesco Straparola und bei den italienischen Komödianten habe man ähnliches schon gelesen oder gesehen, Bewunderung sei also fehl am Platze. Aber es kam schlimmer. Geradezu einen Auftakt zum Skandal um *Tartuffe* bilden die moralischen Anschuldigungen, die sich Molière mit seiner *Schule der Frauen* zuzog. Arnolphe erzählt nämlich seinem Freund voller Stolz, seine Erziehungsmethode habe dazu geführt, daß Agnès kürzlich in völliger Unschuld gefragt habe, ob man Kinder durch das Ohr kriege. Der Verdacht lag nahe, Molière wolle sich über die Erbauungs- und Stundenbücher der Zeit lustig machen, die immer noch das Verspaar »Gaude, Virgo, mater Christi, / Quae per aurem concepisti« abdruckten. Diese Erklärung, daß die unbefleckte Empfängnis sich durch das Ohr vollzogen habe, geht auf die einleitenden Sätze des Johannesevangeliums zurück. Den religiösen Puristen konnte es somit scheinen, Molière wolle durch das tumbe Mündel Arnolphes die Mysterien des Christentums verspotten. Angesichts des Gelächters, das Agnès mit ihrer Naivität beim Publikum provozierte, war die Anschuldigung nicht leicht von der Hand zu weisen, zumal es im Stück auch andere zu indizierende Stellen gab. So händigt Arnolphe dem jungen Mädchen einen kleinen Ehekatechismus aus, den die zu Belehrende nicht ohne Mühe herunterbuchstabiert. Genau nach der zehnten Maxime wird sie von ihrem Lehrer unterbrochen. Das hörte sich an, als habe es Molière darauf angelegt, mit seinem Ehekatechismus die zehn Gebote zu verhöhnen. Sicher war, daß er sich über die erbaulichen Belehrungen geistlicher Ratgeber in Gewissensfragen mokierte. Übrigens hatte Jean Desmarets de Saint-Sorlin die *Eheunterweisungen für Olympia am Tag ihrer Hochzeit* von Gregor von Nazianz in Gedichtform ins Französische übertragen und 1640 veröffentlicht. Es hätte scheinen können, Molière verspotte einen Kirchenvater. Aber seinen Widersachern entging diese dem Autor wahrscheinlich bekannte Quelle.

Molière interpretierte die Rolle des Arnolphe. Etwa die Hälfte der gesamten Verse der Komödie waren ihm damit in den Mund gelegt. Jean Loret berichtete in seiner Gazette, die Majestäten hätten am 6. Januar 1663 bei der Aufführung dieses »keineswegs lehrreichen«, sondern »ausschließlich erholsamen« Stücks sich vor Lachen die Seiten gehalten. Das Zeugnis belegt, daß Molière Arnolphe in der Tradition der Hahnreifarcen interpretierte. Auch der Name des Protagonisten weist darauf hin: Ein heiliger Arnolphus wurde im siebzehnten Jahrhundert als Schutzpatron betrogener Ehemänner angerufen. Für Molières Arnolphe wird die Angst vor eventuellen künftigen Liebhabern seiner Frau bereits vor der Eheschließung zur Obsession. Eigentlich erfüllt der Zweiundvierzigjährige alle sozialen Voraussetzungen, um den »honnêtes hommes« zugezählt zu werden, aber mit seinen antiquierten Vorstellungen tritt er das für Menschen von Stand verbindliche Gesellschaftsideal ständig mit Füßen. Molière geizte bei der Interpretation Arnolphes nicht mit drastischen pantomimischen Mitteln. Er seufzte, weinte und verdrehte die Augen, seinen Ärger und seine Verzweiflung entlud er in überzogenen Monologen. Die Androhung höllischer Strafen, zu denen sich Arnolphe hinreißen läßt, wenn es ihm darum geht, Agnès zur züchtigen Ehefrau zu erziehen, waren für den frivolen jungen Hof Ludwigs XIV. eine Quelle zusätzlicher Heiterkeit, für Anna von Österreich und die ihr nahestehenden klerikalen Kreise hingegen ein Ärgernis, da sich die Mahnungen wie die Persiflage einer Fastenpredigt anhörten.

Für eine Gesellschaft, die in den preziösen Salons über die Rolle der Frau diskutierte, deren autonome Entfaltung in einer Reihe von Fragen bereits eine Selbstverständlichkeit war, konnte Arnolphes Gebot einer bedingungslosen Unterwerfung in der Ehe nur noch komisch wirken:

»Was immer er auch redet, sie muß gehorsam nicken,
Wenn er sie finster ansieht, muß sie zu Boden blicken
Und darf erst wieder aufschauen zu seinem Angesicht,
Wenn er sie allergnädigst ermuntert; vorher nicht.
Das leugnen manche Frauen in diesen bösen Zeiten,
Doch soll dich nie ihr Beispiel zur Nachahmung verleiten,
Drum meide ihren Umgang, sie sind verbuhlt und lüstern,
So daß die bösen Zungen von ihren Sünden flüstern,
Und hüte dich vor allem, den Stutzern zu gefallen,
Sonst hält dich unausweichlich der Satan in den Krallen.
Zwei Hälften eines Ganzen sind wir fortan fürs Leben,
Dadurch ist meine Ehre in deine Hand gegeben.
Die Ehre zu verletzen, dazu gehört nicht viel,
Sie ist so zart, so kostbar, man treibt mit ihr kein Spiel,
Und bist du unbedachtsam und sprengst die sanfte Fessel,
Dann winkt dir in der Hölle ein siedend heißer Kessel.
Was ich dir da verkünde, Agnès, sind keine Possen,
Bewahre meine Lehren im Herzen fest verschlossen,
Und meidet deine Seele die losen Tändelei'n,
Dann gleicht sie stets der Lilie, so zart, so weiß, so rein.
Sieh zu, daß die Verirrung sich niemals wiederhole,
Sonst würde deine Seele pechrabenschwarz wie Kohle.
Sonst würdest du ein Greuel, ein Abscheu für die Leute
Und fällst dann eines Tages als wohlverdiente Beute
Dem Satanas anheim und seinen Höllenbränden;
Der Himmel sei geneigt, dies Los von dir zu wenden.
Nun senke fromm dein Haupt, und der Novize gleich,
Wenn sie den Schleier nimmt, erkenne den Bereich
Der Pflichten, auferlegt durch deinen Stand.«

Die Rolle von Agnès interpretierte Catherine de Brie. Die Schauspielerin war 1662 bereits über dreißig Jahre alt. Sie verstand es, ihre auf wenige Szenen beschränkten Auftritte so unübertrefflich zu spielen, daß sie bis zu ihrem mehr als zwei Jahrzehnte später erfolgten Rückzug vom Theater immer wieder diese Rolle darstellte und vom Publikum stürmisch zurückverlangt wurde, als sie von der um dreißig Jahre jüngeren Tochter des Schauspielerehepaars Du Croisy, Marie Angélique, als Agnès abgelöst wurde.

Die Prüden, deren verschämte oder empörte Reaktionen während der Aufführungen belegt sind, glaubten einen besonderen Grund zur Entrüstung zu haben, und zwar an jener Stelle, an der ein Ausspruch von Agnès einen Augenblick lang ihren Vormund Arnolphe vermuten läßt, während seiner Abwesenheit sei ihr von Octave die Unschuld geraubt worden, und nicht, wie sich kurz danach herausstellt, ein schönes Seidenband. Indem der Eifersüchtige wie ein inquisitorischer Beichtvater Genaueres erfahren möchte, gibt er jedoch Hinweise auf Dinge, welche Agnès eigentlich gar nicht wissen sollte und nun komischerweise ausgerechnet durch ihn erfährt.

Aber leicht war es nicht, die *Schule der Frauen* zu verunglimpfen, nachdem die Komödie am 6. Januar 1663 auch im Louvre vor dem König, der Königin und der Königinmutter aufgeführt worden war und gefallen hatte. Verdruß mußte es Molières Gegnern auch bereiten, als bekannt wurde, die Truppe habe vom König eine Gratifikation von 4000 Livres und Molière außerdem in seiner Eigenschaft als »bel esprit« eine von 1000 Livres zuerkannt erhalten. Freilich stachelte gerade diese ständig wachsende Zustimmung, die Molières Theater fand, seine Neider dazu an, durch Pamphlete, dramatisierte Sketche oder mündliche Kommentare das Werk zu persiflieren. Donneau de Visé, ein journalistisch nicht unbegabter, damals fünfundzwanzigjähriger Literat, der ein Jahr vor Molières Tod die Zeitschrift *Le Mercure galant* ins Leben rief, rückte in die Ausgabe vom 9. Februar 1663 seiner *Nouvelles nouvelles* einen in Dialogform abgefaßten kurzen biographischen Abriß über Molière ein. Zur Sprache brachte er darin vor allem die *Schule der Frauen*, die er als Monstrum mit einzelnen schönen Teilen bezeichnete. Aber obwohl er sich als Schiedsrichter aufspielte, mußte er bei allen Vorbehalten dem Stück gegenüber das vorzügliche Zusammenspiel und die sorgfältige Einstudierung des Textes anerkennen: »Nie wurde eine Komödie besser nach allen Regeln der Kunst aufgeführt. Jeder Schauspieler weiß, wieviel Schritte er zu machen hat, und jeder seiner Augenaufschläge ist gezählt.« In dieser noch um relative Objektivität bemühten kritischen Würdigung von Molières Werk wußte Donneau bereits zu vermelden, der Verfasser der *Schule der Frauen* arbeite an einer dramatisierten Stellungnahme gegen die Anwürfe und Beschuldigungen seiner Kritiker.

Am 17. März 1663 erschien *Die Schule der Frauen* im Druck. Molière widmete sie seiner Gönnerin Henriette Anna, auf die er fortan bei allen Auseinandersetzungen mit seinen Gegnern zählen konnte.

Die Osterpause fiel im Jahre 1663 zwischen den 9. März und den 3. April. Molière dürfte sie zum Teil dafür verwandt haben, die von der Öffentlichkeit erwartete und von ihm selbst angekündigte *Critique de L'École des femmes (Kritik der Schule der Frauen)* niederzuschreiben. Er kleidete darin die Auseinandersetzung mit seinen Gegnern in die Form einer kleinen Prosakomödie, die er am 1. Juni 1663 zum erstenmal aufführte. Das Interesse des Publikums daran war gewaltig. Es gab aber auch Leute, die Molière einzuschüchtern versuchten. So erhielt er einen Drohbrief, der ihm Prügel in Aussicht stellte, falls er von seinem Vorhaben nicht Abstand nehme.

Mit der *Kritik der Schule der Frauen* brachte Molière etwas ganz Neues auf die Bühne. Die Komödie spielt, wie drei Jahre später *Der Menschenfeind*, in einem Salon, in dem sich die elegante und literarisch beflissene Gesellschaft der Hauptstadt trifft. Als sich Uranie, die Herrin des Hauses, mit ihrer Cousine Élise unterhält, die ihr an geistiger Wendigkeit und Bereitschaft zur Médisance in nichts nachsteht, stürmt die prüde Climène in den Salon. Sie ist völlig aufgelöst, weil sie eben *Die Schule der Frauen* gesehen hat. Ein sich alsbald hinzugesellender, nicht namentlich eingeführter und die Spezies lächerlicher Marquis in ihrer Typenhaftigkeit vertretender Salongast zeigt sich nicht weniger schokkiert. Aber da erscheint Dorante und verteidigt die Komödie. Er stellt den aufgeblasenen Schöngeist von Marquis zur Rede, weil dieser sich abfällig über die im Parkett durch das Stück verursachten Heiterkeitsausbrüche geäußert hat. »Ich bitte dich und Sie bitte ich auch«, wendet er sich an den geistlosen Schwätzer und die Damen der Gesellschaft, »lassen Sie sich sagen, daß der Unterschied zwischen einem halben Louisdor und dem Fünfzehnsousstück keine Rolle spielt, wenn es um den guten Geschmack geht, daß man stehend oder sitzend dummes Zeug reden kann und daß ich schließlich alles in allem nicht fehlgehe, mich nach der Zustimmung des Parterres zu richten, weil es dort mehrere Leute gibt, die in der Lage sind, ein Stück auf Grund der Regeln zu beurteilen, die anderen aber es auf Grund der richtigen Methode beurteilen, die darin besteht, daß man es einfach auf sich wirken läßt, ohne blinde Voreingenommenheit, ohne affektierte Nachsicht, ohne lächerliche Prüderie.«

Die Salonunterhaltung erhält schließlich durch den Auftritt des Dramatikers Lysidas eine neue Wendung. Von seinem Urteil erhoffen sich die Damen neue Argumente. Zuerst ergeht sich dieser eitle Schönredner in unverbindlichen Gemeinplätzen, aber Dorante gelingt es, ihn aus der Reserve zu locken. Lysidas, hinter dem die Zeitgenossen Thomas Corneille vermuteten, faßt seine Vorbehalte gegenüber der neuen Komödie Molières schließlich dahin gehend zusammen, daß sie es gar nicht verdiene, ernst genommen zu werden, wenn auch die Zeiten leider so seien, daß ganz Paris sich von nichtigen Albernheiten ins Theater locken lasse, während bei der Aufführung ernster Stücke die Plätze leer blieben.

Aber da gerät nun Dorante in Harnisch: Es sei doch leichter, Tiraden gegen Schicksal und Götter zu verfassen, als anständige Leute von Welt dadurch zum Lachen zu bringen, daß man Menschen nach der Natur zeichne. Hier äußerte sich Molière, der in seinem Theater mehrfach Stücke Pierre Corneilles aufgeführt hatte, ohne Rücksicht auf den nun alt gewordenen Verfasser des *Cid*. Für diesen waren die Zeiten endgültig vorbei, in denen er mit seinen Tragödien die Theater gefüllt hatte. Über *Die Schule der Frauen* konnte der überempfindliche große alte Mann der französischen Bühne noch zusätzlich dadurch verärgert sein, daß sich Molière die Freiheit herausgenommen hatte, dem auf sein patriarchalisches Recht pochenden Arnolphe einen Vers aus Corneilles am 25. Februar 1662 uraufgeführten *Sertorius* in den Mund zu legen. Die vom Abbé d'Aubignac geäußerte Meinung, Corneille habe die Polemik um *Die Schule der Frauen* erst ausgelöst, hat daher einiges für sich.

Auch Thomas Corneille hatte Ursache, sich in dem Stück dem Gespött preisgegeben zu sehen. Arnolphe, der einen Adelstitel erworben hat und sich Monsieur de la Souche (Herr von Baumstumpf) nennen läßt, konnte die Tatsache in Erinnerung bringen, daß der aus gutbürgerlichen normannischen Verhältnissen stammende Thomas Corneille sich den Titel Monsieur de l'Isle zugelegt hatte. Doch bei der Insel, auf die er sich bezog, handelte es sich offensichtlich nur um ein baumbestandenes Seineeiland seiner Heimat.

Mit der *Kritik der Schule der Frauen* heizte Molière die Diskussion um seine Theaterstücke und seine eigene Person aufs neue an. Besonders die Hofschranzen, jene zu reinen Parasiten verkommene Schicht von Adligen, die zunehmend über ihre gesellschaftliche Entmündigung aufgebracht waren, zeigten sich darüber brüskiert, daß Molière sie mit diesem besonders dummen Exemplar von Marquis auf der Bühne dem Gelächter des gemeinen Volks preisgegeben hatte.

In den Sommer 1663 fällt wohl auch jene nicht mit eindeutiger Klarheit überlieferte Episode, wonach der Herzog von La Feuillade (oder war es der Chevalier d'Armagnac?) Molière bei einer Begegnung zu sich hergerufen habe und diesen, als er sich zum Gruß beugte, beim Kopf gefaßt und brutal an den spitzen Knöpfen seiner Kleider wund gerieben habe. Der König soll zwar über die Handlungsweise empört gewesen sein, aber für den arroganten Aristokraten blieb dieses niederträchtige Verhalten offensichtlich ohne Folgen. Die Anekdote zeigt, daß für Molière die heiße Phase der Auseinandersetzung mit seinen Gegnern begonnen hatte. Bis zu seinem Lebensende sollte er nun keine Ruhe mehr haben.

So griff Donneau de Visé seine Auseinandersetzung mit Molière wieder auf, als er im August eine wahrscheinlich nie aufgeführte Komödie mit dem Titel *Zélinde oder Die wahrhaftige Kritik der Schule der Frauen* veröffentlichte. Die Handlung spielt im Laden Argimonts, eines Spitzenhändlers der Rue Saint-Denis. Ganz ähnlich wie in der Komödie *La Galérie du palais (Die Galerie im Palais)* von Thomas Corneille wird die elegante Welt beim Einkaufsbummel gezeigt. Junge Stutzer und Müßiggänger hören sich an, wie die von Mélante umworbene Oriane *Die Schule der Frauen* zerpflückt, indem sie eine Reihe von Verstößen gegen die Wahrscheinlichkeit aufzählt. Als gar gemeldet wird, Élomire (das leicht zu entschlüsselnde Anagramm wurde für Molière-Parodien und Molière-Satiren häufig verwendet) sei in den unteren Räumen des Ladens erschienen, ist die Erwartung groß. Das Theaterpublikum erfährt aber nur indirekt aus dem Munde Argimonts, Élomire habe kein Wort gesprochen, habe sich in träumerischer Pose auf den Ladentisch gestützt und die Leute beobachtet: »Er ist eine gefährliche Person. Es gibt Menschen, von denen man sagen kann, daß sie nicht ohne ihre Hände herumgehen, aber von ihm muß man sagen, daß er nicht ohne Augen und Ohren herumgeht.«

Der Ketzer und sein Henker: Simon Morin und Desmarets de Saint-Sorlin

Nicht viele Stücke aus Molières Pariser Repertoire, die er nicht selbst verfaßt hatte, konnten insgesamt zwanzigmal und öfter aufgeführt werden. Eines der wenigen darunter war *Les Visionnaires (Die Überspannten)* von Jean Desmarets, die zwischen 1659 und 1666 mehrfach im Programm des Petit-Bourbon beziehungsweise des Palais-Royal auftauchten. Dieser 1595 in Paris geborene Schriftsteller fand 1631 Zugang in den literarischen Zirkel um Valentin Conrart. Der um Conrart gescharte kleine literarische Kreis fand die Aufmerksamkeit und Zustimmung Richelieus. Dieser ließ Desmarets zum Sekretär und Siegelbewahrer der 1634 zur Académie française erhobenen Runde wählen. Die junge Institution hatte ihre erste Feuerprobe zu bestehen, als sie von dem literaturbeflissenen Kardinal aufgefordert wurde, ein Gutachten über Pierre Corneilles *Le Cid* und die eventuell darin enthaltenen Verstöße gegen die dramatischen Regeln abzugeben.

Desmarets erwies sich als ein in allen möglichen literarischen Gattungen bewanderter Tausendsassa. Er arbeitete gerade an *Chlodwig*, einem umfangreichen Epos über die Christianisierung Frankreichs, als ihn der theaterversessene Richelieu dazu ermunterte, sich im dramatischen Genre zu versuchen. Der Kardinal war mit Desmarets' erster Komödie, *Aspasie (Aspasia)*, vollauf zufrieden. Sie wurde am 19. Februar 1636 in seinem Palais in prunkvoller Ausstattung aufgeführt. Richelieu war so hingerissen, daß er Desmarets aufforderte, ihm nun jedes Jahr ein neues Stück zu schreiben, und seinem Architekten den Auftrag erteilte, in seiner Residenz einen prächtigen Theatersaal einzurichten. Der Dichter kam dem Wunsch des kunstbeflissenen und mächtigen Mannes gerne nach und entzückte ihn im Jahr darauf mit den *Überspannten.*

Die späteren Aufführungen der *Überspannten* im Palais-Royal waren mehr als zufällig. Desmarets hatte in seiner Komödie Typen karikiert, wie sie später Molière perfektionierte. Da finden sich neben einem extravaganten Dichter, einem bloß in der Einbildung Verliebten und einem, der nur in seiner eigenen Phantasie reich ist, auch eine in Komödien Vernarrte sowie eine Exaltierte, die sich als Opfer nicht vorhandener männlicher Bewerber aufspielt; auch der Maulheld fehlt nicht in dieser Galerie überdrehter Originale. Molières Schauspieler waren auf derartige Typen eingespielt und konnten sie so in guter Stegreiftradition pantomimisch wirkungsvoll darstellen.

Nach dem Tod Richelieus gelang es Desmarets zwar nicht, auch bei dessen Nachfolger Mazarin eine vergleichbare Rolle als literarischer Berater einzunehmen, aber er dichtete dessen ungeachtet an seinem Epos *Chlodwig* weiter und sammelte Material für ein religiöses Erbauungsbuch in Dialogform, das er 1658 unter dem Titel *Les Délices de l'esprit (Die Wonnen des Geistes)* veröffentlichte. Darin wird ein epikureischer Skeptiker mit Namen Philédon von seinem Freund Eusèbe dazu bewogen, der Welt zu entsagen und sich Gott zuzuwenden. So weit, so gut, aber der zu frommem Lebenswandel konvertierte Desmarets glaubte sich aufgerufen, jene Leute aufzuspüren und dem Arm der irdischen Gerechtigkeit auszuliefern, die ihm als unorthodoxe Sektierer verdächtig waren. Jedes Mittel schien ihm recht, wenn es darum ging, ketzerische Umtriebe auszumerzen. In Simon Morin fand er ein Opfer, an dem sich ein Exempel statuieren ließ. Dieser exaltierte religiöse Schwärmer, dessen *Pensées (Gedanken)* 1647 veröffentlicht worden waren und der mehrfach inhaftiert wurde, lebte in der Überzeugung, Christus werde in ihm, Morin, in aller Herrlichkeit wiederkehren. In einer 1661 veröffentlichten *Botschaft des Heiligen Geistes an den König* verkündete der eifernde Desmarets: »Die Christenheit ist verloren, wenn man nicht eine gewaltige Armee sammelt, um allüberall die Gottlosigkeit und die Ketzereien zu bekämpfen und auszurotten. [...] Greife zu den Waffen, Ludwig! Dieser tapfere Herrscher wird Gottlosigkeit und Ketzerei aus seinem Staat vertreiben und sie vertilgen und wird Klerus, Justiz und Finanzen erneuern. Dann wird er in einmütigem Verbund

mit dem König von Spanien alle europäischen Fürsten und den Papst
einberufen [...].«

Desmarets sammelte hinterhältig mit allen Mitteln Belastungsmaterial gegen Morin und schläferte dessen Mißtrauen ein, um ihm dann kompromittierende Äußerungen abzulisten. Er schmeichelte sich bei dem Sektierer ein und bezeichnete ihn in einem Brief als Sohn Gottes. Sein tückisches Manöver blieb nicht unbelohnt, denn in einem Dankschreiben apostrophierte ihn Morin als »wahrhaftigen Johannes Baptista« und trug in seinem religiösen Wahn alle möglichen ihn selbst bloßstellenden Ansichten vor: daß ein Seelenlenker seinem bußfertigen Anhänger den Besuch der Messe an Sonn- und Feiertagen untersagen könne; daß Gott den Verrat des heiligen Petrus zugelassen habe, um ihn von seiner Anmaßung zu heilen; und daß man gar vor Empfang der Kommunion nicht nur aus gesundheitlichen Gründen essen könne, sondern auch, um sich damit zu kasteien.

Am 14. März 1663 konnte Desmarets triumphieren. Der arme Narr in Christo wurde auf der Place de Grève mitsamt seinen gedruckten *Gedanken* bei lebendigem Leibe verbrannt, seine Asche im Wind zerstreut, und seine Anhänger wurden lebenslänglich auf die Galeeren geschickt. Der Frühaufklärer Pierre Bayle, der in seinem *Dictionnaire* Simon Morin später einen ausführlichen Artikel widmete, wußte zu berichten, daß sich am dritten Tag nach dessen Hinrichtung der Pöbel in großer Menge auf der Place de Grève in Erwartung der von Morin prophezeiten Auferstehung angesammelt habe.

Die Episode zeigt deutlich, was für bedrohliche Ausmaße religiöse Auseinandersetzungen auch noch unter Ludwig XIV. annehmen konnten und wie unerbittlich die Gerichte einen Mann verurteilten, der sich ins weltanschauliche Abseits begab. Molière brauchte daher viel Mut und viel Vertrauen in die Protektion des Königs, wenn er die bereits durch die relativ harmlose *Schule der Frauen* aus der Reserve gelockten Gegner noch weiter reizen wollte. Mochten auch libertinistische Ideen unter der Hocharistokratie zusehends um sich greifen, so wurden sie doch von den religiösen Eiferern geahndet, wo immer diese eine Möglichkeit zum Eingreifen sahen.

Ludwig XIV. und Rom

L udwig XIV. war von seinen Ratgebern auf die von Papst Bonifa-
tius VIII. im Jahre 1302 erlassene Bulle »Unam Sanctam« nachdrücklich hingewiesen worden. Der Anspruch der päpstlichen Gewalt
nicht nur über alle geistlichen, sondern auch über alle weltlichen
Angelegenheiten war hier in kompromißloser Weise formuliert worden. Der Sonnenkönig war nicht gewillt, die in der Compagnie du
Saint-Sacrement vereinten zelotischen Helfershelfer päpstlicher Politik ungehindert schalten und walten zu lassen. Der Monarch folgte
hierin einer französischen Tradition: Schon bevor im Jahre 1517 Lu-
ther seine Thesen in Wittenberg anschlug, hatte 1516 der französische
König Franz I. mit dem Medici-Papst Leo X. ein Konkordat abgeschlossen, mit dem er sich die Zuständigkeit bei der Ernennung von
Bischöfen und Äbten sicherte. Und gegen Ende des Jahrhunderts hatte
der am Gerichtshof des Pariser Parlaments tätige Jurist Pierre Pithou
in den von ihm ausgearbeiteten und Heinrich IV. gewidmeten »Freiheiten der gallikanischen Kirche« (1594) festgestellt: »Die erste dieser
Freiheiten ist, daß die Päpste in den Ländern und Gebieten, die der
Gesetzgebung und Souveränität des Allerchristlichsten Königs unter-
stehen, weder im allgemeinen noch im besonderen etwas befehlen
oder anordnen können, was die zeitlichen Dinge anbelangt; und sollten sie etwas befehlen oder festsetzen, sind die Untertanen des Königs,
auch wenn sie Kleriker sein sollten, nicht angehalten, ihnen in diesem
Bezug Folge zu leisten.«

Der Grundgedanke der von Pithou formulierten »Freiheiten« war
die These, die Könige seien ebenso unmittelbar von Gott eingesetzt
wie die Päpste. Dazu kam die unerschütterliche Überzeugung, die
französischen Monarchen stünden schon deshalb über den Souveränen
der ganzen Christenheit, weil ihr Einsatz für Kirche und Glauben
größer gewesen sei als der aller anderen. Dies sei auch der Grund,
warum sie vom Papst zu allen Zeiten unabhängig gewesen seien. Der
französische König nahm für sich in Anspruch, ältester Sohn der
Kirche und ihr geborener Beschützer zu sein. Die päpstlichen Verordnungen konnten daher nach französischer Auffassung ohne ausdrückliche Genehmigung der weltlichen Macht nicht ausgeführt werden. Nur

das alte »corpus canonum«, nicht aber das Konzil von Trient, wurde anerkannt.

Diese bereits im sechzehnten Jahrhundert mehrfach diskutierten Thesen wurden von der Pariser Universität 1663 neu formuliert und erhielten dann unter staatlichem Druck in den von Jacques Bénigne Bossuet redigierten »Vier Freiheiten der gallikanischen Kirche« ihre offizielle Fassung. Sie wurde in der Versammlung des französischen Klerus am 19. März 1682 feierlich proklamiert. Die wesentlichen Punkte waren: Die Päpste haben von Gott nur in geistlichen Dingen die höchste Autorität übertragen erhalten; die Dekrete des Konstanzer Konzils, wonach der Papst dem Konzil unterworfen ist, bestehen zu Recht; die Ausübung der Gewalt des Apostolischen Stuhls muß sich an die Grundsätze der gallikanischen Kirche halten; der Papst ist in Glaubenssachen letztlich dem allgemeinen Konzil unterworfen. Die Selbständigkeit der gallikanischen Kirche ging so weit, daß in Frankreich der König die Konzilien einberief und sich die Bischöfe ohne seine ausdrückliche Erlaubnis nicht nach Rom begeben durften. Ludwig XIV. baute mit Hilfe Colberts die Autonomie der gallikanischen Kirche systematisch aus, schon deshalb, weil er nun, nachdem der Hochadel seit der Fronde politisch weitgehend ausgeschaltet war, nur noch in gewissen Kreisen der Kirche auf Gegenkräfte stieß, die den Ausbau der absoluten Monarchie beeinträchtigen konnten. Auf kirchlicher Seite waren es nicht nur Frömmler und Scheinheilige, sondern auch alle diejenigen, die sich mit Ernst und Eifer für die Werke christlicher Nächstenliebe einsetzten, welche in dem Aufwand und dem Amüsement der Hofgesellschaft ein offenes Ärgernis erblickten.

Als die Jesuiten am 12. Dezember 1661 in ihrem Pariser Collège de Clermont die päpstliche Unfehlbarkeit verteidigten und vor allem in polemischer Frontstellung zu den Jansenisten die Überzeugung vertraten, die Kirche könne auch außerhalb des Konzils in juristischen und faktischen Fragen unfehlbar entscheiden, sah die Krone darin einen Übergriff auf ihre Autonomie. Ludwigs Beichtvater, der Jesuit François Annat, mußte sich als Schlichter einschalten, um einen Eklat zu vermeiden. Aber die Empfindlichkeit der auf weitgehende Unabhängigkeit von Rom pochenden Kreise wurde schon wieder strapaziert, als am 22. Januar 1663 der Baccalaureus Gabriel Drouet in der Sorbonne eine »Thèse« vorlegte, der zufolge die besonderen Vorrechte der französischen Kirche lediglich als ein päpstliches Zugeständnis zu betrachten seien, durch das die von Christus den Nachfolgern Petri verliehenen Rechte in keiner Weise eingeschränkt würden. Das Parlament von Paris verbot daraufhin der theologischen Fakultät, Lehrmeinungen dieser Art zur Diskussion zu stellen. Daraufhin erinnerte die Universität das Parlament daran, es besitze in religiösen Fragen keine Zuständigkeit, wies das ausgesprochene Verbot zurück und erklärte sich lediglich bereit, über die Angelegenheit zu beraten. Die Regierung forderte nun eine Aufstellung von Listen, um die numerischen Verhältnisse zwischen päpstlichen, neutralen und antipäpstlichen Doktoren der Sorbonne aktenkundig zu machen. Das Verhältnis war 89:34:55.

Für Molière, der in den folgenden Monaten seinen *Tartuffe* verfaßte, waren diese Auseinandersetzungen gewiß nicht nur müßige juristische und theologische Zänkereien: Die Compagnie du Saint-Sacrement, das wurde trotz der päpstlichen Mehrheit der Sorbonne-Doktoren deutlich, hatte trotz zahlloser einflußreicher und mächtiger Gönner und Mitglieder das Pariser Parlament gegen sich und befand sich somit in der Defensive. Im Sommer 1663 zeigte zudem ein Zwischenfall in Rom, wie sehr sich die Beziehungen der französischen Krone zum Vatikan anspannten, sobald sie auf die Probe gestellt wurden. Die Episode verdient eine ausführliche Darstellung, da nur vor dem Hintergrund dieser Ereignisse Molières Entschluß begreiflich wird, seinen mächtigen Widersachern zu trotzen und den sich zur Affäre ausweitenden Streit um *Tartuffe* durchzustehen.

Als der Chigi-Papst Alexander VII. eine christliche Koalition gegen die Türken aufzustellen suchte, zeigte sich Ludwig XIV. eher zurückhaltend. Frankreich bezog nämlich mehrfach eine Allianz mit dem Sultan in seine Überlegungen ein und spielte die osmanische Karte aus, sobald das europäische Gleichgewicht strapaziert wurde. Mazarin hatte zwar aus den von ihm zusammengerafften Reichtümern für den frommen Zweck eines heiligen Kriegs gegen die Türken 600000 Livres hinterlassen; als es jedoch darum ging, die Summe an den Vatikan auszubezahlen, erhob Paris zunächst einmal Einspruch. Um deutlich zu machen, wie wenig ihm am Zustandekommen einer katholischen Liga lag, schickte der französische König im Sommer 1661 nicht einen Gesandten, sondern lediglich einen Geschäftsträger nach Rom. Erst im folgenden Jahr wurde der Herzog von Créquy als Gesandter abgeordnet. Er zog am 11. Juni 1662 mit großem Gefolge und zweihundert Bewaffneten in Rom ein.

Von allem Anfang an nahm der Vertreter Frankreichs im Auftrag des Königs für sich eine herausragende Rolle in Anspruch: Ludwig XIV. forderte, daß die vom Nepotismus profitierenden weltlichen Verwandten des Papstes seinem Gesandten den ersten Besuch abzustatten hatten. Nicht genug damit: Bei einem Gottesdienst im Lateran weigerte sich Créquy – trotz mehrfacher Aufforderung des Zeremonienmeisters –, vor dem Papst niederzuknien. Die sogenannte Quartiersfreiheit, die ihm auf Grund seiner diplomatischen Immunität zustand, wollte Créqui ausdehnen, »soweit sein Auge reichte«, und er betrachtete es daher als einen Affront, daß die korsischen Stadtsoldaten auf ihrem Weg zu den »Carceri Nuovi«, den Neuen Gefängnissen, ausgerechnet an seinem Wohnsitz, dem Palazzo Farnese an der Via Giulia, vorbeizogen. Die Spannungen entluden sich schließlich in einer hitzigen Auseinandersetzung. Nachdem Créquys Leute auf dem Ponte Sisto einen der Korsen verprügelt hatten, umzingelten diese aufgebracht den Palazzo Farnese, gaben auf den Gesandten, als er sich an einem Fenster zeigte, einige Schüsse ab und brachten einen Pagen seiner Frau um, die eben in einer Kutsche von einem Kirchenbesuch zurückkehrte.

Der französische Gesandte war nicht gewillt, in irgendeiner Weise der weder mit Entschuldigungen noch mit Wiedergutmachungsangeboten geizenden Umgebung des Papstes entgegenzukommen. Auch das Versprechen, die korsische Truppe aus Rom zu entfernen, vermochte ihn nicht zum Einlenken zu bewegen. Wenn Ludwig Pastor im vierzehnten Band seiner *Geschichte der Päpste seit dem Ausgang des Mittelalters* trotz aller offenkundigen Sympathie für Alexander VII. und trotz aller polemischen Spitzen gegen Ludwig XIV. meint, dieser sei »erfüllt von maßlosem Ehrgeiz und maßloser Ruhmsucht« gewesen, dürfte er damit recht haben. Créquy nutzte die Schießerei, um dem Vatikan geradezu demütigende Zugeständnisse aufzuzwingen. Vermittlungsversuche der seit 1654 in Brüssel zum Katholizismus konvertierten und nun in Rom lebenden Tochter Gustaf II. Adolfs, Christine von Schweden, verliefen ebenso ergebnislos wie die Bemühungen des venezianischen Botschafters und des Kardinals von Aragonien. Créquy reiste unter dem Vorwand, seine Immunität sei nicht mehr gewährleistet, aus Rom in Richtung Toskana ab. An der Grenze zwischen

Kirchenstaat und Großherzogtum gab er in einem Rundschreiben an das Diplomatische Korps seine Forderungen bekannt. Er verlangte unter anderem, daß fünfzig Korsen sowie alle ihre – an dem Anschlag wohlgemerkt unbeteiligten – Offiziere auf der Piazza Farnese hingerichtet würden.

Es war wohl nicht nur die von Pastor gelobte »Friedensliebe« Alexanders VII., wenn dieser auf die Forderung Ludwigs XIV. einging, zwei Korsen hinrichten zu lassen und andere exemplarisch zu bestrafen. Die päpstliche Politik gegenüber Frankreich wurde nach der Einführung der Reformation in England und in weiten Teilen Mittel- und Nordeuropas von der ständigen Sorge diktiert, Rom könne am Ende auch die mächtigste Monarchie des Kontinents verlieren. Der französische König konnte deshalb den am 12. Februar 1664 in Pisa unterzeichneten Friedensvertrag zwischen ihm und dem Papst kompromißlos diktieren. Der Neffe des Papstes, Kardinal Flavio Chigi, hatte beim »Allerchristlichsten König« persönlich die Entschuldigungen des Heiligen Stuhls vorzubringen. Gegenüber der Garnison der auf französisches Drängen hin für alle Zeiten aus den Diensten des Papstes entlassenen Korsen sollte, so verlangte es der Friedensvertrag, eine an dieses Ereignis erinnernde Pyramide errichtet werden, auf der eine Inschrift angebracht wurde, der zufolge die Korsen in Zukunft nicht mehr würdig waren, in den Diensten des Apostolischen Stuhls zu stehen. Erst unter Klemens VII., dem Nachfolger des Chigi-Papstes, wurde das Schandmal wieder abgetragen.

So überrascht es nicht, daß sich der Papstneffe nach der ihm am 29. Juli 1664 bewilligten Audienz, bei der er die Entschuldigungen des Heiligen Stuhls für die Korsenaffäre vortrug, wohl hütete, sich in die Querelen der Compagnie du Saint-Sacrement mit dem von dem jungen König protegierten Verfasser des *Tartuffe* einzumischen. Im Gegenteil: Er ließ sich wenig später von Molière die Komödie privat vorlesen und fand keinen Anlaß, Ärgernis an ihr zu nehmen.

In eigener Sache: »L'Impromptu de Versailles«

D as wahrscheinlich am 14. Oktober 1663 in Versailles vor dem König und dann am 4. November in Paris im Palais-Royal aufgeführte, nach dem Ort der Erstinszenierung benannte *Impromptu de Versailles (Die Stegreifkomödie von Versailles)* ist Molières eindeutigste Auseinandersetzung mit dem konkurrierenden Hôtel de Bourgogne.

Edme Boursault, ein erst fünfundzwanzigjähriger Theaterneuling und Protégé der Brüder Corneille, suchte seit Ende September mit einem *Portrait du peintre (Porträt des Malers)*, einer Persiflage auf Molière, am Hôtel de Bourgogne die Aufmerksamkeit des Publikums auf sich zu richten. Als Maler wurde Molière von Freunden und Widersachern wegen seiner zutreffenden Beobachtungsgabe bezeichnet. So weit, so gut, aber der junge Konkurrent hatte es auch nicht unterlassen, Madeleine Béjart persönlich zu verunglimpfen und sich durch unverblümte Sexualmetaphorik obszöne Anspielungen auf das frühere Liebesleben des Dichters und der Schauspielerin zu erlauben. Molière konnte die Antwort nicht schuldig bleiben.

Ludwig XIV. und der Hof scheinen an der zwischen den beiden Theatern ausgebrochenen Kontroverse ihren Spaß gehabt zu haben. Molière konnte auf die Protektion des Königs zählen, sonst hätte er es sich wohl kaum leisten können, sich auf eine immer schärfer zuspitzende Polemik einzulassen. Ohnehin hatte er allmählich an allen möglichen Fronten zu kämpfen. Nach den Preziösen und dem ihnen nahestehenden aristokratischen Milieu sowie den durch *Die Schule der Frauen* aufgebrachten kirchlichen Kreisen ließ er sich nun auch auf eine Auseinandersetzung mit den durch seine Erfolge am Hof und in der Stadt immer mehr in Rage geratenen Schauspielerkollegen des bedeutendsten Pariser Theaters ein.

Die von Donneau de Visé dem Hôtel de Bourgogne eingereichte und dort Ende November inszenierte *Réponse à L'Impromptu de Versailles ou La Vengeance des marquis (Antwort auf das Impromptu de Versailles oder Die Rache der Marquis)* zeigt, wie erbost Molières Gegner waren. Nicht nur angebliche Schwächen von Monsieurs Truppe wurden angeprangert.

Molière und seine Schauspieler wurden persönlich angegriffen. Donneau de Visé ließ es noch damit genug sein, Molière wegen Armandes angeblicher Untreue als Hahnrei zu beschimpfen, aber schon bald wurde der Rufmord gefährlicher und infamer. Gute Miene zum bösen Spiel konnte Molière machen, solange sich Antoine Jacob de Montfleury in seinem *Impromptu de l'Hôtel de Condé (Stegreifkomödie des Hôtel de Condé)* über Sganarelle mokierte, aber er mußte reagieren, als dessen Vater Zacharie Jacob dem Gerücht Vorschub leistete, Molière lebe in einem inzestuösen Verhältnis, und ihn beim König anzeigte, »die Tochter geheiratet und früher mit der Mutter geschlafen zu haben«. Damit waren den wildesten Spekulationen Tür und Tor geöffnet, denn der zwanzigjährige Jean-Baptiste Poquelin hatte aller Wahrscheinlichkeit nach im April 1642 in Begleitung Ludwigs XIII. sein Amt als königlicher Kammerdiener in Narbonne wahrgenommen, wo sich damals auch Madeleine aufgehalten haben soll. Doch bei Ludwig XIV. fanden die bösartigen Unterstellungen kein Gehör. Als am 28. Februar 1664 Molières und Armandes erster Sohn, Louis, aus der Taufe gehoben wurde, übernahm der König mit Henriette Anna die Patenschaft. Dies war eine Auszeichnung, mit welcher der Monarch zwar nicht gerade geizte, doch angesichts der hinterhältigen Umtriebe Montfleurys kam dieser Geste eine besondere Bedeutung zu.

Die Protektion des Königs konnte freilich nicht verhindern, daß nicht nur zu Lebzeiten des Dichters hinter jedem Seufzer eines der zahlreichen eingebildeten oder wirklichen Hahnreie in Molières Stükken die privaten Sorgen und Nöte des Ehemanns wegen Armandes Untreue herausgehört wurden. Allzuoft wurde vergessen, daß Molières Stücke auf Bühnenwirkung, nicht auf Herzensergüsse hin angelegt waren. Dies gilt auch für die erste Szene seines *Impromptu*, wo Armande bei einem handfeste Grobheiten nicht scheuenden Wortwechsel mit ihrem Mann sich über den Unterschied zwischen seinem Verhalten vor und nach der Heirat beklagt.

Die neun Szenen des *Impromptu* haben für die Molière-Kritik einen unschätzbaren Wert. Hier wird die Truppe bei der Arbeit gezeigt, und die aus der Ungeduld des Königs, seine Einfälle im Handumdrehen realisiert zu sehen, resultierende Spannung wird zum Gegenstand der Komödie gemacht. Es ist Metatheater wie schon die *Kritik der Schule der Frauen.*

Molière ruft zu Beginn der ersten Szene seine hinter den Theaterkulissen stehenden Schauspieler der Reihe nach auf. Ihn selbst einbegriffen, sind es sechs männliche und sechs weibliche Darsteller. Zunächst ist der fünfundzwanzigjährige Brécourt an der Reihe. Sein voller Name lautet Guillaume Marcoureau, Sieur de Brécourt. Der gutaussehende, Spiel, Wein und Weiber liebende Schauspieler war erst Ostern 1662 vom Théâtre du Marais zu Molière gestoßen und steuerte dann im Winter 1664 zum Repertoire des Palais-Royal seine Farce *Le Grand benêt de fils (Der große Einfaltspinsel von einem Sohn)* bei. Aber sei es, weil er über den ausbleibenden Erfolg verstimmt war, oder weil er den Eindruck hatte, sein die pathetische Gestikulation liebendes Naturell könne sich bei Molière nicht hinreichend entfalten: er wechselte noch im selben Jahr zum Hôtel de Bourgogne über. In dem einzustudierenden Stück hatte Brécourt die Rolle eines Mannes von Stand zu interpretieren, der bei einer Salonkonversation über Theaterfragen engagiert für das kritisierte dramaturgische Konzept Molières eintritt.

Als nächster wird La Grange aufgerufen. Er stammte aus der Provinz, war seit 1659 bei Molière und die rechte Hand des überlasteten Theaterdirektors. Dieser schmächtige, gebildete und einwandfreie Umgangsformen beherrschende Schauspieler (er starb 1692 im Alter von dreiundfünfzig Jahren), der in einer Reihe von Stücken die Rolle des jungen Liebhabers spielte, war schon bald auch mit anderen wichtigen Aufgaben betraut worden. Als »Orateur« hatte er werbewirksam aufzutreten. Floridor nahm diese wichtige Aufgabe am Hôtel de Bourgogne wahr, La Rocque am Théâtre du Marais. Der Orateur hatte außerdem die Aufgabe, Texte für die an den Theatereingängen, den öffentlichen Plätzen und den Portalen einiger Stadtpalais angebrachten Plakate aufzusetzen.

Wie La Grange gehörte der von Molière als nächster aufgerufene, wesentlich ältere korpulente Du Croisy seit 1659 zur Truppe. Wie dieser blieb er ohne Unterbrechung bei Molière, obwohl die Truppe im Jahre 1665 seiner Frau Marie Claveau wegen unzulänglicher Erfolge kündigte.

Louis Béjart und La Thorillière werden in dem Appell nicht genannt. Der letztere tritt erst in der zweiten Szene als lästiger Störenfried auf. Durch sein unerwünschtes Erscheinen hält er die Probenden auf und raubt ihnen kostbare Minuten. Der gegen 1626 geborene La Thorillière war wie Brécourt 1662 vom Théâtre du Marais zu Molière übergewechselt. Im Gegensatz zu diesem blieb er ihm aber in den nächsten elf Jahren treu. Seine Spezialität waren Könige und Bauern. Marie-Angélique, die Frau des Komikers Paul Poisson, erinnerte im Mai 1738 im *Mercure* daran, daß sein Gesicht mit den schönen Augen und Zähnen auch bei den heftigsten Leidenschaftsausbrüchen und in den traurigsten Situationen immer noch zu lachen schien.

Nach den gleich eingangs aufgerufenen Schauspielern sind nun die weiblichen Interpreten an der Reihe. Zu allererst die schöne Du Parc. Die Frau des unter dem Namen Gros-René bekannten Schauspielers, der eigentlich René Berthelot hieß, war von Molière 1653, im Jahr ihrer Heirat, in Lyon engagiert worden. Ihr eigentlicher Name lautete Marquise-Thérèse de Gorla. Sie war die Tochter eines auf Jahrmärkten auftretenden Schaustellers. Ihre vielbewunderte edle Erscheinung prädestinierte sie für tragische Rollen, bei Molière hatte die um ihre Reize wissende Schöne vor allem aber als Preziöse oder Tänzerin aufzutreten. Die selbstbewußte und sicher nicht leicht zufriedenzustellende Schauspielerin, die mit ihrem Mann 1659 Molière für ein Jahr verließ, beugte sich sicher nicht immer ohne weiteres den Anforderungen einer Teamarbeit.

Die gegen 1630 geborene Catherine Leclerc du Rosé war 1650, noch im Jahr vor ihrer Ehe mit de Brie, zu Molière gestoßen. Mit ihr hatte Madeleine die Gunst des Theaterdirektors zu teilen gehabt. Unkompliziert und entgegenkommend, für Rollen zu verwenden, die mädchenhafte Naivität oder prüde Affektiertheit verlangten, gehörte sie mehr als zwei Jahrzehnte zu den zuverlässigsten Mitgliedern von Molières Truppe. Sie überlebte den Theaterdirektor um mehr als dreißig Jahre.

Zum festen Kern der Probenden gehört natürlich neben Madeleine Béjart ihre damals neununddreißigjährige Schwester Geneviève, eine eher mittelmäßige Schauspielerin, die, um Verwechslungen zu vermeiden, sich den Mädchennamen ihrer Mutter, Hervé, zugelegt hatte.

Die Schauspieler reagieren irritiert auf den Appell Molières. Der Ton bei der Probe ist eher rüde. Dazu gehört nicht nur, daß Armande von ihrem überreizten Mann als dumm beschimpft wird, sondern die ganze Truppe wird von diesem als ein Haufen störrischer Tiere abgekanzelt.

Er könne als Theaterdirektor die Meuterei der Schauspieler nicht hinnehmen, wo es doch darum gehe, den König und seinen Hof zu amüsieren, lauter Personen also, die nur dann zu lachen beliebten, wenn es ihnen passe. Die harte Fron des Hofdienstes hat Molière nie deutlicher dargestellt als in seinem *Impromptu.* Besser sei es, die Schmach eines Mißerfolgs auf sich zu nehmen, als sich dem Verdacht auszusetzen, man sei nicht bereit, jeden Befehl ohne Aufschub auszuführen, schärft er seinen Leuten ein. Wieviel Nervenkraft dieser Dienst für den König kostete, zeigt der Wortwechsel Molières mit Armande, als sie ihm vorschlägt, er solle doch eine Komödie schreiben, bei der er allein auftrete.

Madeleine Béjart hingegen macht dem Theaterdirektor den konstruktiven Vorschlag, seinen alten Plan einer Komödie über Komödianten wieder aufzugreifen. Da er kritisiert worden sei, müsse er seinen Gegnern antworten. Molière wehrt ab; da er an den gleichen Tagen Komödie spiele wie das Hôtel de Bourgogne, sei er kaum mehr als drei- oder viermal dort gewesen. Mademoiselle de Brie möchte Näheres über das von Molière als Bagatelle abgetane Projekt hören. Dazu habe er jetzt keine Zeit, weist sie Molière zunächst unwirsch zurecht. Als sie insistiert, extemporiert der Theaterdirektor einige Kostproben: Ein Dichter, dessen Rolle er selbst habe übernehmen wollen, biete einer eben aus der Provinz eingetroffenen Truppe von Komödianten ein Stück an. Der Autor wolle sich zunächst versichern, daß die Neuankömmlinge auch in der Lage seien, sein Stück adäquat zu interpretieren. Als man ihm auf die Frage, wer denn die Könige interpretiere, einen gutaussehenden jungen Schauspieler zeige, sei er empört: »Wer? Dieser hübsche junge Mann! Sie scherzen wohl? Ein König muß viermal so dick und fett wie andere sein, es muß, zum Donnerwetter, ein gehörig ausgestopfter König sein, ein König von mächtigem Umfang, der einen Thron anständig ausfüllen kann. Es wäre ja noch schöner, wenn ein König eine elegante Figur hätte!« In solchen Formulierungen wurde der Eitelkeit des Sonnenkönigs ein witziger Tribut gezollt, der sich nicht in den üblichen platten Schmeichelreden erschöpfte.

Als der Dichter von den Schauspielern schließlich Rezitationsproben verlangt, wird der emphatische Stil Montfleurys persifliert. Gegen die vom Hôtel de Bourgogne ohne Rücksicht auf den Kontext geforderte Deklamation stellen Molières Schauspieler als oberstes Gebot entspannte und entkrampfte Natürlichkeit. Nach Montfleury werden noch Mademoiselle Beauchâteau und die Schauspieler Hauteroche und Villiers vom Hôtel de Bourgogne parodiert. Es ist nicht leicht auszumachen, welcher Art der überspannte Stil an diesem Theater war und inwieweit aus der Kritik auch die Frustration des in tragischen Rollen erfolglosen Schauspielers Molière sprach. Ganz offensichtlich aber kommt im *Impromptu* der Überdruß an der nun schon seit mehreren Jahrzehnten am Hôtel de Bourgogne herrschenden Alexandrinerdeklamation, wie sie von den Interpreten der Dramen Pierre Corneilles, seiner Rivalen und Epigonen gewöhnlich praktiziert wurde, zum Ausdruck. Wenn das *Impromptu* wie schon die *Lächerlichen Preziösen* ein Prosastück ist, dann mag das gewiß zum großen Teil auf den Zeitdruck zurückgehen, dem Molière als Theaterdirektor ständig ausgesetzt war. Man sollte aber auch nicht übersehen, daß das von Molière stets wieder in Erinnerung gebrachte Gebot der Natürlichkeit die Prosa favorisierte. Sein Publikum scheint sich allmählich mit dieser Neuerung abgefunden zu haben.

Im Dialog zwischen dem Theaterdirektor und seinen Schauspielern hatte Molière bereits auf eine wesentliche »dramatis persona«, nämlich den König, hingewiesen. Für seine komischen Stücke konnte er allmählich auf einen festen Bestand an Personen zurückgreifen. Dabei folgte er einerseits den Traditionen des antiken Theaters, der Commedia dell'arte und der Farce, andererseits hatte er sich mit dem lächerlichen Marquis und den lächerlichen Preziösen auf eine wirkungsvolle Zeitsatire eingelassen, mit deren Erfolg er immer wieder rechnen konnte: »Der Marquis ist heutzutage die komische Figur der Komödie. Und wie man ja in allen antiken Komödien einen spaßigen Diener sieht, der die Zuschauer zum Lachen bringt, so brauchen wir in allen unseren heutigen Stücken einen lächerlichen Marquis, der das Publikum erheitert.« In einem im Dezember 1673 veröffentlichten Brief über die Theaterereignisse konterte Donneau de Visé: »Ich bange für den Verfasser, wenn ich ihn auf offener Bühne sagen höre, in der Komödie sollen die illustren Marquis die Rolle der Diener übernehmen. Wie? Sollen diese Stützen und diese Zierden des Staats so behandelt werden? Darf man mit Personen, die ihr Leben so oft und so großzügig für den Ruhm ihres Herrschers eingesetzt haben, derart umspringen?«

Molière, der in die Rolle eines lächerlichen Marquis schlüpft, stellt schließlich an Brécourt die Frage, ob sich denn sein Molière nicht verausgabt habe und diesem nicht der Stoff ausgehe. Die daraus entspringende theoretische Diskussion über Fragen des Metiers ist eines der schönsten Beispiele einer dramatisierten Poetik. In der italienischen Komödie des sechzehnten Jahrhunderts wurden zwar auch theoretische Fragen erörtert, aber sie wurden noch in Vorworten oder Vorspielen abgehandelt. Im *Impromptu* werden sie hingegen zum theatralischen »work in progress«. Wie ein begabter Karikaturist soll der die Rolle des Chevalier spielende Brécourt den fast unerschöpflichen Reichtum an Typen skizzieren, die allein der Hof biete. Molière macht sich zwar aus der Euphorie des Erfolgs am Hof und in der Stadt heraus über seine Gegner lustig, aber er verwahrt sich dagegen, daß die Auseinandersetzung auch vor seiner privaten Sphäre nicht haltmacht: »Sie mögen sich nach uns über meine Komödien hermachen. Sie mögen sie umwenden wie einen Anzug, um sie auf ihre Bühne zu bringen und von dem bißchen Vergnügen, das man dabei empfindet, und von dem bescheidenen Erfolg, den ich erlebe, profitieren, ich bin einverstanden. Sie sind darauf angewiesen, und ich freue mich, wenn ich zu ihrem Unterhalt beitragen kann, solange sie sich mit dem begnügen, was ich ihnen überlassen kann, ohne die Schicklichkeit zu verletzen. Das Entgegenkommen muß aber seine Grenzen haben. Es gibt Dinge, über die lachen weder die Zuschauer noch der, über den gesprochen wird. Ich überlasse ihnen herzlich gerne meine Werke, mein Gesicht, meine Gesten, meine Worte, den Ton meiner Stimme und die Art zu sprechen, alles, was ihnen beliebt, können sie damit machen und darüber sagen, was ihnen beliebt, wenn sie etwas damit anfangen können. Gegen all das habe ich nichts einzuwenden, und es soll mich freuen, wenn jedermann seinen Spaß daran hat. Aber da ich ihnen dies alles zur Verfügung stelle, mögen sie gefälligst den Rest mir überlassen und gewisse Dinge nicht berühren, die, wie man mir sagt, in ihren Komödien Gegenstand ihrer Ausfälle gegen mich sind.«

Wie der Sendbote einer Gottheit bringt schließlich nach dem Auftritt mehrerer Lakaien, die darauf drängen, mit der Aufführung des noch nicht fertigen Stücks zu beginnen, einer von ihnen die Nachricht, der König gebe sich angesichts der Schwierigkeiten, von denen er Kenntnis erhalten habe, auch mit der Wiederholung einer bereits bekannten

Komödie zufrieden. Daß Molières Herrscherlob gerade in diesem
Stück, wo der Dienst am König unzureichend bleiben muß, besonders
reichlich fließt, kann nicht überraschen. Angesichts der zahlreichen
Zeichen der Gunst Ludwigs XIV. darf darin nicht nur die Ergebenheits-
bekundung eines Höflings gesehen werden. Wer wie Molière jahrelang
ein unstetes Wanderleben in der Provinz geführt hatte, wußte sicher zu
schätzen, was die Nähe des Monarchen mit seiner Prachtentfaltung an
Möglichkeiten bot.

Ballett und Farce: »Le Mariage forcé«

Sein wachsender Erfolg brachte für Molière neue, mitunter kaum
noch zu bewältigende Aufgaben am Hof mit sich. In welche Nöte
die Truppe durch derartige Aufträge geraten konnte, zeigte das *Impromptu de Versailles* in aller Deutlichkeit. Für *Le Mariage forcé (Die
erzwungene Heirat)*, die Molière aus Anlaß des Ballettabends, der am
29. Januar 1664 in den Gemächern der Königinmutter Anna stattfand, verfaßte, schöpfte er wie schon früher aus dem bewährten Repertoire der Farcen und Stegreifkomödien, denn eine Theaterform,
die auf festgelegte Typen zurückgriff und bekannte Handlungsabläufe
lediglich variierte, konnte die Ungeduld des königlichen Auftrag-
gebers am schnellsten befriedigen. Zudem ließen sich selbst äußerst
dürftige Handlungsabläufe mit pantomimischen Tanzeinlagen strek-
ken. Da es sich der König nicht nehmen ließ, bei der Uraufführung
des neuen Stücks höchstpersönlich in einem Zigeunerkostüm zu tanzen, war die Farce ohnehin fast nur ein Anlaß für staatliche Repräsentation.

Zur Heirat gezwungen wird in diesem Stück (der von Molière
gespielte) Sganarelle, der hier an den Pantalone der Commedia dell'arte
erinnert. Obwohl er bereits mehr als fünfzig Jahre alt ist, will er sich,
trotz der anfänglichen Warnungen seines Freundes Géronimo, um

jeden Preis noch vermählen. Beim Vater der koketten Dorimène hat er
daher bereits um deren Hand angehalten. Als die Braut Sganarelle
eröffnet, wie sie sich ihre Ehe vorstelle, und dieser nun angesichts ihres
jungen Verehrers Lycaste Verdacht schöpft, versucht er im letzten
Augenblick einen Rückzieher, aber der künftige Schwager Alcidas stellt
ihn vor die Alternative, Dorimène entweder zu heiraten oder sich mit
ihm zu duellieren. Als sich Sganarelle zu letzterem außerstande sieht, ist
er gezwungen, sein Heiratsversprechen einzulösen.

Die Wandlung, die sich in dem zunächst auf die Heirat erpichten und
dann zusehends von Hahnreiobsessionen verfolgten Sganarelle voll-
zieht, wird durch die Balletteinlagen in grotesker Manier angedeutet:
Zudringliche Verehrer stellen seiner künftigen Frau nach, fratzenhafte
Figuren narren ihn mit Angstvisionen. An den Tanzeinlagen beteiligten
sich neben dem König auch der künftige Marschall von Villeroi, der
Herzog von Enghien, der Herzog von Saint-Aignan und andere Hocharistokraten. Die Musik für die Ballette hatte Jean-Baptiste Lully
komponiert. Die Frauenrollen der Tanzeinlagen wurden von verkleide-
ten Männern übernommen. Da Armande am 19. Januar Molières ersten
Sohn, Louis, entbunden hatte, lag es nahe, daß die ohnehin von ihrer
Figur her am ehesten für die Darstellung der Dorimène geeignete
Marquise Du Parc die Rolle übernahm.

Der Erfolg dieses Stückes, dessen Titel auf deutsch auch oft mit *Die
Heirat wider Willen* wiedergegeben wird, zeigte erneut, daß der Hof des
Sonnenkönigs offensichtlich nicht nur an stilisierten mythologischen
Vorlagen Gefallen fand, sondern auch an handfesten Farcenstoffen. Im
Palais-Royal hingegen fand das mit den Tanzeinlagen aufgeführte
Stück kaum Anklang: Noch vor der Osterpause wurde die Ballett-
komödie vom Programm abgesetzt. Molière verzichtete daher 1668 bei
einer Neuinszenierung auf die teuren Ballette und zog *Die erzwungene
Heirat* zu einem Einakter zusammen.

In der Vorrede zur Druckfassung seiner ersten Ballettkomödie, *Les
Fâcheux*, hatte Molière selbstkritisch bemerkt, die Verbindung zwischen
Tanz und Text sei ihm noch nicht ganz zufriedenstellend gelungen.
Aber wie Donneau de Visé später in seinem Nachruf auf Molière
feststellte, war bereits mit diesem Stück ein für die Theatergeschichte
erfolgreicher Weg eingeschlagen, ein neues Geheimnis zu gefallen
entdeckt worden, das bis zu diesem Zeitpunkt unbekannt gewesen war

und »in Frankreich den Anfang jener berühmten Opern ins Leben rief, die heute so viel Aufsehen erregen«.

Die aus Anlaß der *Erzwungenen Heirat* zum erstenmal realisierte Zusammenarbeit mit dem Komponisten Lully (für die Choreographie war Beauchamp, der Tanzlehrer Ludwigs XIV., zuständig) stellt in der Geschichte des Musiktheaters eine wichtige Etappe dar. Musikalisch untermalte Tanzpantomime und gesprochenes Wort sind in diesem Stück komplementär und harmonisch verschmolzen, und so verwundert es nicht, daß der Aufstieg des Italieners am Hof Ludwigs XIV. nicht weniger steil verlief als der Aufstieg Molières. In der Tat geizte der König auch bei dem Florentiner nicht mit Beweisen seines Wohlwollens: Bereits 1662 hatte er als Trauzeuge den Heiratsvertrag des damals Dreißigjährigen unterzeichnet. Die Zusammenarbeit zwischen Molière und Lully verlief bis kurz vor dem Tod des Dichters nahezu reibungslos, so daß sich die beiden Künstler im Dienst ihres Monarchen mit ständig zunehmendem Erfolg ergänzen konnten.

Frühling in Versailles: Ludwigs Favoritin La Vallière

Ludwig hatte mit seiner Schwägerin Henriette Anna vereinbart, er werde zur Rechtfertigung seiner häufigen Besuche bei ihr zum Schein einer ihrer Ehrendamen den Hof machen. Es handelte sich um die 1644 in Tours geborene Louise Françoise de La Baume le Blanc, spätere Herzogin von La Vallière. Ihre Anmut ließ ihre leichte Gehbehinderung vergessen, und der König, der sich über den drohenden Skandal wegen seines offenbaren Interesses für die junge Gemahlin seines Bruders Rechenschaft zu geben begann, verliebte sich aufrichtig in sie. Zuverlässigkeit war im Reich der Galanterie freilich nicht zu erwarten, vom König ebensowenig wie von Madame, die weiterhin die Huldigungen des Grafen Guiche entgegennahm.

»Les plaisirs de l'île enchantée«, das höfische Fest von der verzauberten Insel, wurde im Mai 1664 offiziell für die Königin und die Königinmutter veranstaltet. In Wirklichkeit war es Ludwigs Ovation an seine
Favoritin. Die dabei in Versailles aufgebotene Prunk- und Prachtentfaltung sollte alles Bisherige in den Schatten stellen und Fouquets Fest
in Vaux-le-Vicomte endgültig in Vergessenheit geraten lassen. Am
30. April brach Molière mit seiner Truppe nach Versailles auf. Lediglich
sechs Tage standen ihm zur Verfügung, um mit Lully und seinen
Musikern, Le Brun und seinen Malern, Carlo Vigarani und seinen
Maschinisten das von François de Beauvillier, Herzog von Saint-
Aignan, konzipierte Fest vorzubereiten. Saint-Aignan hatte als Rahmenthema die Verzauberung Ruggeros in Ludovico Ariostos Epos
Orlando furioso (Der rasende Roland) durch die verführerische Alcina
ausgewählt. Die Aufführungen sollten im Freien stattfinden. Schon
damals suchte der König mit einem imponierenden Aufgebot von
Künstlern und unter Einsatz von mehreren tausend Handwerkern und
Bauarbeitern Versailles so rasch wie möglich zu vollenden. Ganz ähnlich hatte übrigens Papst Urban VIII. einige Jahrzehnte zuvor der
Fertigstellung von Sankt Peter entgegengefiebert. Der König traf mit
seinem Hofstaat am 5. Mai – es war ein Montag – ein, und schon am
Mittwoch begannen die Feierlichkeiten, an denen sechshundert gela-
dene Gäste teilnahmen, die in der großen Baustelle Versailles eher
schlecht als recht untergebracht wurden. Madame de Sévigné berichtete
von der Entrüstung der Herzöge von Guise und Elbeuf, die mit dem
ersten besten Unterschlupf vorliebnehmen mußten. Die Marquise berichtete derartige Episoden um so lieber, als sie den von ihr hochge-
schätzten Fouquet immer noch nicht vergessen hatte.

Das Fest ist von Zeitgenossen und Theaterhistorikern wiederholt
geschildert worden: der große kreisförmige Turnierplatz; die fünf auf
einem Postament stehenden Armsessel für den König, die beiden
Königinnen, Madame und Monsieur; die Blumenarrangements; die
mythologische und emblematische Überhöhung der Ausstattung. Der
ganze Pomp eines barocken Festes, wie ihn Goethe in dem Mum-
menschanz im zweiten Teil seines *Faust* noch einmal beschwor, wurde
hier mit einer Verschwendung ohnegleichen in Szene gesetzt.

Dem Herold, Monsieur Des Bardins, ging als Schild und Lanze
tragender Knappe Graf von Artagnan voraus. Sie und andere bereiteten

aber nur den Auftritt desjenigen vor, auf dessen Erscheinen hin das ganze Fest angelegt war: Von Trompetengeschmetter begrüßt erschien der König als Ruggero verkleidet auf einem feurigen Roß, federbuschumwallt in diamanten- und goldbesticktem Harnisch. Mit ihm traten, jeder eine andere Figur des *Rasenden Roland* darstellend, die jungen Vertreter der französischen Hocharistokratie auf. Alle stellten sie, wie der König, die von Alcina in Bann geschlagenen Ritter dar. Im Mittelpunkt der Aufmerksamkeit stand der Bruder der Favoritin, Marquis de La Vallière. Das an die Geladenen verteilte Programmheft erläuterte das zum Hof des Sonnenkönigs in Beziehung gesetzte märchenhafte Geschehen.

Auf die Parade der verzauberten Ritter folgte ein allegorischer Aufzug, bei dem Molières Truppe mitwirkte. Mademoiselle de Brie, als Eisernes Zeitalter kostümiert, rezitierte mit viel natürlicher Anmut huldigende Verse. Hinter den von Alcina Verzauberten folgte ein den Wagen des Apollo darstellendes, von vier Pferden gezogenes Gefährt. Die auf dessen Satteldecken gestickten goldenen Strahlen riefen dem Betrachter die Gleichsetzung des Monarchen mit dem Sonnengott in Erinnerung. Danach zeigte Ludwig XIV. in einer auf ihn abgestimmten Paradenummer sein beachtliches Können als Reiter. Auf dem von seinen Pagen getragenen Schild prangte die Devise »Nec cesso, nec erro« (»Ich bin unermüdlich, ich irre nicht«). Dann überließ er das Turnierfeld seinen Rittern zu einem Ringelstechen.

Das Fest erhielt nicht nur durch die Reitkünste des Sonnenkönigs und seiner Höflinge einen nahezu zirkushaften Charakter. Mit dem allegorischen Aufzug der vier Jahreszeiten und dem verblüffenden Aufgebot an exotischen Tieren war Molières Truppe beauftragt worden. Frühling, Sommer, Herbst und Winter kamen herangeritten: auf einem spanischen Hengst und einem Bären, auf einem Kamel und einem Elefanten, auf den der korpulente Schauspieler Du Parc geklettert war. Während die den Frühling darstellende blumengeschmückte Mademoiselle de Brie Verse zum Lob der Königin vortrug, wurden mit Hilfe einer Maschine der als Pan kostümierte Molière und die als Diana verkleidete Madeleine Béjart in einer von Zweigen und Ästen verhüllten, zunächst in der Luft kreisenden Grotte langsam auf den Boden niedergelassen.

Molière konnte nach den mannigfachen Fährnissen, denen er mit seinen Schauspielern an diesem ersten Tag des Festes ausgeliefert gewesen war, aufatmen, da sie alles heil überstanden hatten. Die Risiken dieser und ähnlicher stets unter Zeitdruck und daher wohl auch mit einem Minimum an Sicherheitsvorkehrungen arrangierten Veranstaltungen waren nicht gering. Bedenkt man, daß der französische König Heinrich II. im Jahre 1559 an den Folgen eines Turnierunfalls gestorben war, dann läßt sich ermessen, daß der Hof auch das Leben eines Komödianten verschmerzt hätte. Nicht nur der Hof, denn »wenn ein Wagen umgestürzt wäre«, schrieb Jacques Carpentier de Marigny, »hätte sich das Hôtel de Bourgogne leicht darüber hinweggetröstet«.

An der königlichen Tafel beim kerzenbeleuchteten und musikalisch umrahmten abendlichen Diner speisten insgesamt siebenunddreißig Personen. Die Herzogin von La Vallière gehörte zum erstenmal zu dieser Schar bevorzugter Gäste. Ihr Status als königliche Favoritin war nun offiziell. Der Rest der Gesellschaft wurde in dem im Garten angelegten Amphitheater verköstigt, die von Alcina verzauberten Ritter ließen sich an der »Barrière« des Turnierplatzes nieder.

Am zweiten Tag des Festes versammelten sich die Gäste im Freien unter einem riesigen Tuch aus Leinwand, da sich schon am Abend zuvor ein mächtiger Wind erhoben hatte, der die Kerzenbeleuchtung zu löschen drohte. Den Mittel- und Glanzpunkt des Tages bildete Molières »comédie galante« mit dem Titel *La Princesse d'Élide (Die Prinzessin von Elis)*. Der Dichter hatte in aller Eile eine spanische Vorlage von Agustín Moreto y Cavana, *El desdén con el desdén (Verachtung gegen Verachtung)*, bearbeitet und nur einen Teil der auf fünf Akte angelegten Komödie in Verse umsetzen können. Die Handlung ist denkbar schlicht: Die Prinzessin von Elis weist alle ihre Bewerber ab, bis Euryale, Prinz von Ithaka, durch gespielte Gleichgültigkeit die Spröde für sich einzunehmen vermag. Armande, die in einem kostbaren zitronengelben Taftkleid die Titelrolle interpretierte, faszinierte den gesamten Hof, und bald nicht mehr verstummende Gerüchte liefen um, die jungen Aristokraten hätten die Schauspielerin auch dann noch umworben, als die Truppe längst wieder nach Paris zurückgekehrt war.

Die Prinzessin von Elis setzt ein mit einem Auftritt Auroras, welche die jungen Schönen mahnt, die Zeit zu nutzen. Eine burleske Szene folgt.

Alle fünf Akte, auch die nur in Prosa verfaßten, werden durch Zwischenspiele mit Tanz- und Pantomimeneinlagen abgeschlossen. Euryale eröffnet die eigentliche Komödie durch eine vertrauliche Aussprache mit seinem Mentor Arbate und gesteht ihm seine Liebe zu der ihm unnahbar erscheinenden Prinzessin von Elis. Arbate redet der Zärtlichkeit das Wort, durch die sich ein Monarch nur auszeichnen könne. Mit diesem Dialog machte sich Molière zum willigen Kommentator und Interpreten von Ludwigs großem Fest, zum Höfling, der, jedes Winks gewärtig, das zu geben versuchte, was man von ihm erwartete. Im Kontrast zur heroisch-galanten Welt des Fürsten und der Prinzessin stehen die burlesk-komischen Auftritte des ängstlichen und feigen Hofnarren Moron, der für Philis, die Zofe seiner Herrin, schwärmt. Die Rolle des Moron, die sich besonders für pantomimische Einlagen und »lazzi« eignete, wurde von Molière interpretiert.

Es ist für den modernen Leser des Stücks (um Leser muß es sich notwendigerweise handeln, da die »comédie galante« nach mehr als zweihundert Jahren lediglich 1946 von Jean-Louis Barrault an der Comédie Française wieder inszeniert wurde), der den höfischen Rahmen nur aus Rekonstruktionen kennt, schwierig, sich vorzustellen, welchen Eindruck es auf die Zuschauer in Versailles machte, als der Vorhang geöffnet wurde und den Blick bis zur schwimmenden Insel der Zauberin Alcina freigab. Die »comédie galante« hatte schon wegen des Aufwands für eine adäquate Inszenierung außerhalb eines festlichen Rahmens kaum eine Existenzberechtigung. Den neun privaten Aufführungen stehen deshalb nur fünfundzwanzig öffentliche gegenüber – *Die Lästigen* hingegen wurden zu Lebzeiten Molières sechzehnmal privat und hundertfünfmal öffentlich gespielt.

Der dritte Tag des Festes brachte am Abend den krönenden Abschluß. Die königliche Familie saß unter einem Baldachin im Freien an der Vorderseite des Sees, auf dem drei Meerungeheuer erschienen: Auf einem saß als Alcina verkleidet Mademoiselle Du Parc, auf den beiden anderen als Nymphen Mademoiselle de Brie und Armande. Alcina berichtete, von Ausrufen ihrer Begleiterinnen bestätigt, Ruggero werde mit Hilfe von Angelicas Zauberring den über ihn und seine Ritter verhängten Bann brechen. Die von Alcina um Hilfe ersuchte Königin lehnte es wortlos ab, der schönen Zauberin beizustehen. Diese bot nun alle erdenklichen Helfershelfer, Krieger und Dämonen auf. Es fruchtete nichts: Schließlich steckte der von Melissa überbrachte Ring trotz aller Widerstände erneut an Ruggeros Finger, und in diesem Augenblick flog unter Raketengeknatter und von mannigfachen Feuererscheinungen und Lichtreflexen in Luft und Wasser begleitet die Zauberinsel in die Luft.

Das Frühlingsfest in Versailles war sicher eines der prächtigsten Beispiele jener kostspieligen Höhepunkte höfischer und weltlicher Repräsentation, die bald überall in Europa den Glanz des Sonnenkönigs zu erreichen oder gar zu übertreffen suchten. Schon im folgenden Jahr wurde in Nürnberg die ganze *Historia vom reichen Mann und armen Lazaro* als Feuerwerk präsentiert, ein merkwürdiger Einfall, wenn man die Gelder bedenkt, die hier im Dienst der Erbauung verpulvert wurden. Schon zweieinhalb Jahre nach dem Fest von Versailles eröffnete ein glanzvolles Feuerwerk in Wien am 5. Dezember 1666 die Festlichkeiten »zu dem hochansehnlichsten Beilager der Römisch Kaiserlichen Majestäten Leopoldi des Ersten und Margariten, geborenen Infantin in Hispanien«.

Molière und seine Truppe hatten ohne Zweifel die Hauptlast der dreitägigen Feierlichkeiten zu tragen. Aber auch als die durch das epische Meisterwerk Ariostos angeregte Phantasmagorie mit Alcinas Insel in der Frühlingsnacht verpufft war, war das Bedürfnis des Hofs nach Lustbarkeiten und Zerstreuungen noch nicht gesättigt: Am Samstag wurden *Die Lästigen* gespielt; am Sonntag durfte die Truppe einen Ruhetag einlegen; am Dienstag wurde zum endgültigen Abschluß des Frühlingsfestes die *Erzwungene Heirat* aufgeführt.

Am Montag aber stellte Molière mit *Tartuffe* die folgenreichste Neuheit seiner Theaterlaufbahn vor. Der König und die Königin fanden sie zwar mit einem großen Teil der Gäste »sehr amüsant«, die Königinmutter und die ihr nahestehenden Vertreter der devoten Partei verbargen jedoch ihr »Mißvergnügen« nicht. Die schon seit einigen Wochen schwelenden Auseinandersetzungen um *Tartuffe* waren damit offen ausgebrochen.

»Le Tartuffe ou L'Imposteur«:
Beginn der Auseinandersetzungen

Die Forschung hat wiederholt erörtert, ob es sich bei dem am 12. Mai 1664 aufgeführten und nicht erhaltenen *Tartuffe* um eine dreiaktige abgeschlossene Komödie handelte. Das Register von La Grange, an dessen Zuverlässigkeit zu zweifeln schwerfällt, stellt jedoch unmißverständlich fest: »Die Truppe reiste auf Befehl des Königs am letzten Tag des Monats [30. April 1664] nach Versailles ab und blieb dort bis zum 22. Mai. Dort wurden [...] drei Akte des *Tartuffe* aufgeführt, das heißt die ersten drei Akte.« Auch der vom Drucker Robert Ballard veröffentlichte Bericht, mit dem das In- und Ausland über den Verlauf des Versailler Fests informiert wurden, ist nicht weniger eindeutig: »Ihre Majestät haben die ersten drei Akte einer *Tartuffe* betitelten Komödie aufführen lassen«, und er hält außerdem fest: »Der König verbot diese Komödie dem Publikum, solange sie nicht abgeschlossen und von den zuständigen Personen beurteilt worden ist.«

Mit *Tartuffe* verließ Molière den auf Bezauberung der Sinne angelegten Rahmen der einwöchigen Abfolge von Veranstaltungen. Er aktualisierte die aus der römischen Komödie und dem Theater der italienischen Renaissance wohlbekannte Figur des Parasiten dadurch in seiner neuen Komödie, daß er die allgemein verbreitete Praxis der »direction«, der Seelenlenkung durch fromme Laien, aufs Korn nahm. Diese unter Ludwig XIV. grassierende Spezies der »directeurs« hat gegen Ende des Jahrhunderts La Bruyère in seinen *Charakteren* mit untrüglichem Scharfblick beschrieben: »Ich habe immer hinausgeschoben, es zu sagen, und es ist mir schwer genug gefallen; aber endlich muß es heraus, und ich hoffe sogar, daß meine Freimütigkeit den Frauen förderlich sei, denen der Beichtvater zu ihrer Leitung nicht genügt und die bei der Wahl ihrer geistlichen Berater ohne jedes Urteil verfahren. Ich kann mich beim Anblick gewisser Persönlichkeiten, die ich lieber nicht nennen will, vor Verwunderung und Staunen nicht fassen; ich sperre die Augen weit auf; ich betrachte sie; sie sprechen, ich horche hin; ich ziehe

Erkundigungen ein; man erzählt mir Einzelheiten, ich sammle sie; und ich begreife nicht, wie Leute, bei denen mir alles der rechten Einsicht, dem geraden Verstand, der Erfahrung in weltlichen Geschäften, der Kunde vom Menschen, der Kenntnis der Religion und der Sitte schnurstracks zuwiderzulaufen scheint, annehmen können, daß Gott in unseren Tagen die Gnade des Apostolats erneuern und an diesen einfältigen und kleinen Geistern ein Wunder tun sollte, indem er sie zum Amt der Seelen, dem heikelsten und erhabensten unter allen Ämtern, fähig macht. Und wenn sie sich gar für ein so hohes, schwieriges und nur wenigen Menschen vorbehaltenes Amt geboren glauben und sich einreden, hierbei nur ihre natürlichen Talente auszuüben und einer selbstverständlichen Berufung zu folgen, so begreife ich das noch weniger. Ich sehe wohl ein, daß die Neigung, Verwalter von Familiengeheimnissen zu werden, sich bei Aussöhnungen unentbehrlich zu machen, Aufträge zu verschaffen oder Bedienstete zu vermitteln, in den Häusern der Großen alle Türen offen zu finden, oft an reicher Tafel zu speisen, in einer großen Stadt spazierenzufahren, einen köstlichen Aufenthalt auf dem Lande zu machen, zu sehen, wie sich Personen von Namen und Rang um Leben und Gesundheit von einem bekümmern, und für andere wie für sich selbst alle menschlichen Interessen wahrzunehmen – noch einmal sage ich, ich sehe wohl ein, daß darum allein der bestehende, untadelige Vorwand der Sorge für die Seelen erfunden und die unerschöpfliche Saat von geistlichen Beratern in der Welt ausgestreut werden konnte.«

Molières Tartuffe nun, dessen Name Anklänge an das italienische »truffa« (Betrug), aber auch an den tief unter dem Waldboden wachsenden und mit der Hilfe von Schweinen gesuchten »tartufo« (Trüffel) suggeriert, hat sich durch frommes Getue im Haus des wohlhabenden Bürgers Orgon eingeschlichen. Er hat es zwar verstanden, dabei den Herrn des Hauses und dessen Mutter, Madame Pernelle, ganz in seinen Bann zu schlagen, hat aber die in einen jungen Mann verliebte Tochter Mariane und den über den intriganten Dauergast aufgebrachten Sohn Damis gegen sich. Die Dame des Hauses, Elmire, Orgons zweite Frau, ist vor den Zudringlichkeiten des lüsternen Frömmlers bald nicht mehr sicher.

Die erste Szene setzt mit dem geräuschvollen Abgang Madame Pernelles ein, die alle Anwesenden hemmungslos abkanzelt und damit die Personen der Handlung vorstellt, während in der nächsten Szene

Dorine, die Zofe der Tochter des Hauses, kein Blatt vor den Mund nimmt, um das merkwürdige Verhältnis Orgons zu Tartuffe zu beschreiben:

»Er schwärmt für diesen Kerl, besessen und verzückt,
Er nennt ihn seinen Bruder, er steht für ihn in Flammen,
Mehr als die Mutter, Tochter und Sohn und Frau zusammen,
Er läßt ihn das Geheimste aus seinem Leben wissen,
Was er als Hausherr tut, muß Herr Tartuffe beschließen.
Er streichelt, er umarmt ihn, er fährt ihm übers Haar,
Er könnte kaum viel mehr tun, wären sie ein Liebespaar;
Er hat ihm an der Tafel den Ehrenplatz bestimmt,
Freut sich, wenn er von allem fünf, sechs Portionen nimmt,
Will ihm die besten Stücke aus jeder Schüssel holen,
Und wenn er rülpst – Verzeihung! –, dann ruft er: Gott befohlen!
Er ist in ihn vernarrt, er schmachtet, betet an,
Kniet wie vor einem Helden, zitiert ihn, wo er kann,
Was er auch anstellen mag, erscheint ihm als Mirakel,
Was er auch sagen mag, für ihn ist's ein Orakel.«

Am Ende des dritten Akts liefert sich Orgon schließlich vorbehaltlos seinem Dauergast aus. Als Tartuffe versichert, er werde, um allem Gerede vorzubeugen, künftig keinen Umgang mit Orgons Frau mehr pflegen, fleht ihn dieser geradezu darum an. Mit Tartuffes Antwort und Orgons totaler Selbstaufgabe gegenüber dem Frömmler hatte die Komödie ihren konsequenten Abschluß erreicht: Das in geistlichem Gewand auftretende Böse hatte endgültig gesiegt. Angesichts dieses pessimistischen Schlusses wird das Aufführungsverbot verständlich.

Ludwig XIV. hatte sich den Text der neuen Komödie bereits einige Wochen vor der Aufführung in Versailles privat vortragen lassen und sich dabei so angetan gezeigt, daß die Compagnie du Saint-Sacrement mit allen Mitteln die Aufführung dieses Stücks zu verhindern suchte, durch das sie sich direkt angegriffen glaubte. Die Annalen der Compagnie hielten für den 17. April 1664 fest, daß die Devoten bereits von *Tartuffe* Wind bekommen hatten und sich aufgerufen fühlten, mit allen Mitteln zu versuchen, die Aufführung der »schlimmen Komödie« zu verhindern.

Im Jahre 1627, also noch unter Ludwig XIII., hatte der Herzog von Ventadour, Henri de Lévis, diese »Gesellschaft vom Heiligen Altarsakrament« ins Leben gerufen. Neben löblichen karitativen Initiativen setzte sie sich vor allem für die rigorose Durchführung des vom Konzil von Trient (1545–1563) in die Wege geleiteten gegenreformatorischen Programms ein. Gesinnungsschnüffelei, Denunziationen und die Überwachung Verdächtiger waren die Folge. Einer der eifrigsten Streiter in den Reihen dieser Gesellschaft war Molières ehemaliger Protektor Prinz Conti. Er ließ 1658 eine Frau wegen angeblicher leichter Sitten eigenmächtig verhaften. Der Übergriff löste bei den zuständigen öffentlichen Institutionen Empörung aus. Die religiösen Eiferer konnten aber mit dem Wohlwollen der Königinmutter Anna von Österreich und des »alten« Hofs rechnen, falls sie einmal zu weit gingen. Doch der junge König, für den die römische Kirche zwar zu den wichtigsten staatserhaltenden Einrichtungen gehörte, hatte es auf weitgehende Unabhängigkeit vom Vatikan angelegt und war schon deshalb gegen die ultramontane »Cabale des dévots« aufgebracht.

Mit Cléante, dem Schwager Orgons, hat Molière eine Figur geschaffen, die, im Gegensatz zu den Frömmlern, ihre Religiosität als Teil ihres Lebensstils versteht. Cléante sucht in der fünften und letzten Szene des ersten Akts den von Tartuffe Geblendeten in einem vertraulichen Gespräch wieder zur Vernunft zu bringen. Somit steht Cléante in idealer Weise im Einklang mit dem Lebensideal des »honnête homme«, denn religiöse Gesinnung durfte danach ebensowenig zur Schau gestellt werden wie gelehrtes Wissen.

Im Dezember 1661 war der 1622 verstorbene Ordensstifter Franz von Sales, Titularbischof von Genf, seliggesprochen worden. Er wurde dann am 19. April 1665 feierlich kanonisiert. In seiner *Introduction à la vie dévote (Einführung in das Leben der Frömmigkeit)* aus den Jahren 1608/09 und seinem *Traité de l'amour de Dieu (Traktat von der Gottesliebe)* aus dem Jahr 1616 hatte er Breviere für ein unverkrampftes und doch gottgefälliges Leben in der Welt verfaßt. Nächstenliebe, und nicht aufdringlicher Zelotismus, war für ihn oberstes Gebot. Franz von Sales trat nicht aus Gründen der Opportunität für ein weltläufiges Christentum ein, sondern aus echter christlicher Gesinnung. Ignorante Finsterlinge, die wie Tartuffe ihre Umgebung mit einer spektakulären Buß- und Gebetspraxis zu beeindrucken und jede Art von mondäner Zerstreuung zu verteufeln suchten, waren nicht im Sinne des neuen Heiligen. Lehre und Haltung des Franz von Sales konnten für Molière wertvoll sein, wenn es darum ging, echte gegen falsche Frömmigkeit auszuspielen. Der Heilige hatte nicht einmal den Besuch von Komödien in Bausch und Bogen verworfen. Die Gesinnung war für ihn entscheidend, nicht das bloße Faktum. Der Cléante des *Tartuffe* scheint in einigen seiner Äußerungen die pastoralen Empfehlungen von Franz von Sales aufzugreifen und in dessen Sinn zu interpretieren. Dagegen konnte sich nur ein Einfaltspinsel wie Orgon von dem pseudoreligiösen Getue Tartuffes beeindrucken lassen:

»Wärst du dabei gewesen, als ich ihn fand, ach ja,
Er stünde nicht nur mir, auch dir genauso nah.
In unsere Kirche kam er, sah milde vor sich hin
Und kniete neben mir auf seinen beiden Knien,
Bald lenkte er die Blicke der Gläubigen auf sich,
So feurig war sein Beten und doch so inniglich;
Er seufzte und er stöhnte voll Inbrunst und voll Wehmut,
Den Boden küßte er, wer weiß, wie oft, in Demut;
Ich ging, er war vor mir am Tor mit schnellen Schritten,
Um an dem heiligen Becken mir Weihwasser zu bieten.
Bald hör' ich von dem Diener, der sich dem Herrn ganz weiht,
Den Namen und den Stand und die Bedürftigkeit.
Da hab' ich ihn beschenkt; doch er, bescheiden, schlicht,
Nahm stets nur einen Teil, das Ganze wollt' er nicht;
›Zuviel‹, rief er, ›zuviel, die Hälfte schon zuviel!
Ihr Mitleid, edler Freund, wählt nicht das rechte Ziel!‹
Und als ich nichts zurücknahm, da hat er unverweilt
Das Geld vor meinen Augen an Arme ausgeteilt.«

Die Hagiographen des Franz von Sales rühmten an dem neuen Heiligen seine Schlichtheit, seine Scheu vor auffälligen Gebärden und ostentativer religiöser Haltung. Besonders gern erinnerte Franz von Sales nämlich an Matthäus 6,16–18: »Wenn ihr fastet, sollt ihr nicht sauer sein wie die Heuchler, denn sie verstellen ihre Angesichter, auf daß sie vor den Leuten scheinen mit ihrem Fasten. Wahrlich, ich sage euch: Sie haben ihren Lohn dahin. Wenn du aber fastest, so salbe dein

Haupt und wasche dein Angesicht, auf daß du nicht scheinest mit
deinem Fasten.«

In dem 1625 in zweiter Auflage erschienenen *Leben des Hochseligen
Franz von Sales* versichert der Verfasser Jean Goulu: »Seine Frömmigkeit war ohne Affektiertheit, und nie zeigte er sie durch irgendeine
äußerliche Fratze oder Haltung, durch Seufzer oder gesuchte Kör-
perstellung. In diesem Zusammenhang berichtet Franz von Sales an
einer Stelle eine Kinderei seiner Jugend, die ich mit seinen eigenen
Worten hier schildern will: ›Als ich‹, erzählt er, ›als recht kleiner Junge
Schüler in Paris war, überkam mich ein Eifer und Verlangen, heilig und
vollkommen zu sein, und ich bildete mir ein, daß ich daher beim
Brevierbeten meinen Kopf zu den Schultern hin neigen müsse, weil ein
anderer Schüler, der tatsächlich heilig war, dies tat. Ich machte es einige
Zeit lang, ohne daß ich deshalb heiliger geworden wäre.‹ Von diesem
Zeitpunkt an und sein ganzes Leben danach hat er diese äußerlichen
Fratzen, die eher an Bigotterie als an echte und tiefe Frömmigkeit
erinnern, mit allen Mitteln geflohen und vermieden.«

Ganz in diesem Sinne meint Cléante, daß die von echter Frömmigkeit Beseelten kein Aufhebens von sich machen und vor allem davon
absehen, ihren Mitmenschen ständig ihr Verhalten vorzuwerfen:

»Nie kommen übler Leumund und Neid an sie heran,
Für sie steht bei den Nächsten das Gute obenan.
Fern allen Winkelzügen, Kabalen und Intrigen,
Sieht man sie frei und ehrlich dem Tagewerk obliegen.
Dem Frevel gegenüber wird sie kein Zorn erfassen,
Da sie ja nur die Sünde und nicht den Sünder hassen
Und nicht den Ehrgeiz haben, in übergroßer Wut
Noch strenger zu bestrafen, als es der Himmel tut.
Da hast du meine Leute – man sehe sie sich an,
Die Leute, die sich jeder zum Muster nehmen kann.
Dein Mann, laß dir's gesagt sein, ist nicht von der Statur;
Du rühmst ihn zwar vermutlich in gutem Glauben nur,
Doch hat dich Schein geblendet, wie's ja schon oft geschah.«

Das Theater war seit den Kirchenvätern immer wieder Zielscheibe von
Angriffen frommer oder frömmelnder Eiferer gewesen. Wenn es sich

nun mit dem *Tartuffe* sogar anmaßte, die Religion selbst in den Mittelpunkt einer satirischen Komödie zu stellen, war es für diejenigen, die Molière bereits nach der angeblich obszönen *Schule der Frauen* mundtot zu machen versucht hatten, Anlaß genug, einer entscheidenden Kraftprobe nicht aus dem Weg zu gehen. Molière hätte sie nicht bestehen können, wenn ihm die grundsätzliche Unterstützung Ludwigs XIV. gefehlt hätte. Trotzdem darf das persönliche Risiko des Dichters dabei nicht unterschätzt werden. Das fast fünfjährige Hin und Her bis zur endgültigen Aufführungserlaubnis hätte einen unentschlosseneren Menschen, aber auch einen weniger geschickten Taktiker entmutigen und zermürben müssen.

In der von La Grange und Vivot 1682 herausgegebenen ersten Gesamtausgabe von Molières Werken ist festgehalten, daß am 29. November 1664 in dem bei Saint-Denis gelegenen Schloß Raincy, der Residenz von Anna von Gonzaga-Nevers, in Gegenwart des »großen« Condé der *Tartuffe* vollständig in einer fünfaktigen Fassung aufgeführt wurde. Daß gerade Anna von Gonzaga, die sich 1645 gegen den Willen ihrer Familie mit dem Pfalzgrafen Eduard vermählt hatte, *Tartuffe* in einer privaten Aufführung erleben wollte, kann nicht überraschen. Ihr abenteuerliches Liebesleben, ihre bald zum Königshaus, bald zu den Aufständischen hinneigende Haltung während der Fronde, ihre 1661 für einige Jahre erfolgte Verbannung vom Hof und ihre blasphemische Haltung in Fragen der Religion hatten sie zu einem Exempel libertinistischer Lebensführung gemacht. Mit Condé und dem Arzt Pierre Bourdelot soll sie sogar versucht haben, einen Splitter des – nach der Legende – von der heiligen Helena, der Mutter Konstantins des Großen, in Jerusalem aufgefundenen Kreuzes Christi zu verbrennen. Zwei Jahre vor Molières Tod bekehrte sich die »princesse palatine«, wie sie in Frankreich genannt wurde, im Alter von fünfundfünfzig Jahren noch rechtzeitig, um Bossuet 1684 einen geradezu idealen Anlaß zu einer seiner berühmtesten Leichenreden zu liefern, in der er mit den Freigeistern unerbittlich abrechnete: »Wo ist denn der Ort der Gottlosen, und welche Sicherheiten haben sie angesichts der ewigen Rache, die ihnen angedroht wird? Werden sie in Ermangelung einer besseren Zuflucht schließlich im Abgrund des Atheismus untertauchen, und werden sie ihre Ruhe in einem Wahn zu festigen suchen, der in den Geistern nahezu keinen Platz hat? Wer wird ihnen ihre Zweifel klären,

die sie mit diesem Namen zu nennen belieben? Ihre Vernunft, die sie
zur Führerin nehmen, stellt ihren Augen nur Mutmaßungen und Ver-
legenheiten vor.«

Anscheinend war Molière mit der *Tartuffe*-Version vom Herbst
1664 noch nicht zufrieden, oder es war auch im November 1664 nur
eine fragmentarische Fassung aufgeführt worden. Dies könnte erklären, weshalb im Oktober 1665 der Herzog von Enghien, Sohn des
»großen« Condé, in einem Brief an Monsieur de Ricous anfragte, ob
der vierte Akt des *Tartuffe* nicht abgeschlossen sei. Die »princesse
palatine« wünsche in diesem Fall dringend eine Aufführung, empfehle
aber, über den Plan Stillschweigen zu bewahren. Und im Februar 1666
antwortete der französische Außenminister Hugues de Lionne auf eine
Anfrage der Königin Christine von Schweden, die in Rom von *Tartuffe*
gehört hatte und nun eine Kopie des Textes anforderte, Molière habe
die Komödie zwar begonnen, aber nie abgeschlossen. Die Anfrage
zeigt, daß Molières Komödie bereits internationale Aufmerksamkeit
erregt hatte.

Die Tochter Gustav II. Adolfs war zwar zum katholischen Glauben
übergetreten, hatte im Juni 1654 die schwedische Krone zugunsten Karl
Gustavs von Zweibrücken niedergelegt und war zur Freude von Papst
Alexander VII. nach Rom übergesiedelt, wo sie mit großem Pomp
empfangen worden war. Aber bald schockierte sie durch ihr burschiko-
ses und hochfahrendes Benehmen die Kurie, so daß der Vatikan der
illustren Konvertitin nicht recht froh werden konnte. Die Anfrage im
Zusammenhang mit *Tartuffe* ist eine Bestätigung dafür, daß Christine
von Schweden auch nach ihrem Übertritt zum Katholizismus ein
ungebrochenes Verhältnis zu freigeistigen Fragestellungen und Zirkeln
hatte.

René d'Argenson, der Chronist der Gesellschaft vom Heiligen Altarsakrament, hält fest, daß in der Versammlung vom 27. Mai 1664 über
das auf Betreiben des Erzbischofs von Paris, Hardouin de Péréfixe, vom
König erlassene Verbot der Komödie diskutiert wurde. Der Streit um
Tartuffe fiel in die Zeit, als wegen der bereits erwähnten Fehde zwischen
der französischen Vertretung in Rom und der korsischen Garde sich
Papst Alexander VII. so weit demütigte, daß er zur Beilegung des
diplomatischen Konflikts seinen Neffen Kardinal Chigi nach Fontainebleau schickte.

Die »Kabale der Devoten« verbuchte das von Ludwig XIV. erlassene vorläufige Aufführungsverbot als Erfolg, wie ein im August 1664 erschienenes Pamphlet zeigt. Der schwülstige Titel *Der Welt ruhmreicher König oder Ludwig XIV., der ruhmreichste aller Könige der Welt* läßt zunächst nicht vermuten, daß es sich dabei um eine Schrift gegen Molière handelt. Sie bestätigt die überlieferte Warnung des Königs an Molière: »Reizen Sie die Devoten nicht; es sind unversöhnliche Leute.« Verfasser des Pamphlets war Pierre Roullé, Doktor der Sorbonne und Pfarrer von Saint-Barthélemy. Ludwig XIV. wird darin in grober Entstellung der Tatsachen als Monarch gefeiert, der den teuflischen Machenschaften Molières Einhalt geboten habe. Molière dagegen wird als »ein als Mensch verkleideter Dämon« angeprangert und als gottlosester Lästerer und Libertin seit Jahrhunderten denunziert, der es sogar verdienen würde, wegen der geplanten Aufführung mit dem Tod bestraft zu werden. Roullé hielt für Molières Verbrechen sogar »den Scheiterhaufen, den Vorgeschmack des höllischen Feuers«, für eine adäquate Sühne. »Aber Ihre Majestät haben, nachdem Sie ihm, von heftigem Zorn bewegt, einen strengen Tadel erteilt haben, durch einen Zug jener gewohnten, das Wesen Gottes kennzeichnenden und seine Sanftmut nachahmenden Milde die Sünde seiner Unverfrorenheit vergeben und ihm seine teuflische Frechheit verziehen, um ihm Gelegenheit zu verschaffen, für den Rest seines Lebens öffentlich und in aller Form Buße zu tun.«

Es war nicht geboten, derartige Anklagen auf die leichte Schulter zu nehmen. Der Rauch, der über dem Scheiterhaufen des vor Jahresfrist öffentlich verbrannten Simon Morin aufgestiegen war, hatte sich vor noch nicht allzu langer Zeit verzogen. Molière sicherte sich daher mit allen nur erdenklichen Mitteln ab. Anfang August hatte er, als der König in Fontainebleau residierte, Gelegenheit, dem päpstlichen Legaten den *Tartuffe* vorzutragen. Mochten auch die Zeiten vorbei sein, in denen sogar künftige Kardinäle wie Bernardo Dovizi (il Bibbiena) Komödien verfaßten, so hatte der päpstliche Nepot am *Tartuffe* doch nichts Anstößiges bemängelt. Molière berief sich in seiner am 31. August an den König gerichteten und hier in der 1752 in Hamburg veröffentlichten deutschsprachigen Fassung wiedergegebenen Bittschrift ausdrücklich auf diese Lesung, vor allem aber nahm er zu Roullés Pamphlet Stellung: »Weil des Lustspieles Pflicht ist, die Menschen im Belustigen zu ergetzen, so habe ich geglaubt, daß ich in meiner Bedienung nichts besseres thun könnte, als wenn ich die Laster meiner Zeiten durch lächerliche Abschilderungen angriffe. Und da die Heucheley, ohne allen Zweifel, eines der gebräuchlichsten, der beschwerlichsten und der gefährlichsten ist, so hatte ich in den Gedanken gestanden, allergnädigster Herr, daß ich allen rechtschaffenen Leuten in Deroselben Königreiche keinen geringen Dienst thun würde, wenn ich ein Lustspiel schriebe, welches die Heuchler in üblen Ruf brächte, und alle ausstudirte Affen-Gebehrden der übermäßig Frommen, nebst allen verdeckten Schelmereyen dieser falschen Münzer in der Andacht, welche die Menschen durch einen verstellten Eifer und eine verfälschte Menschenliebe zu hintergehen suchen, in volles Licht setzte.«

Molières Bittschrift war mehr als der verzweifelte Versuch eines ständig um ein erfolgreiches Theaterrepertoire kämpfenden Schauspieldirektors. In seiner an den König gerichteten Bittschrift (»Placet«) bebte noch die Entrüstung über das Pamphlet Roullés nach, denn es ging seinen Widersachern in Wirklichkeit gar nicht um die Religion, wie er, als der Konflikt ausgestanden war, in seinem Vorwort unterstrich: »Acht Tage hernach, als dasselbe verboten worden war, spielte man für den Hof ein Lustspiel, betittelt: Scaramusche, als ein Einsiedler. Als der König heraus ging, so sagte er zu dem großen Prinzen, von dem ich rede [angespielt wird auf Condé]: Ich möchte wohl wissen, warum diejenigen, die sich so sehr an Molierens Lustspiele ärgern, nicht ein Wort wider den Scaramusche erinnern. Dieser Prinz antwortete ihm: Die Ursache davon ist, weil das Lustspiel, Scaramusche, den Himmel und die Religion verspottet, um welche sich diese Herren nicht bekümmern. Aber des Moliere seines verspottet sie selbst: und dieses können sie unmöglich dulden.«

Molière rekapitulierte in seiner Bittschrift vom Sommer 1664, wie behutsam und ehrerbietig er seinen Stoff abgehandelt hatte:

»Ich habe kein zweydeutiges Wort stehen lassen; ich habe alles ausgemustert, was das Gute mit dem Bösen vermengen könnte, und habe zu diesem Gemählde keine andere, als die kenntlichsten Farben, und nur die wesentlichen Züge angewendet, welche beym ersten Anblicke einen wirklichen und offenbaren Heuchler anzeigen.

Dem ungeachtet ist alle meine Vorsichtigkeit vergeblich gewesen. Man hat sich, allergnädigster Herr, Deroselben Behutsamkeit, in Ansehung der Religion, zu Nutz gemacht; man hat gewußt, Dieselben von der einzigen Seite zu überraschen, von welcher es möglich ist, ich meyne, durch die Ehrfurcht vor der Religion. Die Tartüffen haben unter der Hand die List zu brauchen gewußt, bey Eurer Majestät Gnade zu finden; und die Originale des Lustspieles haben ihr Bildniß, so unschuldig es auch war, und so ähnlich es auch befunden ward, unterdrücken lassen.

Obgleich die Unterdrückung dieses Werkes ein empfindlicher Streich für mich war, so minderte doch die Art, auf welche Eure Majestät sich hierüber erklärten, mein Unglück; und ich hatte sogar, wie mich bedünkt, nicht Ursache, mich zu beklagen, weil Dieselben die Gnade gehabt hatten, bekannt zu machen, daß Sie wider dieß Lustspiel, welches Sie mir öffentlich aufzuführen untersagten, nichts zu erinnern fänden.

Allein, ungeachtet dieser ruhmvollen Erklärung des größten und weisesten Königs in der Welt, ja ungeachtet des Beyfalles des Herrn Nuncius und der meisten unserer Prälaten, welche alle, nachdem ich ihnen dieses Stück besonders vorgelesen hatte, mit der Meynung Eurer Majestät übereinstimmten, ungeachtet alles dessen, sage ich, sieht man eine Schrift von dem Pfarrer von ... in welchem allen diesen hohen Zeugnissen widersprochen wird. Eure Majestät und der Herr Nuncius mögen sagen, was sie wollen; die Prälaten mögen ihr Urtheil davon geben, so gut sie können: mein Lustspiel ist, ohne daß er es jemals gesehen hat, teufelisch, und teufelisch ist mein Gehirn. Ich bin ein eingefleischter Teufel, ein Teufel in Menschen-Gestalt, ein Freygeist, ein Gottloser, welcher eine exemplarische Strafe verdient. Noch nicht genug, daß meine Schandthat durchs Feuer öffentlich gebüßt werde, nein! ich käme viel zu gelind davon: der christliebende Eifer dieses artigen, frommen Mannes läßt es dabey noch lange nicht bewenden. Er spricht mir die Barmherzigkeit Gottes ab; er will schlechterdings, daß ich verdammt werden soll: das ist eine ausgemachte Sache.«

Molière hoffte, in seinem »Placet« Ludwig XIV. nahelegen zu können, daß es sich bei den Auseinandersetzungen um *Tartuffe* nicht zuletzt auch um die Belange seines absoluten Herrschertums handelte: »Diese Schrift, allergnädigster Herr, ist Eurer Majestät übergeben worden; und Sie beurtheilen ohne Zweifel selbst, wie schmerzlich es für mich ist, mich täglich diesen Herren blosgestellt zu sehen; welchen

Nachtheil mir solche Lästerungen, wofern man sie duldet, in der Welt bringen werden, und wie wichtig es für mich ist, mich wider dessen Verleumdung zu rechtfertigen, und der Welt zu zeigen, daß mein Lustspiel nichts weniger als dasjenige ist, wozu man es machen will. Ich will nicht sagen, allergnädigster Herr, was ich meines guten Namens wegen, und um allen Menschen die Unschuld meines Werkes zu zeigen, zu bitten hätte. Weise Könige, wie Eure Majestät es sind, haben nicht nöthig, sich sagen zu lassen, was man wünschet. Sie sehen, wie Gott, was wir bedürfen, und wissen besser als wir, was sie uns bewilligen sollen. Ich begnüge mich, mein Bestes in Eurer Majestät Hände zu stellen, und erwarte in tiefster Ehrfurcht, was Dieselben hierinnen zu befehlen geruhen werden.«

Wenn Ludwig XIV. die Aufführungserlaubnis trotzdem nicht erteilte, dann geschah dies gewiß nicht wegen Molières freimütiger Stellungnahme, sondern auf Grund von Überlegungen, welche die selbst vom Sonnenkönig in gewissen Fragen zu beachtende Staatsräson nahelegte. Nichts deutet darauf hin, daß Molières Verhältnis zu dem Monarchen durch die seit April andauernde Auseinandersetzung in irgendeiner Weise getrübt worden wäre.

Die Gesellschaft vom Heiligen Altarsakrament mußte sich ihrerseits Rechenschaft geben, daß Roullé mit seinem Pamphlet der eigenen Sache eher geschadet als genützt hatte. In der Sitzung vom 14. September 1664 kam man überein, einer Person von Stand nahezulegen, nichts mehr gegen *Tartuffe* zu schreiben. Es wurde befunden, daß es wohl besser sei, die Angelegenheit in Vergessenheit geraten zu lassen und von Angriffen auf Molière Abstand zu nehmen, um ihm keine Gelegenheit zu geben, sich zu verteidigen. Die devote Versammlung schien begriffen zu haben, daß bei der Auseinandersetzung nicht Molière, sondern Roullé Federn gelassen hatte.

Was man am »jungen« Hof von den Machenschaften der Compagnie hielt, war offenkundig. Auch Monsieur stand hinter seiner Truppe: Bereits am 25. September hatte er die im Mai in Versailles aufgeführten drei Akte des *Tartuffe* in seiner Residenz in Villers-Cotterêts wiederholen lassen. So beruhigend dieses Interesse weiter Kreise der Hocharistokratie für Molière auch sein mochte, den finanziellen Verlust konnte es nicht ausgleichen.

Der junge Racine

Das Frühlingsfest in Versailles war für Molière in finanzieller Hinsicht recht zufriedenstellend, denn der zuständige Schatzmeister zahlte an die Truppe 4000 Livres und an ihren Chef als Regisseur und Verfasser der inszenierten Stücke 2000 Livres aus. Doch als Molière am 25. Mai 1664 in Paris mit der nach der Uraufführung wieder vom Programm abgesetzten Farce *La Casaque (Der Reisemantel)* und mit der *Schule der Ehemänner* wieder im Théâtre du Palais-Royal spielte, ergab der Kassensturz nach der Aufführung nur 147 Livres. Es ließ sich nicht verheimlichen, daß die Troupe de Monsieur kein zugkräftiges neues Stück besaß. *Tartuffe* war vorerst tabu, und der durch seine Dramen und galanten Romane bekannt gewordene La Calprenède war im Oktober 1663 verstorben, ohne seine neue Tragödie fertiggestellt zu haben, die er Molière versprochen hatte. Es erklärt sich daher leicht, daß die Truppe des Palais-Royal in aller Eile die Tragödie *La Thébaïde ou Les Frères ennemis (Die Thebais oder Die feindlichen Brüder)* einstudierte, die ein junger Mann namens Jean Racine angeboten hatte.

Der Theaterneuling war zwar noch ein unbeschriebenes Blatt, aber Molière setzte auf ihn, um sein Repertoire zu ergänzen. Man wußte, daß der früh Verwaiste unter der Obhut seiner jansenistischen Tante, der Nonne Agnès de Sainte-Thècle, in der Abgeschiedenheit von Port-Royal des Champs aufgezogen worden war. Die Theaterfeindlichkeit der Jansenisten hatte ihn jedoch nicht davon abhalten können, im September 1660 den Komödianten des Marais seine heute verschollene Tragödie *Amasie* zur Aufführung anzubieten – ein vergebliches Unterfangen – und im Jahr darauf im Hôtel de Bourgogne mit einem neuen Werk, seinen ebenfalls nicht erhaltenen *Amours d'Ovide (Ovids Liebschaften)*, vorstellig zu werden. Auch hier wurde er abgewiesen. Diese Mißerfolge mögen der Anlaß gewesen sein, weshalb sich Racine zu einem geistlichen Onkel bis nach Uzès ins Languedoc begab, wo der Verwandte als Generalvikar beim Bischof der kleinen Stadt lebte. Der ehrgeizige Neffe machte kein Hehl daraus, daß er den Onkel fast ausschließlich in der Hoffnung auf eine rasche geistliche Karriere und eine fette Pfründe besuchte.

In Briefen an Freunde und Verwandte im französischen Norden schilderte er seine Reise in den Süden. Am 11. November 1661 berichtete er seinem um achtzehn Jahre älteren Landsmann Jean de La Fontaine, mit dem er zwei Jahre zuvor in Paris Kontakt aufgenommen hatte, über den günstigen Verlauf seiner Fahrt. Die Reiseeindrücke können ähnlich wie die von Chapelle und Bachaumont eine Vorstellung von jenen französischen Provinzen vermitteln, die Molière mit seiner Truppe wenige Jahre zuvor kennengelernt hatte.

Die mit etwa zehn Passagieren vollgestopfte Kutsche, in der Racine fuhr, legte bei erfreulich gutem Wetter den Weg von Paris nach Lyon zurück. Die Reisegesellschaft bestand aus drei Hugenotten, einem Engländer, zwei Italienern, einem am königlichen Gerichtshof im Châtelet tätigen Rat, zwei Sekretären und schließlich zwei Musketieren im Dienst des Königs. Der Empfehlung eines Bekannten folgend, eilte Racine stets geradewegs zum Nachtquartier, um rechtzeitig ein Bett zu ergattern. Nach einem zweitägigen Aufenthalt in Lyon wurde trotz niedrigen Wasserstands die Fahrt zwei Tage lang auf der Rhone fortgesetzt. Was den Reisenden aus dem Norden am meisten beeindruckte, war die Sprachbarriere, die Verwunderung darüber, daß sich Untertanen Ludwigs XIV. einige hundert Kilometer südlich von Paris gegenseitig nicht mehr verstanden: »In Valence spitzte sich dieses Malheur zu, und Gott fügte es, daß eine Magd, die ich um einen Nachttopf gebeten hatte, mir ein Kohlenbecken unters Bett stellte. Sie können sich die Folgen dieses verdammten Mißverständnisses vorstellen, auch das, was einem schlaftrunkenen Mann passiert, der sich bei seinen nächtlichen Bedürfnissen eines Kohlenbeckens bedient. Ich schwöre Ihnen, daß ich nicht weniger einen Dolmetscher brauche als ein Moskowit in Paris.« Erst allmählich bemerkte Racine die Verwandtschaft des Provenzalischen zum Spanischen und Italienischen, so daß er fortan seine Gespräche mit Brocken aus diesen ihm durchaus vertrauten Sprachen spickte. Seine Verwunderung angesichts des ihm unbekannten Idioms zeigt deutlich, daß Frankreich damals noch weit von einer sprachlichen Einheit entfernt war.

Einige Tage später, am 15. November 1661, berichtete Racine dem als Intendant des Herzogs von Luynes tätigen Nicolas Vitart, einem Verwandten mütterlicherseits, von seinem Reiseziel Uzès und seinem Onkel Antoine Sconin. Dieser mit Arbeit überlastete Kanonikus erhoffte sich von seinem Neffen Hilfe bei der Abwicklung seiner Verwaltungsaufgaben. Für die Nöte des von finanziellen Problemen gebeutelten Generalvikars, der dem jungen Mann riet, so schnell wie möglich die Tonsur zu empfangen, zeigte Racine Verständnis:»Der Grund ist darin zu sehen, daß mein Onkel die erste frei werdende Pfründe zu vergeben hat. [...] Kurzum, ich füge mich mit der größten Leichtigkeit allem, was er wünscht. Er ist von sehr sanftem Naturell und bezeugt mir alle erdenklichen Freundlichkeiten.«

Überhaupt erstaunte den Nordfranzosen, welch große Bedeutung im Süden Höflichkeitsfloskeln und zeremoniellem Umgang beigelegt wurde. Auch der Onkel ließ es an Aufmerksamkeit für den Neffen nicht fehlen. Er sorgte dafür, daß der junge Mann in der neuen Umgebung guten Eindruck machte, und ließ ihn von Kopf bis Fuß mit schwarzem spanischen Tuch einkleiden. Der so Umsorgte betrachtete jedoch so viel liebende Zuwendung lediglich als später zurückzuzahlenden Vorschuß auf die ihm in Aussicht gestellte Pfründe.

In den Briefen an seinen ehemaligen Studienfreund, den Abbé François Le Vasseur, schilderte Racine die Eindrücke von seiner neuen Umgebung ohne Beschönigung. Der Vergleich mit Ovids Jahren des Exils am Schwarzen Meer, den der in klassischen Sprachen versierte junge Dichter mit einschlägigen Zitaten untermauerte, kehrt darin mehrfach wieder. Er lernte keine neuen Freunde kennen, denn:»Eine Viertelstunde Unterhaltung reicht, um einem einen Menschen verhaßt zu machen, so bösartig auf ihren Vorteil bedacht sind die Einwohner dieser Stadt.« Auch die Mädchen konnten ihn nicht versöhnlicher stimmen. Eine war ihm wegen ihres frischen Teints, ihrer schwarzen Augen und ihres weißen Busens aufgefallen. Einem Techtelmechtel nicht abgeneigt, näherte er sich ihr eines Tages. Die Ernüchterung blieb nicht aus:»Ich entdeckte auf ihrem Gesicht gewisse Flecken, als habe sie eben eine Krankheit hinter sich, und so änderte ich meine Idee. [...] ich muß wohl an einem jener lästigen Tage, denen das Geschlecht unterworfen ist, an sie geraten sein.«

Der junge Literat wurde wiederholt als Ratgeber von den in seinen Augen in der Regel ganz zu Unrecht Verliebten angerufen:»Abgesehen von drei oder vier Personen, die tatsächlich wunderbar sind, sieht man hier nur sehr mittelmäßige Schönheiten. Aber die hitzigen Temperamente der Südländer lassen sich davon nicht abhalten, die Angebeteten in blumiger und gebundener Rede anzudichten; was mich betrifft, so würde ich meine Werbung lieber in guter Prosa als in schlechten Versen vortragen, aber sie wollen nicht darauf verzichten und wollen um jeden Preis Dichter sein.«

Der mit großen Erwartungen in den Süden aufgebrochene Racine verlor schließlich die Geduld, als die erhoffte Pfründe nichts als ein klägliches Priorat in Ouchie im Anjou war und sich auch hier noch Hindernisse in den Weg zu stellen drohten. Im Juli 1663 war er schließlich so weit, um sich vorbehaltlos der Dichtung zu verschreiben. Von seinem Aufenthalt in Uzès enttäuscht, schrieb er an Abbé Le Vasseur, er suche einen Gegenstand für ein Theaterstück, sei aber durch seine Umgebung gelähmt. Niemandem könne er sich in dieser unmusischen Stadt anvertrauen. Doch bereits ein gutes Jahr später steckte er, inzwischen längst nach Paris zurückgekehrt, mitten in der Niederschrift seiner durch die Lektüre von Euripides, Seneca, Rotrou und Corneille angeregten Tragödie *La Thébaïde*, in deren Mittelpunkt er den unversöhnlichen Haß zwischen Antigones Brüdern Eteokles und Polyneikes stellte.

Es fügte sich gut, daß der König im Augenblick von Racines Rückkehr aus Uzès gerade eine Krankheit heil überstanden hatte. Das Ereignis wurde von Racine mit einer Ode gefeiert, die dem jungen Dichter eine allerdings nie ausbezahlte Gratifikation von 600 Livres einbrachte. Damit war ein neuer Schritt auf dem weiten Weg zum Ruhm getan, falls sich überhaupt noch jemand daran erinnerte, daß der junge Poet sich bereits im September 1660 aus Anlaß der Hochzeit von Ludwig XIV. mit Maria Theresia schon einmal im enkomiastischen Genre versucht hatte. Durch den einflußreichen Grafen von Saint-Aignan, der 1663 zum Herzog und zum Mitglied der Académie française avanciert war, erhielt Racine Zugang bei Hof, so daß er Le Vasseur berichten konnte, er sei beim Lever des Königs Zeuge gewesen, wie dieser Molière gelobt habe. Mit bemerkenswerter Nonchalance und Überheblichkeit fügte er hinzu: »Es hat mich für ihn gefreut. Auch er hat sich sehr gefreut, daß es in meiner Gegenwart geschah.«

Die Aufführung der *Thébaïde* am 20. Juni 1664 brachte keinen Erfolg. La Grange verzeichnete in seinem Register nur 370 Livres Einnahmen, bei der dritten Wiederholung waren es schließlich nur noch 130. Molière versuchte vergeblich, das Ergebnis zu verbessern, indem er nach bewährter Praxis an die Tragödie jeweils eine andere erfolgversprechende Farce anhängte. Doch der Mißerfolg war sicherlich auch durch die Abwesenheit des Hofes, der sich gerade in Fontainebleau aufhielt, bedingt. Die Gesamtzahl von zwanzig öffentlichen und vier privaten Aufführungen in den Jahren 1664/65 zeigt deutlich genug, daß die erste Inszenierung eines Werks von Racine alles andere als ein Durchbruch war. Racine machte wohl nicht nur seinen Text dafür verantwortlich. Schon sehr früh mußte sich bei ihm die Überzeugung festgesetzt haben, das ihm vorschwebende Theater sei bei dem Komödianten Molière und dessen Truppe schlecht aufgehoben.

Den Nonnen von Port-Royal blieb die Theaterleidenschaft ihres ehemaligen Zöglings nicht verborgen. Die Tante des Dichters, Agnès de Sainte-Thècle, suchte den Neffen mit beschwörenden Mahnungen vor dem Abgrund der Verderbnis zurückzuhalten. Das siebzehnte Jahrhundert war voll von Menschen, die sich für das Seelenheil ihrer Nächsten verantwortlich fühlten. In Port-Royal erhielten diese Aufforderungen zur Umkehr zusätzliches Pathos durch die fehlende Heilsgewißheit und die obsessive Angst vor der unerbittlichen Strenge des göttlichen Richterspruchs. Die Jesuiten mit ihrer von Blaise Pascal verhöhnten, den Sündern entgegenkommenden Moral machten es ihren Beichtkindern leichter, nicht allzuschnell an der göttlichen Huld und Gnade zu verzagen. Für Racines Tante unterlag es aber keinem Zweifel, daß ihr Neffe, der sich einer von der Kirche exkommunizierten Umgebung auslieferte, ein Verlorener war. Mit großer Freude hatte sie erfahren, ihr Neffe wolle ihr in Port-Royal einen Besuch abstatten, aber mit ebenso großem Entsetzen hatte sie dann von seinem Leben unter Komödianten Kenntnis erhalten: »Ich schreibe Ihnen in der Bitterkeit meines Herzens, Tränen vergießend, die ich im Überfluß vor Gott vergießen möchte, um von Ihm Ihr Heil zu erlangen. Nichts wünsche ich inbrünstiger. Mit großem Schmerz habe ich nämlich erfahren, daß Sie mehr als je zuvor mit Leuten verkehren, deren Namen allen Menschen, die einen Rest von Frömmigkeit besitzen, ein Greuel sind, und dies mit Recht, da man sie von der Kirche und der Kommunion der Gläubigen ausschließt – selbst im Augenblick ihres Todes, wenn sie sich nicht von ihren Fehlern abkehren. [...] Ich beschwöre Sie also, mein lieber Neffe, sich Ihrer Seele zu erbarmen und in Ihrem Herzen Einkehr zu halten, damit Sie sich allen Ernstes Klarheit darüber verschaffen können, in welchen Abgrund Sie sich gestürzt haben. Ich wünsche, das mir Berichtete möge nicht wahr sein, falls Sie aber unglücklich genug sein sollten, einen Umgang nicht eingestellt zu haben, der Sie vor Gott und den Menschen entehrt, dürfen Sie nicht daran denken, uns zu besuchen, denn Sie wissen sehr wohl, daß ich mit Ihnen nicht sprechen könnte, wenn ich wüßte, in welch beweinenswertem, dem Christentum entgegengesetztem Zustand Sie sich befinden.«

Die untröstliche Tante war nicht in der Lage, ihren Neffen auf dem von ihm eingeschlagenen Weg aufzuhalten. Ein junger Dichter, der bereits erste Beziehungen zu literarischen Kreisen und zum Hof geknüpft hatte, konnte einiges in die Waagschale werfen, um mit guten Gründen gegenüber dem Kloster, dessen Theologen und Nonnen seine Entfremdung von Port-Royal zu rechtfertigen. Trotzdem wurde Racine von zeitgenössischen und späteren Kritikern immer wieder seine Undankbarkeit gegenüber den Wohltätern von ehedem vorgeworfen. Durfte man von ihm aber verlangen, sich der von Port-Royal gegenüber König und Papst eingenommenen Haltung anzuschließen, die ebenso als imponierende Unbeugsamkeit wie als eigensinnige Verstocktheit gedeutet werden konnte? Wer wie Racine in der von Port-Royal verteufelten »Welt« Karriere machen wollte, mußte sich vorsehen, damit er nicht mit den sich allein ihrem Gewissen verantwortlich fühlenden Nonnen identifiziert wurde. Die Mehrzahl unter ihnen weigerte sich nämlich, ein Formular zu unterzeichnen, das die Versammlung des französischen Klerus 1657 ausgearbeitet und 1660/61 bestätigt hatte. Es war gegen die von der Sorbonne und vom Papst verurteilten Irrlehren gerichtet, die der 1640 erschienene *Augustinus* des 1638 verstorbenen Bischofs von Ypern, Cornelius Jansenius, angeblich enthielt. In Gegenwart des todkranken bettlägrigen Kardinals Mazarin eröffnete der König den einberufenen Präsidenten der Versammlung, es seien drei Gründe, die ihn dazu veranlaßten, den Jansenismus auszumerzen: sein Gewissen, seine Ehre und das Wohl des Staates. Der anwesende Erzbischof von Rouen, François de Harlay, pries König und Kardinal wegen ihrer Entschlossenheit. Er wurde 1671 zum Erzbischof der Pariser Diözese ernannt. In einer Angelegenheit, bei der Ludwig XIV. seine Ehre aufs Spiel setzte, bestand kaum noch Hoffnung für die Nonnen von Port-Royal. Die mehr als ein halbes Jahrhundert später erfolgte Zerstörung des Klosters kurz vor dem Tod des Königs war der Schlußstrich unter einem Streit, der die Langmut des absolutistischen Monarchen mehr als einmal strapaziert hatte.

Charles Augustin Sainte-Beuve berichtet in seinem mehrbändigen Werk *Port-Royal* von Episoden, welche den über die Bevormundung ungehaltenen Racine sehr wohl zu Zynismus und Spott hinreißen konnten. Das Kloster stilisierte die Schikanen und Drangsale, denen die treu zu den jansenistischen Wortführern stehenden Nonnen ausgesetzt waren, zu Etappen eines an die Zeiten der Christenverfolgung gemahnenden Martyriums hoch. Im April 1661 wurde ein den Lebensnerv des Klosters treffender Schlag gegen Port-Royal geführt, da eine königliche Anordnung den Klöstern in Paris beziehungsweise in Port-Royal des Champs untersagte, die dort befindlichen, sich auf ihre Gelübde vorbereitenden Postulantinnen einzukleiden und künftig Zöglinge aufzunehmen. Seit jenem verhängnisvollen Apriltag »wurde das Haus ein Haus der Tränen, und alles hallte wider von den Schreien und Tränen von dreiunddreißig Kindern und mehreren Mädchen, die bereits das Noviziat angetreten hatten und den Befehl zum Auszug erwarteten, als wäre es ihr Todesurteil«, wie eine in der Mitte des achtzehnten Jahrhunderts erschienene Schilderung der Ereignisse zu berichten weiß. »Nur ein Tigerherz«, meinte der 1656 von seinen Kollegen aus der theologischen Fakultät der Sorbonne verstoßene Antoine Arnauld, »könnte von den Tränen dieser armen Kinder unergriffen bleiben, die sich den ihnen begegnenden Schwestern zu Füßen warfen und sie beschworen, sie nicht wegzuschicken.«

Racine beobachtete und kommentierte die in seinen Augen über Gebühr dramatisierte Aufregung mit spöttischer Distanz. Die Briefe aus Uzès, seine Bekanntschaft mit dem eher zur Boccaccio- als zur Bibellektüre hingezogenen La Fontaine und die um 1663 mit dem Satiriker Nicolas Boileau-Despréaux geknüpfte Freundschaft hatten ihn von Port-Royal so weit entfremdet, daß er genügend Handlungsspielraum gewonnen hatte, um seine Theaterpläne unbelastet verwirklichen zu können.

Trauerfälle

Im September 1664, als der Streit um *Tartuffe* bereits in vollem Gange war, starb der mit Molière und Boileau eng befreundete junge Abbé La Mothe le Vayer. Sein Vater, François de La Mothe le Vayer, ehemaliger Erzieher Monsieurs, war ein notorischer Agnostiker: Wer sich anmaßte, in den Lauf der Natur einzugreifen, war für ihn jemand, der geradezu gegen eine starke Strömung zu rudern versuchte.

Molière fügte seinem Kondolenzschreiben an den Vater ein Sonett hinzu, das schon wegen der geringen Anzahl derartiger uns überlieferter Gelegenheitsgedichte aus seiner Feder einige Aufmerksamkeit verdient. Wenn im letzten Terzett die hervorragenden Eigenschaften des Verstorbenen gerühmt werden, so fügt sich das Gedicht hierin nur einem vorgegebenen Rahmen ein. Interessanter aber für das Verständnis der Todesauffassung in den libertinistischen Zirkeln ist die zuvor ausgesprochene Aufforderung an den Vater, seinen Tränen freien Lauf zu lassen: Wäre es doch eher ein Zeichen der Härte als bewundernswerten Gleichmuts, wollte man sich auch in einem derartigen Fall Zwänge auferlegen und sich nicht gehen lassen. Der Adressat möge es mit der mangelnden Beredsamkeit des Absenders entschuldigen, falls es ihm nicht gelungen sein sollte, ihn »die strengen Lektionen der Philosophen« vergessen zu machen. Auch noch diese eher floskelhafte Wendung erlaubt Rückschlüsse auf Molières Einstellung zu Trauer und Trauerarbeit. Daß Hinweise auf die Tröstungen der Religion fehlen, zeigt, wie weit er und die ihm nahestehenden philosophischen Zirkel sich vom Christentum entfernt hatten.

Molière lehnte sich in seinem Trostgedicht an die seit Montaignes *Essais* in den libertinistischen Kreisen fest begründete Tradition agnostischer Skeptiker an. Diese nahmen nur in Ausnahmefällen engagiert und frontal gegen Religion und Kirche Stellung; im übrigen ließen sie aber dogmatische Fragen auf sich beruhen. Hugo Friedrich hat in seiner Montaigne-Monographie das Verhältnis des Essayisten zum Tod ausführlich kommentiert. Das dort Gesagte trifft im wesentlichen auch für Molière zu.

Im Gegensatz zur griechisch-römischen Antike betrachten die biblischen Texte und die sie interpretierenden Kirchenväter den Tod als eine Strafe, die durch eine willentliche Schuld der ersten Menschen über ihre ganze Nachkommenschaft verhängt wurde. Zu der allen Menschen bekannten kreatürlichen und instinktiven Todesangst kommt für den Christen daher noch die eschatologische vor der ewigen Verdammnis.

Aus den Pamphleten von Molières kirchlichen Gegnern spricht die Empörung über einen Mann, der christliche Jenseitserwartungen offensichtlich ignorierte und angesichts des Todes nicht auf die Tröstungen der Religion, sondern auf die Maximen heidnischer Philosophen verwies. Für den Verfasser wie für den Adressaten des Kondolenzschreibens stand fest, daß der Tod, der jeden Sterblichen erwartet, auch Geborgenheit im Schoß der Natur bedeutet. Molières Sonett und sein Brief an den geprüften Vater seines Freundes enthalten deshalb wenig konkrete Tröstungen. Aber als Skeptiker in der Nachfolge von Lukrez und Montaigne wollte er wohl auch gar keine geben, wo er keine geben konnte.

Zum Zeitpunkt des Todes des Abbé La Mothe Le Vayer war Molière mit seiner Truppe in Villers-Cotterêts bei Monsieur und Madame, wo sich auch der König vom 20. bis 24. September aufhielt. Dort wurde auch *Tartuffe* aufgeführt, aber wahrscheinlich erst nach der Abreise des Monarchen.

Nach einem zusätzlichen Aufenthalt in Versailles im Oktober 1664 bereitete die Truppe Monsieurs zur Eröffnung der Wintersaison die am Palais-Royal noch nicht aufgeführte *Princesse d'Élide* vor. Da aber am 28. Oktober Du Parc, der Mann der schönen Marquise, starb, verzögerte sich die Aufführung bis zum 9. November. Am Tag danach mußten Molière und Armande den Tod ihres zehn Monate alten Sohnes Louis beklagen. Wieder einmal zeigte es sich, daß es nicht genügte, lebend geboren zu werden: Mindestens ebenso schwierig war es, die ersten Lebensjahre zu überstehen. Dies galt nicht nur für die Kinder der Komödianten. Auch der Hof wußte darum – die Lebenserwartung der Vermögenden nahm nicht schon dadurch zu, daß sie sich Ärzte leisten konnten.

Die Aufführungen der *Princesse d'Élide* standen weiterhin unter einem ungünstigen Stern. Die hochschwangere Königin schwebte seit Anfang Dezember in Lebensgefahr. Auch nach der Entbindung von einer

Tochter, die bereits nach wenigen Wochen starb, bangte man weiterhin um ihre Gesundheit. Zu einem Zeitpunkt aber, in dem die Hauptstadt und ganz Frankreich von den Kanzeln herab zu Gebeten für die Kranke aufgerufen wurden, ziemten sich Theaterbesuche nicht.

Ein großer Herr und großer Bösewicht: »Dom Juan ou Le Festin de pierre«

Es zeugt von Molières ungebrochener Schaffenskraft und seiner trotz des Skandals um *Tartuffe* unverminderten Bereitschaft, Auseinandersetzungen mit seinen Widersachern nicht aus dem Weg zu gehen, wenn er mit seiner Bearbeitung des in Paris bereits bekannten und erfolgreichen Don-Juan-Stoffes die Partei der Devoten erneut herausforderte.

Wahrscheinlich war es der spanische Ordensgeistliche Tirso de Molina, der das um 1624 uraufgeführte und 1630 veröffentlichte dreiaktige Schauspiel in Versen *El burlador de Sevilla y convidado de piedra (Der Verführer von Sevilla und der steinerne Gast)* verfaßte und damit als erster das typisch barocke Thema gestaltete: Ein adliger Wüstling, der trotz aller Warnungen und Ermahnungen seine Bekehrung hinauszögert, wird schließlich von der göttlichen Rache eingeholt, nachdem er in sträflicher Überheblichkeit die Statue, die auf dem Grab eines von ihm im Duell ermordeten Komturs errichtet worden ist, zum Essen eingeladen hat. Eine wichtige Vorstufe für Molières *Dom Juan ou Le Festin de pierre (Dom Juan oder Der steinerne Gast;* neben »Don« findet sich im französischen siebzehnten Jahrhundert nicht nur bei Molière die an das lateinische Wurzelwort »dominus« erinnernde Schreibung »Dom«) ist die nur in einer französischen Fassung erhaltene Harlekinade *Le Festin de Pierre (Das Festmahl Pierres),* in deren Teil das spanische Wort »piedra« beziehungsweise das italienische »pietra« (Stein) statt zu französisch »pierre« zum Eigennamen Pierre (Petrus) wurde. Der berühmte Arlecchino-Darsteller Dominique Biancolelli führte diese Harlekinade im Palais-Royal mit großem Erfolg auf. Wirklicher Protagonist dieses *Festin de Pierre* ist Arlecchino, so daß die Handlung in eine Reihe farcenhafter Gags auseinanderfällt. Die beiden unmittelbaren Vorgänger Molières, Dorimond und Villiers, zeigten hingegen mit ihren wenige Jahre zuvor aufgeführten Tragikomödien *Le Festin de pierre ou Le Fils criminel (Der steinerne Gast oder Der verbrecherische Sohn)*, daß der Stoff auch in steifer Alexandrinerpathetik erstarren konnte.

Molières Komödie spielt in Sizilien und belegte damit als erste, daß Don-Juan-Dramen nicht unbedingt in der andalusischen Stadt Sevilla spielen müssen. Spanische Kritiker und Experten haben Schwierigkeiten, dies zu akzeptieren. So sah José Ortega y Gasset zwischen der Sage und dem Ort, an den die Überlieferung sie verlegt, ein unverzichtbares Wechselverhältnis, und Ramiro de Maeztu schloß kategorisch aus, daß ein nördlich der Pyrenäen Beheimateter den Andalusier Don Juan überhaupt verstehen könne. Salvador de Madariaga gar sah in Don Juan ein Pendant zu dem Spanien symbolisierenden Stier, dem keuschesten Tier, denn »um das weibliche Rind zu befruchten, geschieht nur dies: hinein und heraus, fertig«.

Innerhalb von Molières Gesamtwerk nimmt *Dom Juan* in mehrfacher Hinsicht eine Sonderstellung ein. Es ist das einzige Stück, das er wegen der schockierenden Wirkung definitiv vom Spielplan absetzen mußte, während er sich im Falle des *Tartuffe* schließlich mit Hilfe des Königs gegen alle Widerstände durchsetzte. Außerdem wurde es als einziges seiner Werke nach seinem Tod umgearbeitet: Thomas Corneille milderte, als er die ursprüngliche Prosakomödie in Alexandriner umschrieb, gleichzeitig den anstößigen Inhalt, und Molières Witwe setzte das Stück in dieser veränderten Fassung wieder auf den Spielplan. *Dom Juan* widersprach außerdem eklatant dem von den französischen Klassikern des siebzehnten Jahrhunderts etablierten Regelkanon.

Die Kritik äußerte immer wieder die Meinung, Molière habe angesichts der Schwierigkeiten, *Tartuffe* in seinen Spielplan aufzunehmen, schnell Ersatz gebraucht, sei dabei auf den in verschiedenen Fassungen erfolgreich gespielten Don-Juan-Stoff verfallen und habe seinen *Dom Juan* von Anfang an als Maschinenstück und sensationellen Kassenschlager konzipiert. *Dom Juan* kann aber schon deshalb nicht als bloßer Lückenbüßer geschrieben worden sein, weil der Dichter bereits am 2. Dezember 1664 mit zwei Kulissenmalern einen Vertrag abschloß.

Nach der Uraufführung des *Dom Juan* am 15. Februar 1665 im Palais-Royal sahen sich adlige Marquis wie frömmelnde Devote gleichermaßen herausgefordert. Da der Protagonist des Stücks ein freidenkerischer Libertin ist, identifizierten einige der Molière nicht wohlgesinnten Zeitgenossen die Figur des Dom Juan mit ihrem Verfasser, mochte dieser sich auch bei der Aufführung mit der Dienerrolle des Sganarelle bescheiden.

Gleich nach der Premiere wurde die öffentliche Meinung gegen dieses neue »Verbrechen« Molières mobilisiert. Ein anonym erschienenes Sonett sollte Stimmung gegen einen Mann machen, der angeblich schon wieder die Religion verhöhnte. Die Argumente der Devoten gegen *Dom Juan* faßte im folgenden Jahr Molières früherer Protektor, Prinz Conti, in seinem *Traktat über die Komödie* zusammen. Und ein am Pariser Parlament tätiger Jurist, ein nicht mit Sicherheit identifizierter Sieur de Rochemont, hinter dem Barbier d'Aucour vermutet wird, versicherte in einem Pamphlet, wenn er die Komödie verurteile, so gehe es nicht um private Rachsucht, sondern darum, in aller Öffentlichkeit für die Interessen Gottes in die Schranken zu treten, Altar und Kanzel vor den Übergriffen des Theaters zu schützen und zu vermeiden, daß sich ein Farceur mit dem Evangelium einlasse und ein Komödiant sich über die Mysterien der Religion lustig mache. Hier hatte Molière also mit Leuten zu tun, die nicht geneigt waren, eine Komödie als solche zu nehmen. Rochemont war nicht wie der anonyme Verfasser des Sonetts ein billiger Schwätzer, sondern ein versierter Staatsanwalt. Mit großem Geschick suchte er die Spannungen zwischen dem leichtlebigen jungen König und der sittenstrengen alternden Königinmutter seinen Zwecken dienstbar zu machen, Molière zu isolieren und es Ludwig XIV. zu erschweren, den Theatermann zu protegieren. Molières Umgebung reagierte jedenfalls zunächst mit zwei Schriften, welche die Vorwürfe zurückwiesen.

Molières Dom Juan, der von seinem Diener Sganarelle als »großer Herr und großer Bösewicht« gekennzeichnet wird, unterscheidet sich durch sein Format von dem Typ des lächerlichen Marquis der vorausgegangenen Komödien. Nicht ein Frauenheld, sondern ein Libertin, der göttliches und menschliches Gesetz bricht, steht im Mittelpunkt des Dramas. Für Dom Juan ist Eroberung Selbstzweck, wie er seinem Diener gleich zu Beginn des Stücks auseinandersetzt. Der sich in Szene setzende Aristokrat ist von Anfang an auf der Flucht vor denjenigen, die von ihm die Einlösung vertraglicher oder moralischer Verpflichtungen verlangen: »Mag ich auch gebunden sein, die Liebe zu der einen verbindet mir nicht die Augen und läßt mich nicht allen andern Unrecht tun. Ich sehe die Reize aller, ich erweise einer jeden die Ehre und den Tribut, welchen die Natur uns abverlangt. Begegne ich der Liebenswürdigkeit, kann ich ihr um keinen Preis mein Herz versagen. Und hätte ich zehntausend Herzen, und ein schönes Gesicht begehrte sie, ich gäbe sie alle freudig hin! Die aufkeimende Neigung hat ja doch immer wieder ihren besonderen, unerklärlichen Reiz, und alle Freude in der Liebe beruht auf der Veränderung. Was gibt es Köstlicheres als: das Herz einer jungen Schönen durch hunderterlei Liebesdienste zu bestürmen, von Tag zu Tag kleine Fortschritte zu bemerken... mit Beteuerungen, Tränen und Seufzern kämpft man gegen die Widerstände der Unschuld und Scham, die sich sträuben, die Waffen zu strecken – Schritt für Schritt räumt man die kleinen Hindernisse aus dem Weg, die sie uns entgegensetzt, besiegt die Einwände ihres ehrsamen Gewissens und bringt sie allmählich dorthin, wo man sie haben möchte. Ist man aber einmal ihr Gebieter, was soll man da noch sagen, was soll man da noch wünschen? Alles, was die Leidenschaft so herrlich macht, ist vorbei. Die Ruhe dieser Art von Liebe schläfert uns ein, käme nicht ein neuer Gegenstand, unser Sehnen zu wecken und unserem Herzen die begehrenswerten Reize einer neuen Eroberung darzubieten. Kurzum: nichts ist holder als der Triumph über den Widerstand eines reizenden Wesens. Ich habe in dieser Hinsicht den Ehrgeiz der großen Eroberer, die unablässig von Sieg zu Sieg vorwärtsstürmen und außerstande sind, ihren Ehrgeiz zu zügeln. Nichts kann den ungestümen Drang meines Begehrens aufhalten; ich fühle in mir ein Herz, das die ganze Welt lieben will; und wie Alexander wünschte ich, es gäbe noch andere Welten, auf die ich meine verliebten Eroberungszüge ausdehnen könnte.«

Molière prangerte mit Dom Juan einen am Hof keineswegs seltenen Typ an: den funktionslos gewordenen Aristokraten, der durch seine ziellosen libertinistischen Exzesse das gemäßigte Freidenkertum

in Mißkredit brachte, das auch der Dichter als Anhänger der epikureischen Lehre Petrus Gassendis vertrat.

Die Herr-Diener-Beziehung zwischen Dom Juan und Sganarelle
ist in Molières Stück so eng, daß Sganarelle gar nicht isoliert gesehen
werden kann. Kaum eine andere untergeordnete Person im Theater
Molières bleibt so sehr Objekt des sie tyrannisierenden Herrn, Vaters
oder Ehemanns. Komisch wird Sganarelle erst dadurch, daß er durch
sein unterwürfiges, feiges und bigottes Betragen vom ersten Augenblick an jeden Anspruch verliert, ernst genommen zu werden. Was
ihm von seiten des damaligen Publikums bestenfalls zugestanden werden konnte, war das Quentchen Mitleid, auf das auch ein armer
Teufel Anspruch hatte. Dom Juan und sein Diener gehören zusammen wie Don Quijote und Sancho Pansa. Und der Diener hat im
Stück sowohl das erste als auch das letzte Wort. Die außergewöhnliche dramatische Wirkung dieser Herr-Diener-Beziehung beruht auf
den Gegensätzen aristokratisch – plebejisch, mutig – feige, kalt –
gemütlich, berechnend – bauernschlau und überlegt – geschwätzig.
Die komische Wirkung eines Typs wie Sganarelle ging für das Publikum des siebzehnten Jahrhunderts davon aus, daß seine hinter vorge-
haltener Hand geäußerten Proteste von allem Anfang an zum Scheitern verurteilt waren.

Die dritte Szene des ersten Akts zeigt die von Dom Juan aus dem
Kloster entführte und nach vollzogener Ehe alsbald verlassene Elvire.
Sie ist sich ihres gesellschaftlichen Wertes bewußt und sucht dem
vertragsbrüchigen Gatten den Fluchtweg zu verstellen. Elvire zeigt bei
ihrem ersten Auftritt, daß sie den Verführer immer noch nicht begriffen
hat, für den alles Vergangene gegenstandslos ist.

Der zweite Akt mit Dom Juans Schiffbruch, seiner Errettung durch
den Bauern Pierre, seinem Werben um dessen Braut Charlotte und der
Eifersuchtsszene zwischen dieser und der bereits kurz vorher von Dom
Juan mit einem Heiratsversprechen geköderten Mathurine war bereits
in den Vorlagen wenigstens im Kern enthalten. Molière erzielt die
komischen Effekte dieses ländlichen Intermezzos unter anderem durch
die Verwendung des Dialekts. Doch bleibt dieser fast ausschließlich eine
unterhaltsame Zugabe. Nirgends wird hier der Dialekt, wie bei dem
im sechzehnten Jahrhundert in Padua und Venedig als Theaterautor
und Komödiant tätigen Ruzante, zum Mittel der Gesellschaftskritik. In

dessen Stücken artikulieren sich sozial Unterprivilegierte plötzlich in einer Art und Weise, daß sie auf einen heutigen Zuschauer nicht mehr komisch, sondern tragisch wirken, auch wenn der Paduaner zunächst lediglich auf das Amüsement der venezianischen Gesellschaft bedacht gewesen sein mag, nicht viel anders als Molière auf die Unterhaltung von Hof und Stadt.

Besonders aufgebracht waren Molières Widersacher über die Bettlerszene im dritten Akt. Dom Juan verspottet einen im Wald lebenden Einsiedler, weil dieser als Gegenleistung für seine Auskunft über den Weg in die Stadt und für seine Warnung vor Räubern um ein Almosen bittet. Der sarkastische Aristokrat macht ihn darauf aufmerksam, daß er damit zwei Sphären vermenge, da ja ein frommer Mensch allein um Gottes willen Gutes leisten sollte. Die Szene hat im Rahmen des Handlungsablaufs eine wichtige Funktion: Die Konsequenzen für das Seelenheil Dom Juans, der nicht wahrhaben will, daß Almosen im Himmel vergolten werden, daß der Arme für den Reichen die große Chance darstellt, werden verhängnisvoll sein. Die Kanzelprediger am Hof wurden nicht müde, ihren Hörern derartige Überlegungen einzuschärfen.

Molière strich bereits nach der Uraufführung die Bettlerszene ersatzlos. Offensichtlich war sie für die Devoten besonders skandalös, denn Dom Juan sucht den Bettler zu erpressen: Falls er fluche, werde er einen Louisdor erhalten. Der Arme weigert sich trotz Sganarelles Zureden standhaft, so daß ihm Dom Juan das Almosen schließlich um der Menschheit beziehungsweise Menschlichkeit willen gibt. Oft wurde dies als der Durchbruch einer neuen Ethik verstanden, die nicht mehr »um Gottes willen« tätig wird. Dabei wird aber übersehen, daß der Verfechter dieser neuen Moral ein rücksichtsloser, libertinistischer Egozentriker ist, der gegebenenfalls sogar mit brachialer Gewalt seinen Standpunkt durchzusetzen versucht.

Der Ausgangspunkt des Dramas ist ein durch die fehlende Respektierung eines Ehevertrags ausgelöster Ehrenhandel. Für Dom Juan spielt im Umgang mit Bauern, Burschen und Dorfmädchen das Thema »Ehre« keine Rolle. Aber der Konflikt wird dramatisch zugespitzt, als Elvires Brüder auftreten. Dadurch, daß Dom Juan Elvires Bruder Dom Carlos vor drei Wegelagerern rettet, erhält der Ehrenhandel eine interessante Wendung. Während Dom Juan um die Ehre der Frauen kein Aufhebens macht, nimmt er die Auseinandersetzung mit Elvires Brüdern durchaus ernst. Der Dialog zwischen den beiden Aristokraten verläuft in den durch die Konvention vorgezeichneten Bahnen. Die Situation spitzt sich unausweichlich zu, als Dom Carlos sich zu Anschuldigungen gegen Dom Juan hinreißen läßt und dieser seinem Kontrahenten Einhalt gebietet. Hier wird der Dialog zum Schlagabtausch. Dom Carlos ist jedoch durch die Dankesschuld gegenüber seinem ihm zunächst unbekannten Gesprächspartner in seiner Bewegungsfreiheit eingeschränkt und hindert deshalb auch seinen Bruder daran, an Dom Juan die von der Familienehre geforderte Rache zu vollstrecken.

Die Handlung spitzt sich zusätzlich dramatisch zu, als Dom Juan beschließt, das Grabmal eines von ihm vor Jahresfrist ermordeten Komturs zu besuchen. Obwohl Sganarelle seinen Herrn daran erinnert, wie unziemlich es sei, das Grabmal eines Menschen zu betreten, dessen Tod man verschuldet habe, läßt sich Dom Juan dadurch nicht aufhalten. Von Gewissensbissen unbehelligt, macht er sich vielmehr über den lächerlichen Ehrgeiz lustig, nach dem Tod eine aufwendigere Wohnstatt besitzen zu wollen als im Leben. Dann befiehlt er Sganarelle, den als römische Statue dargestellten Komtur zum Essen einzuladen. Die Wertung, die der Libertin hier abgibt, richtet sich gegen den riesigen Aufwand, mit dem die Totenfeiern im Zeitalter Ludwigs XIV. gestaltet und die Gräber ausgestattet wurden. Obwohl die Prediger unaufhörlich auf die Nichtigkeit der menschlichen Existenz hinwiesen, suchten die Repräsentanten des barocken Zeitalters durch enormen Prunk ihrem Nachruhm Dauer zu verleihen. Im Gegensatz zu Dom Juan läßt sich Sganarelle durch das imposante Grabmal einschüchtern. Gerade dadurch sieht sich Dom Juan herausgefordert, dem Diener zu befehlen, die verhängnisvolle Einladung auszusprechen, die von der Statue nikkend angenommen wird.

In der ersten Szene des letzten Akts, der nach dem an spätmittelalterliche Szenenabfolgen erinnernden Stationenweg des dritten Akts in Dom Juans Gemächern spielt, ist Dom Juan bereits wieder der alte. Er bagatellisiert das ganze Ereignis und läßt sich auch von den ihn beschwörenden Mahnern, seinem Vater, Elvire und der Statue des Komturs, die seiner Einladung zum Essen nachkam, nicht beeindrucken. Seine unverbesserliche Natur zeigt sich schließlich, als er zum Heuchler wird und mit seiner angeblichen Bekehrung seinen Vater narrt. Und seine an Maßlosigkeit grenzende Blindheit gegenüber irrationalen Mächten wird offenbar, als er der Gegeneinladung der von ihm bewirteten Komturstatue nachkommt, die ihn am Ende mit sich in die Tiefe reißt.

Tirso de Molinas Don-Juan-Drama steht in der Nachfolge des christlichen Erbauungstheaters. Das Stück über den seine Bekehrung in sträflichem Leichtsinn ständig hinausschiebenden Don Juan Tenorio ist komplementär zu sehen zu Tirso de Molinas Drama *El condenado por desconfiado (Der Kleinmütige)*. In beiden Bühnenwerken wird je eine typische Verhaltensweise durchgespielt, die ins Verderben führt: die Unverfrorenheit des Lebemanns Don Juan beziehungsweise die an der Barmherzigkeit Gottes zweifelnde und verzweifelnde Verzagtheit des Einsiedlers Pablo.

Auch Molières Komödie kennzeichnen die drei unveränderlichen Gegebenheiten des Don-Juan-Stoffs: der Unbeständige, eine Reihe von Frauen und der Tote. Die Unbeständigkeit von Molières Dom Juan in der Liebe ist nur ein Aspekt seiner allgemeinen Auflehnung all dem gegenüber, was ihn festlegen könnte, da sein ganzes Trachten darauf ausgerichtet ist, sich durch Flucht und durch Verkleidung dem Zugriff derer zu entziehen, die Forderungen an ihn stellen. Für die Darstellung des Dom Juan, des Eroberers auf der Flucht, die erst in der Katastrophe endet, bot sich die Struktur des allegorischen Theaters geradezu an, das im Mittelalter und im spanischen Barock vorgeherrscht hatte.

In keiner seiner großen Komödien hat sich Molière weiter von der klassischen Doktrin entfernt, in keinem anderen seiner Stücke sind die weltanschaulichen und künstlerischen Spannungen seiner Zeit in vergleichbarer Dichte eingefangen. Aber mit diesem Werk war er noch mehr als mit *Tartuffe* an die Grenzen des unter Ludwig XIV. Möglichen gestoßen. Nach der Osterpause und insgesamt fünfzehn Aufführungen mußte er *Dom Juan* wohl auf Wunsch des Königs aus dem Repertoire streichen. Nicht daß Ludwig XIV. seinem damaligen Lieblingsautor die Gunst entzogen hätte: Noch in demselben Jahr erhielt Molières Ensemble eine Pension von 6000 Livres und den Ehrentitel »La Troupe du Roi au Palais-Royal« zuerkannt.

Das Avancement von Molières Ensemble zur »Truppe des Königs« war nicht nur eine Anerkennung für das von den Schauspielern und ihrem Direktor in den zurückliegenden Jahren Geleistete, es war Teil eines immer deutlicher werdenden Konzepts, die schönen Künste zentralistisch zu lenken. Colbert war neben dem König der Hauptverantwortliche dieses Programms. Er selbst vereinigte immer mehr Aufgaben in seiner Person. Vom 1. Januar 1664 an war er auch Superintendant der staatlichen Bauten. Colbert veranlaßte als Vizeprotektor der Malereiakademie auch, daß die von Fouquet in Maincy bei Vaux-le-Vicomte ins Leben gerufene Teppich- und Möbelmanufaktur vom König übernommen wurde. Die Krone kaufte 1662 das alte Etablissement der Brüder Gobelin auf und ließ ein neues einrichten. Die unter der Leitung von Charles Le Brun stehenden Künstler dieser »Manufacture royale de meubles et de tapisseries de la Couronne« hatten ihr Können in den Dienst der königlichen Repräsentation zu stellen. In den Jahren 1662 bis 1671 kletterte der jährliche Aufwand für Repräsentation von 2,4 auf sieben Millionen Livres. Auf Gemälden und Gobelins wurde der Herrscher als neuer Alexander, als wiedererstandener Herkules oder als mythologische Gottheit gefeiert.

Molières Ballettkomödien sind ein Teil dieses Programms. Der König fühlte sich aufgerufen, das Erbe der römischen Cäsaren anzutreten. Die französischen Künstler wurden zum Erlernen ihrer Aufgaben als Stipendiaten an die 1666, ein Jahr nach Nicolas Poussins Tod, gegründete Académie de France de Rome nach Italien geschickt, um »fähig zu werden, Ihrer Majestät zu dienen«. Es gab keinen Künstler im Umkreis Ludwigs XIV., der nicht darin seine vornehmste Aufgabe zu erblicken hatte.

Molières *Dom Juan* war trotz seiner abrupten Absetzung vom Spielplan des Palais-Royal im Bewußtsein der literarischen Öffentlichkeit geblieben. Das zeigen unter anderem die *Lettres portugaises (Portugiesische Briefe)*, die der ihm seit den Tagen in Pézenas bekannte Vicomte de Guilleragues 1669 veröffentlichte. Erst seit wenigen Jahrzehnten ist geklärt, daß es sich bei dem erfolgreichen schmalen Werk nicht um ein authentisches Dokument, sondern um die literarische Fiktion eines Zeitgenossen Molières handelt. Die Gefühlsausbrüche und Herzensergießungen der von ihrem französischen Liebhaber verlassenen portugiesischen Nonne erinnern an Elvires Auftritte in *Dom Juan*.

Guilleragues frequentierte in der Mitte der sechziger Jahre den Salon von Marquise de Guénégaud du Plessis im Hôtel de Nevers, zu dessen

Habitués La Rochefoucauld, Madame de Sévigné und Madame de La Fayette gehörten. Ähnlich wie die Titelheldin des zu Anfang der siebziger Jahre entstandenen und 1678 anonym veröffentlichten Romans *Die Prinzessin von Clèves* von Madame de La Fayette löst sich Guilleragues' fiktive Verfasserin der Briefe von der Welt und deren Versuchungen. Rainer Maria Rilke, von der Authentizität der Briefe noch überzeugt, veröffentlichte 1913 eine mehrfach aufgelegte eigene Übertragung unter dem Titel *Portugiesische Briefe. Die Briefe der Marianna Alcoforado.* Wie Elvire bei ihrem ersten Auftritt, droht bei Guilleragues die Nonne ihrem treulosen Geliebten, ihn mit ihrem Haß zu verfolgen: »Wahrlich, ich gestehe, ich sehe keinen Ausweg, als dich tödlich zu hassen. Aber ich habe selbst alles getan, mir mein Elend zuzuziehen. Ich habe dich, viel zu offenherzig, von Anfang an an eine große Leidenschaft gewöhnt, man muß mehr Kunst anwenden, wenn man sich geliebt machen will; man muß geschickt die Mittel herausfinden, die zünden, mit Liebe allein macht man noch keine Liebe. Du wolltest, daß ich dich lieben sollte, das war dein Plan; und da er einmal gefaßt war, gab es nichts, wozu du nicht bereit gewesen wärst, um ihn durchzuführen. Du hattest dich am Ende sogar entschlossen, mich zu lieben, wenn das nötig gewesen wäre; aber du merktest bald, daß du sie gar nicht brauchtest. Welche Niederträchtigkeit. Glaubst du, es ist so einfach, mich ungestraft zu betrügen? Wenn es sich je fügt, daß du dieses Land noch einmal betrittst, du darfst gewiß sein, daß ich dich der Rache meiner Familie ausliefere.«

In den insgesamt fünfzehn Spielzeiten Molières in Paris zwischen 1658 und 1673 betrug das mittlere Jahreseinkommen jedes Schauspielers 3 400 Livres. In der Saison 1664/65, die am 22. April 1664 eröffnet worden war und am 20. März 1665 endete, belief sich dieser Betrag auf 3 011 Livres. In der folgenden Saison, die wegen des beweglichen Feiertags Ostern außergewöhnlich lang war und sich vom 14. April 1665 bis zum 11. April 1666 erstreckte, schrumpfte dieses Jahreseinkommen auf 2 243 Livres. Dies war und blieb das schlechteste Ergebnis nach Molières Rückkehr aus der Provinz, wenn man von der nur gut sechs Monate dauernden Spielzeit 1658/59 absieht. Die Zahlen zeigen, daß es Molières Gegnern gelungen war, ihn und seine Truppe in ernste Schwierigkeiten zu bringen. Das Aufführungsverbot für *Tartuffe* und der erzwungene Verzicht auf *Dom Juan,* der bei der fünften Vorstellung eine Einnahme von 2 390 Livres erzielte, schädigten Molières Theater empfindlich. Darüber konnte auch das Wohlwollen des Königs nicht hinwegtäuschen.

Es war daher nicht sehr viel mehr als eine Verlegenheitslösung, wenn die Truppe in aller Eile die Tragikomödie *La Coquette ou Le Favori (Die Kokette oder Der Günstling)* einstudierte. Sie stammte von jener Marie-Catherine Desjardins, der wir den erwähnten Bericht über die Urauf-führung der *Lächerlichen Preziösen* verdanken. Die in den einschlägigen Pariser Zirkeln wohlbekannte Literatin versteifte sich darauf, Madame de Villedieu genannt zu werden, obwohl der ihr angetraute Mann dieses Namens ein Heiratsschwindler war. Das Hôtel de Bourgogne hatte bereits zwei Stücke von ihr aufgeführt. *Die Kokette* wurde zwischen dem 24. April und dem 22. Mai dreizehnmal gespielt. Die Einnahmen zwischen 123 und 418 Livres fielen eher kümmerlich aus.

Die Tragikomödie ist eine Bearbeitung von Tirso de Molinas *El amor y la amistad (Liebe und Freundschaft)*. Die Handlung hätte von den Zuschauern zu Fouquets Sturz in Beziehung gesetzt werden können, was aber nicht der Fall gewesen zu sein scheint, sonst hätte Ludwig XIV. die Tragikomödie wohl kaum bei einem von Saint-Aignan in Versailles arrangierten höfischen Fest am 13. Juni von Molières Truppe aufführen lassen. La Grange hielt das Ereignis in seinem Register fest: »Am Freitag, den 12. Juni, ging die Truppe auf königliches Geheiß nach Versailles, wo *Der Günstling* im Garten auf einem rundum mit Orangen-bäumen geschmückten Theater gespielt wurde. Herr von Molière sprach als lächerlicher Marquis, der trotz der Wachen auf der Bühne zu sein wünscht, einen Prolog und führte ein lustiges Gespräch mit einer Schauspielerin, welche mitten unter der Versammlung die lächerliche Marquise spielte. Die Truppe kam am Sonntag, den 14., zurück.«

In Zeiten, in denen das Palais-Royal dem Publikum in der Stadt kein zugkräftiges Stück bieten konnte, kamen Einladungen in die Residen-zen der königlichen Familie oder der Hocharistokratie – trotz der Mühsal des Wegs und der Schwierigkeit, in unvertrauter Umgebung zu spielen – für Molières Truppe sicher höchst gelegen. Diese Gastspiele trugen nicht unwesentlich dazu bei, Tage und Wochen relativer Flaute ohne ernsten Schaden zu überstehen.

Verhöhnung der Medizin: »L'Amour médecin«

Nur einen Monat, nachdem Molière und seinen Schauspielern das Privileg zugestanden worden war, sich »Troupe du Roi au Palais-Royal« zu nennen, inszenierten die damit Ausgezeichneten »auf königlichen Befehl« in Versailles die kleine dreiaktige Prosakomödie *L'Amour médecin (Die Liebe als Arzt)*. Die sich bereits in *Dom Juan* abzeichnende Auseinandersetzung und Abrechnung mit der Medizin seines Jahrhunderts stellte Molière nun in den Mittelpunkt des im September 1665 zu veranstaltenden Divertissements. Es mußte in der kurzen Zeit von fünf Tagen geschrieben und einstudiert werden. Der Stoff war nicht neu. Und Molière griff auf einen festen Bestand an traditionellen komischen Vorlagen und Motiven zurück, die zum Teil noch aus seinen Wanderjahren in der Provinz stammten.

In *L'Amour médecin* wird ein in Trübsinn und Melancholie versinkendes Mädchen, Lucinde, um deren Genesung sich vergeblich ärztliche Autoritäten bemühten, erst dann von seinem Leiden geheilt, als der von ihr geliebte, jedoch ihm bis dahin vorenthaltene junge Mann, Clitandre, als Arzt verkleidet ins Haus kommt. Ein auf Anraten der Dienerin Lisette angeblich nur zum Schein und aus therapeutischen Gründen vor dem Notar unterzeichneter Vertrag verhilft dazu, daß Clitandre und Lucinde Mann und Frau werden. Geprellt ist der – bei der Uraufführung mit größter Wahrscheinlichkeit von Molière dargestellte – geizige Sganarelle, der seine Tochter nicht zuletzt wegen der bei einer Hochzeit fälligen Aussteuer nicht verheiraten wollte. Durch tänzerische Darbietungen und vokale und instrumentale Einlagen des »unvergleichlichen Herrn Lully«, wie ihn Molière im Vorwort an den Leser nannte, wurde der dreiaktige Sketch zu einem angemessenen Umfang erweitert.

Im Prolog bekunden die personifizierten Künste Komödie, Musik und Ballett, ihre Absicht, »zum Gefallen des größten Königs der Welt« ihre Kräfte und Anstrengungen gemeinsam zu verbinden. Der im August geehrte Theaterdichter verlangte von sich und seiner Truppe das Letztmögliche, um dem Monarchen seinen guten Willen zu bekunden und die Erfordernisse und Wünsche höfischer Repräsentation zu

erfüllen. Das Pariser Publikum, vor dem die Komödie eine Woche
später gespielt wurde, mußte allerdings auf die teuren Zwischenspiele
verzichten. Eine Beeinträchtigung der Publikumswirksamkeit war dabei
unvermeidlich. Molière wußte dies nur zu gut und erinnerte in seinem
Vorwort zur Druckfassung daran, daß Komödien zur Aufführung und
nicht zur Lektüre bestimmt seien. Er bedauerte ausdrücklich, daß ohne
die am Hof übliche musikalische und tänzerische Ausstattung nicht
wenig verlorengehe.

Der Dichter hatte mehr als einen Anlaß, gerade zu diesem Zeitpunkt
eine besonders beißende Satire gegen die Ärzte auf die Bühne zu
bringen, und gewiß konnte er sich der königlichen Zustimmung sicher
sein, wenn er die großen medizinischen Kapazitäten des Hofs dem Spott
auslieferte. Vor Jahresfrist erst waren sein Freund Abbé La Mothe le
Vayer und sein eigener Sohn Louis gestorben – Todesfälle, die Molières
Zuversicht in ärztliches Können nicht gerade förderten. Dazu kamen
noch die Auseinandersetzungen mit Louis-Henri Daquin, bei dem er
zur Miete wohnte und der seine Forderungen drastisch heraufgesetzt
hatte. Daquin, Sohn eines konvertierten jüdischen Mediziners, war
ordentlicher Arzt des Königs und wurde 1672 zum Ersten Arzt des
Königs ernannt. Molière bekam mit seinem Hausbesitzer, der ihm 1661
eine gegenüber dem Theater liegende Wohnung in einem seiner vier
Häuser an der in die Place du Palais-Royal mündenden Rue Saint-
Thomas-du-Louvre vermietet hatte, so viel Ärger, daß er schließlich mit
Guillaume Millet für eine in derselben Straße, aber nicht an der Seine
liegende Wohnung einen Vertrag abschloß. Im Oktober 1665 zog er
dort ein. Daquin soll Molières frühere Wohnung daraufhin an Marquise Du Parc vermietet haben. Man wußte auch zu erzählen, Armande
habe die Frau des Arztes aus dem Palais-Royal hinausgeworfen, als diese
sich dort mit einer Theaterfreikarte präsentierte, die ihr die Du Parc
überlassen hatte. Was sich wie bloßer Klatsch aus der Umgebung von
Molières Widersachern anhört, ist – das haben sorgfältige, alle Einzelheiten überprüfende Forschungen ergeben – wesentlich stichhaltiger,
als es zunächst scheinen mag. Bereits an Ostern 1668 zog Molière
wieder um, dieses Mal in die in derselben Straße liegende Maison
Brulon, wo er bis wenige Monate vor seinem Tod wohnen sollte.

Die fünf großen medizinischen Autoritäten am Hof waren Antoine
Vallot, der königliche Leibarzt; Pierre Séguin, der Leibarzt der Köni-

ginmutter; François Guénaut, der Arzt der Königin; Jacques Esprit, der
Leibarzt Monsieurs; und Yvelain, der Leibarzt Madames. Die nur
Unsinn redenden vier Ärzte der Komödie waren ein Hohn auf nahezu
das gesamte medizinische Establishment am Hof. Eigens geschaffene
Masken karikierten die stadtbekannten Ärzte. Es war nicht schwer,
hinter dem stotternden Macroton den Arzt Guénault und hinter dem
auf leere Formalitäten erpichten Tomès Molières Widersacher Daquin
zu erkennen. Die hochtrabenden griechischen Namen soll nach dem
Zeugnis des mit diesem befreundeten Claude Brossette der geistreiche
Satiriker Boileau ausgedacht haben. Unter Heranziehung der griechischen Etymologie wurde so Des Fougerais zum »Menschentöter« Des
Fonandrès, Esprit zum »Beller« Bahys und Daquin unter Anspielung
auf seine häufigen Aderlässe zum »Blutabzapfer« Tomès.

Wenn sich Molière in *Tartuffe* mit anmaßenden Spezialisten künftigen Heils anlegte, so stellte er sich mit seinem die Ärzte anprangernden
Divertissement gegen eine Kategorie von Zeitgenossen, die kaum
weniger nachtragend war. Die Auseinandersetzungen zwischen den
verschiedenen medizinischen Schulen wurden mit der gleichen dogma-
tischen Unerbittlichkeit ausgetragen wie diejenigen zwischen religiösen
Orden oder Konfessionen. Zur Debatte stand in der Mitte der sechziger
Jahre vor allem das dem Arsen verwandte Antimonium, der Brechweinstein. Zwar sind sich die von Sganarelle herbeigerufenen Autoritäten
grundsätzlich darin einig, es sei besser, nach den Regeln ärztlicher
Kunst zu sterben, als ohne medizinische Aufsicht und Fürsorge zu
genesen, aber in Tomès und Des Fonandrès prallen die gegnerischen
Schulen hart aufeinander: »Was mich betrifft, so ist meine Meinung, die
Krankheit komme von einer großen Hitze im Blut, daher bin ich dafür,
die Patientin, sobald Sie können, zur Ader zu lassen.« »Und ich sage«,
erwidert sein Gegner, »daß ihre Krankheit eine durch zu großen
Verdauungsstau ausgelöste Fäulnis ihrer Körpersäfte ist. Daher komme
ich zu dem Ergebnis, ihr Brechweinstein zu verabreichen.«

Diese ärztliche Konsultation erinnert an die Erfahrung, die der junge
König 1658 auf dem Feldzug in Flandern gemacht hatte, als er an
einem Fieber typhoiden Ursprungs erkrankt war: Daquin riet, ihn zur
Ader zu lassen, Vallot war dagegen. Ein Arzt aus Abbeville wiederum
war dafür. Man rief in aller Eile drei der berühmten Pariser Autoritäten
herbei: Esprit, Guénault und Yvelain. Nun entzündete sich die Diskus-

sion darüber, ob es angezeigt sei, Brechweinstein zu verabreichen. Zwei
Ärzte waren dafür, einer war dagegen, einer unentschieden. Schließlich
wurde Mazarin die Entscheidung überlassen: Er war dafür. Auch ein
Aderlaß wurde dem König nicht erspart. Vallot dankte schließlich in
seinen Aufzeichnungen Gott dafür, daß dieser die Verantwortlichen
richtig gelenkt und erleuchtet habe.

Den vom Hof oder von zahlungsfähigen Familien oft ans Krankenla-
ger gerufenen Guénault zogen am 3. Juli 1662 auch die Angehörigen des
von schweren Koliken heimgesuchten Blaise Pascal als ärztlichen Beistand hinzu. Guénaults Diagnose stand noch ganz im Bann der Säftelehre: »M. Pascal laborat infarctu viscerum ab humore melancolico; qui
humor, dum fermentatur, vapores emittit, symptomata producentes
varia [...]« (»Herr Pascal leidet infolge melancholischen Saftes unter
Verstopfung der Gedärme, welcher Saft, wenn er gärt, Leibesdünste
ausstößt, welche verschiedene Symptome erzeugen«). Als Behandlung
verordnete er das übliche, nämlich Aderlaß und Klistier: »Ideo mitten-
dus sanguis ex utroque brachio, postea purgandus« (»Daher soll an
beiden Armen Blut abgezapft werden, dann soll er abgeführt werden«).
Guénault gab sich jedoch mit diesem Aderlaß an beiden Armen und mit
einem einzigen Einlauf nicht zufrieden: »Mittatur sanguis ex piede;
deinde purgetur ut supra, ter aut quater [...]« (»Es soll Blut am Fuß
abgezapft werden; danach soll er abgeführt werden, wie oben, drei- oder
viermal«).

Pascal lebte in der Überzeugung, Jesus habe ihm eröffnet, die Ärzte
seien außerstande, ihn zu heilen. Er sollte recht behalten, und zwar
entgegen den optimistischen und beschwichtigenden Prognosen Guénaults. Der Kranke selbst machte sich über seinen Gesundheitszustand
keine Illusionen mehr. Er ließ einen Geistlichen kommen und bekundete seinen Wunsch, eine Generalbeichte abzulegen, und am 3. August
1662 diktierte er dem Notar sein Testament: »Zuallererst hat der
Testator als guter katholischer, apostolischer und römischer Christ
seine Seele Gott anempfohlen und ihn angefleht, er möge ihm um der
Verdienste des kostbaren Bluts unseres Heilands und Erlösers Jesu
Christi willen seine Sünden vergeben und seine Seele nach ihrem
Hinscheiden aus dieser Welt durch die Fürsprache der glorreichen
Jungfrau Maria und aller Heiligen in die Schar der Seligen aufneh-
men.«

Als einige Tage später die früheren Leibärzte des ein Jahr vor Pascal verstorbenen Mazarin zu dem Todkranken gerufen wurden, bestand wenigstens Einmütigkeit über den Nutzen mehrerer Aderlässe. Nicolas Brayer verordnete ein Klistier, das aber nach Eusèbe Renaudot mit kleinen Dosen von Senf, Tamarinde und Zichorie anzureichern war. Vallot und Renaudot empfahlen ein Klistier mit Brechweinstein, Homes war dagegen. Alle zusammengerufenen Autoritäten aber beurteilten den Fall – wie schon Guénault im Juli – zuversichtlich: Einige Tage später war Pascal tot.

Mochten sich die Großen nach außen abschirmen, wie sie wollten, schließlich mußten auch sie – die Kanzelredner wurden nicht müde, daran zu erinnern – den Tribut an die Vergänglichkeit alles Irdischen entrichten. Das zeigte nun schon seit Monaten die langsame Agonie der von Brustkrebs befallenen Anna von Österreich. Der König beauftragte Vallot, alles Menschenmögliche zu versuchen, um das Leben seiner Mutter zu erhalten. Ärzte und Kurpfuscher wurden an ihr Bett gerufen, unter anderem auch ein Landpfarrer aus der südlich von Paris gelegenen Landschaft Beauce. Er richtete zwar bei der Königin nichts aus, erhielt aber dessen ungeachtet für seine Bemühungen eine Abtei. Danach versuchte ein lothringischer Arzt die Rettung der Todkranken mit einer heilkräftigen Salbe, und schließlich wurde noch ein italienischer Scharlatan zu Hilfe gerufen. Am 20. Januar 1666 starb die Königin.

Patienten, die sich ärztlichen Beistand leisten konnten, waren geradezu dafür prädestiniert, Versuchsobjekte ärztlicher Hilflosigkeit zu werden. Wenn neue Arzneien erprobt wurden, dann wurden diese bald als Allheilmittel gepriesen, bald als therapeutischer Unfug verteufelt. »Non est sub caelo medicina sublimior« (»Es gibt keine hehrere Arznei«), rühmte ein Doktor der Pariser medizinischen Fakultät das Antimonium. Sganarelle hingegen sieht die Sache anders. Er erzählt seinem Herrn Dom Juan von einem seit sechs Tagen zwischen Leben und Tod schwebenden Kranken, dem man endlich Brechweinstein verabreicht habe: »Sechs ganze Tage lang konnte er nicht sterben, und jetzt geschah es in einem Augenblick. Gibt es etwas Wirkungsvolleres?«

Molière stand mit seiner Skepsis gegenüber der Medizin seiner Zeit nicht allein. Besonders im Umkreis der Libertins hatte sich diese Haltung zu einer Grundüberzeugung verfestigt. Schon der von Molière bewunderte Montaigne wurde nicht müde, auf die Heilkräfte der Natur hinzuweisen, und seine Nierensteine suchte er deshalb in allen möglichen Heilbädern zwischen den Pyrenäen und dem Apennin zu kurieren.

In Jean Armand de Mauvillain hatte Molière jedoch einen Arzt nach seinen Vorstellungen gefunden. Dessen gepflegtes Äußeres und weltmännische Konversation hoben sich angenehm ab von dem Pedantenkauderwelsch der etablierten Mediziner, das Molière in *L'Amour médecin* nicht zum letztenmal verhöhnte. Eine Anekdote überliefert, Molière habe dem König auf die Frage, wie ihn denn sein Arzt Jean-Armand de Mauvillain behandle, geantwortet: »Majestät, wir plaudern zusammen, er verschreibt mir Arzneien, ich nehme sie nicht ein und werde gesund.«

Mauvillains streitbare Auseinandersetzung mit den Kollegen seiner Fakultät wurde auch außerhalb der Sorbonne bekannt. Bei einer Diskussion erhitzte er sich derart, daß er dem Dekan die Kopfbedeckung herunterriß, worauf er für vier Jahre von der Fakultät suspendiert wurde. Mauvillain war ein leidenschaftlicher Verfechter des Brechweinsteins. Als sich schließlich die Mehrheit der Kollegen für dieses Mittel aussprach, wurde er Dekan der Fakultät.

In *L'Amour médecin* unterhalten sich die herbeigerufenen Koryphäen zunächst nicht über den ihnen vorliegenden Kasus, sondern rühmen Esel oder Pferd, auf deren Rücken sie zu ihren Kranken zwischen Arsenal, Faubourg Saint-Germain, Marais, Porte Saint-Honoré, Faubourg Saint-Jacques, Porte de Richelieu und Place Royale reiten. Da verwundert es nicht, daß Sganarelle für dreißig Sous bei einem Marktschreier – auf dem Pont Neuf gab es Scharlatane, die gegen Fieber, Pest, Gicht, Syphilis und andere Krankheiten ihre Universalarznei anpriesen – eine Dose des auch für kleine Leute erschwinglichen Allheilmittels Orviétan kauft. Seinen Namen verdankt es dem in Paris lebenden Cristoforo Contugi aus Orvieto. Das Mittel wurde, wenn die Quacksalberei ihre Richtigkeit haben sollte, aus siebenundzwanzig Ingredienzien zusammengebraut, unter anderem aus getrockneter Viper, deren Herz und Leber konserviert worden waren. Mauvillain hatte die Wunderdroge mit anderen unorthodoxen Kollegen der Pariser medizinischen Fakultät in einem Gutachten empfohlen. Contugi glaubte, es könne nichts schaden, wenn er seinem bei dem Dekan Jean Piètre eingereichten Antrag auf offizielle Anerkennung seiner Arznei 100 Dukaten zufügte. Das brachte den unbestechlichen Dekan jedoch so gegen die mit dem Italiener scheinbar unter einer Decke steckenden Kollegen auf, daß diese durch ein feierliches Dekret aus der Fakultät ausgeschlossen und erst nach ebenso feierlicher Abbitte wegen ihres Verhaltens wieder aufgenommen wurden.

Daß über all diesen Kontroversen, Zänkereien und gegenseitigen Schikanen der Patient und seine Gesundheit Nebensache wurden, ist offenkundig. In der ersten Szene des dritten Akts von L'Amour médecin entlarven sich deshalb auch die drei Ärzte schließlich als das, was sie sind, nämlich durchtriebene Geschäftemacher, die es verstehen – wie sonst nur Schmeichler, Alchimisten und Wahrsager –, die menschlichen Schwächen ihren eigenen Zwecken dienstbar zu machen: »Aber größte Schwäche der Menschen ist ihre Anhänglichkeit an das Leben, und wir profitieren mit unserem geschwollenen Galimathias davon und wissen unseren Vorteil daraus zu ziehen, daß sie aus Angst vor dem Tod unseren Beruf verehren.«

Bedenkt man, daß in den wenigen Jahren, die Molière noch vergönnt waren, sich seine gesundheitlichen Krisen immer mehr häuften, dann präsentieren sich die in den Zwischenspielen der Komödie tanzenden und sich pantomimisch verrenkenden Mediziner als Figuren eines nicht mehr zu verscheuchenden Alptraums. Die Ärztesatire des kränkelnden Dichters wird, so gesehen, zum Ausdruck einer bedrohlich zunehmenden Obsession.

Racines Durchbruch: »Alexandre le Grand«

Molière konnte den Bedarf an neuen Stücken nie ausreichend decken. Daher übernahm er, auch wenn er mit Jean Racines Erstling *La Thébaïde* nur einen recht mäßigen Erfolg erzielt hatte, dennoch gern dessen neue Tragödie *Alexandre le Grand (Alexander der Große)*. Und dieses Mal zahlte sich das Vertrauen in den jungen Dichter aus. Bei der Uraufführung am 4. Dezember 1665 wurden 1262 Livres eingespielt, weit mehr als das Dreifache dessen, was *La Thébaïde* bei der Uraufführung ergeben hatte. Auch die Wiederholungen brachten mehr als befriedigende Ergebnisse.

Der Erfolg beruhte auf dem sich in diesem zweiten Theaterstück abzeichnenden neuen Tragödienkonzept des jungen Dramatikers: Ihm ging es nicht mehr wie dem alten Pierre Corneille in erster Linie um Haltung und Größe, sondern um Liebe und Leidenschaft. In der Tat unterliegt der die heroische Gebärde liebende Inder Poros dem weicheren Makedonier. Einer von Corneilles bedingungslosesten Parteigängern, Saint-Évremond, seit den Jahren der Fronde Emigrant in England, beklagte in seiner 1668 veröffentlichten *Abhandlung über Alexander* die mangelnde Größe des Protagonisten. Corneille fühlte sich verstanden. In einem Dankschreiben an den Kritiker unterstrich er, daß der Liebe als einer durch allzu große Schwachheit gekennzeichneten Leidenschaft im Drama höchstens eine schmückende, auf keinen Fall aber eine tragende Funktion zukommen dürfe. Doch gerade die auf unbeugsamer Gesinnung beruhende Haltung von Corneilles Helden, die dem vor der Fronde noch ungebrochenen Adel aus der Seele gesprochen hatte, war längst überholt. Und Ludwig XIV. selbst hatte seit seiner frühen Leidenschaft für Olimpia und Maria Mancini wiederholt gezeigt, daß er trotz seiner hohen Stellung auch seinem Gefühl nachgab.

Racine hätte mit dem ihm durch Molière ermöglichten Erfolg zufrieden sein können. Um so mehr erstaunte es daher, als – ein in der damaligen Theatergeschichte fast einmaliger Vorgang – der Autor das Drama gleichzeitig von einer anderen Theatertruppe aufführen ließ: Das Hôtel de Bourgogne begann den *Alexander* zu spielen, ohne daß Molière in irgendeiner Weise verständigt worden wäre. Eine Woche lang führten die beiden Theater konkurrierend die Tragödie auf. Der Schelmenstreich Racines tat seinem Erfolg als Theaterautor keinerlei Abbruch. Im Gegenteil: *Alexander* machte Racine innerhalb weniger Wochen zu einem den König und ehemalige Frondeure in gleicher Weise faszinierenden Theaterautor, denn die Schlußszene des Dramas zeigt, wie der Eroberer Alexander den von ihm besiegten

Inderkönig begnadigt und diesen damit zur Anerkennung seiner Welt-
herrschaftsansprüche bewegt.

Racine hatte in seiner neuen, Ludwig XIV. gewidmeten »Tragödie«
die von diesem geförderte und von Colbert geforderte Glorifizierung
der Herrscherpersönlichkeit des Königs geschickt aufgegriffen, indem
er den Alexander-Mythos verwendete. Der Maler Charles Le Brun
hatte wahrscheinlich auf persönliche Anregung des Monarchen wohl
gegen Neujahr 1662 mit der Ausführung seines berühmten Gemäldes
Die Königinnen von Persien zu Füßen Alexanders begonnen und damit
einen so großen Erfolg erzielt, daß er auf königlichen Auftrag hin einen
Zyklus von fünf riesigen Alexander-Bildnissen in Angriff nahm, die in
Kopien und Gobelins verbreitet wurden. Außerdem war ein Jahr vor der
Veröffentlichung von Racines *Alexander* Ludwig in dem von Isaac de
Benserade verfaßten Ballett *Die Geburt der Venus* im Kostüm des antiken
Eroberers aufgetreten und damit für alle Anwesenden sichtbar in die
Fußstapfen seines großen Vorgängers getreten. Racine ermunterte in
seiner Widmung den König dazu, sich nicht mit der Rolle des seinen
Gegnern verzeihenden Herrschers zu begnügen, sondern seinem Vor-
bild auch auf dem Schlachtfeld nachzueifern. Der Dichter hätte sich
derartige Anregungen wohl kaum erlaubt, wenn er sich seit einer
Aufführung des Dramas vor dem Monarchen bei einem Souper der
Gräfin von Armagnac nicht des königlichen Wohlwollens gewiß gewesen wäre.

Angesichts eines derartigen Erfolgs fühlte sich Racine geradezu
herausgefordert, die Warnungen und Mahnungen von Port-Royal
sarkastisch zu kommentieren. Pierre Nicole hatte es sich nämlich in den
Kopf gesetzt, zwischen 1664 und 1666 mit einer Reihe anonym veröf-
fentlichter Briefe den Erfolg von Pascals *Briefen an einen Provinzialen* zu
wiederholen, ohne sich Rechenschaft darüber zu geben, daß es ein
hoffnungsloses Unterfangen war, den einmaligen Stil des erst vor
kurzem Verstorbenen nachahmen zu wollen. Racine hatte leichtes
Spiel, sich über den schwerfälligen Theologen und pedantischen Schul-
mann zu mokieren. Wenn irgend jemand in der Lage war, Pascals
stilistische Eleganz zu erreichen, dann er, der ehemalige Zögling von
Port-Royal. Die frommen Jansenisten mußten deshalb den Eindruck
gewinnen, eine Schlange an ihrem Busen genährt zu haben. Vorbei
waren die Zeiten, als der zu den schönsten Hoffnungen berechtigende

junge Mann an Robert Arnauld d'Andilly, den Bruder von Antoine
Arnauld, als gelehriger Schüler am 26. Januar 1659 über ein von Jesuiten
inszeniertes Weihnachtsspiel in Saint-Louis berichtete: Da habe ein
Pater des Ordens Engel erscheinen lassen, welche die Geburt des
Erlösers verkündeten, daraufhin seien Hirten aufgetaucht, um das
neugeborene Kind anzubeten. Racine hörte aus den Worten, die der
römische Kaiser im Verlauf des Krippenspiels an die Kaiserin richtete,
unüberhörbare antijansenistische, mitten in den Gnadenstreit hinein-
führende Anspielungen heraus. Zwischentexte »eines wahrhaftigen
Escobar« – es handelte sich dabei um einen von Pascal erbarmungslos
verspotteten spanischen Kasuisten – prangerten die Jansenisten an, weil
diese nicht wahrhaben wollten, daß Christus für alle Sünder gestorben
sei: »Nein, nein, dieser holde Erlöser will niemanden verdammen,
während seine Feinde sagen, er habe mehrere Menschen zu ihrer
Verdammung erschaffen, wo es doch entsetzlich ist, auch nur daran zu
denken.« Dieser Racine, dem nach eigenem Bekunden beim Anblick
des Jesuitenpaters vor Lachen der Atem ausging, konnte für Port-Royal
ein gefährlicher Gegner werden, sobald er die Zeit für gekommen hielt,
mit jenen abzurechnen, die ihn zwar großgezogen hatten, aber auch in
seiner Entwicklung zu hindern suchten.

In seinem im Januar 1666 anonym veröffentlichten *Brief an den
Verfasser der »Imaginären Ketzereien«* mokierte sich Racine darüber, daß
sich der für den Text verantwortliche Nicole überhaupt mit Leuten vom
Schlag Desmarets' abgebe, den er – wie grundsätzlich alle Verfasser von
Dramen und Romanen – bezichtigte, ein öffentlicher Brunnenvergifter
zu sein: »Wo, sagte ich mir, ist jener Stolz, der sich nur mit dem Papst,
den Erzbischöfen und den Jesuiten anlegte?« Er hatte leichtes Spiel,
dem über Romane und Komödien entrüsteten Verfasser zu zeigen, wie
sehr sich Port-Royal durch seine Intransigenz alle Sympathien ver-
scherze: »Sie haben Feinde genug, warum wollen Sie sich neue suchen?« Racine machte sich darüber lustig, daß Port-Royal Bannsprüche
gegen das Theater schleuderte, wo doch einer der führenden dortigen
Theologen, Isaac Lemaistre de Sacy, mehrere Komödien des Terenz ins
Französische übertragen habe. Nicht weniger widersprüchlich war nach
seiner Meinung Nicoles Einstellung zu den gescholtenen Romanen,
denn sobald bekannt geworden sei, Madeleine de Scudéry habe in ihrer
Clélie Port-Royal in ein gutes Licht gerückt, sei das dort dem Kloster

gespendete Lob geduldig hingenommen worden. Racine erteilte in seinem Brief eine eindeutige Absage an die nicht enden wollenden theologischen Querelen und verhöhnte die Sterilität einer Auseinandersetzung, die keine neuen Argumente mehr zutage förderte: »Um mit Ihnen also offen zu reden: Wir sind entschlossen, dem Papst und dem französischen Klerus eher Glauben zu schenken als Ihnen.« Racine ließ es bei dieser Absage nicht bewenden. Er legte dem Verfasser der Briefe nahe, angesichts seiner mangelnden Fähigkeiten darauf zu verzichten, mit Pascal wetteifern zu wollen: »Ziehen Sie sich also auf das ernste Genre zurück, füllen Sie Ihre Briefe mit langen und gelehrten Perioden, zitieren Sie die Kirchenväter, benutzen Sie häufig Beschimpfungen und fast immer Antithesen: für diesen Stil sind Sie geschaffen. Jeder soll seiner Berufung folgen.«

In einem zweiten Brief an den Verfasser der Streitschrift über die imaginären und angeblichen Häresien des von Rom inzwischen verurteilten *Augustinus* von Jansenius wollte Racine im Mai seine Ausfälle vom Januar fortsetzen, ließ sich aber von Boileau dazu überreden, den Text zurückzuhalten. Trotz seiner späteren Aussöhnung mit Port-Royal sah sich Racine jedoch nicht veranlaßt, das Pamphlet endgültig zu vernichten. Noch schärfer als in seinem ersten Brief prangerte hier der ehemalige Schüler und Stipendiat die geistlichen Herren von Port-Royal wegen ihres widersprüchlichen Verhaltens und ihres Opportunismus an. Er nahm ausdrücklich auf die Auseinandersetzungen im Zusammenhang mit *Tartuffe* Bezug. Merkwürdig fand er, daß Port-Royal offensichtlich dann alle Bedenken hinsichtlich des Theaters in den Wind schlage, wenn es glaube, dieses könne den eigenen Interessen förderlich sein: »Es war bei einer Person, die damals zu Ihren engsten Freunden zählte. Sie hatte sehr große Lust, eine Rezitation des *Tartuffe* zu hören, und man stellte ihrer Neugier kein Hindernis in den Weg. Man hatte Ihnen gesagt, daß die Jesuiten in dieser Komödie verhöhnt wurden, die Jesuiten hingegen schmeichelten sich, daß sie die Jansenisten aufs Korn nahm. Aber es tut nichts zur Sache. Molière wollte eben das Spiel beginnen, als ein sehr erhitzter Mann eintraf, der ganz leise zu der genannten Person sagte: ›Wie? Madame, Sie wollen an dem Tag eine Komödie hören, an dem sich das Geheimnis der Ruchlosigkeit vollendet, am Tag, an dem man uns unsere Mütter nimmt?‹ [Angespielt wird auf das gegen Port-Royal gerichtete Interdikt von 1664.] Dieser

Grund schien zu überzeugen: Die Truppe wurde entlassen. Molière entfernte sich, nicht wenig erstaunt über die Dringlichkeit, mit der man auf seinem Kommen, wie über jene, mit der man auf seinem Weggang bestanden hatte... In der Tat, meine Herren, wenn Sie folgendermaßen argumentieren würden, dann werden wir nichts zu entgegnen haben und uns geschlagen geben müssen: Denn in der Tat, wenn Sie mich, wie Sie es tun, fragen, ob ich die Komödie für etwas Heiliges erachte und ob ich sie für geeignet halte, den alten Adam abzutöten, würde ich mit Nein antworten. Aber ich würde Ihnen gleichzeitig erwidern, daß es Dinge gibt, die zwar nicht heilig, aber doch unschuldig sind. Ich würde Sie fragen, ob die Jagd, die Musik, das Vergnügen, Holzschuhe zu machen, und manche andere Freuden, die Sie sich nicht mißgönnen, sehr geeignet sind, den alten Adam abzutöten, ob man auf alles verzichten muß, was amüsiert, ob man stündlich weinen muß? ›O ja!‹ wird der Melancholiker sagen. Aber was wird der Lustige sagen? Er wird wünschen, es möge ihm vergönnt sein, manchmal zu lachen, und sei es auch nur über einen Jesuiten. Er wird Ihnen, wie das Ihre Freunde getan haben, beweisen, daß Spott erlaubt ist, daß die Kirchenväter gelacht haben und selbst Gott gespottet hat. Und scheint es Ihnen, daß die *Briefe an einen Provinzialen* etwas anderes sind als Komödien?«

Racine befreite sich somit nach seinem ersten durchschlagenden Erfolg als Bühnenautor endgültig von seinem in Jahren angestauten Groll und war nicht mehr gewillt, sich von einem sauertöpfischen und sterilen theologischen Griesgram seine steile Karriere in irgendeiner Form durchkreuzen zu lassen.

Molières schwere Erkrankung und Tod Annas von Österreich

Die am 4. August 1665 verliehene königliche Pension konnte allen als endgültiger Triumph Molières erscheinen. Um so aufmerksamer lagen seine Rivalen und Widersacher auf der Lauer. So wählte Jacques Bénigne Bossuet im November als Thema einer seiner Adventspredigten im Louvre das Jüngste Gericht. Er trat dabei zwar den Angehörigen der königlichen Familie nicht zu nahe, erblickte aber doch in warnendem Mahnen und Beschwören eine seiner vornehmsten Aufgaben. Wer Ohren hatte zu hören, verstand sehr wohl, wen er meinte, als er die Versammelten daran erinnerte, Hypokrisie zeige sich nicht nur im Gewand der Religion. Für den Kanzelprediger war es einfach unerhört und die Spitze der Heuchelei, daß ein Komödiant sich anmaßte, angeblich die Sache der Religion zu verfechten. Einer der einflußreichsten Vertreter der »Gesellschaft vom Allerheiligsten Altarsakrament« gab damit zu verstehen, daß er nicht bereit war, in der Affäre um *Tartuffe* einzulenken, und daß er es für seinen pastoralen Auftrag hielt, dem theaterbesessenen Hof ins Gewissen zu reden. Das Urteil eines Mannes wie Bossuet konnte nicht auf die leichte Schulter genommen werden. Molière hatte es bereits erlebt, wie Prinz Conti ihm nach der Abkehr von seiner libertinistischen Lebensführung nahezu von heute auf morgen seine Protektion entzog. Es wäre töricht gewesen, diese Lektion ganz zu vergessen.

Der Ärger beim Umzug in eine andere Wohnung im Oktober, Bossuets Angriffe von der Kanzel herab im November, Racines Doppelspiel mit *Alexandre le Grand* im Dezember: eine derartige Anhäufung von Spannungen und Aufregungen wird an der Ende Dezember einsetzenden akuten Verschlechterung von Molières Gesundheitszustand nicht ganz unbeteiligt gewesen sein. Die Schauspieler bangten um das Leben des Chefs ihrer Truppe. Die Clique der Devoten hingegen wird nicht ohne Genugtuung vermerkt haben, daß Molière das Palais-Royal am 29. Dezember 1665 bis auf weiteres schließen mußte. Unter diesen Umständen kam es wohl nicht einmal ungelegen, als am 20. Januar 1666 die Königinmutter starb. Da stand dem Hof und der Stadt Trauer ohnehin besser an als Theaterbesuch. In der Tat: erst nach fünfundfünfzig Tagen, am 22. Februar 1666, öffnete das Palais-Royal seine Tore wieder.

Bossuet war vom König aufgefordert worden, im Louvre eine Serie von Fastenpredigten zu halten. Infolge des Tods der Königinmutter zog sich der Hof nach Saint-Germain zurück. In einem Fall, wo sich laute weltliche Lustbarkeiten verboten, sorgte nun der wortgewaltige Kanzelprediger dafür, daß die nach Zerstreuung gierenden Höflinge eine Abwechslung in der Monotonie ihres Alltags bekamen. Bossuet erhielt außerdem in den folgenden Jahren mehrfach die Möglichkeit, sich als Grabredner hoher Persönlichkeiten ins rechte Licht zu rücken. Hyacinthe Rigaud hat zwischen 1701 und 1705 diesen Kirchenfürsten barock stilisierend in imposantem Faltenwurf und überhöhter Figur gemalt. Es ging ihm weniger um eine realistische Darstellung als um eine bildliche Umsetzung einer dem hohen Stil verpflichteten Rhetorik.

»Wir sind die Beute von tausend grausamen Schwächen«, mahnte der Kanzelredner die Höflinge, »man möchte sagen, daß eine feindliche Macht die ganze Natur gegen uns aufgewiegelt hat, so sehr will es scheinen, daß sie sich ein Vergnügen daraus macht, uns von allen Seiten Schmach anzutun! Aber das ist noch nicht unser schlimmstes Unheil. Unser Geiz, unsere Ehrsucht, unsere anderen sinnlosen und unersättlichen Leidenschaften sind Übel, sind sehr große Übel. Doch es sind Übel, die uns gefallen, denn es sind Übel, die uns schmeicheln. O Gott! Wie steht es mit uns, und was für ein Leben führen wir, wenn uns das, was uns gefällt, genauso bedroht wie das, was uns betrübt?«

Es war nicht vorgesehen, aus der Predigt zu Mariä Lichtmeß eine Trauerrede auf Anna von Österreich zu machen. Es gehörte aber zu Bossuets rhetorischen Kunstgriffen, daß er seiner Hörerschaft den Eindruck zu vermitteln wußte, er sei plötzlich spontan und ohne vorherige Absicht dazu hingerissen worden, Dinge zu sagen, die er nicht mehr zurückhalten könne. Das Wort des Simeon aus dem Lichtmeß-Evangelium – »Nun entlässest Du, o Herr, Deinen Diener in Frieden« (»Nunc dimittis«) – gab dem Prediger die Möglichkeit, ein Porträt der Königinmutter zu entwerfen, wie er es dann im Jahr darauf in seiner zwar nicht erhaltenen, aber in groben Umrissen bekannten Leichenrede bei der offiziellen Trauerfeier in der Kirche der Karmelitinnen in der Rue du Bouloi tat.

Bossuet stand der Lebensführung des jungen Königs nicht ohne Vorbehalt gegenüber. In Anna von Österreich hatte er wohl seine mächtigste Verbündete, wenn es darum ging, diesen von einer auf Vergnügen abgestellten Lebensführung abzuhalten. Es mußte dem Kanzelredner viel daran gelegen sein, die Verstorbene als verpflichtendes Beispiel aufzubauen: »Sah man sie nicht immer unbeugsam, immer unüberwindlich, aus Klugheit mitunter nachgebend, aber unfähig, von den großen Interessen des Staats etwas aufzugeben, ohne zu wanken, stets darauf bedacht, das heilige Vermächtnis der königlichen Autorität, die einzige Stütze der öffentlichen Ruhe zu hüten, bis sie es schließlich unvermindert in die siegreichen Hände ihres Sohnes legte, der es so tatkräftig zu bewahren weiß.«

Mit einer Reihe anaphorischer Ausrufe, die einen Leser des zwanzigsten Jahrhunderts, der die Gesamtkomposition kirchlicher Funktionen am Hof nicht mitbedenkt, eher gleichgültig lassen, mimt er wie ein extemporierender Schauspieler den Raptus eines unter höherer Eingebung stehenden Mediums: »O illustres Leben, o glorreiches und ewig denkwürdiges Leben! Aber o zu kurzes und zu früh zur Neige gegangenes Leben! Wie denn! Werden wir nur noch in einer Königin diese edle Anhäufung von Tugenden sehen, die wir in zweien bewunderten! Wie! Diese Güte, wie, diese Milde, wie, so viel Sanftmut bei einer derartigen Majestät. Wie! Dieses so große und wahrhaft königliche Herz, diese grenzenlose Mildtätigkeit, dieses zärtliche Mitleid mit öffentlichem und privatem Elend, endlich all die anderen seltenen und unvergleichlichen Eigenschaften der großen Anna von Österreich sollten nur noch ein Beispiel und eine Zierde der Geschichte sein?«

Zehn Tage später wurde die Königinmutter in Saint-Denis feierlich beigesetzt. Am Mittwoch, den 31. März, wurde Bossuet in einer Predigt über den Verlorenen Sohn deutlicher. Die Angst, der junge Monarch könne sich nun ohne die hemmende Fürsorge seiner Mutter ganz an ein Leben der Ausschweifung verlieren, spricht deutlich aus seinen Worten. Nur wer auf die trügerischen Freuden verzichte, sei wert, die keuschen und wahrhaftigen Wonnen des Himmels zu genießen, mahnt er daher eindringlich seine um den König versammelte Hörerschaft.

Zwischen Gesellschaftssatire und Selbstdarstellung: »Le Misanthrope«

K aum eine andere Komödie Molières hat von ihrem ersten Erscheinen an die Kritik nachhaltiger beschäftigt als *Le Misanthrope (Der Menschenfeind)*, und kaum eine ist eher dazu angetan, widersprüchlich gedeutet zu werden. Sie wurde kurz vor Weihnachten 1666 ohne erklärende Vorrede ihres Verfassers veröffentlicht. Zu Lebzeiten Molières erschien sie aber stets mit einem einführenden Brief von Donneau de Visé.

Molière spielte die Hauptrolle. Zum erstenmal trat er als »honnête homme« auf der Bühne auf. Diese Tatsache und die zusätzliche Pikanterie, daß Armande die kokette Célimène interpretierte, legten von Anfang an eine biographische Deutung der Komödie nahe. Doch ging es dem Verfasser gewiß nicht darum, auf der Bühne seine Eheprobleme darzustellen. Denn zunächst ist der *Misanthrope* einmal eine Komödie, in deren Mittelpunkt ein Charakter steht, dessen für das siebzehnte Jahrhundert extravagante Forderungen an seine Umgebung angesichts der einem reibungslosen Formalismus verfallenen Gesellschaft Heiterkeit oder Verärgerung auslösen mußten.

Das am 21. Juni 1666 bewilligte Druckprivileg trug noch den später verschwundenen Untertitel *L'Atrabilaire amoureux (Der Verliebte mit der schwarzen Galle)*. Die Säftelehre des siebzehnten Jahrhunderts umriß die verschiedenen Charaktere fest. Der Arzt Marin Cureau de La Chambre ging in seinem 1659 erschienenen Traktat über *Die Charaktere der Leidenschaft* ausführlich auf die angeblich von der schwarzen Galle verursachte Melancholie ein: »[...] da der böse Dampf, den dieser Saft ausströmt, in die Arterien und in die Sinnesorgane dringt, trübt er die Reinheit der geistigen Kräfte und verfinstert so ihre notwendige Klarheit, so daß die Seele, wenn sie sieht, wie sich dieses Unwetter zusammenbraut und ihre edelsten Funktionen stört, sich zu Angst und Verzweiflung hinreißen läßt und sich folglich Gegenstände vorstellt, die ihren Leidenschaften entsprechen. Der Mensch verliert nun die Erinnerung an seine Freunde, seine Beschäftigungen und seine Zerstreuungen.

gen. Alle erscheinen ihm als Feinde, die er flieht und deren Untergang er wünscht. Schließlich haßt er auch sich selbst, und während er das Leben mit Abscheu betrachtet, läßt er es allmählich von der Traurigkeit aufzehren oder endet es gewaltsam.«

Die krankhaften Symptome der Melancholie sind hier mit aller Deutlichkeit festgehalten. Charakterliche Eigenschaften werden so zu einem Verhängnis, das dem menschlichen Willen weitgehend entzogen ist. So stellte denn auch La Rochefoucauld in seinen 1664 erstmals und 1678 vollständig erschienenen *Réflexions ou Sentences et maximes morales (Reflexionen oder Sentenzen und moralische Maximen)* fest: »Die Körpersäfte üben eine geheime Herrschaft über uns aus, derart, daß sie an allen unseren Handlungen einen beträchtlichen Anteil haben.«

Vielleicht wollte Molière, als er den Untertitel seiner Komödie fallenließ, unterstreichen, daß Alceste nicht vorwiegend als charakterpathologische Fallstudie zu verstehen ist. Wenn er aber den Protagonisten seiner Komödie als Ich-Projektion verstand, die mit der eigenen Zeit und deren Lastern abrechnete, mußte er in der Tat aus dem Menschenfeind einen ernsten, nicht einen komischen Charakter machen. Alcestes Ausfälle gegen seine Umgebung hätten einiges von ihrer Bedeutung verloren, wenn sie schon durch den Titel als Äußerungen eines krankhaften Monomanen abgestempelt worden wären: Menschenfeind kann einer sein auf der Grundlage eines freien Entschlusses; die Herrschaft über die Körpersäfte aber ist kaum zu erreichen. Alceste spricht freilich in seinem die Komödie eröffnenden und nahezu ein Achtel der insgeamt eintausendachthundertacht Alexandriner beanspruchenden Dialog mit seinem Freund Philinte in deutlicher Anspielung auf die Säftelehre von seiner »schwarzen Gemütsverfassung«. Wie später im *Malade imaginaire* der Bruder angesichts der Leiden Argans, mokiert sich hier der Freund über die »schwarzen Anwandlungen« seines Gesprächspartners. Die Spannung des Dialogs beruht darauf, daß Molière zwei grundverschiedene Temperamente, einen Melancholiker und einen Phlegmatiker, gegenüberstellt. Molière karikierte zwar die Medizin, deren Weisheit letzter Schluß Aderlaß und Klistierspritze waren; aber die Säftelehre nahm er offensichtlich ernst.

Alceste ist ein Charakter, dessen für das siebzehnte Jahrhundert außergewöhnliche Forderung, zwischen Worten und Taten müsse ohne Rücksicht auf Konvention und Umstände Übereinstimmung herrschen, Heiterkeit auslösen mußte. Eine Gesellschaft, die von jedem ein hohes Maß an Selbstverzicht und ein untrügliches Gespür für das jedem Mögliche und Erlaubte verlangte, konnte keinen Menschen ertragen, der mit Nachdruck sein »Ich will« gegen eine Epoche schleuderte, die sich in Schmeichelreden und Verlogenheit krümmte:

»Nein, nie und nimmer kann ich die Manier entschuldigen,
Der heute weit und breit die Menschen alle huldigen;
Nichts hasse ich so sehr, nichts macht mich derart rasen
Wie alle die verborgenen, verlogenen öden Phrasen.
Umarmungen voll Feuer, die weiter nichts bedeuten,
Ergüsse echter Freundschaft mit unzähligen Leuten,
Die ewig gleichen Worte, die längst den Sinn verloren,
Dem großen Geist gewidmet und ebenso dem Toren.«

Napoleon nannte Molières Protagonisten einen »Don Quijote an Tugend und Philanthropie«. Und in der Tat wirkt Alceste in einer Umgebung, in der ein nach den Normen und der Etikette des Hofes ausgerichtetes Verhalten oberstes Gebot war, wie der verrückte Ritter von der traurigen Gestalt. An Don Quijote erinnert Alceste zudem dadurch, daß sich seine Leidenschaft gerade auf die junge Witwe Célimène konzentriert, von der er am wenigsten all das erwarten kann, was er von seiner Umgebung verlangt: Offenheit, Klarheit, Herz.

In Alcestes Ausfällen klingt aber sicherlich auch Molières eigener Unmut gegenüber der Gesellschaft nach, die mit Forderungen und Anmaßungen aller Art die Nerven des Dichters stark strapazierte. Und wenn Molière als Gatte der koketten und von einer unüberschaubaren Schar eitler Gecken umworbenen Armande die Leidenschaftsausbrüche seines Alceste nicht gerade aus dem Nichts erfinden mußte, so ging es ihm dennoch nicht in erster Linie um lyrische Selbstaussagen, sondern um ein bühnenwirksames Stück.

Wie die Zeitgenossen auf die Komödie reagierten, zeigt der »Brief über die Komödie vom Menschenfeind« von Donneau de Visé: Nachdem man in einem Gespräch mit seinem Freund Philinte Alceste kennengelernt habe, könne man sich »nur noch wünschen, ihn als Verliebten zu erleben«. Dies geschieht in der ersten Szene des zweiten Akts: »Wenn man wünscht, den Menschenfeind verliebt zu sehen, muß

man an diesem Auftritt seine Freude haben, da er hier mit seiner
Verehrten erscheint, aber mit der Charaktere seiner Art kennzeichnenden Anmaßung. Er ist nicht unterwürfig, er ist nicht schmachtend,
sondern offenbart ihr ohne Zwang die Fehler, die er in ihr entdeckt, und
an Freundlichkeiten sagt er ihr, er wäre froh, sie nicht lieben zu müssen,
und er liebe sie nur um seiner Sünden willen.« Nur ein in den Liebesdis-
kussionen der höfischen Romane und Salons nicht bewanderter Bauer
oder allenfalls ein Bürger durfte zur Erheiterung des Publikums in einer
Farce so direkt und grob daherreden, aber gewiß nicht ein zur Hofgesellschaft zählender »honnête homme«.

Alcestes Ungehaltenheit gegenüber seiner Umgebung geht nicht
zuletzt darauf zurück, daß für ihn trotz seiner jungen Jahre – man hat ihn
sich, obwohl ihn der vierundvierzigjährige Molière interpretierte, etwa
als Fünfundzwanzigjährigen vorzustellen, denn ältere Personen von
Stand durften in einer gehobenen Komödie nicht mehr als Verliebte
auftreten – die gute alte Zeit vergangener Jahrhunderte vorbildlich ist,
jene gute alte Zeit, in der die Beziehungen zwischen den Menschen
noch nicht durch verlogene Umgangsformen entstellt gewesen seien.
Dies verbindet ihn mit den gegen die affektierten und gesuchten
Modeerscheinungen und gegen die Freizügigkeit neuer Sitten wettern-
den Familienvätern wie Gorgibus in den *Lächerlichen Preziösen* oder mit
betagten Freiern wie Arnolphe in der *Schule der Frauen*.

Alceste zeigt kein Verständnis für die Liebe als Gesellschaftsspiel,
dessen größter Reiz von der Ungewißheit ausgeht. Sein redlicher,
gerader Sinn will nicht einsehen, daß es gemäß den geltenden Spiel-
regeln einem Bewerber lange Zeit versagt bleiben muß, über die wahren
Gefühle und die endgültige Entscheidung der von ihm Verehrten
Auskunft zu erhalten. Er will auch nicht verstehen, daß nicht nur die als
Selbstzweck ausgekostete Koketterie, sondern vor allem handfeste gesellschaftliche und materielle Interessen es seiner angebeteten Célimène nahelegen, das weitgespannte Netz ihrer Beziehungen für sich
arbeiten zu lassen. Alceste selbst würde als letzter solche Überlegungen
mitberücksichtigen. So schlägt er bedenkenlos die von den einflußreichen Habitués aus Célimènes Salon angebotene Hilfe in einem bedeutenden Prozeß über Vermögensangelegenheiten aus.

Besonders sein Verhalten gegenüber dem einflußreichen Oronte, der
ihm seine Freundschaft aufdrängt, widerspricht jeglicher Diplomatie. Als

Oronte ihn, der in Fragen des literarischen Geschmacks hohes Ansehen genießt, um seine Meinung über ein eben verfaßtes Sonett bittet, sucht Alceste sich zwar überraschenderweise zunächst um eine klare Meinungsäußerung zu drücken, aber im Gegensatz zu seinem Freund Philinte schafft er es nicht, den aufdringlichen poetischen Dilettanten mit den hochtrabenden und unverbindlichen Nettigkeiten abzuspeisen, die gängige Münze in einem Salon waren. Er zerpflückt nach anfänglichem mürrischen Zögern die anspruchslose, gefällige Komposition rücksichtsloser, als sie es verdient, und stellt ihr ein Gedicht in Stil und Ton eines Volkslieds gegenüber, das er als ein Zeugnis unverbildeter Echtheit verehrt. Doch Alceste fühlt sich durch Orontes Auftreten und Verhalten nicht nur deshalb herausgefordert, weil dieser ein nicht zu unterschätzender Rivale um die Gunst Célimènes ist, sondern auch, weil dieser ständig das Wort »sincérité« (Aufrichtigkeit) im Mund führt und damit ein für Alceste zentrales Wort zur leeren Phrase erniedrigt.

Wie ernst es Alceste mit seinem Absolutheitsanspruch ganz besonders in Fragen der Liebe ist, zeigt sich, wenn er – wie es einem Aristokraten des siebzehnten Jahrhunderts nicht erlaubt war – davon träumt, Célimène möge in eine Situation geraten, in der sie, jedes persönlichen und eigenen Vorteils und Privilegs beraubt, alles von seiner Liebe empfangen müßte:

»Nein, nein, ich liebe wahrhaft und heftig Sie allein,
So stark ist mein Gefühl, daß alle Welt es sehen kann,
Daß es sich, stolz und eifernd, an Ihnen selbst vergehen kann,
Weh Ihnen, daß um Sie je andere Männer warben,
Weh Ihnen, daß Sie nicht in Not sind, hungern, darben,
Daß Ihnen das Geschick nicht alles vorenthielt,
Besitz, Vermögen, Güter, den Namen, der viel gilt,
Daß nicht erst meine Liebe Sie nun vor aller Welt
Für so viel schwarze Unbill des Schicksals schadlos hält.
Wie schön wär' das Bewußtsein: Sie litten Not und Pein
Und sind und haben alles durch mich, durch mich allein.«

Alcestes geplanter Rückzug aus der »Welt« entbehrt religiöser Legitimation. Das Ziel bleibt denn auch merkwürdig vage, bis im fünften Akt

Alcestes tolpatschiger Diener Du Bois, als Postillon verkleidet, seinen Herrn angesichts drohender gerichtlicher Verfolgung zu sofortiger Flucht ins Ausland anspornt. Aber hier handelt es sich um eine Einlage, die dadurch komisch wirkt, weil sie dem handfesten Kostüm-, Gebärden- und Sprachrepertoire der Farce entlehnt ist. Letztlich kann es sich bei Alcestes Einöde allenfalls um ein abgelegenes, der Einflußsphäre des Hofs gänzlich entzogenes Landgut handeln.

Molière hat es auch im *Menschenfeind* nicht unterlassen, mit den ihm verhaßten aristokratischen Schmarotzern abzurechnen, denen man auf Schritt und Tritt begegnete: auf der Promenade, im Theater, im Salon, am Hof. Mit den unmißverständlich als charakterliche Nullen gekennzeichneten, aber angesichts ihres Einflusses dennoch nicht zu unterschätzenden lächerlichen Marquis Acaste und Clitandre hat er diese hohlen und aufgeblasenen Attrappen der zeitgenössischen Gesellschaft erneut angeprangert:

> »Weiß Gott! Wenn ich mich auch gewissenhaft befrage,
> Ich finde kein Motiv für Kummer oder Klage,
> Ich habe Geld, bin jung, war eben Gast bei Leuten,
> Die in der großen Welt mit Recht sehr viel bedeuten;
> Einem erlauchten Haus bin ich als Sohn entsprossen,
> Mir bleibt wohl kaum ein Amt in unserem Staat verschlossen,
> Ich bin geschickt, nicht unschön, der Wirkung stets gewiß,
> Hab' eine schlanke Taille, ein treffliches Gebiß,
> Und was die Kleidung angeht, sag' ich wohl nicht zuviel,
> Wenn ich behaupte: Keiner erreicht ganz meinen Stil.«

Komische Wirkung war mit dem die vergangenen Ideale und Vorstellungen früherer Zeiten vertretenden Alceste, nicht mit diesen selbstgefälligen Figuren zu erzielen. Denn diese entsprachen ebenso wie Oronte durchaus dem geforderten Standard bedingungsloser Integration in die Gesellschaft.

Nicht weniger zuwider als die dümmlichen aristokratischen Schmarotzer in der Art von Clitandre und Acaste waren Molière die zur Prüderie neigenden Schönen. Arsinoé, die Alceste ihrer Rivalin Célimène abspenstig machen will, vertritt diese Gattung. Zwar kann sie es jederzeit mit Célimène aufnehmen, wenn es um üble Nachrede, giftige

Medisance und tückische Insinuationen geht, aber da ihr welkender Charme (und für das siebzehnte Jahrhundert war der Anfang des körperlichen Verfalls bereits gegen Ende des dritten Lebensjahrzehnts erreicht) ihre hinterhältigen Zwischenträgereien nicht mehr mit dem Glanz einer verführerischen Persönlichkeit überstrahlt, wirkt sie widerlich und schleimig. In Arsinoés Auftritten tun sich die Abgründe der Infamie auf. Verglichen mit dem Rededuell der beiden Frauen im dritten Akt sind die Auseinandersetzungen Alcestes mit seinem Rivalen Oronte offene Aussprachen, in denen sich angestauter Mißmut und gekränkte Eitelkeit entladen.

Célimène:
»Verehrte, nein, man findet wohl jeden gut und schlecht,
Und je nach seinem Standpunkt hat jeder immer recht.
Bald ist man in der Stimmung für die Galanterie,
Und dann, zu anderen Zeiten, neigt man zur Prüderie,
Man kann sich auch verstellen, kann heucheln, was nicht stimmt,
Wenn erst die Glut der Jugend erlischt und sacht verglimmt,
So deckt man, was verdrießlich, was peinlich sein kann, zu...
Wer weiß, ob ich's nicht einst auch nach Ihrem Beispiel tu',
Im Alter wird man prüde, doch will ich's mir ersparen,
Das schon vorwegzunehmen in allzu jungen Jahren.«
Arsinoé:
»Sie rühmen sich beredt der Jugend; mir will scheinen,
Sie wiegt nicht gar so schwer, wie Sie, Verehrte, meinen,
Was man an Jahren mehr als Sie zählt, ist doch nicht
Ein Grund zum Stolz für Sie und fällt kaum ins Gewicht:
Ich kann nicht recht verstehn, was Sie so sehr erregt,
Daß Ihr gekränktes Herz kein Wort von mir erträgt.«
Célimène:
»Und ich verstehe nicht, Verehrte, daß Sie blind
Mich höhnen und mich schmähen, wo immer Sie auch sind.
Was kann denn ich dafür, daß keiner Sie umwirbt,
Daß Ihnen mein Erfolg fast jeden Spaß verdirbt?
Wenn meine Gegenwart die Liebesglut entfacht,
Was jeder neue Tag beglückend deutlich macht,
Wenn man von mir das will, was Sie so sehr entbehren,

Ist das denn meine Schuld? Ich kann mich doch nicht wehren!
Gehen Sie doch frisch drauf los, ins Kampfgewühl hinein!
Ich hindere Sie ja nicht, verführerisch zu sein.«
Arsinoé:
»Ja meinen Sie im Ernst, das Faktum macht mir Pein,
Daß man Sie so hofiert und Sie drauf stolz sind? Nein!
Ein jeder weiß es ja schon bis zum Überdruß,
Um welchen Preis man das derzeit erkaufen muß.
Nicht doch, Verehrteste! Wer Augen hat, der sieht:
Es ist die Keuschheit nicht, die Herren zu Ihnen zieht,
Die Glut wird nicht genährt von heilig reinem Feuer,
Nicht Ihre Tugend ist dem Schwarm der Werber teuer!
Es täusche sich, wer mag – ich nicht! – durch große Töne,
Man weiß, woran man ist: Ich kenne manche Schöne,
Die zärtliches Gefühl wohl auszulösen wert ist
Und die trotz alledem von keinem Mann begehrt ist;
An diesen Tatbestand schließt sich die Einsicht an:
Nur die umwirbt der Mann, die etwas bieten kann,
Um schöner Augen willen wird keiner nach ihr streben,
Dort, wo man nehmen möchte, muß man auch etwas geben.
Drum sollten Sie sich nicht in falschem Stolze wiegen,
Drum brüsten Sie sich nicht mit Ihren leichten Siegen...«

Molière hütete sich zwar angesichts des immer noch nicht zu seinen Gunsten entschiedenen Skandals um *Tartuffe* und seiner Erfahrung mit *Dom Juan*, aus Arsinoé nicht nur eine Prüde, sondern auch noch eine bigotte Frömmlerin zu machen, aber die gesellschaftliche Heuchelei Arsinoés ist derjenigen Tartuffes wesensverwandt.

Wie bei der Charakterisierung Alcestes brauchte sich Molière nur in der Literatur seiner Zeit umzusehen, wenn er Beschreibungen von übertriebenen Verhaltensformen prüder Frauen suchte. So schilderte Charles Sorel in seiner 1663 veröffentlichten *Liebesmaskerade oder Nachricht von den prüden Preziösen* eine um ihren Ruf besorgte Dame, die keine Männer bei sich duldete: »Es ist schon lange her, daß sie keine bei sich zu Besuch empfing, wenn es nicht nahe Verwandte waren, und auch auf den Bildern oder Wandteppichen ihrer Zimmer waren keine dargestellt.« Und der Abbé Charles Cotin machte sich in seinen *Galanten*

Werken von 1665 über eine Preziöse lustig, die beim Anblick eines frisch geschorenen und demnach nackten Hundes in Ohnmacht gefallen war und das Zimmer nicht mehr betreten wollte, in dem sie sich diesem schockierenden Anblick hatte aussetzen müssen.

In der Personenkonstellation des *Menschenfeinds* bleibt Éliante zwischen ihrer koketten Cousine Célimène und der prüden Arsinoé im Hintergrund. Sie hat nichts von der rastlosen Zwischenträgerei der einen und der maßlosen Gefallsucht der anderen. Ihrer überlegten Art entgeht es trotz der offenkundigen Sympathie für Alceste nicht, daß sie entsprechende Konsequenzen zu ziehen hat. Éliante reagiert äußerst besonnen und geduldig auf den leicht Reizbaren. Sie begreift sehr schnell, daß alle Avancen Alcestes ihr gegenüber bestenfalls Manöver im Dienst seiner Leidenschaft für Célimène sind. So verwundert es nicht, daß sie schließlich ohne großes Aufheben einen Antrag Philintes annimmt. Als Célimène im zweiten Akt vor den Besuchern ihres Salons launig eine Reihe gemeinsamer, aber nicht anwesender Bekannter porträtiert, beteiligt sich Éliante zwar an diesem Gesellschaftsspiel, aber sie tut es, ohne direkt zu werden. Als ihren Beitrag zur Konversation paraphrasiert sie eine Stelle aus Lukrez' Traktat *Über die Natur der Dinge* (übrigens den einzigen erhaltenen Versen einer von Molière wohl noch in seinen Studienjahren begonnenen Übertragung des antiken Lehrgedichts) und hebt damit die Konversation auf eine weniger persönliche Ebene:

»Nein, so ist Liebe nicht; sie möchte stets erhöhen
Und ihren Gegenstand im schönsten Lichte sehen,
Kein tadelnswerter Zug wird ihren Blick verletzen,
Sie will begeistert sein, bewundern, rühmen, schätzen,
Den Fehler wird sie gern als Vorzug anerkennen
Und obendrein auch noch sehr schmeichelhaft benennen:
Die Fahle, Blasse ist schneeweiß, hell wie der Mond,
Die schwarze Hexe ist bezaubernd dunkelblond,
Die Dürre rank und schlank, ätherisch und poetisch,
Die Dicke voll erblüht, gesund und majestätisch,
Die Scheußliche, die nichts an Reizen offenbart,
Ist unkonventionell, interessant, apart,
Die Riesin göttergleich, ragt bis zum Wolkensaum,

Die Kirche Saint-Eustache in der Nähe des Pariser Hallenviertels. Der mächtige Renaissancebau wurde 1532 begonnen. Die heutige Fassade stammt aus dem 18. Jahrhundert. – Zwei Beispiele aus der gegen 1622 gestochenen Serie »Balli di Sfessania« nach Zeichnungen Jacques Callots aus den Jahren 1615 bis 1617.

Madeleine Boullongne: Die Abtei Port-Royal des Champs.

Der Schulhof des 1618 von den Jesuiten gegründeten »Collège de Clermont«.

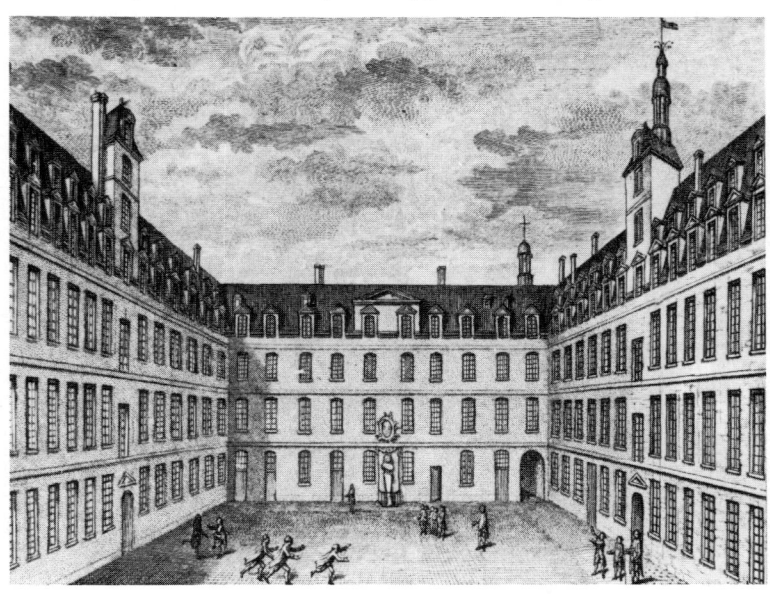

Madeleine Béjart als Magdelon und La Grange in der nach ihm benannten Rolle in der Komödie »Les Précieuses ridicules«.

Pierre Mignard: Anna von Österreich, die Mutter Ludwigs XIV.

Philippe de Champaigne: Kardinal Jules Mazarin.

Der Komiker Jodelet flieht aus dem am 15. Januar 1644 durch eine Feuersbrunst verwüsteten Théâtre du Marais.

Nicolas Mignard: Molière und Madeleine Béjart als Mars und Venus.

Nicolas Mignard: Ludwig XIV. im Jahre 1658.

Die Begegnung zwischen Philipp IV. und Ludwig XIV. auf der Fasaneninsel am 7. Juni 1660 (Ausschnitt). Der von Charles Le Brun entworfene Teppich entstand zwischen 1665 und 1668.

Hyacinthe Rigaud (Werkstatt): Jean de La Fontaine.
Anonym: Jean-Baptiste Colbert.

Philippe I., Herzog von Orléans, »Monsieur«, »Einziger Bruder des Königs«.

Henriette Anna von England.

Gesamtansicht der am 5. Juni 1662 auf dem großen Platz vor den Tuilerien veranstalteten Reiterparade (»Carrousel«).

Le Duc de Guise Roy Americquain

Armande Béjart.

Israël Silvestre:
»Indianische« Reitergruppe.
Der Herzog von Guise als »amerikanischer König«.

Fontainebleau (28. Juli 1664): Der Nepot von Alexander VII. entschuldigt sich bei Ludwig XIV. im Namen des Papstes für den von der korsischen Garde provozierten Zwischenfall (Ausschnitt).

Mutmaßliches, François de Troy zugeschriebenes Porträt von Jean Racine.

Frontispiz der 1670 unter dem Verfassernamen Le Boulanger de Chalussay veröffentlichten Komödie »Elomire der Hypochonder«. Das Blatt zeigt Molière als Schüler des italienischen Komödianten Tiberio Fiorilli (Scaramouche).

LE BOVRGEOIS
GENTILHOMME,
Comedie - Ballet,
Donné par le R O Y à toute fa Cour
dans le Chafteau de Chambort.

L'OVVERTVRE
Se fait par un grand affemblage
d'inftrumens.

DANS LE PREMIER ACTE

VN Eléve du Maiftre de Mufique compo-
fe fur une table un Air que le Bourgeois
a demandé pour une Serenade.
L'Eleve de Mufique, *Monfieur Gaye.*

LE BOURGEOIS GENTILHOME

*Frontispiz von Pierre Bris-
sart für eine Ausgabe des
»Bourgeois gentilhomme«.*

*Titelblatt des »Bourgeois
gentilhomme«.*

*Jean-Baptiste Lully, »Inten-
dant de la Musique du Roy«.*

Jean Lepautre: »Castrum doloris« anläßlich des Trauergottesdienstes für Henriette Anna.

Tiberio Fiorilli, genannt Scaramouche, kam gegen 1640 nach Paris und benutzte als Leiter der italienischen Komödianten gemeinsam mit Molière den Theatersaal im Petit Bourbon und im Palais-Royal.

Die französischen und italienischen Komödianten in einem Gemälde aus dem Jahr 1670 (von links nach rechts): Molière, Jodelet, Belleroche, Turlupin, Silvio Fiorillo, Arlequin, Guillot-Gorju, Gros-Guillaume, Le Dottor Grazian Balourd, Gaultier-Garguille Polichinelle, Pantalon, Philippin, Tiberio Fiorilli, Briguelle, Trivelin.

Der späte, in absolutistischer Repräsentation erstarrte Ludwig XIV. in einem Gemälde von Hyacinthe Rigaud.

Pierre Mignard: Molière in einem wohl etwa zur Zeit des »Misanthrope« entstandenen Gemälde.

Stich nach einem verlorenen Gemälde von Antoine Watteau: Die Abreise der italienischen Schauspieler nach ihrer Ausweisung im Jahr 1697.

Die Zwergin konzentriert den Reiz auf kleinstem Raum,
Die Hochmütige scheint von fürstlichem Geblüte,
Die Böse ist voll Geist, die Blöde ist voll Güte,
Die Plaudertasche ist in Stimmung früh und spät,
Die Stumme rührend schlicht, verschlossen und diskret.
Ein Herz in Flammen nimmt die Mängel nicht nur hin,
Es liebt sie gläubig mit – das ist der Liebe Sinn.«

Éliante vermag scheinbar mühelos auf ihre Zuneigung für Alceste zu
verzichten und sich mit Philinte auf der Grundlage vernünftiger Überlegungen zu verbinden. Wie wenig diese Entscheidung von Leidenschaft gelenkt wird, zeigt die Entschlossenheit der beiden am Ende der
Komödie, alles zu tun, um den gemeinsamen Freund von seinem
menschenfeindlichen Vorhaben, sich aus der Hauptstadt zu entfernen,
abzubringen. Auch jetzt vergessen sie über sich selbst nicht den, wie sie
meinen, von krankhaften Anwandlungen bedrohten Alceste. Die das
richtige und goldene Mittelmaß verkörpernden Éliante und Philinte
sind in der Struktur der Komödie als Kontrastfiguren zu den Protagonisten konzipiert und verkörpern aufs vollkommenste das Ideal des sich
den Gegebenheiten fügenden und den jeweiligen Umständen anpassen-
den »honnête homme« und seiner weiblichen Entsprechung.

Philintes und Éliantes Verhalten Alceste gegenüber entspricht den
medizinischen Ratschlägen der Epoche. So empfiehlt Pierre Pigray in
seinem Kompendium medizinischer und chirurgischer Anweisungen
hinsichtlich des Umgangs mit Melancholikern: »Um von dieser Krankheit abzulenken (es ist die einzige Art, die Leidenschaften der Seele zu
lindern, weil Heilung nicht erwartet werden kann), muß man sie mit
sanftem und freundlichem Zureden aufrichten, ohne ihrer festen Überzeugung zu widersprechen: Denn Widerspruch reizt sie und macht sie
noch niedergeschlagener.«

Daß sich der zur Anpassung ratende Philinte im wesentlichen wie ein
»honnête homme« verhält, hat ihn anderen Epochen verachtenswert
gemacht. In der *Lettre à D'Alembert sur les spectacles (Brief an d'Alembert
über die Schauspiele)*, mit der sich Jean-Jacques Rousseau 1758 gegen die
Einrichtung eines Theaters in seiner Heimatstadt Genf wandte, nahm
der Philosoph die Bühnenfigur Alceste gegen ihren Schöpfer in Schutz:
»Sie werden mir zwei Dinge nicht verneinen können: erstens, daß Alceste

in diesem Stück ein gerader, aufrichtiger, schätzenswerter Mensch ist, ein wirklich grundanständiger Mensch, zweitens, daß Molière aus ihm eine lächerliche Person macht. Mir scheint, das reicht, um für Molière keine Entschuldigung gelten zu lassen.« In genauem Gegensatz zu diesem redlichen Alceste sieht Rousseau Philinte, dessen weltmännische Maximen für den vorrevolutionären Schriftsteller sehr denen »jener Spitzbuben ähneln, die immerzu finden, daß alles in Ordnung sei, weil sie ein Interesse daran haben, daß sich nichts bessere; die immer mit jedermann zufrieden sind, weil sie sich um niemanden kümmern; die an einem gut gedeckten Tisch die Meinung vertreten, es stimme nicht, daß das Volk hungere«.

Rousseaus Ausfälle gegen den Anpasser Philinte regten Philippe Fabre d'Églantine zu einem Stück an, das am 22. Februar 1790, also einige Monate nach dem Sturm auf die Bastille, mit dem Titel *Le Philinte de Molière ou La Suite du Misanthrope (Molières Philinte oder Die Fortsetzung des Menschenfeinds)* aufgeführt wurde. In einem programmatischen Vorwort postulierte er ein Theater im Dienst der Revolution. Sein Engagement wurde ihm zum Verhängnis: Unter der Schrekkensherrschaft Robespierres wurde er als Freund Dantons guillotiniert.

Nichts von dieser Miteinbeziehung in die historische Aktualität findet sich bei Goethe, der den *Misanthrop*, wie er am 28. März 1827 in einem Gespräch mit Eckermann versicherte, als eines seiner liebsten Stücke immer wieder las. Er stellte Alceste, ohne es eigens auszusprechen, in eine Reihe mit Werther und Tasso, waren doch auch sie Menschen, die mit der sozialen Welt in Konflikt geraten, »in der man ohne Verstellung und Flachheit nicht umhergehen kann«. Goethe sah in Alceste eine Ich-Projektion Molières, und er fragte sich, ob jemals ein Dichter sein Inneres vollkommener und liebenswürdiger dargestellt habe.

Die Deutung der Komödie als Selbstdarstellung des durch die Verschwörung der Devoten wie auch durch Armandes (sie führte mit ihrem Mann keinen gemeinsamen Haushalt mehr) Koketterie verbitterten Dichters bietet sich an und hat manches für sich.

Es mag sein, daß Molières illusionslose Momentaufnahme der Gesellschaft während der ersten Regierungsjahre Ludwigs XIV. nicht dazu angetan war, den König zu interessieren. Die am 4. Juni 1666 im Palais-Royal zum erstenmal inszenierte Komödie ist in der Tat nie am Hof aufgeführt worden. Das Werk war kein ausgesprochener Mißerfolg. Es wurde bis zum Tod Molières insgesamt dreiundsechzigmal aufgeführt. Molière spielte bei jeder Aufführung die Hauptrolle. Boileau erinnerte sich in einem seiner Briefe an das bittere Lachen des von ihm gerade in dieser Rolle bewunderten Freundes.

Weltflucht

A lcestes Ansinnen an Célimène, sich mit ihm in eine Einöde zurückzuziehen, mußte für die Damen und Herren von Welt unter Molières Publikum von unwiderstehlicher Komik sein, denn in ihren Augen gab es doch fern vom Hof und von der Hauptstadt kein Leben, das diesen Namen verdiente: Leute, die dazu verurteilt waren, auf dem Land zu wohnen, und Einsiedler konnten demnach lediglich vegetieren und dabei verkümmern oder verwildern. Doch waren in dem von religiösen Krisen erschütterten siebzehnten Jahrhundert spektakuläre Bekehrungen alles andere als eine Seltenheit, und wer an der »Welt« irre wurde, hatte jederzeit die Möglichkeit, sich zu vorübergehendem oder ständigem Aufenthalt in ein Kloster zurückzuziehen.

Eines der bekanntesten Beispiele für einen reichen kirchlichen Pfründenempfänger, der seine Lebensführung plötzlich änderte, nachdem er seine jungen Mannesjahre in ausschweifender Weise verbracht hatte, ist Armand Jean Le Bouthillier de Rancé, der spätere Reformer des Trappistenordens. Sein Rückzug aus der »Welt« hatte um 1660 hinreichendes Aufsehen erregt, um dem Publikum des *Misanthrope* noch gegenwärtig zu sein. Sein Leben ist mehrfach erzählt worden, vom alten Chateaubriand und in unserem Jahrhundert von Henri Bremond, dem Verfasser einer vielbändigen *Histoire du sentiment religieux en France (Geschichte des religiösen Bewußtseins in Frankreich)*. Pierre Lenain, der Prior vom Kloster La Trappe und ein Freund Rancés, stellte die Konversion des mondänen Geistlichen als eine radikale Absage an die Welt dar und hob hervor, auf welche Annehmlichkeiten und Ehren der Ordensreformer verzichtete, als er irdischen Verlockungen entsagte: »Nach einer unter den Vergnügungen des Hofes verbrachten Jugend, nach eitler, ja verderblich neugieriger Erforschung der Wissenschaften und ausschließlich von Ehrgeiz motivierten Hinwendungen zum geistlichen Stand, der ihn in einer Art verbissener Verblendung auf die ersten Ämter der Kirche zutrieb, wurde Rancé, besessen von der Liebe zur Welt, zum Priester geweiht, und dieser Mann, welcher den Weg zum Himmel vergessen hatte, wurde Doktor der Sorbonne. Ja, so sah das Leben Le Bouthilliers aus bis zu seinem dreißigsten Altersjahr: unablässige Festgelage, ruhelos in Gesellschaft verbracht, Spiel, Zerstreuung, Ausfahrten und Jagd.«

Der unerwartete Tod seiner Geliebten, der Herzogin von Montbazon, war das auslösende Moment für Rancés Bekehrung. Pascal, Conti, Rancé: aus den fünfziger Jahren des siebzehnten Jahrhunderts gibt es zahlreiche Berichte von und über Menschen, die unter dem Eindruck erschreckender oder erschütternder Erlebnisse, wie sie scheuende Pferde oder die Konfrontation mit Krankheit oder Tod darstellten, ihre bisherige Lebensführung von Grund auf änderten. Begleitet waren diese plötzlichen Erleuchtungen in der Regel von Feuervisionen, wie sie Pascals *Memorial* festhält, seine Aufzeichnung über die ihm innere Gewißheit verschaffende Nacht vom 23. November 1654. Beim Abbé Rancé kommt diese Feuervision seiner Angst vor der Hölle gleich: »Eines Tages erging er sich in den Alleen von Véretz, als er ein großes Feuer zu sehen meinte, das die Wirtschaftsgebäude zu verzehren drohte. Er eilt hinzu, das Feuer wird schwächer, je mehr er sich nähert. In einer gewissen Entfernung verschwindet die Feuersbrunst und verwandelt sich in einen Feuersee, aus dem bis zur Hüfte ein Frauenleib auftaucht, der von den Flammen verschlungen wird. Entsetzen überfällt Rancé, er stürzt in sein Haus zurück; dort angekommen, verlassen ihn seine Kräfte: Er ist dermaßen außer sich, daß es im ersten Augenblick nicht gelingt, auch nur ein einziges Wort aus ihm herauszubringen.«

Der solchermaßen Bedrängte verzichtete 1662 auf seine kirchlichen Pfründen, vermachte dem Hôtel-Dieu, dem Krankenhaus, seine beiden Pariser Häuser und schickte sich an, die ihm unterstehende Zisterzienserabtei von La Trappe zu reformieren. Dort hausten nur noch sechs heruntergekommene Mönche. Rancé sammelte Gesinnungsgenossen um sich und verkündete den am 30. Mai 1663 um ihn Versammelten im Kapitelsaal des Klosters, er werde fortan in ihrer Gemeinschaft leben. Zudem zeigte er sich entschlossen, auch die zu erwartenden Auseinandersetzungen mit Papst und König, die schon seit Jahren durch den Radikalismus von Port-Royal beunruhigt waren, durchzustehen.

Wenn Alceste seinen Rückzug von der Gesellschaft in weiblicher Begleitung antreten wollte, hätte er bei Arsinoé schon eher mit Verständnis und Entgegenkommen rechnen können. Eine beeindruckende Zahl von Frauen zogen sich, enttäuscht oder von religiösen Skrupeln und Visionen heimgesucht, vom Hof zurück und suchten in ländlicher oder klösterlicher Abgeschiedenheit abseits vom Glanz der Hauptstadt stille Einkehr. Auch Madame de Sévigné zog sich von Zeit zu Zeit nicht ungern auf ihre Güter zurück, um sich dem Wirbel der gesellschaftlichen Verpflichtungen zu entziehen, der sie in Paris mit sich riß. Als Madame de Motteville und Mademoiselle de Montpensier den Hof ins baskische Saint-Jean-de-Luz begleiteten, wo der König seine Braut heimholte, träumten die beiden Damen von einer Existenz auf dem Land, wo man sich gegenseitig zu Pferd oder in Kutschen besuchen würde: »Man würde den Umgang mit Freunden des Hofs und der Gesellschaft nicht abbrechen, aber ich denke, daß wir derart beschaffen sein werden, daß es ihnen mehr zum Ruhm gereichen würde, uns zu schreiben, als uns, wenn wir ihnen antworten.«

Eine dem Ruhmstreben verpflichtete Lebensführung, wie sie hier skizziert wird, kam freilich kaum einer Abwendung von der Gesellschaft gleich. Denn auch noch das Leben auf dem Land sollte in erster Linie die in der »Welt« Zurückgebliebenen beeindrucken. Arsinoés intrigante Betriebsamkeit wäre wohl auch im gesellschaftlichen Abseits nicht erlahmt, mochten auch die geistlichen Ratgeber ihre weiblichen Schutzbefohlenen nachdrücklich davor warnen, den Geist der Welt auch noch in ihre Landhäuser einzuführen oder gar die Stille zu benutzen, um ungestörter ihren Leidenschaften nachzuhängen.

Größtes Aufsehen erregte es in den siebziger Jahren, als die Herzogin von La Vallière, die langjährige Favoritin Ludwigs XIV., der ständigen Demütigungen durch ihre Nachfolgerin, Madame de Montespan, müde, sich schließlich dazu durchrang, der Welt endgültig abzusagen und in ein Karmelitinnenkloster einzutreten. Bossuet selbst hielt im Beisein der Königin aus Anlaß der Profeß der Einunddreißigjährigen eine Predigt, die dieses Ereignis gebührend feierte. Gewiß mußte er darauf achten, vor den sicher besonders gespannten Anwesenden jede Bemerkung zu vermeiden, die den König hätte verletzen können. Bossuet stellte daher in seiner Predigt vor allem das nachahmenswerte Exempel einer Eigenliebe und Selbstsucht überwindenden Seele heraus. Wer mit der Erwartung gekommen war, Bossuet angesichts des heiklen Gegenstands verunsichert zu sehen, wurde enttäuscht. Die Predigt war darauf angelegt, im Entschluß der Herzogin nichts anderes sehen zu wollen als kohärentes und konsequentes Christentum, ermunterte der Prediger doch die ehemalige Geliebte des Königs: »Und Sie, meine Schwester, die Sie angefangen haben, diese keuschen Wonnen zu kosten, steigen Sie herab, gehen Sie zum Altar.«

Allzuoft sieht man in den Reaktionen der durch *Tartuffe* Aufgebrachten nur die Machenschaften von bigotten und hinterhältigen Frömmlern. Dabei übersieht man aber, wie real religiöse Erfahrungen für einen großen Teil der damaligen Gesellschaft noch immer waren. Molière und die Skeptiker und Libertins seiner Zeit bildeten die Ausnahme, während die Mehrheit der Bevölkerung aus Überzeugung oder Gewohnheit am religiösen Leben teilnahm.

Zurück zur Farce: »Le Médecin malgré lui«

M olière konnte den *Menschenfeind* einundzwanzigmal nacheinander aufführen: Nur zweimal sanken dabei die Einnahmen unter 300 Livres; das Maximum von 1617 Livres wurde bei der ersten Wiederholung erreicht. Der angebliche Mißerfolg der Komödie ist daher nur eine Legende. Richtig ist lediglich, daß Molière mit der am Freitag, den 6. August 1666, als Zugabe zu Donneau de Visés Stück *Die kokette Mutter* gespielten Komödie Le Médecin malgré lui (Der Arzt wider

Willen) einen Erfolg erlebte, der wohl den des *Menschenfeinds* über-traf. Sechsundzwanzigmal nacheinander erschien *Der Arzt wider Willen* mit verschiedenen anderen Repertoirestücken auf dem Theaterprogramm. Für Voltaire bedeutete es »eine Schande für das Menschengeschlecht«, daß das Publikum an dieser in der Tradition mittelalterlicher Schwankerzählungen und Rabelais' stehenden Bagatelle mehr Gefallen fand als am *Menschenfeind*. Er wollte nicht wahrhaben, daß Molière wohl in keinem Augenblick seiner Laufbahn zugunsten der »hohen« Komödie mit ihren Protagonisten aus der gehobenen Gesellschaft gänzlich auf seine deftige Farcenkomik verzichten konnte. Der Autor, Schauspieler und Direktor des Palais-Royal wußte nur zu gut, wie sehr das Publikum am Hof und in der Hauptstadt nach dieser kräftigen Kost verlangte.

Der *Arzt wider Willen* lehnt sich an frühere Possen an. Spätestens seit 1661 hatte Molière die Farce *Le Fagotier (Der Holzsammler)* in seinem Repertoire. Höchstwahrscheinlich handelte es sich dabei um eine Vorstufe zum *Arzt wider Willen*. Der Posse liegt eine mittelalterliche Schwankerzählung, das Fabliau *Du vilain mire (Der Bauer als Arzt)*, zugrunde. Dessen Text war zwar damals noch nicht veröffentlicht, der Stoff aber in verschiedenen Varianten international verbreitet: Ein Bauer verprügelt seine Frau; um sich zu rächen, versichert sie zwei vorbeiziehenden Herolden, die einen Arzt suchen, um die Tochter des Königs von einer versehentlich verschluckten Fischgräte zu befreien, ihr Mann sei ein geschickter Arzt, lasse sich aber nur durch Schläge zur Ausübung seines Könnens bewegen.

In Molières Stück sucht sich aus ähnlichem Grund und auf ähnliche Weise Martine an ihrem Mann Sganarelle zu rächen. Sie redet den nach einem fähigen Arzt suchenden Dienern Lucas und Valère ein, es genüge, ihren Mann zu verbleuen, um ihn so weit zu bringen, daß er sein ängstlich gehütetes ärztliches Können zeige. Lucinde, die Tochter Gérontes, in deren Diensten Lucas und Valère stehen, soll von einer Krankheit geheilt werden, in deren Folge ihr die Fähigkeit zu sprechen verlorenging. Wie Sganarelle in *Dom Juan* wächst der von Molière gespielte arme Holzsammler schnell in seine neue Rolle hinein, um so mehr, als er sogar im Besitz einer fragmentarischen Bildung ist. Er läßt sich leicht von Lucindes Geliebtem Léandre bestechen und hinsichtlich der nur vorgetäuschten Krankheit ins Ver-

trauen ziehen. Sobald Léandre als Apotheker verkleidet zu dem Mädchen kommt, findet dieses seine Sprache wieder: »Mein Vater! Gewiß, ich habe die Sprache wiedergefunden, doch meine ersten Worte
sollen Ihnen sagen, daß nur Léandre und kein anderer Mann mein
Gatte werden soll und daß Sie sich vergeblich bemühen, mich mit
Herrn Horace zu vermählen.«

Ohne Erfolg sucht der Vater nun den über ihn hereinbrechenden
Redeschwall der Tochter zu bremsen. Auch der tüchtigste Arzt kann
hier nicht helfen. Sganarelle ruft deshalb den als Apotheker verkleideten Léandre zu Hilfe: »Ich sehe nur einen Ausweg, nämlich eine
schleunige Abführung der ganzen Person und anschließend eine ge-
hörige Dosis von contractus matrimonicus, pactus notarius copulati-
vus in Tablettenform. Vielleicht wird sie sich zunächst gegen diese
Methode sträuben, aber Ihr seid ein tüchtiger Mann, Ihr werdet sie
schon so weit bringen und ihr diese Lösung eingeben, so gut Ihr
könnt. Geht jetzt mit ihr im Garten auf und ab, um die Säfte in
Bewegung zu versetzen, ich werde mich inzwischen hier mit dem
Vater unterhalten. Aber verliert keine Zeit, schnell, beginnt Eure
Kur, macht ihr die Kur, so schnell Ihr könnt.«

Über die Wiederaufnahme mancher aus Molières bisherigem Repertoire wohlbekannten Komponenten dürfen die originellen Aspekte
der dreiaktigen Prosakomödie nicht übersehen werden. Sganarelle
hat sich nun zu einer Figur verdichtet, in welcher Molière vielleicht
mehr als in jeder anderen männlichen Rolle seine Erlebnisse in der
französischen Provinz dramatisch gestaltet hat. In *Dom Juan* steht
Sganarelle zu sehr im Banne seines Herrn und dessen gesellschaft-
licher Klasse, um sich frei entfalten zu können. Im *Arzt wider Willen*
hingegen feiern Bauernschläue, Gewitztheit, Gerissenheit und derb
zupackende Sinnlichkeit einen bis dahin unbekannten Triumph.
Während in Molières Theater sonst der Provinzler auf der Bühne
dem Gelächter eines sich überlegen dünkenden Publikums ausgeliefert wird, entfaltet sich im *Arzt wider Willen* eine kraftvolle Persönlichkeit, die einerseits in der mittelalterlichen Literatur wurzelt und
andererseits auf populäre Theaterstücke und Filme des neunzehnten
und zwanzigsten Jahrhunderts vorausweist.

Winter 1666/67 in Saint-Germain-en-Laye

Der Tod Annas von Österreich am 20. Januar 1666 hatte nicht nur die Schließung der Theater für einen Monat zur Folge. Am Hof wurden die Festlichkeiten und Divertissements für nahezu ein ganzes Jahr eingestellt. Das Ende der Staatstrauer wurde mit einer großen, vom 2. Dezember 1666 bis zum 19. Februar 1667 dauernden Reihe von Festen gefeiert. Alle Künstler des Hofs und sämtliche Pariser Theater wurden aufgeboten, um die Feiern zu gestalten. Isaac de Benserade hatte als Rahmenthema ein »Musenballett« konzipiert und Jean-Baptiste Lully die dazugehörende Musik komponiert. Jede der neun von ihrer Mutter Mnemosyne an den Hof Ludwigs, »des vollkommensten aller Könige«, geführten Musen empfing während der Festlichkeiten eine Huldigung in Form eines Balletts. Das offizielle Organ des Hofs, *La Gazette de France*, berichtete am 4. Dezember aus Saint-Germain-en-Laye über die zwei Tage zuvor eröffneten Feierlichkeiten: »Am 2. dieses Monats wurde hier in Gegenwart der Königin, Monsieurs und des ganzen Hofs das aus dreizehn Entrees bestehende ›Musenballett‹ getanzt: Es wurde mit der die Divertissements Ihrer Majestät kennzeichnenden Pracht veranstaltet. Es beginnt mit einem Dialog dieser Parnaßgottheiten zu Ehren des Königs, und alle Künste, die man durch die Umsicht dieses großen Monarchen so schön erblühen sieht und die gekommen sind, um die Musen zu empfangen, beschließen, jede unter ihnen durch ein besonderes Entree zu ehren. Im ersten werden für Urania die sieben Planeten dargestellt. Im zweiten erscheint für Melpomene das Abenteuer von Pyramus und Thisbe, das von dem Grafen Armagnac und dem Marquis de Mirepoix getanzt wird. Das dritte ist eine Komödie zur Ehre Thalias. Das vierte, zu Ehren Euterpes, bilden Schäfer und Schäferinnen. Und damit sich Ihre Majestät in irgendeiner Weise von Ihrer ständigen Arbeit für den Staat erholt, stellt Sie einen dieser Schäfer dar. Sie wird begleitet vom Marquis de Villeroi. Auch Madame stellt eine der Schäferinnen dar. Sie wird begleitet von der Marquise de Montespan und den Demoiselles de La Vallière und de Toussi. Im fünften Entree ist zu Ehren Clios die Schlacht zwischen Alexander und Poros zu sehen, und das für Kalliope bestimmte sechste

Entree wird von fünf Dichtern getanzt. In dem von einer Erzählung begleiteten siebten Entree erscheint Orpheus, der durch die mannigfaltigen Töne seiner Leier bei seinem Gefolge Schmerz und andere Leidenschaften erregt. Das für Erato bestimmte achte Entree wird von sechs Liebenden getanzt, unter denen der König Cyrus darstellt und der Marquis de Villeroi Polexandre. Das neunte Entree zu Ehren Polyhymnias wird von drei Philosophen und zwei Rhetoren gebildet, welche von französischen und italienischen Komödianten dargestellt werden. Das zehnte zu Ehren Terpsichores besteht aus vier Faunen und ebenso vielen unzivilisierten Frauen, die vielfältige Figuren ausführen. Beim elften Entree handelt es sich um einen der angenehmsten Tänze der elf Musen und der Töchter des Pieros, die von Madame mit den Töchtern der Königin, Ihrer königlichen Hoheit und anderen Damen des Hofes dargestellt werden. Das zwölfte Entree wird von drei Nymphen gebildet, die von ihnen angerufen wurden, um über ihren Streit zu entscheiden. Und im letzten bestraft Jupiter die Pieriden, da sie das gefällte Urteil nicht anerkannten: Alle diese Entrees waren so gut aufeinander abgestimmt und wurden so gut ausgeführt, daß es nichts Erfreulicheres gibt.«

Molière schrieb in aller Eile für das unter dem Zeichen der Muse Thalia stehende dritte Entree eine im Tempetal in Thessalien spielende »heroische Hirtenkomödie« mit dem Titel *Mélicerte*. Er stand so unter Zeitdruck, daß nur zwei der auf fünf Akte angelegten Verskomödie fertig wurden. Die Handlung ist dem zu Molières Zeiten fast nicht mehr überschaubaren Bestand der europäischen Hirtendichtung entlehnt. Die großen Erfolge der im sechzehnten Jahrhundert in Italien entstandenen Gattung, Tassos *Aminta* und Guarinis *Pastor fido*, waren inzwischen in fast allen europäischen Ländern übersetzt, nachgeahmt und variiert worden. In Frankreich hatte Honoré d'Urfé mit seinem mehrbändigen Prosaroman *Astrée* nach der Jahrhundertwende eine originelle Spielart der vor allem bei der höfischen Gesellschaft beliebten Gattung geschaffen. Dieser Roman trug entscheidend dazu bei, die Sitten des nach einem jahrzehntelangen blutigen Bürger- und Religionskrieg verrohten Landes zu verfeinern.

Molière griff für das Handlungsgefüge seiner *Mélicerte* auf den Tausende von Seiten zählenden heroisch-galanten Roman *Artamène ou Le Grand Cyrus* zurück, den Madeleine de Scudéry zwischen 1649 und

1653 in zehn Bänden veröffentlicht hatte. Dort wird in einer Episode von einem doppelten Kindertausch berichtet, dessen Aufklärung wie im alexandrinischen Roman alle sich den Helden entgegenstellenden Hindernisse beseitigt. In Molières heroischer Hirtenkomödie suchen Daphné und Éroxène, zwei in den reizenden Epheben Myrtil verliebte Nymphen, dessen vermeintlichen Vater Lycarsis dazu zu bewegen, seinen Sohn mit einer von ihnen zu verheiraten. Myrtil aber liebt die unter der Obhut ihres angeblichen Onkels Mopse heranwachsende Mélicerte. Lycarsis und Mopse gehören dem Hirtenproletariat an, während die Nymphen zu der Schäferaristokratie zählen. Die unbeholfene und unfeine Sprache von Lycarsis hebt sich deshalb von den eleganten Formen und dem gepflegten Ausdruck der übrigen Figuren ab. Typisch für die Hirtendichtung ist, daß sich die Liebe auch über soziale Standesinteressen hinwegsetzt. Ebenso typisch aber ist es, daß die dabei sich abzeichnende Überbrückung der Standesgegensätze wieder rückgängig gemacht wird, sobald enthüllt ist, daß die Protagonisten in Wirklichkeit ebenfalls aristokratischer Herkunft sind. Für Myrtil ist jedenfalls die in Aussicht gestellte Verbindung mit einer vornehmen Hirtin keine Verlockung. Was für ihn zählt, ist allein seine Liebe, und selbst der durch die vorgeschlagene Einheirat in die Nymphenaristokratie zunächst geschmeichelte Lycarsis läßt sich schließlich von Myrtil dazu bewegen, der Verbindung mit Mélicerte zuzustimmen. Diese Einwilligung wäre ohnehin bald entbehrlich gewesen, da der König mit seinem prächtigen Hofstaat in das Tempetal kommt, um Mélicerte und Myrtil über ihre wahre Herkunft aufzuklären.

Der dreizehnjährige Michel Baron spielte die Rolle Myrtils. Der begabte Junge hatte in einer von Marguerite Raisin geleiteten Schauspielschule für Heranwachsende seine Ausbildung erhalten. Armande ging das Interesse ihres Mannes für das junge Talent zu weit, und sie ohrfeigte es in einem Anfall von Eifersucht. Molières Einsatz für den die Hofgesellschaft durch Anmut und Schönheit bezaubernden Debütanten schien ihr überzogen und kränkte sie. Der junge Star wußte, was er sich und seiner künftigen Schauspielerkarriere schuldig war: Er schmollte und war nur durch gutes Zureden zu bewegen, seine Rolle überhaupt noch zu spielen. Dieser Zwischenfall war vielleicht der Grund dafür, daß Molière die Komödie nicht vollendete. Bei einer Wiederholung des »Musenballetts« am 5. Januar 1667 wurde *Mélicerte* durch *La Pastorale comique (Die komische Pastorale)* ersetzt, von der lediglich die Anordnung der Ballette und die von Le Gros, Don und Jean Gaye gesungenen Gesangseinlagen erhalten sind. Molière dachte weder Armande noch Baron eine Rolle zu. Offensichtlich hatte er von den ewigen Zänkereien der beiden fürs erste genug und konnte es nicht riskieren, den König zu verstimmen, da Baron bei diesem um Urlaub ersucht hatte.

Für eine nochmalige Aufführung des »Musenballetts« am 14. Februar schrieb Molière ein zusätzliches vierzehntes Entree, die Komödie *Le Sicilien ou L'Amour peintre (Der Sizilianer oder Die Liebe als Maler)*. Darin griff er teils seinen *Étourdie* aus dem Jahre 1655 wieder auf, teils machte er bei anderen Autoren Anleihen. So hatte sich in Pierre Du Ryers *Argénis* der Verehrer eines eifersüchtig bewachten Mädchens als Maler eingeführt. Diesen Einfall hatten wiederum Jean de Rotrou in seiner Tragikomödie *La Pèlerine amoureuse (Die verliebte Pilgerin)* und Gillet de La Tessonnerie in seinem *Campagnard (Provinzler)* geschickt verwertet. Die zwanzig Szenen des *Sizilianers* sind von tänzerischer, fast rokokohafter Leichtigkeit. Die von dem französischen Edelmann Adraste umworbene schöne griechische Sklavin Isidore hält der Sizilianer Dom Pèdre, den Molière spielte, unter strenger Aufsicht. Sizilien, das die Araber im frühen Mittelalter etwa zweieinhalb Jahrhunderte lang besetzt gehalten hatten, gehörte in der Vorstellungswelt der Dichter bereits zum Orient. Sklaverei stellte auf der Insel auch nach der Rechristianisierung eine historische Realität dar. Eine Reihe von Gesetzesstatuten regelte die Beziehungen zwischen den Sklaven und ihren Besitzern. Molière brauchte jedoch keine Nachforschungen anzustellen, um sich über die Rolle der Sklaverei auf der Insel zu informieren, denn Situation und Handlung des *Sizilianers* waren in italienischen Theaterstücken seit der Mitte des sechzehnten Jahrhunderts mehrfach vorgegeben.

Molière erhielt mit seiner Truppe für die Mitwirkung beim »Musenballett« 6000 Livres ausgezahlt. Der König wußte zwar, was er seiner »gloire« schuldig war, aber die Truppe wurde während ihrer Abwesenheit aus Paris schweren Belastungen ausgesetzt. Die Zänkereien Armandes und Barons waren nicht das einzige Problem, mit dem sich Molière während der Wintermonate in Saint-Germain-en-Laye herumschlagen mußte. Während Marquise Du Parc am 2. Dezember bei der Aufführung der *Mélicerte* mit aller Wahrscheinlichkeit die Titelrolle interpretierte, übernahm die erfolgreiche Schauspielerin im *Sizilianer* keine Rolle. Racine, der ein Jahr zuvor in einer alle Gepflogenheiten mit Füßen tretenden Form zum Hôtel de Bourgogne übergewechselt war, nahm mit den Schauspielern des angesehensten Pariser Theaters ebenfalls an den Winterfestlichkeiten teil. Er nutzte die Gelegenheit, um Marquise Du Parc, die Molière und Corneille vergeblich umworben hatten, als die Schauspielerin noch nicht verwitwet war, zu verführen. Am 14. Februar, als in Saint-Germain-en-Laye der *Sizilianer* aufgeführt wurde und die Künstler des Hôtel de Bourgogne und des Palais-Royal vereint mit der Hofgesellschaft tanzten, hielt sich die schöne Marquise mit Racine in Paris auf. Dort machte dieser sie Molière abspenstig.

Marquise schloß sich am 29. März 1667, also wenige Wochen nach den winterlichen Hoffesten, dem Ensemble des Hôtel de Bourgogne an. Es bedeutete nur einen schwachen Trost für Molière, daß ihm der alte Corneille *Agésilas*, sein jüngstes Drama, zur Inszenierung überließ. Die Zukunft der französischen Tragödie, das bestätigte *Andromaque* im folgenden Herbst, gehörte nun zwar Racine, aber Corneille und Molière hatten beide ein Interesse daran, zusammenzuarbeiten. Der außergewöhnliche Erfolg von Racines *Alexander* am Hôtel de Bourgogne war dem alternden Normannen ein Dorn im Auge, und es verdroß ihn zusätzlich, daß am 28. Februar 1666 bei der Uraufführung von *Agésilas* das Publikum nur noch lau reagierte und selbst seine treuesten Anhänger das Stück ablehnten. Der Zeitpunkt der Aufführung lag so kurz nach dem Tod der Königinmutter nicht gerade günstig, aber der Sechzigjährige konnte sich auch nicht verheimlichen, daß seine Stücke mit ihrem Kult heldenhafter Figuren keine Zugkraft mehr besaßen. Auch die von ihm versuchte Neuerung, in einer Tragikomödie in Versen nicht nur Alexandriner zu verwenden, vermochte das Publikum nicht aus seiner Reserve zu locken, sondern verwirrte es zusätzlich. Molière setzte jedoch trotz des Mißerfolgs von *Agésilas* weiterhin auf Corneille. Für *Attila*, dessen neueste Tragödie, bot und zahlte er 2000 Livres. Die zwanzig Aufführungen vor der Osterpause brachten zwar einen Achtungserfolg, aber von der achten Aufführung an ließ Molière jeweils eine eigene Farce oder Komödie als Zugabe spielen. Die an Corneille bezahlten Autorenrechte für *Attila* machten mehr als ein Drittel der Einnahmen für sämtliche Aufführungen der Tragödie aus. Das bedeutete für Molière und seine Truppe ein recht enttäuschendes Ergebnis.

Bei aller Anerkennung, die Molière und seinem Ensemble in Saint-Germain-en-Laye zuteil wurde, hatte der Winter jedoch auch durch die wiederaufflackernde Polemik gegen das Theater im allgemeinen und Molière im besonderen einigen Verdruß gebracht. Doch als nach dem Tod des Prinzen Conti dessen *Traktat über die Komödie und über die Schauspiele aus der Sicht der kirchlichen Tradition* als Zeichen der Bußfertigkeit des Verstorbenen veröffentlicht wurde und der Abbé Charles Cotin glaubte, in dieselbe Kerbe schlagen zu müssen wie der ehemalige Protektor Molières, konnte Molière letzten Endes darüber hinwegsehen, solange nur die Vergnügungssucht des Hofs nicht erlahmte. Und daß dies nicht so schnell geschehen würde, bewiesen Monsieur und Madame, als ihr Sohn Philippe-Charles, Herzog von Valois, am 8. Dezember 1666 starb: Bereits fünf Tage danach waren die Eltern wieder in Saint-Germain, und in den ersten Januartagen übernahm Madame auch wieder ihren Part im »Musenballett«.

Nach seiner dreizehn Wochen dauernden Abwesenheit von Paris mußte Molière für die verbleibenden Theaterabende der Wintersaison ein Repertoire zusammenstellen. Die Tage bis zur Uraufführung von Corneilles *Attila* überbrückte er mit Reprisen von Tristan L'Hermites *Mariane*, Corneilles *Sertorius* und seinen eigenen Farcen *Der Arzt wider Willen* und *Sganarelle*.

Aber nun erkrankte Molière Ende März so schwer, daß sogar das Gerücht umlief, er liege im Sterben. Bis zum 15. Mai blieb das Theater im Palais-Royal geschlossen. Am Tag nach der Wiedereröffnung brach der König mit dem Hofstaat zu seiner Offensive nach Flandern auf. Paris wirkte wie ausgestorben. Molière blieb wenigstens die nötige Ruhe, um sich in seinem Haus in Auteuil mit einer Milchkur zu pflegen. Er schonte sich, so daß er weder in Donneau de Visés *Veuve à la mode* (*Witwe nach der neuen Mode*) noch in Corneilles *Attila*, mit denen die Spielzeit am Palais-Royal fortgesetzt wurde, eine Rolle übernahm. Erst am 15. Juni, als dem Pariser Publikum der *Sizilianer* vorgestellt wurde, spielte er wieder mit. Das Interesse der Zuschauer war nicht so groß, wie das von Charles Du Laurens, genannt Robinet, in einem seiner zahlreichen *Lettres en vers à Madame* (*Briefe an Madame in Versen*) vom 19. Juni gespendete Lob vermuten lassen könnte.

Molière machte sich gewiß von vornherein keine Illusionen über die Publikumswirksamkeit der nach dem 15. Mai aufgeführten Stücke. Um so mehr mußte es ihn beunruhigen, daß *Tartuffe* immer noch nicht freigegeben war. Mit Hilfe einer Überarbeitung suchte er endlich die Erlaubnis für die erfolgversprechende Komödie zu bekommen. Die Chancen schienen angesichts der anhaltenden Gunst des Königs und seiner Schwägerin gut.

»Le Tartuffe«: Neuer Anlauf

Madame, die Schwägerin Ludwigs XIV. und eine von Molières zuverlässigsten Protektorinnen, schaltete sich im Sommer 1667 vermittelnd ein, um die seit drei Jahren festgefahrenen Auseinandersetzungen um *Tartuffe* für den Direktor des Palais-Royal erfolgreich zu beenden. Der Zeitpunkt schien günstig: Ludwig XIV. war über die Zudringlichkeit der Clique der Devoten besonders aufgebracht, da ihm soeben der den Jansenisten nahestehende Louis-Henri de Pardaillan de Gondrin, Erzbischof von Sens, »wegen seiner Liebesaffären« mit der Herzogin von La Vallière und der Marquise de Montespan allzu aufdringlich ins Gewissen geredet hatte. So gab Ludwig nun endlich seine Zustimmung zu einer öffentlichen Aufführung.

Andererseits hatte eben jetzt Ludwig XIV. den sogenannten Devolutionskrieg vom Zaun gebrochen, der seine und seines Hofstaats Abwesenheit von der Hauptstadt zur Folge hatte. Auf Grund des in einigen niederländischen Provinzen gebräuchlichen Rechts der Devolution klagte Ludwig XIV. diese nach dem Tod Philipps IV. im Namen seiner Gemahlin ein. Maria Theresia hatte zwar im Pyrenäenfrieden ausdrücklich versichert, sie verzichte auf alle Gebietsansprüche, aber der Schwiegervater des französischen Königs hatte den Heiratsvertrag längst dadurch gebrochen, daß er von der zu genau festgelegten Terminen zu bezahlenden Mitgift nie etwas entrichtet hatte. Bei seinem Tod 1665 hinterließ Philipp IV. die spanischen Niederlande seinem Sohn aus zweiter Ehe, Karl II. Ludwig XIV. machte dagegen das im Hennegau und in Brabant übliche Gewohnheitsrecht geltend, wonach die Kinder aus erster Ehe vor denen aus zweiter Ehe erbten. Da Maria Theresia eine Tochter aus Philipps erster Ehe war, standen ihr nach diesem Erbfolgerecht, das »ius devolutionis« hieß, die spanischen Niederlande zu. Der französische König hielt sich daher für berechtigt, Spanien den Krieg zu erklären und in den Hennegau und in Brabant einzufallen, um die nur unzureichend verteidigten dortigen Städte und Ländereien der spanischen Krone zu erobern und zu annektieren.

Voltaire hat in seinem Werk *Das Jahrhundert Ludwigs XIV.* diesem Feldzug einige Seiten gewidmet: »Der König, mehr auf seine Kräfte als auf seine Gründe zählend, machte sich in Flandern an Eroberungen, die ihm sicher waren (1667). Er stand an der Spitze von fünfunddreißigtausend Mann; ein weiteres Armeekorps von achttausend Mann wurde in Richtung Dünkirchen in Marsch gesetzt; eines von viertausend in Richtung Luxemburg. Der ihm unterstellte Turenne war General dieser Armee. Colbert hatte die staatlichen Einnahmen vervielfacht, um für die Ausgaben aufzukommen. Louvois, neuer Kriegsminister, hatte gewaltige Vorbereitungen für den Feldzug getroffen [...]. Dieser Feldzug, der mitten im größten Überfluß, unter so leicht zu erringenden Erfolgen stattfand, schien wie die Reise eines Hofstaats. Gutes Essen, Luxus und Vergnügen hielten damals in den Armeen ihren Einzug, während sich gleichzeitig die Disziplin festigte.«

Die Abwesenheit des Hofs war für Molière kein Grund, die Affäre um *Tartuffe* auf sich beruhen zu lassen. Im Gegenteil, am Freitag, den 5. August 1667, wurde die Komödie unter dem Titel *L'Imposteur (Der Betrüger)* aufgeführt. Eine weitere Änderung betraf den Namen des Titelhelden: Er hieß nun Panulphe. Die im Register von La Grange festgehaltene Einnahme von 1 890 Livres zeigt, mit welch gespannter Erwartung das Publikum in den Palais-Royal strömte.

Um so aufgebrachter war die Clique der Devoten, die in Guillaume de Lamoignon, dem Ersten Präsidenten des Parlaments von Paris, einen einflußreichen Verbündeten hatte. Er war Mitglied der »Gesellschaft vom Heiligen Altarsakrament« und während der Abwesenheit des Königs für die öffentliche Ordnung zuständig. So konnte es nicht überraschen, daß er seine Machtbefugnisse ausnutzte, um eine bereits für den darauffolgenden Sonntag vorgesehene Wiederholung des Stücks kurzerhand zu verbieten. Es half auch nicht, daß sich Molière mit Boileau zu ihm begab, um die Aufhebung des Verbots zu erwirken. Lamoignon räumte zwar zynisch ein, er sei davon überzeugt, daß die Komödie sehr schön und instruktiv sei, aber es sei nicht Sache der Schauspieler, die Leute in Fragen christlicher Moral und Religion zu unterweisen, stehe es doch dem Theater nicht zu, das Evangelium zu predigen. Einwände vorzutragen machte Lamoignon unmöglich, da er demonstrativ auf die Uhr sah und die beiden Bittsteller, an Molière gewandt, mit den Worten vor die Tür setzte: »Mein Herr, wie Sie sehen, ist es fast Mittag. Sollte ich noch länger verweilen, würde ich die Messe versäumen.«

Schon am folgenden Tag machten sich zwei von Molières Schauspielern, La Grange und La Thorillière, auf den Weg zum König ins Feldlager vor Lille. Molière brachte in seiner Bittschrift, die jedoch die beiden dem König nicht persönlich überreichen konnten, zunächst einmal seine Empörung zum Ausdruck: »Mein Lustspiel, allergnädigster Herr, hat hier Eurer Majestät Gnade nicht geniessen können. Umsonst habe ich es unter dem Titel der Betrüger auf die Schaubühne gebracht, und die Haupt-Person in einen Weltmann verkleidet. Ungeachtet ich ihm einen kleinen Hut, lange Haare, einen großen Kragen, einen Degen, und ein Kleid voller Spitzen gegeben, viele Stellen gemildert, und alles dasjenige, was nach meiner Meynung fähig war, den berühmten Originalen des Bildnisses, welches ich abschildern wollte, den mindesten Schatten eines Vorwandes zu geben, sorgfältig ausgemustert habe, so hat doch alles nichts geholfen. Die Zusammenrottirung ist durch blose Muthmaassungen, welche sie etwan von der Sache gehabt, wieder erwacht. Sie haben Mittel gefunden, Personen zu überraschen, welche in allen anderen Dingen öffentlich zeigen, daß sie sich nicht überraschen lassen. Kaum war mein Lustspiel erschienen, so ward es von einem Schlage getroffen, gegen welchen man Ehrerbietung haben muß; und alles, was ich bey diesem Vorfalle, um mich selbst von diesem Ungewitter zu retten, thun konnte, war dieses, daß ich sagte, es hätten Eure Majestät die Gnade gehabt, mir die Vorstellung dieses Stückes zu erlauben, und ich hätte nicht gemeynt, daß es nöthig wäre, mir diese Erlaubniß von andern auszubitten, weil niemand, als Ihre Majestät, mir dieselbe verboten hätten.«

Molière sah durch den neuen Rückschlag seine Existenz als Theaterautor in Frage gestellt und wagte es, dem König Konsequenzen anzudrohen, falls die Clique der Devoten die Oberhand behalten sollte:

»Ich erwarte in tiefster Ehrfurcht den Ausspruch, welchen Eure Majestät hierüber zu thun geruhen werden. Aber es ist ganz gewiß, allergnädigster Herr, daß ich nicht weiter an das Comödien-Schreiben gedenken darf, wenn die Tartüffen den Sieg behalten. Sie werden sich dadurch ein Recht erwerben, mich mehr als jemals zu verfolgen, und werden án den unschuldigsten Sachen, die etwan aus meiner Feder fliessen könnten, zu tadeln finden.

Es geruhen demnach Eure Majestät allergnädigst, mir wider ihren giftigen Grimm Schutz angedeihen zu lassen. Ich aber wünsche mir, nach Endigung eines so rühmlichen Feldzuges, Eure Majestät von den Beschwerlichkeiten bey Dero Eroberungen zu erquicken; Denenselben, nach so edelen Beschäfftigungen, eine unschuldige Lust zu verschaffen, und einen Monarchen, der ganz Europa zittern macht, lachen zu machen.«

Die Mission von La Thorillière und La Grange brachte keinen unmittelbaren Erfolg. Wahrscheinlich stellte der König jedoch in Aussicht, sich nach seiner Rückkehr aus Flandern persönlich der Angelegenheit anzunehmen. Inzwischen hatte sich aber die Situation weiter zugespitzt. Der Erzbischof von Paris, Hardouin de Péréfixe, ehemaliger Erzieher Ludwigs XIV., verbot den Angehörigen seiner Diözese am 11. August unter Androhung der Exkommunikation, »das Stück aufzuführen, zu lesen oder an einer öffentlichen oder privaten Aufführung teilzunehmen«. Die Antwort Molières darauf bestand in einem gegen Ende August veröffentlichten und offensichtlich von ihm inspirierten anonymen Brief über den *Betrüger*, in dem er den Handlungsverlauf Akt für Akt und Szene für Szene schilderte.

Mit der Entscheidung des Erzbischofs waren zunächst auch Ludwig XIV. die Hände gebunden. Der König hielt es offensichtlich für angeraten, Molière nur mit einer gewissen Vorsicht zu unterstützen. Er gab bei Étienne Baluze, einem Fachmann für kanonisches Recht, ein Gutachten über die juristischen Implikationen der Entscheidung des Erzbischofs in Auftrag. Das Ergebnis fiel nicht so aus, daß es der König gewagt hätte, sich über die Androhung der Exkommunikation kurzerhand hinwegzusetzen. Damit war auch der zweite Anlauf, das über *Tartuffe* verhängte Verbot aufzuheben, gescheitert.

Der Triumph Racines und der Du Parc: »Andromaque«

Wie sehr Jean Racine seit seinem Bruch mit Molière für diesen zu einem gefährlichen Gegenspieler geworden war, hatte sich mit aller Deutlichkeit gezeigt, als 1667 in der alljährlich für die Zeit vor Ostern anberaumten Spielpause die inzwischen mit dem jungen Dramatiker liierte Marquise Du Parc vom Palais-Royal zum Hôtel de Bourgogne übergewechselt war. Sie war mehrere Jahre lang eine der größten Attraktionen von Molières Ensemble gewesen und hatte »tausend Leute in tausend Leidenschaften und nie in eine mittelmäßige versetzt«, wie der wegen seiner libertinischen Haltung und seiner Medisance bereits 1659 am Hof in Ungnade gefallene Bussy-Rabutin, ein Cousin der Madame de Sévigné, zu berichten wußte. Marquise Du Parc wiederum verdankte es Racine, wenn sie bei der ersten Aufführung der Tragödie *Andromaque (Andromache)* am 19. November 1667 in den Gemächern der Königin und bei den anschließenden Wiederholungen im Hôtel de Bourgogne die Titelheldin interpretieren durfte.

Henriette Anna förderte dabei Racine, wie sie auch schon Molière mehrfach unterstützt hatte. Die im Januar 1668 veröffentlichte Erstausgabe der Tragödie ist daher ihr dediziert. In seinem Widmungsbrief rühmt sich Racine, Madame habe geruht, einige Tränen zu vergießen, als er ihr die Tragödie zum erstenmal vorgetragen habe, und sie habe höchstpersönlich einige Verbesserungsvorschläge geäußert: »Aber Madame, Sie beurteilen den Wert eines Werks nicht nur mit dem Herzen, sondern mit einem Scharfsinn, den keine Blendung täuschen könnte. Vermögen wir ein Geschehen auf die Bühne zu bringen, das Sie nicht ebensogut überschauen wie wir? Können wir eine dramatische Handlung aufführen lassen, deren Triebfedern Sie nicht alle durchschauen? Und können wir so edle und so erlesene Empfindungen erfinden, daß sie nicht unendlich weit von dem Adel und der Erlesenheit Ihrer Gedanken entfernt sind?« Racine hatte, das zeigte dieser Widmungsbrief, inzwischen längst die von der höfischen Etikette geforderten Umgangsformen gelernt und es fertiggebracht, eine Tragödie zu schreiben, die nicht nur vor dem Publikum in den Gemächern der Königin, sondern auch vor dem des Hôtel de Bourgogne bestehen konnte: Keine andere Tragödie Racines wurde im siebzehnten Jahrhundert häufiger gespielt als *Andromaque*.

In den beiden Vorreden zu seiner Tragödie versichert Racine, er sei durch eine Textstelle im dritten Gesang von Vergils *Äneis* zu seinem Theaterstück angeregt worden. Der Ort des Geschehens, die vier Hauptpersonen des Dramas und auch ihr Charakter seien bei Vergil bereits vorgegeben. Andromache ist bei Racine nicht die entwürdigte Sklavin und Nebenfrau des Pyrrhus wie in der gleichnamigen Tragödie des Euripides. Schon das Personenregister von Racines *Andromaque* zeigt, daß der Dichter die Auseinandersetzungen des Trojanischen Kriegs noch einmal aufgriff: »Andromache, Witwe Hektors; Pyrrhus, Sohn des Achilleus; Orest, Sohn des Agamemnon; Hermione, Tochter der Helena, dem Pyrrhus versprochen«.

Andromache, die Witwe des von Achilleus besiegten trojanischen Königssohns Hektor, lebt mit ihrem kleinen Sohn Astyanax als Gefangene am Hof des mit Hermione, einer Tochter Agamemnons, verlobten Pyrrhus in Epirus. Die Griechen verlangen über ihren Gesandten Orest die Auslieferung des Kinds. Dieser liebt Hermione, die ihrerseits von dem Andromache umwerbenden Pyrrhus verstoßen wird. Um ihren Sohn zu retten, erklärt sich die nur dem Andenken Hektors lebende Andromache bereit, Pyrrhus zu heiraten, will sich aber gleich nach der Trauung am Altar den Tod geben. Hermione stachelt Orest an, Pyrrhus zu ermorden. Dieser wird aber zuvor von den gegen ihn aufgebrachten Griechen getötet. Hermione entleibt sich an der Leiche des Pyrrhus und verwünscht den ihr blindlings ergebenen Orest, der von den Erinnyen zum Wahnsinn getrieben wird. Es hätte dem Schicklichkeitsideal der klassischen Doktrin widersprochen, Andromache nicht als umworbene Fürstin, sondern als rechtlose Sklavin auf die Bühne zu bringen. So wird die Witwe Hektors bei Racine von Pyrrhus lediglich vor eine unerbittliche Alternative gestellt: Nur wenn sie ihn heirate, wolle er Astyanax, ihren und Hektors Sohn, nicht an die Griechen ausliefern.

Neben Marquise Du Parc in der Titelrolle spielte Mademoiselle Des Œillets die Hermione, Floridor interpretierte die Rolle des Pyrrhus und Molières Widersacher Montfleury die des Orest. Dessen Wahnsinn wurde Montfleury zum Verhängnis: Der korpulente, seine Rolle mit Pathos und Heftigkeit darstellende Star des Hôtel de Bourgogne erlitt während einer Aufführung von Racines Tragödie einen Gehirnschlag, an dessen Folgen er wenig später verstarb.

Racine, Marquise Du Parc und das Hôtel de Bourgogne hatten mit *Andromaque* einen derartigen Erfolg errungen, daß Molière, sollte er sich je in der Illusion gewiegt haben, er könne die Konkurrenten auch im tragischen Genre ausschalten, eines Besseren belehrt sein mußte. Nur wenig hatte es daher zu bedeuten, als am 25. Mai 1668 im Palais-Royal eine nach dem Muster der *Kritik der Schule der Frauen* verfaßte und noch im selben Jahr veröffentlichte dreiaktige Komödie aufgeführt wurde: *La Folle querelle ou La Critique d'Andromaque (Der verrückte Streit oder Die Kritik der Andromache)*. Der Streit, an dem sich auch die Dienstboten beteiligen, wird darin durch Éraste vom Zaun gebrochen, als seine Verlobte Hortense ihn vergeblich von Racines Verstößen gegen Schicklichkeit, Wahrscheinlichkeit und richtigen Ausdruck zu überzeugen sucht: Sei es doch lächerlich, wenn Pyrrhus, der König von Epirus, überall in seinem Palast Orest, den Abgesandten der Griechen, suche, anstatt ihn in seinem Kabinett zu erwarten; und was solle schließlich dieser Andromache gegenüber geradezu zärtliche Pyrrhus, den doch die Geschichte als einen wilden und leidenschaftlichen Charakter in Erinnerung habe. In der Vorrede zu der gedruckten Ausgabe versichert der Autor, der literarische Glücksritter Adrien Thomas Perdou de Subligny, die in seinem Stück vorgebrachten kritischen Diskussionen über Wert und Unwert der erfolgreichen Tragödie wollten ihren Verfasser lediglich davor bewahren, künftig solche unsinnigen Bilder zu gebrauchen wie jenes von einem für ewige Zeiten weinenden Herzen, da Tränen doch Sache der Augen und nicht des Herzens seien. Subligny spielte sich auf, als ginge es ihm darum, Racine davor zu bewahren, daß diesem der mit *Alexandre le Grand* und *Andromaque* erreichte Erfolg zu Kopfe steige. Das Stück Sublignys wurde 1668 immerhin siebenundzwanzigmal aufgeführt, aber ein wirklicher Erfolg war es wohl trotzdem nicht.

Racines neue Dramenform, das ließ sich auch auf der Bühne des Palais-Royal nicht hinwegdiskutieren, kam dem Geschmack des jungen Monarchen und seines Hofs entgegen. Die barocke Tragödie Cor-

neilles heroisierte ihre Figuren und behandelte Ereignisse von staats-
politischer Tragweite. Die auf das Persönlichkeitsideal der heroisch-
galanten Romane eingeschworenen Zuschauer zogen hingegen die
zerrissenen und unkriegerischen Personen des jungen Dramatikers vor.
Racine wehrte sich zwar ausdrücklich dagegen, daß seine der griechischen Mythologie entnommenen Gestalten an den schmachtenden
Figuren des Schäferromans gemessen wurden, er stellte aber nicht in
Abrede, daß es in seinen Dramen vorwiegend um Liebe gehe: Politi-
sches Handeln und staatsmännische Überlegungen werden den zerstö-
rerischen Leidenschaften Hermiones, Orests und Pyrrhus' ebenso untergeordnet wie der unwandelbaren Treue Andromaches zum toten
Hektor und zu dessen Sohn. Racine hob 1676 in seinem zweiten
Vorwort zu *Andromaque* hervor, ein Hauptgrund für den Erfolg seiner
Tragödie sei gewesen, daß bei ihm die Titelheldin nicht wie bei
Euripides um das Leben ihres in der Gefangenschaft von Pyrrhus
empfangenen Sohnes Molossus bange, sondern um Astyanax, den Sohn
ihres toten Gatten Hektor. Nicht Hofintrigen wie bei Euripides stehen
demnach im Mittelpunkt von Racines eigenständiger Bearbeitung des
antiken Stoffs, sondern Andromaches Liebe zu ihrer Vergangenheit.

Für Marquise Du Parc wurde die Rolle der Andromache zu ihrem
größten und letzten Triumph. Seit 1664 war sie verwitwet und stand
ungeachtet ihrer Liaison mit Racine nach wie vor im Mittelpunkt der
Aufmerksamkeit zahlreicher Verehrer. So ließ etwa die Familie eines
nicht näher bekannten Chevalier de Genlis diesen im Sommer 1668
überwachen, um ihn daran zu hindern, heimlich eine eheliche Verbindung mit der unstandesgemäßen Person einzugehen. Neuere Forschungen haben im übrigen ans Licht gebracht, daß der Vater eines am
12. Mai 1668 in Notre-Dame d'Auteuil getauften und in jungen Jahren
verstorbenen Mädchens, für das Jean Racine und Marie-Anne Du Parc,
eine Tochter der Schauspielerin, die Patenschaft übernahmen, kein
anderer als der Dramatiker selbst war: Es wurden Aufzeichnungen
aufgefunden, denen zufolge Racine regelmäßig Alimente zahlte. Als nun
am 11. Dezember 1668 die Schauspielerin plötzlich starb, ging das
damals bei einem unerwarteten Tod übliche Gerücht um, die junge
Frau sei vergiftet worden. Wahrscheinlicher ist wohl, daß sie an den
Folgen einer Abtreibung starb. Zeugenaussagen beim Prozeß gegen die
1680 verbrannte Giftmischerin Catherine Deshayes, alias la Voisin, bei

dem ein großer Teil des Hofes und sogar Ludwigs damalige Favoritin Marquise de Montespan belastet wurden, zogen auch Racine in den Skandal hinein. Die ehemalige Schwiegermutter von Marquise Du Parc sagte nämlich bei den Verhören aus, der Dichter sei seiner Geliebten während ihrer Krankheit nicht von der Seite gewichen. Der Grund seien seine Eifersucht und Geldgier gewesen. Im Augenblick des Todes habe er der Verstorbenen einen Diamantring vom Finger gestreift und Schmuck sowie andere Hinterlassenschaften an sich genommen. Es bedurfte wohl mächtiger Protektoren, wenn der so schwer belastete Racine nicht gerichtlich verfolgt wurde.

In seiner mehr schlecht als recht gereimten Chronik *La Muse historique (Die Muse der Geschichte)* schilderte Jean Loret auch den Tod und die Beisetzung von Marquise Du Parc. Er berichtete, daß die Schauspieler, »die französischen wie die italienischen«, die Verstorbene auf ihrem letzten Gang begleiteten. Auch die Theaterdichter, »von denen der eine, der am meisten Betroffene, halb tot war«, hätten bei dem Trauerzug nicht gefehlt.

Hahnrei des Allerhöchsten: »Amphitryon«

Am 13. Mai 1667 hatte der König seine Favoritin Herzogin von La Vallière durch das Pariser Parlament zur Herzogin erheben lassen, »obwohl ihre Bescheidenheit sich mehrfach Unserem Wunsch widersetzt hatte, sie in einen Rang erhoben zu sehen, der Unserer Hochachtung und ihren guten Eigenschaften entsprach«. Zugleich ließ Ludwig die aus der Verbindung mit der Favoritin hervorgegangene »Marie-Anne, Unsere natürliche Tochter«, legitimieren. In seinen für den Dauphin geschriebenen *Memoiren* rechtfertigte er diesen Schritt mit der Sorge eines Mannes, der in den Devolutionskrieg zog und befürchten mußte, es könne ihm dabei etwas zustoßen: »Da es nicht meine Absicht war, mich zur Armee zu begeben, um mich von jeder Gefahr fernzuhalten, hielt ich es für billig, diesem Kind die Ehre seiner Geburt und der Mutter einen Stand zu sichern, welcher der Zuneigung entsprach, die ich seit sechs Jahren für sie hegte.« Die *Memoiren* verschweigen freilich, daß es sich bei den Schenkungen und der Legitimierung nicht nur um die Fürsorge eines besorgten Vaters und Liebhabers handelte, sondern auch um eine Art Abfindung.

Wahrscheinlich hatte Ludwig bereits im Mai desselben Jahres mit seinem Werben um die Gunst von Madame de Montespan begonnen. Der Geschäftsträger des Herzogs von Savoyen, Saint-Maurice, berichtete seinem Herrn zu ebenjenem Zeitpunkt, als der König seine Favoritin erhöhte: »Jedermann glaubt, daß der König nur noch an die Montespan denkt.«

Mademoiselle de Montpensier, die wie die Königin und deren Hofdamen La Vallière und Montespan mit dem Troß der Armee reiste, berichtet in ihren *Memoiren* Pikantes über den Aufenthalt des Hofs in Avesnes: »Madame de Montespan wohnte bei Madame de Montausier in einem der in der Nähe des königlichen Zimmers liegenden Räume, und man bemerkte, daß die Wache, die auf einer Stufe vor dem königlichen Appartement postiert war, abgezogen wurde und dann die ganze Zeit wegblieb. Der König verweilte oft allein in seinem Zimmer, und Madame de Montespan erschien nicht im Gefolge der Königin.« Im Januar des folgenden Jahres wurde Madame d'Armagnac ohne viel Federlesens vom Hof verjagt. Man glaubte zu wissen, daß sie es gewesen war, die im August in einer Anwandlung von Nächstenliebe die Königin brieflich von der neuen Liaison des Gemahls in Kenntnis gesetzt hatte.

Der betrogene Ehemann von Madame de Montespan wußte zunächst von nichts, da ihm – im Gegensatz zur Königin – niemand solche Zuträgerdienste erwies. Als er erst viele Monate später davon erfuhr, schlug er – zur Erheiterung der längst informierten Hofgesellschaft – Lärm und ließ die Türrahmen in seiner Wohnung erweitern, damit er mit seinen Hörnern besser durchkomme.

Nicht zu belegen und wohl auch gar nicht wahrscheinlich ist, daß La Thorillière und La Grange, die sich im August im Feldlager des Königs aufhielten, um im Auftrag Molières wegen des Verbots der Neubearbeitung von *Tartuffe* zu protestieren, bereits von den neuesten Alkovengeheimnissen Ihrer Majestät Kenntnis erhalten hatten und somit Molière von der Affäre unterrichten und dadurch anregen konnten, den Amphitryon-Stoff aufzugreifen und neu zu bearbeiten. Und es wäre wohl irreführend, gar anzunehmen, der Dichter habe das zwischen Göttern und Menschen spielende Hahnreistück geschrieben, um sich zum Sprachrohr des ehebrecherischen Königs zu machen, mögen in Molières Komödien auch Stellen vorkommen, welche dies nahelegen könnten.

Wenn es sich bei *Amphitryon* um eine königliche Auftragsarbeit gehandelt hätte, wäre am 13. Januar 1668 die Komödie wohl kaum am Palais-Royal uraufgeführt worden. Auch die erste Wiederholung fand tags darauf dort statt. Erst am Montag, den 16. Januar, wurde *Amphitryon* im Rahmen anderer königlicher Divertissements in den Tuilerien vor dem Hof gegeben. Bis zur Osterpause am 18. März bestritt Molière sein Programm fast ausschließlich mit diesem Stück.

Molière war zu seiner Neubearbeitung des antiken Stoffes gewiß durch den außergewöhnlichen Erfolg von Jean de Rotrous in den dreißiger Jahren entstandenen Amphitryon-Komödie angeregt worden. Dieser hatte seinem Stück den Titel *Les Sosies (Die Doppelgänger)* gegeben. In dem auf den Einsatz von Theatermaschinen spezialisierten Théâtre du Marais war 1650 unter dem Titel *Die Geburt des Herkules* Rotrous Komödie in einer Überarbeitung aufgeführt worden. Am 23. Februar 1653 – die Schrecken der Fronde waren erst seit kurzem überstanden – hatte der junge Ludwig bei einem von Isaac de Benserade verfaßten »Nachtballett« mitgewirkt, das den Amphitryon-Mythos pantomimisch darstellte.

Molière konnte also schon wegen der Bekanntheit des Stoffes mit dem Interesse des Hofs rechnen. Das schloß jedoch nicht aus, daß sich dem zeitgenössischen Zuschauer auch Parallelen zu der infolge des Devolutionskriegs für manche Ehepartner entstandenen Situation aufdrängten. Dieser mit Kriegsruhm beladen heimkehrende Amphitryon, der es nicht fassen kann, daß sich ein betrügerischer Doppelgänger in seinem Haus und in seinem Ehebett eingenistet hat, konnte manchen verheirateten Krieger nachdenklich stimmen, der sich im Gefolge des Königs von Paris entfernt hatte. Außerdem ist der Doppelgänger-Mythos eine ideale Vorlage für ein Spiel um die Verwirrung von Sein und Schein. Erheiternd wirkt nicht nur der Diener Sosias, sondern auch dessen Herr Amphitryon, der all dem gegenüber blind ist, was seinen beschränkten Horizont übersteigt. Zwar braucht auch Sosias, dessen Gestalt Merkur annimmt, einige Zeit, ehe ihm die Zusammenhänge der unbegreiflichen Ereignisse aufgehen, aber er ist doch ungleich lernfähiger als der auf sein Recht pochende Amphitryon.

Jupiter, Alkmene und Amphitryon artikulieren sich in der Sprache des hohen Stils der Tragödie und des heroisch-galanten Romans. Die Sprache des göttlichen Verführers, der durch Merkur die personifizierte Nacht anweisen läßt, ihren Weg langsamer als gewöhnlich zurückzulegen, unterscheidet sich kaum von der Sprache Dom Juans. Seine Werbung um die Gunst der Sterblichen folgt den Konventionen der von den Preziösen in Salon und Alkoven geforderten Verführungsstrategie. Jupiter, Alkmene und Amphitryon haben ihr komisches Pendant in Merkur, Cleanthis und Sosias. Merkur, der Sosias in bester Farcentradition rücksichtslos verprügelt, kommt jedoch seinerseits in Verlegenheit, als ihn die Frau seines Alter ego mit ihrem liebessüchtigen Werben bedrängt. Diese Zudringlichkeit hat Molière frei erfunden.

Im Gegensatz zu Heinrich von Kleists *Amphitryon* hat Alkmene, die dort das Geschehen mit ihrem viel kommentierten »Ach!« in eine tragische Dimension hebt, bei Molière nicht das letzte Wort. Sie tritt im dritten Akt überhaupt nicht mehr auf. Die Komödie endet mit einer Belehrung des Publikums: Sosias kommt auf Grund der Ereignisse zu dem Schluß, es sei am besten, wenn man über gewisse Dinge schweige. Amphitryon, der noch immer nicht begriffen hat, muß sich in der letzten Szene von dem unter Theaterdonner in einer Wolke erscheinenden Jupiter belehren lassen, daß sich ein Mann zu Unrecht beklage, wenn seiner Frau die Ehre widerfahren sei, dem höchsten Gott zu gefallen:

»Schau her, Amphitryon, wer der Betrüger ist,
Mit deinen eigenen Zügen siehe Jupiter erscheinen:
An seinen Zeichen kannst du ihn erkennen;
Und das genügt so, glaube ich, um deinem Herzen
Zu jener Ruhe zu verhelfen, die es sich ersehnt,
Daß Frieden und daß Sanftmut darin Einkehr halten.
Mein Name, den die ganze Erde unablässig preist,
Erstickt hier das Gerücht, das sich verbreiten konnte.

Mit Jupiter zu teilen,
Hat Entehrendes nichts an sich;
Wahrhaftig, nur zum Ruhme kann es dem gereichen,
Als Nebenbuhler sich den obersten der Götter je zu wissen.
Für deine Liebe find' ich darin keinen Grund zu törichtem Gerede:
Und mich erfaßt in diesem Abenteuer
Heftige Eifersucht, sosehr ich Gott auch bin.
Alkmene ist nur dir allein, wie sehr man sie umwirbt;
Und deine Leidenschaft mag darin ihren Frieden finden,
Daß keinen andern Weg es gab, ihr zu gefallen,
Als die Gestalt des Gatten anzunehmen:
Daß Jupiter im Schmucke seines ewigen Ruhms
Aus sich allein nicht über ihre Treue triumphieren konnte,
Und daß, was er von ihr empfing,
Nur dir allein von ihrem glühend Herzen war gewährt.«

Mit *Amphitryon* zeichnete sich deutlich ab, daß Molière sich nach den Jahren der Auseinandersetzungen mit seinen Gegnern mehr und mehr von der Gesellschaftskritik abwandte, um sich dem schönen Schein zu verschreiben. Er brach in seinem mythologischen Drama als einer der ersten die Gleichförmigkeit der Alexandrinerverse zugunsten von freieren Formen auf. Und der Aufzug des nächtlichen Wagens der Nacht ist eher eine Opernouvertüre als der Auftakt einer herkömmlichen Komödie. Plautus und Rotrou thematisierten noch die vom Mythos überlieferte Zeugung und unmittelbar darauf erfolgende Geburt des Herkules. Sie war eine Erklärung und Rechtfertigung für den vom Göttervater verübten Ehebruch. Das mythologische Geschehen bei Molière ist hingegen fast nur noch ein galantes und frivoles Spiel. Wer das Werk des Franzosen an Kleists Version mißt, kann diesem nicht gerecht werden. Die holzschnittartig verknappte Sprache des deutschen Dichters hat nur noch wenig mit der an die Eleganz der Salons erinnernden französischen Fassung Molières gemein.

Die Forschung hat viel Mühe darauf verwandt, Licht in die Alkovengeheimnisse Ludwigs XIV. zu bringen, und auf der Grundlage zeitgenössischer Berichte und Quellen die verschiedensten Thesen aufgestellt und unhaltbare Mutmaßungen verworfen. Tatsache ist, daß die Liebesaffären des jungen Königs bekannt waren und der Hofgesellschaft eher

Grund zum Amüsement als zur Entrüstung boten. Es empfahl sich allerdings, bei Kommentaren über die königlichen Amouren den Spott nicht zu weit zu treiben. Denn wer sich nicht zurückhalten konnte, fiel in Ungnade. Das mußte der durch die Teilnahme an der Fronde und durch seine libertinistische Lebensführung ohnehin kompromittierte Graf Bussy-Rabutin erfahren, als er 1665 seine als satirischer Roman getarnte *Histoire amoureuse des Gaules (Liebeschronik aus Gallien)* veröffentlichte.

Der König erfuhr, wer hinter dieser angeblich in Lüttich veröffentlichten »chronique scandaleuse« stand, ließ den vorlauten Grafen in die Bastille sperren und verbannte ihn dann aus der Hauptstadt auf dessen Güter. Dort mußte dieser sich die Langeweile vertreiben, indem er seiner Cousine Madame de Sévigné geistreiche Briefe schrieb und an weiteren Schriften arbeitete, die Pikantes über den französischen Hof zu berichten wußten. Er mokierte sich über jene Monarchen, die sich bei galanten Abenteuern von der Mühsal ihres Heldendaseins erholten: »Seien wir also nicht erstaunt, wenn wir sehen, daß Alexander sowohl Mars wie auch Amor Opfer darbringt, und unterlassen wir es doch, einen Herkules zu tadeln, der sich bald dem einen, bald dem anderen Gott zuwendet und keine süßere Erholung von seinen Mühen als die in den Armen des schönen Geschlechts zu finden weiß. Wenn die Liebesleidenschaft das Kennzeichen dieser Halbgötter war, so muß sie es auch von denen sein, welche die Natur nach ihrem Beispiel gebildet hat, und da es keine vollkommenere Kopie als unseren Monarchen gibt, sollte es uns nicht wundern, daß er gleichen Hang und gleiche Neigung hat.«

Molière ging es gewiß nicht darum, den König wegen seiner Amouren zu verspotten, da er ihm fraglos einen Sonderstatus zuerkannte: Für den Monarchen habe das moralische Mittelmaß keine Geltung. Denn schließlich versäumte kaum ein Dichter, die am Hof lebenden Damen daran zu erinnern, daß die königliche Gunst den Höhepunkt ihres irdischen Glücks darstellen würde.

Die verlachte Provinz: »George Dandin«

Nachdem Ludwig XIV. durch die Eroberung spanischer Besitzungen aller Welt gezeigt hatte, welch große militärische Macht die französischen Heere darstellten, überfiel Condé in Fortsetzung des Devolutionskriegs die mit weitgehender Autonomie ausgestattete Freigrafschaft Burgund. Doch nun alliierten sich Niederländer, Schweden und Engländer zu einer Tripelallianz und zwangen die französische Krone durch den am 2. Mai 1668 unterzeichneten Vertrag von Aachen zum Rückzug aus der Freigrafschaft. Ludwig XIV. verstand es, trotzdem das Gesicht zu wahren: Spanien mußte zwölf Orte seiner niederländischen Besitzungen an Frankreich abtreten. Ludwig XIV. hatte somit einen weiteren Schritt auf dem Weg zur Hegemonie in Europa getan. Dies war Anlaß genug, um aller Welt wieder einmal den Glanz des französischen Hofes in Erinnerung zu rufen. Im Juli 1668 sollte mit dem »Grand Divertissement Royal de Versailles« ein höfisches Fest in großem Stil veranstaltet werden. Colbert, der Herzog von Créquy und der Marquis de Bellefonds bekamen allerhöchste Order, das Nötige zu veranlassen. Sie griffen auf Vigarani, Lully und Molière zurück, um dem Fest einen prunkvollen Verlauf zu sichern.

Der Komödiendichter mußte angesichts des Zeitdrucks in aller Eile ein neues Werk entwerfen und ausführen. Daß einige seiner Stücke auf den ersten Blick Früheres lediglich variieren, erstaunt weniger als die Tatsache, daß er es trotzdem verstand, jeder seiner rasch anzufertigenden Auftragsarbeiten eine unverwechselbare Note zu geben. So verdanken wir dem königlichen Drängen einige Werke, die neben den großen, nach allen Regeln der Kunst in Alexandrinern verfaßten und fünf Akte zählenden Komödien durchaus bestehen können. *George Dandin ou Le Mari confondu (George Dandin oder Der betrogene Ehemann)* gehört dazu. Auf den ersten Blick könnte es scheinen, Molière habe sich aus der Affäre gezogen, indem er einfach auf den alten, von ihm seit 1664 nicht mehr gespielten Farcenstoff von der Eifersucht des Barbouillé zurückgriff, der wiederum verschiedene, auf Giovanni Boccaccios *Decamerone* fußende Stegreifkomödien der italienischen Berufsschauspieler zum Vorbild hatte. Aber die für die Komödie zentrale Problematik der Klassengegensätze (der reiche Bauer George Dandin wird durch seine Heirat mit der aus verarmtem Provinzadel stammenden Angélique zu Monsieur de La Dandinière) macht aus heutiger Sicht diese Komödie zu einem der in sozialer Hinsicht interessantesten Stücke in Molières Repertoire.

Die zunehmend verschuldete aristokratische Gesellschaft des siebzehnten Jahrhunderts sah ihren Einfluß durch reich gewordene Aufsteiger von der Art George Dandins gefährdet. Rettung für die Familie brachte am ehesten eine unstandesgemäße Heirat einer Tochter mit einem reichen Bauern, der nach einer Verbindung mit dem Adel gierte. Wie George Dandin seinen Wohlstand erlangt hat, ob durch eine Erbschaft oder durch erfolgreiche Spekulationen, verschweigt Molière allerdings.

Herrschaftliche Güter besitzen konnten Adlige oder Nichtadlige, Kleriker oder Laien, Privatleute oder Institutionen, denn Gutsbesitz war käuflich wie ein Wohnhaus. Der an das Gut geknüpfte Name ermöglichte es, sich einen Adelstitel zuzulegen. Molière mokierte sich wenig später ganz ähnlich im *Bürger als Edelmann* über Leute von der Art George Dandins, die nicht wahrhaben wollten, wo ihr Platz in der Gesellschaft war. George Dandin mag ein bedauernswerter Tor sein, aber letztlich verdient er ebensowenig Mitleid wie der geprellte Teufel im Märchen. Ohnehin schlägt die Komödie das Tempo und den Rhythmus eines Marionettenstücks an. Der von seinen Schwiegereltern und seiner Frau in jeder erdenklichen Form gedemütigte und übertölpelte Bauer muß in der letzten Szene des ersten Akts erkennen, was er mit seiner Ehe auf sich genommen hat: »Jetzt hast du's, jetzt hast du's, George Dandin, jetzt hast du's; geschieht dir ganz recht.« Am Ende des dritten Akts muß er gar einsehen, daß es das Gescheiteste wäre, sich kopfüber ins Wasser zu stürzen und sich zu ertränken. Was nicht heißen soll, daß er dies auch tut.

Die dreiaktige Komödie variiert dreimal eine ähnliche Situation: Der Bauer versucht wegen der Untreue seiner Frau zu protestieren, aber deren Familie setzt ihn jedesmal ins Unrecht. Zwar hat Lubin, der geschwätzige und ungeschickte Diener Clitandres, des aristokratischen Galans seiner Frau, schon früh dem übertölpelten George Dandin die Augen geöffnet, aber nach jeder Episode steht dieser tiefer gedemütigt da: Er, nicht der Aristokrat, muß sich am Ende des ersten Akts entschuldigen, er, nicht der rasch auf sein Ziel zusteuernde Clitandre, bezieht am Schluß des zweiten Akts die von Angélique angeblich ihrem zudringlichen Verehrer zugedachten Prügel.

Roger Planchon hat 1961 mit seiner Compagnie du Théâtre de la Cité in Villeurbanne, einer Vorstadt von Lyon, die Komödie als Lehrstück inszeniert und mit den Mitteln des epischen Theaters gezeigt, daß sich Klassengegensätze nicht überbrücken lassen. Molières Text enthält zahlreiche satirische Komponenten. So lautet etwa der Name von Angéliques Schwiegereltern, Monsieur und Madame de Sotenville: Herr und Frau von Dumm-in-der-Stadt. Nicht nur der durch seinen sozialen Ehrgeiz schlecht beratene Bauer, auch die auf ihre adlige Herkunft pochende Provinzaristokratie wird dem Gelächter von Molières höfischem und hauptstädtischem Publikum preisgegeben. Die Spesen und die Hörner aber hat George Dandin allein zu tragen.

Andere Interpreten haben den in *George Dandin* zwar angelegten, aber von Molière wohl kaum ernstlich beabsichtigten tragischen Aspekt unterstrichen. Gewiß ist der nach blauem Blut lechzende Bauer ein Betrogener, aber vor allem doch deshalb, weil er sich einbildet, mit Geld lasse sich alles kaufen, nicht nur der Aufstieg in die Aristokratie, sondern auch die Liebe einer jungen Frau.

Doch ebensowenig wie George Dandin ein latenter Vorkämpfer für sozialen Umbruch ist, sieht Molière in Angélique eine Streiterin für die Emanzipation der Frau, auch wenn er sie viele ernst zu nehmende Argumente gegen ihre Ehe vorbringen läßt. Als ihr George Dandin das Techtelmechtel mit Clitandre vorwirft und meint, sie an das heilige Gelöbnis des Eheversprechens erinnern zu müssen, hält sie mit ihrer Meinung nicht hinter dem Berg: »Ich habe es Ihnen nicht freiwillig gegeben; Sie haben es mir erpreßt. Haben Sie mich vor der Hochzeit gefragt, ob ich einverstanden bin, ob Sie mir gefallen? Sie haben sich dieserhalb nur an meinen Vater und meine Mutter gehalten; und eigentlich haben meine Eltern Sie geheiratet und nicht ich, also tun Sie auch besser, sich bei ihnen zu beklagen, wenn Ihnen Unrecht geschieht. Ich hingegen, ich, die ich Ihnen nie gesagt habe, daß Sie mich heiraten sollen, ich, die Sie genommen haben, ohne nach meinen Gefühlen zu fragen, ich fühle mich nicht verpflichtet, mich als Sklavin Ihrem

Willen zu unterwerfen; und ich möchte, wenn Sie gestatten, die schönen Tage auskosten, solange ich noch jung bin, die köstlichen Freiheiten genießen, die meine Jahre mir gewähren, die schöne Welt sehen und viele Menschen und das Vergnügen empfinden, daß man mir Schmeicheleien sagt. Machen Sie sich darauf gefaßt – das soll Ihre Strafe sein; und danken Sie dem Himmel, daß ich zu nichts Ärgerem fähig bin.«

George Dandin ist eines von Molières bittersten Stücken. Kaum eine Figur auf der Bühne erregt menschliche Teilnahme. »Dandiner« bedeutet auf deutsch »linkisch hin und her wackeln«. So ist der Protagonist bereits durch seinen Namen als dummer Tölpel abgestempelt. Seine kalt berechnende Frau und die anderen Figuren agieren wie in einem Panoptikum. Die Realität der französischen Provinz mit ihren sozialen Umschichtungen wird zwar zutreffend dargestellt, ist aber in eine Ferne gerückt, die das Leben am Hof und in der Hauptstadt kaum berührt. Was auf dem Land geschah, erheiterte sowohl den Höfling als auch den Städter. Sie konnten unbekümmert über die dargestellten Konflikte lachen, solange sie in der Überzeugung lebten, selbst nicht viel damit zu tun zu haben.

Die Komödie wurde bei ihrer Uraufführung in Versailles in einem mit kostbaren Teppichen ausgeschlagenen und von zweiunddreißig Kristalleuchtern erhellten riesigen Laubengang inszeniert. Nach der Aufführung begleiteten achtzig Geiger des Königs und mehrere Dutzend Oboisten die geladenen Gäste zu dem in einer anderen Laube gedeckten Tisch, auf dem das Festbankett serviert wurde. Die mit der Geschichte des Hôtel de Rambouillet und des Preziösentums verbundene, zur Gouvernante der königlichen Töchter avancierte Julie d'Argennes gehörte ebenso zu den Gästen wie Madeleine de Scudéry, die durch ihre heroisch-galanten Romane die Normen der zeitgenössischen Galanterie festgelegt hatte. Auch die Witwe Paul Scarrons, die bereits Madame de Montespan, die neue Favoritin des Königs, für sich eingenommen hatte, befand sich unter den dreitausend Geladenen des großen Divertissements. Damals war freilich noch nicht abzusehen, welche Rolle sie später als Madame de Maintenon im Leben Ludwigs XIV. spielen würde. Dieser war ja auch vorerst noch mit seinen »drei Königinnen«, wie Maria Theresia, die Herzogin von La Vallière und Madame de Montespan vom Volk genannt wurden, ganz in Anspruch genommen, zumal er sich redlich bemühte, keine der drei Damen seines kleinen Harems zu vernachlässigen. Loret überbot sich in einem Brief an Madame vom 21. Juli 1668 wieder einmal in Komplimenten über den sonst nur bei Göttern zu findenden festlichen Glanz, pries die Atmosphäre, in welcher die Theateraufführung stattgefunden habe, die Wasserspiele, den urkomischen Gegenstand der von Molière verfaßten, inszenierten und interpretierten Komödie, die Ballette und »die göttlichen Kompositionen und Melodien« Lullys. André Félibien verfaßte für die Zeitgenossen und die Nachwelt einen ausführlichen Bericht über den Verlauf des Fests, wahrscheinlich auf allerhöchste Order, denn auch dieses sommerliche Divertissement stand wie ähnliche Veranstaltungen im Dienst des absolutistischen monarchischen Konzepts und sollte nicht nur den Geladenen, sondern auch jenen, denen es nicht vergönnt oder denen es gar verwehrt war, daran teilzunehmen, eine Vorstellung von der unübertrefflichen Macht und Herrlichkeit des Sonnenkönigs vermitteln.

Neun Jahre nach Molières Tod brandmarkte der Kanzelredner Louis Bourdaloue in einer Fastenpredigt vor dem König, der nicht nur einmal über *George Dandin* gelacht hatte, die Komödie Molières, weil diese »einen Mann, dem die Unehre seines Hauses nicht gleichgültig ist«, auf dem Theater zum Gespött der Leute gemacht und eine Frau, die es fertigbringe, diesen zu betrügen, zur Heldin der Komödie stilisiert habe. Dürfe vielleicht ein Kanzelredner dazu schweigen, wenn Schauspiele aufgeführt würden, »in denen die Schamlosigkeit die Maske abnimmt«? Nicht weniger ereiferte sich Jean-Jacques Rousseau in seinem 1758 verfaßten *Brief an d'Alembert* über dieses Stück, bei dessen Aufführung das Parterre die Untreue einer Frau beklatsche. Der Genfer war über den sittlichen Verfall seiner eigenen Zeit nicht weniger betroffen als neunzig Jahre zuvor der Hofprediger Ludwigs XIV.

Götze Mammon: »L'Avare«

Tartuffe war immer noch nicht zur Aufführung freigegeben, als Molière am 10. September 1668 mit seiner fünfaktigen Prosakomödie *L'Avare (Der Geizhals)* das Repertoire um ein neues Stück erweiterte. Die Uraufführung fand im Théâtre du Palais-Royal statt. Der Erfolg war mäßig: 1069 Livres mußten – verglichen mit den bei anderen Uraufführungen erzielten Ergebnissen – enttäuschen. Am 16. September beehrten Monsieur und Madame mit ihrer Anwesenheit die Aufführung. Es half nicht viel: La Grange konnte nur eine Einnahme von 515 Livres registrieren. Bei den folgenden Vorstellungen war das Haus fast ohne Publikum, so daß Molière bald auf bewährte alte Stücke wie den *Arzt wider Willen* und *Amphitryon* zurückgreifen mußte, um Zuschauer anzulocken. Sieht man von einer Aufführung in Saint-Germain vor dem König am 5. November während der Sankt-Hubertus-Feiern ab, so wurde *Der Geizhals* bis zum 14. Dezember insgesamt nur neunmal gespielt. Auch am Hof, an dem zwischen dem 3. und 6. November gleich dreimal *George Dandin* wiederholt wurde, fand *Der Geizhals* also eher eine reservierte Aufnahme. Molières Versuch, nach der Verskomödie *Der Menschenfeind* sein Repertoire um eine große Prosakomödie zu bereichern, war damit also gescheitert.

Der Dichter interpretierte den Geizkragen Harpagon selbst. Dem mit seiner manischen Knausrigkeit alles familiäre Zusammenleben im Keim erstickenden und von Wucher lebenden Witwer erwächst in seinem zur Verschwendung neigenden Sohn Cléante ein gefährlicher Gegenspieler und Nebenbuhler. Die von dem jungen Mann geliebte Mariane, die mit ihrer allem Anschein nach verwitweten Mutter in ärmlichen Verhältnissen lebt, hat wegen ihrer Anspruchslosigkeit ausgerechnet das Interesse Harpagons erweckt, und ausgerechnet bei diesem borgt der ahnungslose Cléante über den Finanzmakler Maître Simon zu Wucherzinsen 15000 Livres. Harpagons Halsabschneiderei findet darin ihre Krönung, daß von der vorgestreckten Summe nur 12000 Livres ausgezahlt werden sollen; für den Rest hat der Klient allen möglichen Trödelkram zu beziehen: Die lange Liste führt von einer Bettstelle mit echt ungarischer Stickerei über einen Ofen aus Ziegelstein bis zu einer dreieinhalb Fuß messenden, mit Heu ausgestopften Eidechse. Als Vater und Sohn, die bis jetzt nur über Zwischeninstanzen miteinander zu tun hatten, merken, wer ihr jeweiliger Kontrahent ist, ergehen sie sich in gegenseitigen Vorwürfen.

Cléante wird von seinem Vater zu einer für einen jungen Bürger unzumutbaren Lebensführung gezwungen. Insofern ist die für Rousseau empörende Aufkündigung der Pietät durch den Sohn durchaus legitimiert. Für Goethe war *Der Geizhals* durch diesen Generationenkonflikt in hohem Sinne tragisch, und für Hegel hatte ein in sein Laster verrannter Charakter wie Harpagon nichts eigentlich Komisches mehr. Offenbar aber hatte bereits Molière sein Publikum falsch eingeschätzt, denn auch ihm mußte angesichts der dämonischen Statur, die der Geiz in Harpagon erreicht, bei der Aufführung das Lachen vergehen. Die realistisch dargestellte Maßlosigkeit von Harpagons Geiz will nicht zu der märchenhaften Lösung des Konflikts passen. Am Ende entpuppt sich nämlich der von Harpagon für seine Tochter Élise als Mann bestimmte reiche Anselme nicht nur als Vater Marianes, sondern auch als Vater des in Harpagons Dienste getretenen Valère. Nur so kann sich alles noch zum Guten wenden, denn kurz zuvor hatte Harpagon wegen einer in seinem Garten vergrabenen, mit Geld gefüllten Kassette, die ihm Cléantes Diener La Flèche entwendete, nahezu den Verstand verloren: »Diebe! Diebe! Totschlag! Mord! Gerechter Himmel! Ich bin verloren, ich bin ermordet! Man hat mich erdrosselt, man hat mir mein Geld genommen! Wer mag's gewesen sein? Wohin ist er, wo ist er, wo verbirgt er sich? Wie find' ich ihn? Wohin wend' ich mich? Oder wend' ich mich nirgendwohin? Ist er nicht hier? Oder hier? Wer ist's? Aufhalten! (Er packt sich selbst am Arm.) Gib mir mein Geld zurück, Halunke! – Oh, das bin ich ja selber! Ich bin außer mir. Ich weiß nicht, wo ich bin, was ich tue! O du mein armes Geld, mein armes Geld, mein Schatz, mein teurer Freund, man hat dich mir entzogen. Und weil du mir fern bist, hab' ich alle Hilfe verloren, allen Trost, alle Freude; es ist aus mit mir – was soll ich noch auf dieser Welt?! Ich kann ohne dich nicht leben. Nein, es ist vorbei, ich kann nicht mehr, ich bring' mich um, ich bin tot und begraben! Will jemand mich wieder lebendig machen und mir mein liebes Geld wiedergeben oder sagen, wer es genommen hat? – Wie? Was? (Er horcht vergebens nach Stimmen.) Niemand redet. – Wer es auch gewesen ist, er hat es geschickt angestellt, die Stunde abgepaßt und gewartet, bis ich mit meinem schurkischen Sohn geredet hab'. Fort von hier – ich hole die Polizei, ich lasse das ganze Haus foltern, Mägde, Diener, den Sohn, die Tochter, mich selbst. (Blick ins Publikum.) All die vielen Leute – und keiner, der mir nicht Verdacht einjagt, und jeder sieht aus wie mein Dieb. He, worüber spricht man da? Über den, der mich beraubt hat? Was ist das für ein Lärm? Ist dort mein Dieb? Hört mich – wer etwas über meinen Dieb weiß, ich beschwöre euch, sagt es mir. Ist er nicht bei euch versteckt? – Sie starren mich alle an – sie lachen mich aus. Ihr werdet sehen, sie sind alle beteiligt an dem Frevel, den man an mir verübt hat. Schnell, geschwind, Kommissäre, Häscher, Wächter, Richter, Daumenschrauben, Schafott, Henker! Ich lasse alle Welt hängen. Und finde ich mein Geld nicht, erhänge ich auch mich.«

Maître Jacques, Harpagons Koch und Kutscher (es geht darum, Personal einzusparen), denunziert aus Eifersucht auf den sich bei seinem Herrn einschmeichelnden Valère diesen des Diebstahls. Da taucht in letzter Minute Anselme als Deus ex machina auf, und dadurch, daß er seine reichlich unwahrscheinlichen familiären Bindungen zu Valère und Mariane aufklärt, ermöglicht er das Happy-End mit zwei glücklichen Paaren. Anselme ist bereit, alle Geldprobleme zu beseitigen, und Harpagon will um seiner Kassette willen gerne auf seine eigenen Heiratspläne verzichten.

Angesichts der Anlehnung an die *Aulularia*, die *Goldtopfkomödie* des Plautus, stellte *Der Geizhals* nicht so sehr durch die Intrige als durch die Interpretation der Titelrolle eine neue Etappe in Molières Theaterlaufbahn dar. Der Dichter war inzwischen von seiner Krankheit gezeichnet. Geradezu grotesk mußte daher der Auftritt wirken, bei dem die von Harpagon zu Rate gezogene Kupplerin Frosine dem Sechzigjährigen einzureden versucht, er sehe blendend aus. Durch alle möglichen Wahrsagerweisheiten sucht sie die Bedenken des körperlich Hinfälligen wegzuschwatzen: Da sei das Zeichen zwischen den Augen, das langes Leben bedeute, und hundert oder gar hundertzwanzig Jahre Lebenserwartung könne man aus seiner Hand lesen; auf alte Männer habe es Mariane abgesehen; in ihrem Zimmer habe sie nämlich keinesfalls Bilder von Adonis oder Apollo, sondern vom alten Nestor und vom guten Anchises auf den Schultern seines Sohnes Äneas. Aber als Frosine für ihre Bemühungen die Spesenrechnung aufmachen will, sucht Harpagon das Weite, so daß die durchtriebene Vermittlerin in Heirats- und Liebesangelegenheiten nun den jungen Paaren ihre Dienste anbietet.

Tartuffe wird am Ende der Komödie durch allerhöchsten Eingriff als Intrigant entlarvt und unschädlich gemacht, Harpagon hingegen geht ungeschoren aus den für seine Familie und Umgebung beschämenden finanziellen Transaktionen hervor. Seine kapitalistische Macht ist am Ende der Komödie ebenso ungebrochen wie seine Habgier. Der Geizhals ist wieder ganz er selbst, als er seinen Besitz sichergestellt weiß.

Die Komödie ist zwar reich an komischen Mißverständnissen und läßt es an zahlreichen den Geiz der Titelfigur karikierenden Einzelheiten nicht fehlen, aber sie zeigt ähnlich wie *Tartuffe* eine durch die krankhafte Manie ihres Oberhaupts zerrüttete Familie und somit einen im Zeitalter des immer einflußreicher werdenden Bürgertums gewiß nicht seltenen Konflikt, mag dieser im *Geizhals* auch grotesk überzogene Ausmaße annehmen. Bert Brechts Äußerung: »Das Publikum Molières lachte über Harpagon, seinen Geizigen. Der Wucherer und Hamsterer war lächerlich geworden in einer Zeit, in der der große Kaufmann aufkam, Risiken eingehend und Kredite aufnehmend«, steht im Widerspruch zu den theatergeschichtlichen Tatsachen, wenigstens dann, wenn die Überlieferung stimmt, daß Boileau als einziger bei den von ihm fleißig besuchten Aufführungen gelacht habe. Denn mit seinem Geizhals hat Molière einen Typus geschaffen, der erst mit dem Aufstieg des Bürgertums seine zukunftsweisende Gültigkeit erwiesen hat. Bei Plautus ist der Geizige ein durch plötzlichen Besitz in ständige Angst versetzter armer Knauser. Molières Harpagon hingegen stellt seine ganze Existenz in den Dienst des Götzen Mammon. Geld ist für ihn nicht Mittel zum Zweck, sondern letzter Lebensinhalt. Für Harpagon haben, um mit Karl Marx zu sprechen, die Gegenstände, getrennt von ihrem Mittler Geld, ihren Wert verloren. Weit unversöhnlicher als auf der Ebene ihrer auf Grund der eklatanten Altersunterschiede der Rivalen komischen gemeinsamen Liebeswerbung ist daher der Gegensatz zwischen Vater und Sohn hinsichtlich ihres Verhältnisses zum Geld. Der adligen Vorbildern nacheifernde Cléante möchte es wie ein Marquis nonchalant ausgeben. Und dem alten Wucherer muß ein Sohn unverständlich bleiben, der seine angeblich beim Spiel gewonnenen Einnahmen für modischen Firlefanz verschleudert: »Ich möchte nur wissen, wozu diese Bänder gut sein sollen! Lassen wir alles andere, aber die

Bänder, mit denen du von Kopf bis Fuß bespickt bist – als ob man ein Beinkleid nicht auch mit einem halben Dutzend Nadeln befestigen könnte! Und natürlich wird Geld für Perücken verschwendet, wenn man seine eigenen Haare hat, die nichts kosten! Ich wette: an Perücken und Bändern trägst du mindestens zweihundert Pfund auf dir – und zweihundert Pfund bringen im Jahr achtzehn Pfund sechs Sous acht Deniers ein, wenn man sie halbwegs vorteilhaft anlegt.«

Molière stand mit seiner Geißelung des Geizes und des Wuchers nicht allein. Gehortetes Kapital wurde dem öffentlichen Geldmarkt entzogen und machte damit die Kreditaufnahme nur noch auf der Grundlage exorbitanter Zinsen möglich. Ohnehin erstickte ein Staat, der die Provinzen bis aufs Blut ausbeutete, ein gesundes Wirtschaftsleben. Letzteres war, wie die Theoretiker des Merkantilismus meinten, aber nur dann gegeben, wenn das Geld wie das Blut im Körper zirkulierte. Eine restriktive Steuerpolitik veranlaßte jedoch manchen, sein Geld im Garten zu vergraben oder durch dunkle Geschäfte zu vermehren.

Racine als Komödiendichter: »Les Plaideurs«

Jean Racine, durch den Erfolg seiner *Andromaque* zum gefeierten Schöpfer eines neuen Tragödientyps geworden, hielt jetzt den Zeitpunkt für gekommen, in einem Bühnenstück mit seinen Gegnern abzurechnen. Seine dreiaktige Komödie *Les Plaideurs (Die Prozeßsüchtigen)* ist eine freie Bearbeitung der *Wespen* des Aristophanes: Der Richter Dandin besteht starr und unerbittlich darauf, stets gegen irgend jemanden aus irgendeinem Grund zu prozessieren. Der Bourgeois Chicanneau und die Comtesse de Pimbesche verschleudern um ihres vermeintlichen Rechts willen in endlosen Verfahren ihr ganzes Vermögen. Der Sekretär L'Intimé und der Portier Petit-Jean gehen als die Nutznießer aus diesem juristischen Irrenhaus hervor.

Die absolute und bedingungslose Tragik von Racines ernstem Theater schlägt hier um zur Karikatur einer gnadenlosen und verrotteten Welt. Neben den an den Drähten ihrer Manien hin- und hergerissenen Prozeßsüchtigen verblaßt das Liebespaar Léandre – Isabelle, dem es am Ende gelingt, seine Heiratspläne dadurch zu verwirklichen, daß sich der junge Mann verkleidet und Dandin statt eines Routinedokuments seinen und Isabelles Heiratsvertrag unterzeichnen läßt.

Es überrascht, daß das genaue Datum der Uraufführung der einzigen Komödie des zu diesem Zeitpunkt bereits berühmten Racine nicht belegt ist. Aber aller Wahrscheinlichkeit nach ist es auf Ende November/Anfang Dezember 1668 anzusetzen. Das Stück fiel bei der Uraufführung am Hôtel de Bourgogne durch. Auch eine zweite Aufführung fand keine günstige Aufnahme. Trotzdem wurde die Komödie anschließend auch am Hof gespielt. Der König geruhte darüber zu lachen, und nun fand auch das Publikum in der Stadt plötzlich an Racines neuem Werk Gefallen.

Racine ging zwar Molières umwerfende Komik, dessen unerreichbare »vis comica«, nahezu gänzlich ab. Wo es sich aber darum handelte, durch beißende Satire einen Gegner dem Spott auszusetzen, befand er sich in seinem Element. Insofern stellt die Komödie mehr als eine Gelegenheitsarbeit dar, zu der ihn wohl zunächst die Schauspieler am Hôtel de Bourgogne gedrängt hatten. Racine hatte nach eigenem Eingeständnis das Stück zuerst für die am Palais-Royal neben Molière spielenden italienischen Komödianten von Tiberio Fiorilli (genannt Scaramouche) bestimmt, die dann aber für längere Zeit nach Italien zurückkehrten. Diese Hinwendung zu einem auf breite Publikumswirkung bedachten Theatertyp zeigt, daß der junge Autor sämtliche Pariser Bühnen erobern wollte.

Mit dem Erfolg von *Andromaque* waren Pierre Corneilles Tragödien für viele auf einmal völlig veraltet. Daran konnten auch seine Getreuen nichts ändern. Gegenüber diesem betagten Rivalen konnte der um fünfunddreißig Jahre jüngere Racine seinen Erfolg letztlich ohne viel Mühe erringen und es sich herausnehmen, einige Alexandriner Corneilles nahezu wörtlich zu persiflieren. Sein eigentlicher Konkurrent war aber – trotz anderer respektabler Theaterautoren wie Thomas Corneille und Philippe Quinault – der vom Hof in jeder Weise geförderte Molière. Jeder, der eine Komödie schrieb, mußte sich mit diesem messen lassen.

Racine scheute sich nicht davor. In der Vorrede zu der gedruckten Ausgabe der *Plaideurs* spielte er unmißverständlich auf Molière an, wenn er abschließend bemerkte, er tue sich etwas darauf zugute, sein Publikum zum Lachen gebracht zu haben, ohne auch nur eine einzige dieser Zweideutigkeiten oder einen einzigen dieser unanständigen Scherze verwendet zu haben, die bei den Schriftstellern heute gängige Münze seien, so daß man das Theater wieder in den Schmutz ziehe, aus dem es durch einige bescheidenere Autoren gehoben worden sei.

Racine griff damit in den immer noch nicht ausgestandenen Streit um die moralischen Aspekte von Molières Theater ein. Port-Royal konnte der Abtrünnige jedoch mit dem Ausfall gegen einen mehrfach der Obszönität bezichtigten Autor kaum versöhnen, denn die eigentliche Zielscheibe seiner Komödie – darüber kann die Berufung auf Aristophanes nicht hinwegtäuschen – waren die Magistratsbeamten und Juristen von Port-Royal. Racine, der undankbare Schüler des Klosters, kannte ihre Rhetorik und ihre pedantischen Deklamationen. So paraphrasiert in der Komödie der Sekretär L'Intimé zum Teil nahezu wörtlich Schriften von Antoine Lemaistre. Die Verspottung von Port-Royal und seinen führenden Köpfen durch einen ehemaligen Schüler war aber gerade unter dem das Kloster bedrängenden Ludwig XIV. ein Akt, der an Niedertracht grenzte.

Ganz abgesehen davon konnte sich Racine des königlichen Beifalls für seine Satire gewiß sein, hatte doch Ludwig XIV. bereits 1665 die Absicht bekundet, die Gerichtsverfahren zu modernisieren, und bald darauf entsprechende Schritte in die Wege geleitet, um zu verhindern, daß künftig die Rechtspraxis so groteske Blüten treiben konnte wie in den *Prozeßsüchtigen*. Mit seiner Komödie machte Racine wohl auch seinem Ärger Luft, den seine langjährigen Bewerbungen um ein geistliches Amt und um eine einträgliche Pfründe in ihm angestaut hatten. Diesen Ärger hatte ihn auch nicht der Umstand vergessen gemacht, daß er spätestens im März 1666 zum Prior des Klosters von Épinay ernannt wurde. Auch später mochte er auf die materiellen Segnungen kirchlichen Besitzes nicht verzichten. Notarakten belegen, daß er wenigstens für einige Jahre Prior von Saint-Jacques de la Ferté war.

Malerei aus dem Stegreif: »La Gloire du Val-de-Grâce«

U nmittelbar südlich vom Quartier Latin, in der »Vallée de grâce«, dem Gnadental, hatten sich im siebzehnten Jahrhundert zahlreiche Klostergemeinschaften niedergelassen: 1605 die Karmelitinnen, zu denen sich 1674 die bußfertige La Vallière zurückzog; 1612 die Ursulinen des im sechzehnten Jahrhundert von der Italienerin Angela Merici gegründeten Ordens der Schulschwestern; 1622 dank der Vermittlung von Anna von Österreich die Feuillantinen; 1625 kamen die Nonnen von Port-Royal-des-Champs in dasselbe Viertel, und 1626 wurde ein Kloster der Schwestern des vom heiligen Franz von Sales und der heiligen Jeanne de Chantal gegründeten Ordens der Visitandinen bezugsbereit.

Nachdem Anna von Österreich 1638 endlich einen Dauphin und zwei Jahre später einen weiteren Sohn geboren hatte, veranlaßte sie das Notwendige, um den Bau einer Votivkirche in die Wege zu leiten und dadurch ein Gelübde einzulösen. Der siebenjährige Ludwig XIV. legte im Jahre 1645 den Grundstein. Der Architekt François Mansart entwarf einen die Peterskirche in Rom nachahmenden Kuppelbau, den Jacques Lemercier fortsetzte. In einer der heiligen Anna gewidmeten Seitenkapelle wurden seit 1662 die Herzen der verstorbenen Mitglieder der königlichen Familie und des Hauses Orléans beigesetzt.

Anna von Österreich beauftragte Molières Freund Pierre Mignard, die Kuppel dieser römischsten unter den Pariser Kirchen mit einem Fresko auszumalen. Dieser Auftrag war für Mignard eine große Auszeichnung, da er sich nach seiner Rückkehr aus Italien in Paris zwar rasch einen Namen als Porträtmaler geschaffen hatte, aber ganz im Schatten des auf künstlerischem Gebiet nahezu allmächtigen Charles Le Brun stand. Dieser war bereits in den vierziger Jahren vom Kanzler Pierre Séguier und in den fünfziger Jahren von Mazarin gefördert worden. Dank Colberts Gunst war er schließlich 1661 zum Sekretär der »Académie royale de peinture«, der Königlichen Malerakademie, und 1662 zum Ersten Maler des Königs ernannt worden. Le Brun gelang es daraufhin, innerhalb kurzer Zeit nahezu alle Schlüsselstellungen im Bereich der bildenden Kunst an sich zu reißen.

Vertrauensmann Colberts für Fragen der königlichen Bauten war Charles Perrault. Im Auftrag des mächtigen Ministers drängte er den sich der künstlerischen Diktatur Le Bruns nicht beugenden Mignard unter Androhung der Verbannung dazu, der »Académie royale de peinture« beizutreten und sich seinem Rivalen zu unterwerfen. Der Konflikt zwischen Le Brun und Mignard weitete sich zu einer echten »querelle« aus, zu einem jener zahllosen Konflikte, wie sie seit dem von Richelieu vom Zaun gebrochenen Streit um Corneilles *Cid* gang und gäbe waren. Perrault veröffentlichte 1668 das Lehrgedicht *La Peinture (Die Malerei)*, in dem er sich zum Sprachrohr der geltenden Kunstrichtung machte. Kurz zuvor oder danach gab Mignard ein in lateinischer Sprache verfaßtes Lehrgedicht von Charles Alphonse Dufresnoy, einem verstorbenen Mitglied seiner Werkstatt, heraus. Noch im selben Jahr erschien unter dem Titel *L'Art de peinture (Die Kunst der Malerei)* eine kommentierte französische Übersetzung.

Molière schaltete sich in die Diskussion ein und las am 22. Dezember 1668 im Salon von Honorée de Bussy sein dreihundertsechsundsechzig Alexandriner zählendes Lehrgedicht *La Gloire du Val-de-Grâce (Der Kuppelhimmel in der Kirche Val-de-Grâce)* vor, das 1669 bei Jean Ribou im Druck erschien. »Einen vollständigen Traktat über die Malerei« nannte Boileau das umfangreiche Gedicht. Darüber hinaus stellte Molière aber in seinen Alexandrinern, die den Trakat Dufresnoys paraphrasierten, vor allem die künstlerischen Fähigkeiten des Malerfreundes heraus, der in seinem Kuppelfresko bewiesen habe, wie sehr ihm schöpferische Erfindungsgabe zu Gebote stehe und in wie eindrucksvoller Weise er Zeichnung und Kolorit beherrsche. Molière rühmte die Beherrschung der Freskotechnik, die es dem Maler nicht erlaube, das bereits Ausgeführte später noch einmal zu überarbeiten, und die daher nur von einem Künstler bewältigt werden könne, der seiner Sache sicher sei. Bereits Boileau sah darin Parallelen zu Molières Theaterkonzeption. Der oft zu Improvisationen gezwungene Impresario und Dichter Molière wußte nur zu gut, daß ein falsches Wort, eine falsche Geste, ein unbeherrschter Blick auf der Bühne ebenso fatale und irreversible Folgen haben konnten wie ein unbedachter Pinselstrich des Freskomalers. Nur wer blitzschnell und zugleich seiner Sache absolut sicher war, durfte es wagen, sich an ein Werk wie die Himmelsglorie in der Kirche Val-de-Grâce zu machen: Verglichen mit der Kunst der Freskomalerei erscheint Molière die Ölmalerei als eine Technik, die einen weniger bedingungslosen Einsatz verlangt, da sie es erlaube, ein bereits ausgeführtes Werk zu überarbeiten und zu retuschieren.

Molière unterläßt in seinem Gedicht zwar nicht eine lobende Erwähnung des »großen Ludwig«, aber er wendet sich doch vor allem an Colbert, der Mignard mit der Ausmalung einer Kapelle in der Kirche Saint-Eustache beauftragt hatte. Molière wagt es, um Nachsicht für seinen Malerfreund zu bitten: Wer seine Zeit zwischen Hof und Atelier verbringe, könne nur noch selten ein vollkommener Künstler sein. Colbert möge also Verständnis dafür aufbringen, wenn ihm Mignard seine Aufwartung nur in Form seines Werks mache. Die Empfehlung des Malerfreundes ist auch ein Wort in eigener Sache. Es ist die Bitte an einen Mächtigen, die Kräfte eines kreativen Menschen nicht mit nutzlosen und zeitraubenden Formalitäten zu lähmen und zu verbrauchen.

»Le Tartuffe«: Ende der Auseinandersetzungen

Am 4. März 1668 ließ Condé trotz des erzbischöflichen Verbots *Tartuffe* in seiner Pariser Residenz in nächster Nähe von Notre-Dame aufführen. Wenige Monate später, im September, wurde Molière mit seiner Truppe in Condés Schloß nach Chantilly zu einer Wiederholung eingeladen. Für Molière, dessen *George Dandin* im Juli bei der ersten Aufführung in Versailles nur einen mäßigen Erfolg hatte, dessen *Geizhals* im September eine frostige Aufnahme beim Publikum des Palais-Royal fand, dessen schlechter Gesundheitszustand sogar das Gerücht aufkommen ließ, er sei gestorben, und dessen Vater in Geldnöte geraten war, wurde die endliche Freigabe des *Tartuffe* zur Existenzfrage.

Am 5. Februar 1669 war es soweit. Die Komödie erzielte einen Erfolg, der alles Bisherige übertraf. Die Einnahme bei der ersten öffentlichen Aufführung mit dem ursprünglichen Titel *Tartuffe* betrug stolze 2 860 Livres. Mit Hilfe der zahlreichen Wiederholungen konnte Molière die Finanzen seines Theaters auf einige Zeit sanieren. Sein am 5. Februar 1669 an den König gerichtetes drittes »Placet« hat mit den früheren im Zusammenhang mit *Tartuffe* an den König gerichteten Schreiben kaum noch etwas zu tun. In seiner Petition bat Molière für den Sohn des mit ihm befreundeten Arztes Mauvillain um ein freigewordenes Kanonikat an der königlichen Kapelle in Vincennes. Der Wunsch wurde erfüllt. Die Festesfreude über den neuerstandenen *Tartuffe* wurde also durch nichts getrübt.

Für die plötzlich möglich gewordene Freigabe zur öffentlichen Aufführung gab es verschiedene Gründe. Mit dem Tod der Königinmutter im Januar 1666 und dem Contis im darauffolgenden Monat hatten Molières Gegner zwei einflußreiche Protektoren verloren. Entscheidend für den nun uneingeschränkten Handlungsspielraum Ludwigs XIV. war aber der mit dem Papst ausgehandelte und am 8. Oktober 1668 unterzeichnete »Kirchenfrieden«, durch den Papst Klemens IX. die Verurteilung des Jansenismus bestätigte und, dem Wunsch Ludwigs XIV. entgegenkommend, die letzten vier rebellischen Bischöfe dazu zwang, sich zu unterwerfen. Dem König war es während der diplomatischen Verhandlungen darum gegangen, die Kurie nicht unnötig wegen eines Theaterskandals gegen sich aufzubringen. Mit dem »Kirchenfrieden« konnte nun auch der Streit um *Tartuffe* abgeschlossen werden.

Das Pariser Publikum strömte bis zur Osterpause in hellen Scharen in den Palais-Royal, obwohl die erzbischöfliche Entscheidung, die Besucher öffentlicher oder privater Aufführungen mit Exkommunikation zu bestrafen, nie offiziell zurückgenommen wurde. Nachdem die nahezu fünf Jahre während Angelegenheit ausgestanden war, blieben auch die üblichen Streitschriften oder Bühnensatiren aus. Und eine gegen Jahresende erscheinende blasse Kritik in Form eines geistlosen »Briefs zu Tartuffe« war kaum dazu angetan, die Diskussion noch einmal zu beleben.

In der Vorrede zur gedruckten Ausgabe des *Tartuffe* rekapituliert Molière die verschiedenen Etappen der Auseinandersetzungen. Er greift darin auch den seinerzeit von Lamoignon erhobenen Vorwurf auf, es könne nicht Aufgabe des Theaters sein, religiöse Fragen zur Diskussion zu stellen, und verweist dabei auf die Spanier, »die kaum ein Fest feiern, bei dem das Drama keine Rolle spielt«. Er erinnert an die Mysterienspiele sowie an Pierre Corneilles religiöses Theater und beruft sich damit auf eine Tradition, die der von seinen Gegnern aufgestellten Behauptung widerspricht. Gewiß, das Theater sei kein Ort der Erbauung. Aber »wenn man alle Dinge tadeln will, die sich nicht direkt auf Gott und unser Heil beziehen, dann gehört auch die Komödie dazu, und ich finde es nicht schlimm, wenn sie mit ihnen verurteilt wird; doch nimmt man einmal an, es stimme, daß die Übungen der Frömmigkeit auch Unterbrechungen ertragen können und die Menschen Zerstreuung brauchen, dann behaupte ich, daß es keine unschuldigere als die Komödie gibt.«

Im Gegensatz zu dieser redlichen Art, vor Gott und den Menschen aufzutreten, erweist sich Tartuffe als gelehriger und spitzfindiger Schüler jesuitischer Kasuistik, die wenige Jahre zuvor von Blaise Pascal in seinen *Provinzialbriefen* entlarvt und verspottet worden war. Der Jansenist Pascal stellte darin die Taschenspielerkünste der jesuitischen Beichtpraxis bloß, die den Großen dieser Welt durch Aufweichung sittlicher Normen und weitgehende Zugeständnisse die Religion annehmbar zu machen suchte. Wie sich eine derartige Auffassung bei entsprechender Diskretion auch noch in den Dienst der Verführungsstrategie stellen läßt, zeigt in der dritten Szene des dritten Akts Tartuffes Versuch, die Frau seines Gastgebers seinen trüben Instinkten gefügig zu machen:

»Wenn Ihre Augen mich, den niedrigsten der Sklaven,
In seiner Heimsuchung mit Huld und Nachsicht trafen,
Wenn Ihre edle Seele in namenloser Güte
Sich großmütig und gnädig zu mir herab bemühte,
O Wundersame, Hohe, ich wäre alle Zeit
Voll Inbrunst ohnegleichen nur Ihrem Dienst geweiht,
Von mir ist Ihre Ehre ja keinesfalls bedrängt,
Sie wird in keiner Hinsicht gefährdet und gekränkt:
Die Herren bei Hofe kennt man, die eitlen Frauenhelden,
Die immer Aufsehen machen und gern Erfolge melden;
Man hört sie triumphieren, man sieht sie ewig strahlen,

Sie ernten Gunstbeweise nur, um damit zu prahlen;
Wer das Vertrauen mißachtet, Geheimes in Gefahr bringt,
Entheiligt jedes Opfer, das sich ihm heimlich darbringt;
Doch Leute meiner Art, wir glühen nur verstohlen,
Was heimlich ist, bleibt heimlich, verborgen und verhohlen,
Wir sind ein Hort der Ehre, der Reputation,
Und das bürgt der Geliebten für strengste Diskretion,
Ja, nur wer uns wählt, kennt als Lohn für solche Wahl
Die Liebe ohne Angst, das Glück ohne Skandal.«

Nachdem sich der Heuchler eröffnet hat, überzeugt Elmire in der erweiterten und endgültigen Fassung den auf Anregung Dorines unter den Tisch kriechenden Orgon durch persönlichen Augenschein von der Niedertracht seines Gastes. Doch dieses Mal, in der fünften Szene des vierten Akts, muß Tartuffe durch Elmire erst aus seiner mißtrauischen Reserve gelockt werden, bis er abermals seine doppelzüngige Moral vorträgt:

»Kurzum: Sie sind zu Unrecht von Rücksichten beengt;
Ich lehre das Geheimnis, das Sicherheit gewährt:
Das Böse ist nur wirklich, falls es die Welt erfährt,
Der Frevel wird erst Frevel, wenn Ärgernis entsteht,
Und der tut keine Sünde, der sie geheim begeht.«

Inzwischen ist aber Tartuffe zu einer derart dämonischen Statur herangewachsen, daß es gar nicht mehr möglich wäre, ihn ohne direktes Eingreifen des königlichen Abgesandten aus dem Haus zu weisen und unschädlich zu machen, da ihm der verblendete Orgon inzwischen seinen ganzen Besitz überschrieben und kompromittierende Schriftstücke ausgehändigt hat. Dieser etwas aufgesetzt wirkende Schluß war Molières überschwenglicher Dank an den König, der sich mit seiner Aufführungserlaubnis nun eindeutig gegen die Devoten und für ihn entschieden hatte. Denn als sich Tartuffe bereits am Ziel seiner Wünsche glaubt, belehrt der Abgesandte des Monarchen den aufatmenden Orgon und mit ihm das Publikum, dem Auge des Herrschers bleibe nichts verborgen:

»Erholen Sie sich, mein Herr, von Ihrem jähen Schrecken,
Denn unser großer König weiß Frevel zu entdecken,
Sein weises Auge bringt Verborgenstes ans Licht,
Die Schelme und Betrüger, ihn hintergehen sie nicht,
In seiner Seele waltet die unfehlbare Klarheit,
Vor seinem Blick enthüllt sich die Lüge wie die Wahrheit;
Nicht Vorurteil noch Eifer trübt seinen hohen Sinn,
Und nichts reißt seine Weisheit zur Übereilung hin,
Mit unsterblichem Ruhm krönt er die Biederkeit,
Sie ist's, der er sich freudig und fern von Blindheit weiht:
Die Liebe zu den Wackeren verschließt sein Herz mitnichten
Für alle Missetaten von üblen Bösewichten.«

Das siebzehnte Jahrhundert mit seiner an den Höfen praktizierten
Doppelmoral bot den idealen Rahmen für die zwielichtige Figur des
Scheinheiligen. Der häufig als Vorbild von Molières Heuchler ange-
führte Hypokrit in Pietro Aretinos gleichnamiger Renaissancekomödie
ist verglichen mit Tartuffe ein langweiliger Schleicher, den alle als
Parasiten kennen und daher mühelos durchschauen. Molière brauchte
diese Figur wohl kaum zu studieren, um zu seinem Tartuffe angeregt zu
werden, dessen Rolle er offensichtlich einem Mann mit kräftigen
Appetiten auf den Leib schrieb (Interpret war der korpulente Du
Croisy), nicht einem durch Fasten und Nachtwachen ausgemergelten
Asketen. Gegen Ende des siebzehnten Jahrhunderts wurde das hier
angedeutete Problem von La Bruyère in den *Charakteren* erörtert.
Diesem unbestechlichen Beobachter der Gesellschaft seiner Zeit schien
es unwahrscheinlich, daß ein Mann wie Tartuffe als Heuchler Karriere
machen könne. Er skizzierte daher als Kontrast zur Figur Molières den
Heuchler Onuphre, ein ungleich geschmeidiger und glatter agierendes
Individuum, das schwerer zu durchschauen ist als der vergleichsweise
zudringliche und plumpe Tartuffe: »Onuphrius hat als Oberbett nur
eine graue Wolldecke, doch er schläft auf Baumwolle und Daunen; er
kleidet sich schlicht, aber recht bequem, er trägt leichte Stoffe im
Sommer, flauschig-weiche im Winter; seine Hemden, die aus feinstem
Gewebe sind, versteckt er sehr sorgfältig. Er sagt nicht: ›mein hären
Gewand und meine Bußübung‹; im Gegenteil: sonst würde er ja als das
gelten, was er ist, als ein Scheinheiliger, und er möchte doch als das

gelten, was er nicht ist, als ein wirklich Frommer; dafür benimmt er sich so, daß man auch ohne seinen ausdrücklichen Hinweis glaubt, er trage ein Büßerhemd und gebe sich die Geißel. In seinem Zimmer liegen einige Bücher wie zufällig herum; schlägt man sie auf, so liest man: ›Der geistliche Kampf, Der inwendige Christ, Das Heilige Jahr‹; andere Bücher hat er sorgsam verriegelt. Wenn er in der Stadt von weitem jemanden kommen sieht, vor dem er fromm erscheinen muß, so hat er es in der Übung, gleich mit gesenkten Augen, langsamen, bescheidenen Schritten und in sich gekehrter Miene einherzugehen: er spielt seine Rolle. Tritt er in eine Kirche ein, so blickt er sich zuerst um, von wem er gesehen werden könnte; und je nachdem, was er bemerkt, wirft er sich auf die Knie und betet oder denkt nicht daran, niederzuknien und ein Gebet zu sprechen. Nähert sich ihm ein Mann von Ansehen und Bedeutung, der ihn bemerken und vielleicht gar hören kann, so betet er nicht nur, sondern gibt sich Betrachtungen hin, spricht verzückte Worte und stößt Seufzer aus; entfernt er sich, so beruhigt sich Onuphrius und kommt wieder zu Atem. Ein andermal drängt er sich an einem heiligen Ort durch die Menge und wählt einen Platz zur inneren Sammlung, wo jeder sehen muß, wie er sich demütigt; hört er Höflinge reden, lachen und sich in der Kapelle geräuschvoller aufführen als im königlichen Vorzimmer, so sucht er ihr Lärmen durch lautes Beten zu übertönen; dann nimmt er seine Andacht wieder auf, die stets im Vergleich zwischen diesen Menschen und sich selber besteht; dabei kommt er immer auf seine Kosten. Er vermeidet einsame, abgelegene Kirchen, wo er gar zwei Messen hintereinander, Predigt, Vesper und Komplet hören könnte, allein mit sich und Gott und ohne daß jemand ihm Dank dafür wüßte; er liebt die Gemeindekirchen, er besucht Gotteshäuser, wo alle Welt zusammenströmt, da geht man nie umsonst hin, da wird man gesehen. An zwei oder drei Tagen im Jahr fastet er um nichts und wieder nichts; aber gegen Ende des Winters fängt er an zu husten, fühlt sich schwach auf der Brust, hat Beklemmungen und Fieberanfälle: er läßt sich bitten, drängen, schelten, er solle die Fasten gar nicht erst beginnen, und er gibt endlich aus reiner Gefälligkeit nach. Wenn Onuphrius in einem Streit von Verwandten oder in einem Familienprozeß zum Schiedsrichter angerufen wird, so hält er es mit den Stärkeren, das heißt mit den Reicheren; er kann sich nicht vorstellen, daß jemand, der viel Geld besitzt, unrecht haben könne. Wenn er mit einem vermöglichen Mann gut steht, bei dem er sich in Ansehen gesetzt hat, aus dem er als Schmarotzer großen Vorteil ziehen kann, so sucht er nicht die Gunst seiner Frau zu gewinnen, wenigstens macht er keine Annäherungsversuche und Liebeserklärungen; lieber flieht er und läßt bei ihr seinen Mantel zurück, wenn er ihrer nicht ebenso gewiß ist wie seiner selbst. Noch weniger wird er sie mit der Sprache der Frömmelei zu umgarnen und zu verführen suchen; er redet diese Sprache ja nicht aus Gewohnheit, sondern vorsätzlich und je nach seinem Vorteil, aber niemals, wenn er sich dadurch nur lächerlich machen würde. Er weiß, wo umgänglichere und gelehrigere Frauen als die seines Freundes zu finden sind; er ist ständig in ihrer Nähe, außer wenn er in der Öffentlichkeit die Meinung verbreiten will, er gebe sich in der Abgeschiedenheit geistlichen Betrachtungen hin; wer könnte daran auch zweifeln, wenn er wieder erscheint mit dem abgezehrten Gesicht eines Menschen, der keine Schonung gegen sich selber kennt.«

Die Leser heroisch-galanter Romane waren auf die Entschlüsselung fiktiver Werke geradezu versessen. Die Gesellschaft glaubte sich denn auch ihrer Sache sicher zu sein, wenn sie hinter Tartuffe den früher in Contis Umgebung lebenden Abbé Gabriel de Roquette vermutete, der später zum Bischof von Autun geweiht wurde. Zeitgenössische Zeugnisse legen nahe, daß Molière bereits in Pézenas unter der Theaterfeindschaft des frömmelnden Abbés zu leiden hatte. Die Memoirenschreiber sind sich darüber einig, daß der Bischof von Autun seine kirchliche Karriere mit allen Mitteln vorangetrieben hatte. Bussy-Rabutin räumt zwar in einem Brief an seine Cousine Madame de Sévigné ein, der Bischof habe es verstanden, seine Diözese mit glücklicher Hand zu reformieren, er sei ein guter Erzähler und führe eine gute Tafel, sei jedoch unnatürlich und falsch: Er verklemme die andern, weil er selbst verklemmt sei.

Saint-Simon ist in seinen Memoiren unerbittlicher. Der frühere Abbé de Roquette habe stets jedermanns Livree angezogen, die der Herzogin von Longueville genauso wie diejenige ihres Bruders Conti und die von Kardinal Mazarin. Und die Jesuiten habe er hofiert: »[...] ein Mann aus lauter Zucker und Honig, mit den bedeutenden Frauen seiner Zeit eng verbunden und bei allen Intrigen mit dabei: dessen ungeachtet mit dem Glorienschein eines Heiligen umgeben. Molière hat für seinen *Tartuffe* an ihm das Maß genommen. Niemand hat sich darüber getäuscht.« In einer an den König gerichteten »Klage der Stadt Autun«, einem Pamphlet in Versen, wird der Bischof ausdrücklich als derjenige bezeichnet, der von dem bewundernswerten Molière als Tartuffe oder Betrüger entlarvt worden sei. Eine andere diesen Frömmler verhöhnende Invektive will wissen, er sei in Holzschuhen nach Paris gekommen, dort aber durch die Gunst von Mademoiselle de Brienne avanciert, er, »der Molières Tartuffe ist«.

Einige Zeitgenossen vermuteten hinter der Maske Tartuffes einen Barbier aus Lyon mit dem Namen Jacques Crétenet. Obwohl Laie, animierte Crétenet in Lyon eine Gruppe von Geistlichen zu Tätigkeiten im Sinn der Compagnie du Saint-Sacrement, deren Mitglied er war. Molière muß während seiner wiederholten Aufenthalte in Lyon von dem geschäftigen Eiferer gehört haben, der 1651 wegen seiner pastoralen Anmaßung zwar exkommuniziert, aber dank einflußreicher Protektoren bald wieder rehabilitiert wurde. Eine 1680 in Lyon veröffentlichte *Vita* des rührigen Laienmissionars, den Philosophie- und Theologiestudenten in geistlichen Fragen konsultierten, berichtet, wie er sich sichtlich bemüht habe, Beleidigungen zu schlucken und für seine Widersacher zu beten. So viel Langmut schien nicht wenigen suspekt: Pamphlete bezichtigen ihn der Völlerei und der Sinnlichkeit.

Die realen und fiktiven Vorbilder Tartuffes dürfen nicht den Eindruck aufkommen lassen, Molière habe seine Figur wie ein Puzzle zusammengesetzt. Demütigende Erfahrungen, denen eine Schauspielertruppe sich zu seinen Zeiten aussetzen mußte, waren keine isolierten Ereignisse. Es blieb einem für die Öffentlichkeitsarbeit zuständigen Direktor oder »Orateur« auch nicht erspart, bis zum Überdruß die immer wieder von besorgten Geistlichen oder bigotten Laien vorgebrachten Vorurteile gegen die angebliche Unmoral von Komödienaufführungen zu entkräften. Insofern ist Tartuffe seinem Schöpfer Molière sicher in hundertfachen Varianten begegnet. Die Tatsache, daß Paul Scarron 1655 eine Novelle mit dem Titel *Les Hypocrites (Die Scheinheiligen)* veröffentlichte, ist daher im Vergleich dazu völlig nebensächlich.

Herbst 1669: Jagd in Chambord

Wie Molière auf die nicht enden wollenden königlichen Aufträge reagierte, lassen seine Vorworte, Widmungsschreiben und Versepisteln nur erahnen. Was in ihm vorging, wenn er zu zeitraubenden und mit Ortsveränderungen verbundenen Aufgaben abgeordnet wurde, verschwieg er der Nachwelt. Kein vertraulicher Brief an einen Freund ist erhalten und schon gar nicht eine in einem Augenblick der Entspannung und Selbstreflexion oder des Unmuts und des Aufbegehrens niedergeschriebene Tagebucheintragung. Seine Reaktionen und sein Verhalten lassen sich nur mit Hilfe zeitgenössischer Berichte rekonstruieren, aber diese sind meistens aus Anlaß einer umstrittenen Aufführung entstanden und daher parteiisch.

Im Herbst 1669 veranstaltete Ludwig XIV. in Chambord ein großes Jagdfest, das durch Molières Teilnahme an den zum Amüsement der Hofgesellschaft arrangierten Veranstaltungen einen zusätzlichen Glanz erhielt. Der König hatte zwar nach der Aufführung der *Fâcheux* in Vaux-le-Vicomte höchstpersönlich angeregt, Molière solle der Reihe der Lästigen noch den für seine Jagdleidenschaft bekannten Marquis de Soyecourt hinzufügen. Aber das hieß keineswegs, daß der auf Repräsentation bedachte Monarch seinerseits auf die Jagd, die ein besonderes Adelsprivileg darstellte, verzichtet hätte. Auch diese Form höfischer Repräsentation ließ er ohne Rücksicht auf Kosten und Verschwendung veranstalten. Das der erlauchten Jagdlust dienende Wild zerstörte Saaten und Felder, und was den Hirschen und Wildschweinen entgangen war, das zerstampften Pferde und Treiber. Die arme Landbevölkerung wurde außerdem noch dazu rekrutiert, den hohen Herrschaften die Beute aufzuscheuchen.

Diese höfische Gesellschaft, die fast keine soziale Rücksicht kannte, übersah geflissentlich solche aus heutiger Sicht skandalösen Vorkommnisse. Der Städter, der in der Kutsche über Land fuhr, ignorierte die Probleme der dortigen Bevölkerung. Erst gegen die Jahrhundertwende, als die Frühaufklärung allmählich anfing, die in Unbeweglichkeit erstarrte, allein um Versailles sich drehende Gesellschaft in Frage zu stellen, wiesen prominente Literaten zum erstenmal auf den wahren

Tatbestand hin. Die in den ersten Regierungsjahren Ludwigs XIV. entstandene klassische Literatur Frankreichs kannte zwar Predigten, in denen die Reichen an ihre Verantwortung gegenüber den Armen erinnert wurden, auf dem Theater war der Landbewohner jedoch ausschließlich dazu da, durch sein sprachliches Unvermögen oder seine Unfähigkeit, mit Städtern und Adligen angemessen zu verkehren, das zuschauende höfische oder Pariser Publikum zu erheitern. Keiner der großen Schriftsteller trat für die Belange der Unterprivilegierten ein. Wie die Briefe Madame de Sévignés zeigen, halfen angesichts der sozialen Frage auch alle geistige Beweglichkeit und einfühlsame Sensibilität im Privaten und Gesellschaftlichen nicht, weil die gesamte Epoche auf diesem Auge blind war. Der Leser von heute horcht deshalb auf, wenn La Bruyère in der 1689 erschienenen vierten Auflage seiner *Caractères* die Sprache ausdrücklich auf die Bauern bringt. Die vielzitierte Stelle gilt wohl nicht zu Unrecht als Beleg für das in den Jahren der Frühaufklärung sich ändernde soziale Klima: »Man sieht überall auf dem Land gewisse männliche und weibliche, schwarze, dunkelhäutige und gänzlich von der Sonne verbrannte wilde Tiere: Sie sind über den Boden gebückt, den sie umgraben und mit nicht erlahmender Ausdauer umwühlen. Sie haben eine Art artikulierte Stimme, und wenn sie sich auf ihren Füßen aufrichten, zeigen sie ein menschliches Gesicht, und Menschen sind es tatsächlich. Sie ziehen sich nachts in ihre Höhlen zurück, in denen sie von schwarzem Brot, Wasser und Wurzeln leben. Sie nehmen den anderen Menschen die lebensnotwendige Mühe des Säens, des Ackerns und des Erntens ab und verdienen also, daß es ihnen nicht an jenem Brot fehlt, das sie gesät haben.«

Die Jagd gehörte bereits seit dem Mittelalter zu den vornehmsten Vergnügungen des Adels. Kaiser Friedrich II. verfaßte ein eigenes Lehrbuch über die Beizjagd: *De arte venandi cum avibus (Über die Kunst, mit Vögeln zu jagen).* Der Mann, der das Abrichten und die Pflege der für die Jagd notwendigen Greifvögel zu besorgen hatte, der Oberfalkenmeister, hatte eines der wichtigsten Hofämter inne. Doch unter Ludwig XIV. wie schon unter seinem völlig der Jagdleidenschaft verfallenen Vater bevorzugte die Hofgesellschaft neben der Hetzjagd vor allem die Parforcejagd. Bei der Hetzjagd sollten möglichst viele Tiere erlegt werden, bei der Parforcejagd hingegen hetzte man ein einziges Tier, bis es ermüdete. Man verwendete dazu Hunde, die die Fährte des aufge-

scheuchten Wilds verfolgten. Ließ sich allerdings ein gestelltes Großwild nicht ohne Gefahr vom Jagdherrn erlegen, so fand das noble
Vergnügen einen niederträchtigen Abschluß: Ein Jäger schlich sich
hinter den erschöpften und umstellten Hirsch und schnitt ihm die
Sehnen über den Knien der Hinterläufe durch. Die Parforcejagd wurde
in Frankreich seit dem späten Mittelalter von den französischen Königen gepflegt. Der 1610 ermordete Heinrich IV. forcierte häufig an
einem Tag fünf oder sechs Hirsche. Der Sonnenkönig suchte dem
höfischen Jagdvergnügen dadurch noch zusätzlichen Glanz zu verleihen, daß er zum Beispiel eine nächtliche Parforcejagd in einem von
Fackeln und Lampen erhellten Wald abhielt.

An den europäischen Höfen redete man viel von diesen der Aristokratie vorbehaltenen Vergnügungen. Nicht gesprochen wurde von den zur
Treiberfron verpflichteten Bauern, die mitansehen mußten, wie ihrer
Hände Arbeit rücksichtslos einer luxuriösen Zerstreuung geopfert
wurde, und häufig gezwungen waren, dabei mitzuhelfen: »Die Jäger tun
den Leuten großen Schaden mit wilden Tieren im Getreide sowie mit
ihren Rossen und Hunden. Wil geschweigen, daß offt die arme bloße
unbekleidete Leute im harten kalten Winter mit hinaus auff die Jagd
müssen, und draußen für dem Netze so erfrieren, daß man ihnen
darnach die Schenckel ablösen muß, oder daß man sie todt oder erfroren
hinter den Bäumen findet«, schrieb Johann Colerus in einem im
siebzehnten Jahrhundert mehrfach gedruckten der Landwirtschaft gewidmeten Werk.

Die Geschichte der fürstlichen Jagdvergnügen ist ein besonders
empörendes Kapitel absolutistischer Herrscherwillkür. Bauern, Müller,
Bäcker und die mit der Verwertung und Beseitigung der Tierkadaver
beauftragten Wasenmeister hatten die Pflicht, die bei der Jagd eingesetzten herrschaftlichen Hunde zu versorgen. Eine Kommission wachte
über das Wohlbefinden der Tiere. Nicht weniger Auflagen stellte das
Jagdpersonal, das sich allerdings lieber in Gutshöfen und Klöstern
verpflegen ließ als bei den am Hungertuch nagenden Bauern.

Blaise Pascal fragte sich in seinen 1670, acht Jahre nach seinem Tod,
veröffentlichten *Pensées, Gedanken* zu einer von ihm geplanten »Apologie des Christentums«, nach den Ursachen, die seine Zeitgenossen
von einer Zerstreuung in die andere trieb. Er, der sich wiederholt in die
Abgeschiedenheit von Port-Royal zurückzog, schien vorauszuahnen,

daß es noch schlimmer kommen sollte. In einer Reihe von Skizzen beschreibt er das Phänomen, das die ganze Gesellschaft seiner Zeit erfaßt hatte. Molière war zweifelsohne ein Nutznießer des von Pascal beklagten Zeitgeistes. Der Gesellschaft war die Fähigkeit zu Gewissenserforschung und Einkehr abhanden gekommen. Die über Pascals *Pensées* verstreuten Streiflichter zum Thema variieren diese für ihn schockierende Erkenntnis mehrfach: »Schaut, dieser Mensch, der dazu geboren ist, um die Welt zu kennen, um über alles zu urteilen, um einen ganzen Staat zu lenken, ist völlig damit beschäftigt und ganz von der Sorge erfüllt, wie er einen Hasen fangen könne.«

Betroffen stellt Pascal fest, daß selbst ein König, für den der Gedanke an seine Würde und Größe eigentlich ausreichen müßte, um jede Zerstreuung überflüssig zu machen, von diesem Zeitübel erfaßt ist: »Man lasse einen König vollkommen allein, ohne in irgendeiner Form seine Sinne zu beschäftigen, ohne daß irgendeine Sorge seinen Geist bewegt und ohne Gesellschaft, so daß er in Muße über sich nachdenken kann, und man wird sehen, daß ein König ohne Zerstreuung ein Mensch voller Elend ist. Daher wird es sorgfältig vermieden, daher gibt es neben den königlichen Personen ständig eine große Zahl von Leuten, die darüber wachen, daß die Zerstreuung auf ihre Staatsgeschäfte folgt; sie wachen die ganze Zeit über ihre Muße, um ihnen Vergnügen und Spiele vorzubereiten, damit keine Leere entsteht.«

Pascal wurde nicht müde, in seinen *Gedanken* die sittliche Aushöhlung seiner Zeitgenossen anzuprangern:

»Wenn ich es mitunter unternommen habe, die mannigfaltige Unruhe der Menschen zu beachten, sowohl die Gefahren wie die Mühsale, denen sie sich, sei es bei Hofe oder im Krieg, aussetzen, woraus so vielerlei Streit, Leidenschaften, kühne und oft böse Handlungen usw. entspringen, so habe ich oft gesagt, daß alles Unglück der Menschen einem einzigen entstammt, nämlich daß sie unfähig sind, in Ruhe allein in ihrem Zimmer bleiben zu können. Kein Mensch, der genug zum Leben hat, würde sich, wenn er es nur verstünde, zufrieden zu Hause zu bleiben, aufmachen, um die Meere zu befahren oder eine Festung zu belagern. Die Charge im Heer würde man nicht so teuer bezahlen, wenn man es nicht unerträglich fände, nicht aus der Stadt herauszukommen, und die Unterhaltungen und Zerstreuungen des Spiels sucht man nur, weil man nicht mit Vergnügen zu Hause bleiben kann.

Als ich dies des Näheren bedacht und den Grund all unserer Leiden erkannt hatte, wollte ich die Gründe hierfür finden. Ich fand, daß es einen überaus wirkungsvollen gibt; er liegt in dem natürlichen Unglück unserer schwachen, sterblichen und so elenden Seinslage, daß uns nichts zu trösten vermag, sobald wir nur genauer darüber nachdenken.«

In Überlegungen wie diesen konzentrierte sich die jansenistische Opposition gegen die Regierungsform des Sonnenkönigs:»Was ist der Grund, daß jemand, der vor kurzem seinen einzigen Sohn verlor und der, von Geschäften und Prozessen überlastet, noch am Morgen so bekümmert war, jetzt nicht mehr daran denkt? Wundert euch nicht: er ist völlig in Anspruch genommen aufzupassen, wo der Keiler, den die Hunde seit sechs Stunden wütend verfolgen, ausbrechen wird. Mehr ist nicht nötig! Wie von Kummer gebeugt ein Mensch auch immer sein mag, kann man ihn dazu bringen, sich zu zerstreuen, so wird er diese Zeit über glücklich sein. Und wie glücklich ein Mensch auch immer wäre, er wird bald voll Sorgen und Kummer sein, wenn er nicht durch irgendein Vergnügen, irgendeine Leidenschaft abgelenkt und zerstreut ist, die die Langeweile hindern, sich auszubreiten. Ohne Zerstreuungen gibt es keine Freude, und wenn man sie hat, keinen Kummer. Und so liegt auch das Glück der Hochgestellten darin, daß sie von vielen Menschen umgeben sind, die für ihre Zerstreuung sorgen, und daß sie imstande sind, sich diesen Vorzug zu erhalten.«

Pascal erlebte zwar noch die ersten großen Erfolge Molières in Paris. Er nahm zwar nicht ausdrücklich zu ihnen Stellung, aber mit Sicherheit sah er die für die christliche Lebensführung gefährlichste Zerstreuung im Theater. Gerade wenn die Liebe auf der Bühne keusch und sittsam dargestellt werde, sei der Einfluß des Theaters auf die Gemüter der Zuschauer zu befürchten. Einige Jahre nach der Niederschrift dieser Überlegungen wurde Pierre Nicole, ein Mitstreiter Pascals, dessen *Provinzialbriefe* er 1658 unter dem Pseudonym Wendrock in einer lateinischen Fassung veröffentlicht hatte, noch deutlicher: Ein Romanschriftsteller oder ein Theaterdichter mache sich einer Vielzahl von Morden an christlichen Seelen schuldig; denn je mehr er darauf achte, die beschriebenen sündhaften Leidenschaften mit einem Schleier des Anstands zu verhüllen, desto gefährlicher mache er sie und desto geeigneter, einfache und unschuldige Gemüter zu verderben. Die elitären Intellektuellen von Port-Royal wußten sich also in ihrer Verurteilung des Theaters mit dem hohen und einfachen Klerus einig.

Molière hatte während seiner Lehr- und Wanderjahre in der Provinz genügend Zeit gehabt, die Schikanen weltlicher und geistlicher Autoritäten kennenzulernen. Mochte der Weg nach Chambord für die Truppe auch zeitraubend und mühsam sein, eine Alternative zu den immer häufiger werdenden Auftragsarbeiten des Königs, zu der Fron im Dienst seiner Zerstreuung, gab es für den Spielleiter und seine Truppe nicht. Nur der Verlust der Gunst des Herrschers, Krankheit oder Tod konnten ein Ende seiner Rolle bringen. Im Herbst 1669 war dieser Zeitpunkt freilich näher gerückt, als die für einige Wochen nach Chambord ziehenden Komödianten ahnten.

Paris als Alptraum: »Monsieur de Pourceaugnac«

Am 17. September brachen die Komödianten bei immer noch sengender Hitze mit ihrem Gepäcktroß von Paris auf und verbrachten dann mehrere Wochen in dem weitläufigen Schloßkomplex in Chambord, um die Herren und Damen des Hofs nach den Strapazen der Jagd mit insgesamt fünfzehn Aufführungen zu erheitern. Am Sonntag, den 6. Oktober 1669, inszenierte Molière die Ballettkomödie *Monsieur de Pourceaugnac* als speziellen Beitrag zu den königlichen Lustbarkeiten. Lully schrieb nicht nur die Musik und den italienischen Text für eine Einlage, sondern brachte auch seine außergewöhnliche pantomimische Begabung bei der Aufführung zur Geltung. Und am Ende der Aufführung wurden alle Gäste des Festes von einem Chor Maskierter und Kostümierter dazu aufgefordert, sich zu vergnügen und ausgelassenen Freuden hinzugeben.

In dieser Ballettkomödie wird der Versuch des aus dem Limousin – das Limousin war in der Haupt- und Residenzstadt als hinterste Provinz verschrien – stammenden Landadligen Pourceaugnac, sich mit der Pariserin Julie zu verheiraten, zunichte gemacht. Julie engagiert mit dem sie umwerbenden und von ihr geliebten Éraste die Intrigantin Nérine und den Neapolitaner Sbrigani, die alles Nötige veranlassen, um dem Herrn aus der Provinz ein für allemal sein Vorhaben zu verleiden. Die Hilfe Nérines und Sbriganis, die im Personenverzeichnis der Ballettkomödie als Intriganten geführt werden, ist offensichtlich durch Geld erkauft. Dementsprechend redet die geschäftige Kupplerin dem jungen Mädchen nach dem Munde: »Was fällt Ihrem Vater denn auch ein, Sie mit diesem Anwalt aus Limoges, diesem Herrn von Pourceaugnac zu behelligen, den er sein Lebtag nicht gesehen hat und der nun mit der Postkutsche dahergefahren kommt, sich Ihrer vor unserer Nase gegen Ihren Willen zu bemächtigen? Sollen ein paar hundert Taler mehr, über die der Herr nach der Meinung Ihres Onkels verfügt, genügen, einen Bewerber zu verwerfen, der nach Ihrem Herzen ist? Ist ein Wesen wie Sie für einen Mann aus Limoges geschaffen? Warum nimmt er, wenn er heiraten möchte, nicht eine Frau aus Limoges und läßt die übrige Christenheit zufrieden? Schon dieser Name Pourceaugnac hat mich namenlos erbittert. Ich verabscheue ihn, diesen Pourceaugnac! Wenn sonst nichts gegen ihn zu sagen wäre als dieses Pourceaugnac, würde ich lieber mit wehenden Fahnen untergehen als die Verbindung zulassen und dulden, daß Sie Frau von Pourceaugnac werden, Pourceaugnac! Kann man das ertragen?! Nein, Pourceaugnac ist unmöglich. Wir werden ihm alle erdenklichen Streiche spielen, Schabernack und Possen in großen Mengen, bis wir ihn nach Limoges zurücktreiben, den Herrn von Pourceaugnac.«

Nérine empört sich über den Namen des Titelhelden, da dieser sinngemäß mit »Herr von Ferkelhausen« oder »Herr von Schweinichen« zu übersetzen wäre – Hugo von Hofmannsthal führte den Provinzler in seinem *Rosenkavalier* als Baron Ochs auf Lerchenau ein.

Mit dem neapolitanischen Intriganten Sbrigani hat Molière eine Figur geschaffen, deren Herkunft aus der italienischen Stegreifkomödie auf der Hand liegt. »Sbrigarsi«, das bedeutet »sich sputen«. Sbrigani ist also einer, der mit taschenspielerhafter Geschwindigkeit Dinge zu inszenieren und arrangieren versteht. Zusätzlich ist der Anklang an »brigante« (Räuber) unüberhörbar. Mit Monsieur de Pourceaugnac ist ein Virtuose der Gaunerei vom Kaliber Sbriganis eigentlich unterfordert, wenn seine Beschreibung des arglosen Bräutigams zutrifft: »Gnädiger Herr, unser Mann wird gleich hier sein. Ich habe ihn drei Meilen von diesem Platz entfernt gesehen, wo die Kutsche Station machte; er ging in die Küche, um zu frühstücken, da konnte ich ihn eine gute halbe Stunde trefflich beobachten – jetzt kenne ich ihn schon auswendig. Über sein Gesicht möchte ich mich lieber gar nicht äußern. Sie werden ja sehen, was für einen Scherz sich die Natur ausgedacht hat und wie es ihr gelungen ist, ihn in die Tat umzusetzen. Was jedoch seinen Geist anbetrifft, kann ich ankündigen, daß mir selten etwas Zäheres, Dumpferes, Schwerfälligeres untergekommen ist, daß er uns ein überaus geeignetes Material für unsere Pläne bieten dürfte, mit einem Wort: dieser Mann wird in jede Falle, die man ihm stellt, blind hineinlaufen.«

Pourceaugnac, der sich für die Hauptstadt mit Spitzenbesätzen und einem grauen Hut mit grüner Feder herausgeputzt hat, muß es erleben, daß sich alle über ihn lustig machen. Um so erfreuter ist er, als sich ihm in Sbrigani ein Mann vorstellt, der ihn, wie ihm scheinen will, mit gebührendem Respekt behandelt. Aber alsbald setzt eine Serie von Erlebnissen ein, die den ahnungslosen Provinzadligen zunächst befremden und schließlich dazu bringen, verkleidet und heilfroh, der Hauptstadt wenigstens lebend zu entkommen, schleunigst wieder ins Limousin heimzukehren: Ärzte untersuchen ihn auf seinen Geisteszustand, ein Apotheker und ihre Gehilfen bedrängen ihn in einer Ballettszene mit Klistierspritzen. Kaum ist dieses Abenteuer überstanden, da bezichtigt ihn in Gegenwart seines künftigen Schwiegervaters eine aus Pézenas stammende Südfranzösin im Dialekt ihrer Heimat, er sei ihr Mann und habe sie schmählich sitzenlassen. Und schon taucht eine zweite Frau, diesmal aus der Picardie, mit mehreren Kindern auf, die ihrerseits Ansprüche auf den angeblich Wortbrüchigen erhebt. Um der Justiz und einer drohenden Verurteilung wegen Bigamie zu entfliehen, verkleidet sich Pourceaugnac als Frau, entgeht dabei aber nur mit Müh und Not den handgreiflichen Zudringlichkeiten zweier Soldaten. Am Ende ist Julies Vater nach den gegen Monsieur de Pourceaugnac erhobenen Anklagen glücklich, das Mädchen nun mit dem früher verschmähten Éraste zu vermählen.

Der Handlungsverlauf der Ballettkomödie ist zum großen Teil in zwei Szenarios der Commedia dell'arte vorgegeben: *Policinella pazzo per forza (Der zum Wahnsinn gebrachte Policinella)* und *Pulcinella burlato (Der verspottete Pulcinella)*. Nicht so sehr in der Handlung als vielmehr in ihrer Interpretation durch Molières Ensemble liegt also die Originalität der zu den herbstlichen Lustbarkeiten beigesteuerten Uraufführung. Die mit der Aufforderung, sich zu vergnügen, ausklingende Ballett-komödie entläßt den Zuschauer in Wirklichkeit nicht in einem Zustand ungetrübter Heiterkeit. Dem Herrn aus der Provinz wird nämlich in Paris allzu übel mitgespielt. Die Komödie zeigt, daß Hauptstadt und Provinz durch einen Abgrund getrennt waren, einen Abgrund, der nicht weniger tief war als der zwischen den verschiedenen gesellschaftlichen Schichten. Wer nicht in der nächsten Umgebung des Hofs lebte, konnte weder mit Verständnis noch mit Erbarmen rechnen. Die Hauptstadt entzieht sich Monsieur de Pourceaugnac nicht nur, sie verschmäht, verhöhnt und verjagt ihn.

Vier Tage nach der Uraufführung, am 10. Oktober 1669, verstarb Henriette Maria, Mutter von Madame und Witwe des 1649 enthaupte-ten englischen Königs Karl I. Der Hof sah sich dadurch nicht veranlaßt, sein Programm zu ändern. Der König verschob die Trauerzeremonie bis zur Rückkehr nach Paris: Bossuet hielt am 16. November seine berühmte Leichenrede auf die Verstorbene.

Eine satirische Diagnose: »Élomire hypocondre«

In der im Oktober 1669 vor dem König in Chambord und vom 15. November an in Paris aufgeführten Ballettkomödie *Monsieur de Pourceaugnac* versucht ein Arzt dem kerngesunden und ahnungs-losen Provinzler und Titelhelden mit einer durch antike Autoritäten gestützten Diagnose eine Krankheit einzureden, die durch hypochon-drische Melancholie bedingt sei und die er gegenüber einem ebenfalls herbeigerufenen Kollegen begründet. Was sich wie pseudogelehrter

Unsinn anhört, war in Wirklichkeit die offizielle Lehrmeinung hinsichtlich der physischen Ursachen geistiger Zerrüttung: »Ich spreche von einer hypochondrischen Melancholie, um sie gegen zwei andere Melancholien abzugrenzen; denn der große Galenus hat längst lichtvoll drei Arten des krankhaften Zustands namens Melancholie herausgestellt, der nicht nur von den Lateinern, sondern auch von den alten Griechen so bezeichnet wird, was für unseren Fall sehr bedeutsam ist: Die erste kommt von einem besonderen Schaden im Gehirn, die zweite vom Eintritt der Galle in das Blut, die dritte, die sogenannte hypochondrische Melancholie, welche wir hier vor uns haben, kommt von einem Schaden im Unterleib und den benachbarten Partien des Körpers, vor allem aber der Milz, durch deren entzündliche Erhitzung in das Gehirn unseres Kranken eine Menge von dichtem Ruß eingetreten ist, dessen schwärzlicher und schädlicher Dampf eine Entartung der geistigen Fähigkeit hervorruft und jene Krankheit verursacht, von welcher er sichtlich auf Grund unserer Überlegungen befallen ist. Daß dem also sei, müssen Sie, verehrter Herr Senior und Kollege, um meine Diagnose zu bestätigen, schon aus dem Anblick des bitteren und trüben Gehabens bei unserem Kranken ersehen; die Traurigkeit, Hand in Hand mit Angst und Mißtrauen, das sind besondere pathognomonische Symptome, die schon der göttliche alte Hippokrates hervorgehoben hat.«

Am 4. Januar 1670 veröffentlichte ein hinter dem Namen Le Boulanger de Chalussay getarnter Gegner Molières, der aller Wahrscheinlichkeit im Umkreis Montfleurys zu suchen ist, die Komödie *Élomire hypocondre (Élomire der Hypochonder)*, deren eigentlicher Titelheld Molière hinter dem leicht auflösbaren und bereits von Donneau de Visé in Umlauf gesetzten Anagramm ohne Schwierigkeiten auszumachen war. Diese Komödie stellte einen der massivsten Angriffe gegen den Dichter dar. Nun handelte es sich allerdings nicht mehr um ein von moralischer Entrüstung diktiertes Pamphlet aus geistlicher Feder, sondern hier wurde die Person Molière von einem Mann verunglimpft, der offensichtlich über das Privatleben und die Probleme des Theaterdirektors und dessen Truppe bestens informiert war. Material, das sich nicht zuletzt auf Kindheit und Jugend Molières bezog, wurde hier zu einer fünfaktigen Komödie verarbeitet. Das Stück wurde anscheinend nicht aufgeführt, es stieß aber auf lebhaftes Interesse: Noch vor Molières Tod erschienen vier Ausgaben.

Mit hämischer Schadenfreude wird Élomires physischer Verfall beschrieben, über den sich seine Frau ernstlich Sorgen macht. Sie fürchtet sich vor seinem vom Wahnsinn gezeichneten Blick. Der Diener Lazarille beschreibt die Arme seines Herrn als Knochen eines alten Skeletts, die man als Kastagnetten verwenden könne. Der Verfasser von *Élomire der Hypochonder* legte es vielleicht gar nicht darauf an, mit einer derartigen Szene lediglich billige Wirkungen zu erreichen. Molières Zustand war offensichtlich so bedenklich, daß das Ende nur noch eine Frage von wenigen Monaten oder Jahren zu sein schien. Bereits Loret hatte in seiner *Muse historique* wiederholt über Molières gefährdeten Gesundheitszustand berichtet. Das Thema der Komödie war denn auch, wie der Untertitel von der dritten Auflage an verriet, *Élomire hypocondre ou Les Médecins vengés (Élomire der Hypochonder oder Die gerächten Ärzte)*.

Aber auch die alten gegen Molière erhobenen Vorwürfe wurden wieder aufgewärmt. So läßt Élomire beiläufig die Bemerkung fallen, er habe es besser gemacht als Arnolphe in der *Schule der Frauen*, habe er doch mit seinem Erziehungswerk bereits vor der Geburt seiner künftigen Frau begonnen. Sicher veranlaßte diese die alte Inzestanklage wieder aufgreifende Bemerkung Molière dazu, vor der Grand' Chambre des Pariser Parlaments einen Prozeß gegen den Verfasser von *Élomire hypocondre* anzustrengen. Der Rufmord bestand aber nicht allein darin: Molières gesamte Laufbahn als Schauspieler und Theaterdichter wurde aufgerollt; Madeleine Béjart und ihre Brüder wurden verunglimpft; ein mit seinen Leistungen auftrumpfender und reizbarer, aber auch ängstlicher und im Gespräch mit den Ärzten um sein Leben bangender Molière sollte hier angeprangert werden. Somit faßte die Komödie nahezu alle Gerüchte zusammen, die sich wenige Jahre vor dem Tod des Autors über ihn und seine Truppe im Umlauf befanden.

Der vierte Akt der Komödie ist Spiel im Spiel. Im Theatersaal des Palais-Royal probt Molières Ensemble gegen seinen Direktor den Aufstand. Wollte man den durch die selbstherrlichen Staralüren ihres Direktors aufgebrachten Mitgliedern der Truppe glauben, so war der durch Richelieu legitimierte und privilegierte Stand des Schauspielers infolge Molières Ausfällen gegen Kirche und Sitte auf dem besten Weg, wieder in Mißkredit zu geraten. Außerdem soll sich der wie ein Diktator gebärdende Molière eingebildet haben, jeder Rolle gewachsen zu sein. Hier wird *Élomire hypocondre* zum Abklatsch des *Stegreifspiels von Ver-*

sailles. Hatte Molière sich dort herausgenommen, Montfleury zu persiflieren, so versucht ihm nun ein als Schiedsrichter angerufener Chevalier deutlich zu machen, daß er gar nicht in der Lage sei, ernste oder
pathetische Stücke zu rezitieren, was sich immer dann gezeigt habe,
wenn er Corneille interpretierte.

Von anderer Seite ist nicht belegt, ob Molière in seinen letzten Jahren
Schwierigkeiten hatte, seine Truppe zusammenzuhalten. Aber die Person oder die Personengruppe, die hinter *Élomire hypocondre* stand,
konnte gewiß sein, daß der Dichter, dessen gesundheitliche Reserven
verbraucht waren, nicht mehr selbstbewußt und stark genug war, um ein
Gebräu aus Tatsachen, Infamie und Häme, wie es diese Komödie
darstellte, einfach zu übergehen. Daß Molière zum überempfindlichen
Neurotiker geworden war, belegen auch andere Zeugen. Grimarest,
sein erster Biograph, berichtet wohl lediglich bekannte Dinge, wenn er
erzählt, bei Molière habe »ein ohne seinen ausdrücklichen Befehl
geöffnetes oder geschlossenes Fenster Konvulsionen ausgelöst«.

Ein königlicher Einfall:
»Les Amants magnifiques«

In Goethes *Wilhelm Meisters theatralische Sendung* kommt die herum-
ziehende Theatertruppe auch zu einem Grafen, der aus Anlaß des
bevorstehenden Besuchs eines Prinzen Gedanken darüber formuliert,
wie er diesen durch ein allegorisches Spiel angemessen ehren könne:
»Es sollten darinne die Eigenschaften dieses großen Helden und Men-
schenfreundes personifiziert werden. Diese Tugenden sollten miteinander auftreten, sein Lob verkündigen und zuletzt seine Büste mit
Blumen und Lorbeerkränzen umwinden, wobei sein verzogner Name
mit dem Fürstenhute durchscheinend glänzen sollte.« Wilhelm sträubt
sich dagegen, wie in der Wachsleinfabrik »Porträte, verzogene Namen
und allegorische Figuren« zu gebrauchen, »um einen Fürsten zu ehren,

der nach meiner Meinung ein ganz anderes Lob verdient«, muß sich aber vom Sekretär des Grafen belehren lassen, sein Herr verlasse sich darauf, »daß das Stück so und nicht anders, wie er es angegeben, aufgeführt werde«. Die Situation zeigt en miniature, wie ein Dichter im Ancien régime zum bloßen Versifikator degradiert wurde, sobald sein Auftraggeber einen künstlerischen Einfall zu haben glaubte.

Molière hatte bereitwillig nach der Aufführung der *Fâcheux* in Vaux-le-Vicomte den Vorschlag des Königs aufgegriffen, seinen *Lästigen* noch ein weiteres Original, nämlich den auf die Jagd versessenen Marquis de Soyecourt, hinzuzufügen. Gnade und Ungnade des Königs hingen davon ab, wie flink und hellhörig seine Anregungen aufgegriffen und realisiert wurden. Auch für das königliche Divertissement im Februar 1670 suggerierte Ludwig XIV. höchstpersönlich den Stoff. Die Prosakomödie in fünf Akten *Les Amants magnifiques* (die bereits erwähnte 1752 in Hamburg erschienene Übertragung gibt den Titel mit *Die prächtigen Liebhaber* wieder; nach ihr wird im folgenden zitiert) wurde erstmals am 4. Februar 1670 in Saint-Germain-en-Laye aufgeführt und dort mehrmals wiederholt. Sie wurde nie am Palais-Royal inszeniert und erst in der 1682 postum erschienenen Gesamtausgabe von Molières Werken veröffentlicht.

Das Stück ist durchwirkt von sechs Intermedien, in deren Verlauf laut gedrucktem Programm auch der König als Tänzer auftreten sollte. In letzter Minute nahm er aber davon Abstand. Eine kleine Sensation bedeutete es, daß nicht der seit den Zeiten Ludwigs XIII. für die gereimten Texte höfischer Ballette zuständige Isaac de Benserade, sondern Molière die Intermedien verfaßte. Die Vorrede nimmt ausdrücklich auf den königlichen Vorschlag Bezug: »Der König, welcher in allem, was er unternimmt, etwas ausserordentliches verlangt, hat sich entschlossen, dem Hofe eine Lustbarkeit zu machen, welche aus allen solchen, die der Schauplatz an die Hand geben kann, bestehen soll. Diesen weitläuftigen Entwurf auszuführen, und so viele unterschiedene Dinge in Verbindung zu bringen, hat Ihro Majestät zum Inhalte zween Prinzen und Nebenbuhler erwählet, welche in der angenehmen Gegend des Thales Tempe, wo die pytischen Spiele sollen gefeyert werden, eine junge Prinzeßinn und ihre Mutter mit allen ersinnlichen Galanterien beehren.«

Nicht erwähnt wird in dem Vorbericht Sostrate, General und heimlicher Liebhaber der von den beiden Prinzen umworbenen Ériphile. Er gesteht dem Hofnarren Clitidas die Aussichtslosigkeit seiner Liebe und erklärt ihm die Gründe für seine Zurückhaltung: »Die Niedrigkeit meines Standes, wodurch es dem Himmel gefällt, den Ehrgeitz meiner Liebe zu demüthigen. Der hohe Rang der Prinzeßinn, der zwischen ihr und meinem Wunsche einen so verdrießlichen Abstand macht. Die Mitwerbung zweener Prinzen, die von den größten Titeln, wodurch die Ansprüche ihrer Liebe Nachdruck erhalten, unterstützt werden: zweener Prinzen, die durch tausend prächtige Anstalten unaufhörlich die Ehre, sie zu besitzen, einander streitig machen, und zwischen deren Liebe man täglich eine Wahl von Seiten der Prinzeßinn erwartet. Vornehmlich aber, mein guter Clitidas, die unverbrüchliche Ehrfurcht, mit welcher ihre Schönheit meine heftige Liebe im Gehorsam hält.«

Einer der Prinzen hofft mit Hilfe des betrügerischen Astrologen Anaxarque und einer von diesem arrangierten Göttererscheinung die Dinge durch Orakelspruch zu seinen Gunsten wenden zu können. Eine als Venus verkleidete Person tut der Mutter der Prinzessin deshalb kund:

»Dein kluger Eifer lockt mich, Fürstinn, itzt zur Erden,
Um, nach der Götter Schluß, in dir belohnt zu werden.
Der Eydam, den du wählst, soll groß und glücklich seyn;
Stimmt anders deine Wahl mit unsrer überein.
Dein Haus soll jederzeit des Glückes Gunst geniessen;
Du aber sollst anitzt, o Fürstinn, durch mich wissen,
Daß deiner Tochter Wahl beruht auf einem Mann,
Der dir mit Heldenmuth das Leben retten kann.«

Bestochene Helfershelfer sollen das Nötige besorgen, um den erlogenen Orakelspruch zu verwirklichen: »Erinnere unsere sechs Kerls, daß sie sich in ihrem Kahne, hinter dem Felsen, aufs beste versteckt halten; daß sie die Zeit, wenn unsere Prinzeßinn alle Abende am Ufer allein spazieren gehet, gelassen abwarten; daß sie just zur rechten Zeit, wie Seeräuber, über sie herfallen; und daß sie dem Prinzen Iphikrates Gelegenheit geben, ihr denjenigen Beystand zu leisten, der ihm, zufolge der Worte des Himmels, die Prinzeßinn Eriphila in die Arme liefern soll. Ich habe dem Prinzen schon davon Nachricht gegeben; und er soll sich, zufolge meiner Wahrsagung, in diesem kleinen Walde, der am Ufer ist, aufhalten.«

Ein günstiger Zufall fügt es jedoch, daß die Mutter der Prinzessin von einem wilden Eber überfallen und dabei von Sostrate gerettet wird, bevor das betrügerische Manöver gelingt. Der astrologische Schwindler Anaxarque gab Molière Gelegenheit, mit dem 1656 verstorbenen Jean-Baptiste Morin abzurechnen. Dieser gehörte zu jenen im siebzehnten Jahrhundert nicht gerade seltenen pseudowissenschaftlichen Scharlatanen, die sich den Großen dieser Welt durch Horoskope unentbehrlich zu machen wußten. Als Luise Maria von Gonzaga-Nevers mit einem Prinzen verheiratet werden sollte, ließ Morin sie wissen, die Verbindung werde nicht zustande kommen, da sie dazu bestimmt sei, einen König zu ehelichen. Als sie sich später tatsächlich mit dem König von Polen vermählte, finanzierte Luise Maria die Publikation der 1661 veröffentlichten *Astrologia gallica* des inzwischen verstorbenen Morin, obschon er zu Lebzeiten mit seinen reaktionären Ansichten alle ernst zu nehmenden Wissenschaftler von Pascal bis Gassendi gegen sich aufgebracht hatte. Molières Entlarvung der üblen Praktiken des immerhin bis zum königlichen Mathematiker avancierten Sternguckers war nach wie vor aktuell, waren doch Wahrsagerei und Scharlatanerie am Hof und in seiner nächsten Nähe an der Tagesordnung.

Am Schluß der Komödie lassen die beiden Prinzen ihre höfische Maske fallen, sobald sie die Aussichtslosigkeit jeder weiteren Werbung begriffen haben. Ériphile, die durch ihren hohen Rang in ihren persönlichen Entscheidungen eingeengt war, hat nun den Mut, offen ihre Leidenschaft zu dem unstandesgemäßen Sostrate zu bekennen. Ihre fromme Mutter hat nichts gegen die Verbindung einzuwenden, da durch diese das Orakel eingelöst wird: »Ihr sehet, daß sich die Götter viel eher erklärt haben, als wir gemeynt hätten. Meine Gefahr hat mir sehr bald ihren Willen entdeckt; und man siehet zur Gnüge, daß sie sich selbst in diese Wahl eingelassen; weil bey diesem Vorzuge ganz allein die Verdienste in die Augen fallen. Wird es euch wohl zuwider seyn, denjenigen, dem ich das Leben zu danken habe, mit eurem Herzen zu belohnen, und werdet ihr euch weigern, den Sostratus zum Gemahl zu nehmen?«

Was auf den ersten Blick wie eine harmlose Karnevalsunterhaltung aussieht, eine nur auf die Zelebration bestehender Verhältnisse angelegte, mit Tanz und Musik angereicherte unoriginelle Bearbeitung eines königlichen Einfalls, ist, näher besehen, ein Molière nicht unwürdiges Stück im Dienste aufklärerischer Entlarvung von Schwindlern und Scharlatanen.

Der Tod von Madame

Im Frühjahr 1670 reiste Madame nach England, um im Auftrag ihres Schwagers mit ihrem Bruder Karl II. ein gegen Holland gerichtetes Geheimabkommen auszuhandeln. Nach ihrer Rückkehr erholte sich die lebhaft am Theater interessierte Gönnerin Molières und Racines in der Residenz ihres Gemahls in Saint-Cloud westlich von Paris. Dort trank sie am späten Nachmittag des 29. Juni eine eisgekühlte Erfrischung, bekam gleich darauf heftige Leibschmerzen und starb in der folgenden Nacht gegen drei Uhr morgens. Saint-Simon berichtet in seinen *Memoiren* ausführlich über dieses für den Hof bestürzende Ereignis. Seine erst Jahrzehnte später niedergeschriebene Darstellung des aufsehenerregenden Todesfalls gab eine weitverbreitete Meinung wieder:

»Die galanten Techtelmechtel Madames machten Monsieur eifersüchtig. Die perversen Neigungen Monsieurs entrüsteten Madame. Die von ihr gehaßten Günstlinge ließen nichts unversucht, um die Ehe zu zerrütten und ungeniert über Monsieur verfügen zu können.

Der Chevalier de Lorraine, der 1643 geboren war und in der Blüte seiner Jugend und seiner Reize stand, hatte Monsieur vollständig in seinen Bann geschlagen und gab dies Madame wie dem ganzen Hof zu verstehen. Madame, die nur um ein Jahr jünger und bezaubernd war, konnte aus verschiedenen Gründen diesen Einfluß nicht dulden. Sie war auf dem Gipfel ihrer Gunst und ihres Ansehens beim König, von dem sie schließlich die Verbannung des Chevalier de Lorraine erwirkte. Als Monsieur davon erfuhr, fiel er in Ohnmacht, dann zerfloß er in Tränen und warf sich dem König zu Füßen, um die Rücknahme des Befehls zu erwirken, der ihn in Verzweiflung stürzte.«

Will man Saint-Simon Glauben schenken, so sollen zwei enge Vertraute des Chevalier de Lorraine, der Marquis d'Effiat, Stallmeister Monsieurs, sowie der mittellose normannische Conte de Beuvron, Hauptmann seiner Leibwache, darum gebangt haben, Monsieur könne seine Sympathien einem neuen, ihnen weniger gewogenen Günstling zuwenden, und deshalb kurzerhand beschlossen haben, die ihnen lästige Schwägerin des Königs aus dem Weg zu schaffen. Der Chevalier, der nach seiner Verbannung in Italien lebte, soll von dort durch einen Boten ein besonders schnell wirkendes Gift geschickt haben. Wie einige Jahre später die Prozesse gegen die 1676 beziehungsweise 1680 öffentlich verbrannten Giftmischerinnen Marquise de Brinvilliers und die unter dem Namen la Voisin in die Geschichte eingegangene Catherine Deshayes zeigten, wäre es nicht notwendig gewesen, die tödliche Dosis von so weit her zu holen, denn auch die französische Giftproduktion konnte sich sehen lassen.

Für Saint-Simon bestand kein Zweifel, daß es dem Marquis d'Effiat gelungen war, in ein Glas mit einer aus Zichorienwurzeln hergestellten Erfrischung, das in einem Wandschrank für Madame bereitstand, Gift zu mischen. Von einem herbeigeeilten Kammerdiener zur Rede gestellt, habe er die Kaltblütigkeit besessen, sich damit zu entschuldigen, er habe bei der Hitze seinen Durst löschen wollen und gerade eben aus dem neben dem Zichorienwasser stehenden Glas getrunken. Es enthielt normales Wasser zur eventuellen Verdünnung des durststillenden Getränks.

Liselotte von der Pfalz, die sich ein Jahr nach dem Tod Henriettes mit Philippe von Orléans vermählte, hielt auch noch Jahrzehnte nach diesem den Hof erschütternden Ereignis an der Überzeugung fest, daß ihre Vorgängerin keines natürlichen Tods gestorben sei. Am 16. Juni 1716 schrieb sie über die nahezu ein halbes Jahrhundert zuvor Verstorbene: »Ich glaube sie hat mehr Unglück gehabt als Unrecht, sie hatte mit gar bösen Leuten zu thun, von denen ich auch ein Liedgen singen könnte. Madame war gar jung, schön, angenehm und voller gracen; man hat sie umringt mit den größten Coquetten von der Welt, die alle Maitressen von Madame ihren Feinden waren, die suchten sie nur in Unglück zu bringen, und mit Mons. zu brouilliren. Mde de Coaetquin war des Chévalier de Lorraine seine Maitresse, ohne daß es Mad. wußte, die machte, daß der Marêchal de Turenne verliebt von ihr wurde. Mad. vertrauete ihre Heimlichkeiten von aller ihrer Intrigue wegen der

Sache mit Engeland, diesem Marêchal de Turenne, der vertrauete es seiner Maitresse der Mde de Coaetquin, welche er meinte Mde treu attachirt zu seyn. Diese gieng des Nachts zu dem Chévalier de Lorraine und verrieth sie alle. Der Chévalier nahm dadurch Gelegenheit Mons. seelig gegen Madame aufzureitzen, und sagte, sie machen ihn bei dem König für einen elenden Mann passiren, so nicht schweigen könnte, und daß dieses denn alle Confidance benehmen würde, daß seine Gemalin alle Staatssachen unter Händen haben würde, und er nichts. Mons. wollte alles von Madame wissen, diese wollte ihm des Königs ihres Herrn Bruders Affaire nicht sagen, das hat durchaus brouillirt. Sie wurde bös, machte den Chévalier de Lorraine mit seinem Bruder Mr. de Marsan wegjagen, welches ihr das Leben gekostet; aber sie ist darauf gestorben, daß sie ihr Leben nichts böses gethan hat gegen ihren Herrn.«

Neuere Forschungen führen den plötzlichen Tod Madames nicht mehr auf kriminelle, sondern auf ererbte konstitutionelle Ursachen zurück: Henriette Anna litt mutmaßlich an der in der englischen Dynastie verbreiteten Blutkrankheit Porphyrie, deren Symptome unter anderen dunkelroter Harn und im akuten Stadium Koliken, Verstopfung und Erbrechen sind. Die damaligen Mediziner, die sich noch nicht einmal alle mit dem 1619 von William Harvey entdeckten Blutkreislauf vertraut gemacht hatten, standen dem plötzlichen Tod der jungen Frau ratlos gegenüber. Klärung konnte da auch nicht die Untersuchung bringen, die Ludwig XIV. angesichts der bald aufkommenden Gerüchte angeordnet hatte. Leichter als die Ärzte hatten es die Leute, die darin ein Exempel dafür sahen, daß man, mochte man auch noch so jung sein, stets dafür gerüstet sein mußte, vor Gottes Richterstuhl zu treten.

Erst ein Jahr vor Madame war ihre Mutter Henriette Maria verstorben. Bossuet hatte vor versammeltem Hof in Gegenwart von Monsieur und Madame in der Kirche der Nonnen von Sainte-Marie-de-Chaillot die Leichenrede gehalten. Es war eine geradezu beneidenswerte Gelegenheit für einen barocken Kanzelprediger, alle Register seiner Rhetorik zu ziehen, zumal da Henriette-Marie alles versucht hatte, England zu rekatholisieren. Sie hatte jedoch mit ihren frommen Bemühungen letzten Endes die öffentliche Meinung gegen den König nur noch zusätzlich aufgebracht. Am Schicksal Henriette-Maries ließ sich aufzeigen, wie unbeständig menschliche Größe war, aber auch, wie sich in den

Widerwärtigkeiten des Lebens christliche Tugenden bewährten. Bossuet hatte zudem darauf zu achten, daß in einer delikaten Phase der Annäherung Frankreichs an England der diplomatische Takt nicht vernachlässigt wurde.

Aufstieg und Fall der Großen, ihre Monumentalisierung in aufwendigen Grabdenkmälern, aber auch ihre Verklärung im Himmel oder ihre Verdammung in der Hölle waren wegen der eindrucksvollen Helldunkeleffekte beliebte Vorlagen des barocken Theaters wie barocker Predigtliteratur. Beim plötzlichen Tod von Henriette Anna trat nun noch der Umstand hinzu, daß sie nicht nur aus den Höhen ihres gesellschaftlichen Rangs stürzte, sondern auch ohne drohende Anzeichen und ohne vorausgegangene Krankheit in blühender Jugend vom Tod hinweggerafft wurde. Damit kam nahezu alles zusammen, was sich in eindrucksvolle Kanzelberedsamkeit über die Eitelkeit der Welt und die Hinfälligkeit jugendlicher Schönheit umsetzen ließ.

Bossuet war sich durchaus bewußt, daß Leichenreden vor dem Hof hauptsächlich dazu dienten, »den Ehrgeiz der Lebendigen durch ein weltliches Lob der Verstorbenen zufriedenzustellen«. Aber seine Zuhörer ließen sich nicht zuletzt davon mitreißen, daß der Prediger sich persönlich von seinem Gegenstand ergriffen zeigte. Sein und Schein, Haltung und Pose gingen dabei ineinander über, und es läßt sich nicht ausmachen, wo jeweils die Grenze verlief. Bossuet hatte Henriette bei der Leichenrede auf ihre Mutter noch direkt angesprochen: »Oh, Allmächtiger, wache über sie; heilige Engel, formiert in ihrer Nähe eure unsichtbaren Heerscharen und wacht am Lager einer so erlauchten und unglücklichen Prinzessin. Sie ist dem weisen und tapferen Philippe anvertraut und schuldet Frankreich Prinzen, die ihrer und ihrer Vorfahren würdig sind.« Ihr selbst galt nun nur wenige Monate später eine von Bossuets Leichenreden.

Bossuet, der sich nach Molières Tod zu Äußerungen hinreißen lassen sollte, die von pfäffischer Kleinlichkeit zeugen, konkurrierte bei seinen Kanzelauftritten letzten Endes ständig mit den Komödianten. Beim Tod einer hohen Persönlichkeit hatte die jeweils verfügte öffentliche Trauer zur Folge, daß die Theater geschlossen werden mußten. Und schließen mußten die Theater auch dann, wenn der Hof sich zur Fastenzeit von einem Kanzelprediger, von denen Bossuet am berühmtesten war, ins Gewissen reden ließ. Predigten wurden wie Theateraufführungen durch Anschlag bekanntgegeben, und das zusammengeströmte Publikum störte die Prediger durch sein lautes Benehmen und seine geräuschvollen Auftritte nicht weniger, als die von Molière karikierten Marquis die Schauspieler störten. Auch die Prediger versuchten sich bisweilen wie gewandte Komödianten in Stegreifimprovisationen, und sie wiederholten ihre großen Erfolge wie Schauspieler einer Theatertruppe. Die stets auf Zerstreuung und Amüsement erpichte und zur politischen Statistenrolle degradierte Hofgesellschaft wollte kaum religiöse Erbauung, sondern suchte überall die gesellschaftliche Sensation.

Jean Lepautre hat den für Madame in Szene gesetzten Trauergottesdienst in einem Stich festgehalten. Mit der gleichen Sorgfalt, die auf ein königliches Entree oder ein höfisches Fest in Versailles verwandt wurde, wird alles einer großen Gesamtkonzeption untergeordnet. Ein unter einem mächtigen Baldachin aufgestellter und von zahlreichen Kandelabern umstellter Katafalk steht in der Mitte der Höflinge, aber selbst der den Pomp und die Repräsentation hervorhebende Stich zeigt plaudernde und weit mehr an ihren lebenden Nachbarn als an der verstorbenen Madame interessierte Trauergäste, waren doch die großen kirchlichen Zeremonien in erster Linie höfische Feste. Bossuet sprach in seiner Leichenrede von einem Grab, das er vor dem Hof öffne. Diesem rhetorischen Bild des Predigers entsprach visuell die von dem königlichen Hofzeichner Henri Gissey entworfene Trauerinszenierung.

Bei den Trauerdekorationen, die für Madame am 21. August 1670 in Saint-Denis und acht Tage zuvor in Notre-Dame für den Herzog von Beaufort errichtet wurden, wurde ein bis dahin in Frankreich unbekannter Aufwand getrieben. Noch 1666 hatte der am französischen Hof tätige Carlo Vigarani einem italienischen Korrespondenten gegenüber seine Verwunderung darüber zum Ausdruck gebracht, daß bei der Gedenkfeier für Anna von Österreich der Pomp der Dekoration weit hinter dem zurückblieb, was ein mit italienischen Verhältnissen Vertrauter bei so einem außergewöhnlichen Ereignis mit Fug und Recht erwarten durfte: »Was Trauergerüste mit Katafalken und die Aufbauten zu Ehren Verstorbener anbelangt, so sind sie hierzulande ungebräuchlich und unbekannt: Der ganze Apparat besteht in pyramidenförmig aufgestellten brennenden Fackeln mit einer Fülle von Wappen, sowohl an der großen Tumba inmitten der Kirche wie auch überall sonst in der ganz in Schwarz ausgeschlagenen Kirche.« In Henriettes Todesjahr kam der Jesuit Claude François Menestrier nach Paris. Er hatte bereits 1664 in Chambéry aus Anlaß des Todes der Herzogin von Savoyen und 1666 bei einem Trauergottesdienst für Anna von Österreich in Grenoble sein auf originelle emblematische Bezüge angelegtes Konzept realisiert. Zwei Jahre nach dem Tod Madames beauftragte ihn die Malereiakademie, einen Trauergottesdienst für ihren verstorbenen Schirmherrn und Kanzler, Pierre Séguier, zu inszenieren. Charles Le Brun übernahm die künstlerische Ausgestaltung. Nie habe man etwas Prächtigeres gesehen, rühmte Madame de Sévigné das Ergebnis. Drei Jahre später gab der Tod Vicomte de Turennes dem sehr gefragten Menestrier Gelegenheit, die militärischen Leistungen des gefallenen Feldherrn durch eine zwar ephemere, aber anspielungsreiche und monumentale Dekoration sinnbildlich zu veranschaulichen.

Bereits 1658, beim Einzug Ludwigs XIV. in Lyon, hatte der belesene Ordensgeistliche die Feierlichkeiten so geschickt vorbereitet und geleitet, daß er fortan als große Kompetenz bei Festlichkeiten verschiedenster Art angerufen wurde. Johann Heinrich Zedler rühmte Menestrier noch 1739 in seinem *Universal-Lexikon*, »daß er Medaillen und dergleichen Devisen, wie auch sonderlich Inscriptionen mit ihren gehörigen Decorationen erfinden und angeben mußte, da er denn allemahl von seiner Geschicklichkeit vortreffliche Proben abgelegt«. Menestrier veröffentlichte 1683 einen eigenen Traktat *Über Trauerdekorationen*, in dem er detailliert auf die Dekoration der Fassaden und Eingänge, der Altäre und Kapellen, der Kirchenwände, der Gewölbe und auf das in der Mitte der Kirche errichtete Mausoleum einging, dessen Bedeutung er mit einer Predigt verglich: Embleme, Hieroglyphen, Wappen und allegorische Bilder versinnbildlichten das Leben der Verstorbenen, gemalte Porträts oder nachgebildete Wachspuppen könnten den bereits der Verwesung anheimgefallenen Toten vertreten.

Was die Maschinen bei den mythologischen Stücken für das Theaterpublikum waren, das wurden anläßlich der Leichenrede die aufwendigen Ausstattungen der »castra doloris«, der für die Trauerfeier errichteten Bauten im Innern der Kirche. Somit entsprach die rhetorische Ausschmückung der Kanzelredner genau dem feierlichen Rahmen, in dem sie stattfand.

Bossuet stellte seine am 21. August, also erst mehrere Wochen nach dem Tod Madames gehaltene Predigt unter das dem alttestamentarischen Buch Koheleth entnommene Motto »Vanitas vanitatum, dixit Ecclesiastes; vanitas vanitatum, et omnia vanitas«: »Es ist alles ganz eitel, sprach der Prediger, es ist alles ganz eitel«. Er erinnerte zunächst daran, wie aufmerksam die Verstorbene beim Trauergottesdienst für ihre Mutter seinen Worten gefolgt war, und brach dann in Ausrufe aus, die den Eindruck erwecken sollten, seine Ergriffenheit mache es ihm völlig unmöglich, seine Gedanken zu ordnen: »O Eitelkeit! O Nichts! O um ihr Schicksal nicht wissende Sterbliche! Hätte sie es vor zehn Monaten geglaubt?«

Es ist belegt, daß Bossuet seine Predigten nie endgültig ausarbeitete, daß er zwar den Aufbau und die Gliederung entwarf, das Publikum aber stets im Auge behielt und je nach dessen Reaktionen den Text variierte. Dadurch erhielten seine Ausführungen einen spontanen Zug und jene Spannung, welche die Zeitgenossen faszinierte. Bei der Trauerrede auf Madame warf Bossuet nach dem Hinweis auf die Eitelkeit menschlichen Schicksals die rhetorische Frage auf: »Aber sage ich die Wahrheit? Ist der Mensch, den Gott nach seinem Bild erschaffen hat, nur ein Schatten? Sind diejenigen, die Jesus, vom Himmel auf die Erde kommend, suchte, die er, ohne sich zu erniedrigen, mit seinem Blute erlösen zu müssen glaubte, nur ein Nichts? Gestehen wir unseren Fehler ein.«

Mit diesen einleitenden Überlegungen hatte Bossuet die Koordinaten gefunden, um die er seine Predigt aufbaute: Nichtigkeit und Würde des Menschen. Zunächst erinnerte er den versammelten Hof an die Gleichheit aller menschlichen Schicksale angesichts des Todes: Alle würden ohne Ansehen der Person in denselben Abgrund stürzen, »in dem man weder Fürsten noch Könige, noch all die übrigen hohen Ränge erkennen wird, welche die Menschen voneinander unterscheiden«. Er bot sein ganzes rhetorisches Können auf, um die »grandeur« der verstorbenen Madame in Erinnerung zu bringen: »In welcher Richtung ich auch ihre ruhmreiche Abstammung verfolge, so sehe ich nur Könige, und überall bin ich geblendet vom Glanz der erlauchtesten Kronen.« Der Prediger erweiterte somit den Lebensaufriß Henriettes zu einer enkomiastischen Lobeshymne auf das französische Königshaus. Und wer sich an das

Interesse erinnerte, das Ludwig für seine Schwägerin bekundet hatte, bekam nun gesagt, was es damit wirklich auf sich gehabt hatte:»Aber wer könnte, ohne Tränen zu vergießen, an die Zeichen der Hochachtung und Zärtlichkeit denken, die ihr der König bezeugte? Dieser große König, den Verdienst mehr rühren kann als Blut, wurde nicht müde, ihre hervorragenden Eigenschaften zu bewundern.« Bossuet mahnte seine Trauerversammlung eindringlich daran, daß die hochtrabenden Worte »grandeur« und »gloire«, mit denen sich irdische Anmaßung zu umgeben liebe, für jeden, der diesen Triumph des Todes erlebt habe, als eitle Blendung entlarvt seien:»Oh! unheilvolle Nacht! O schreckliche Nacht, in der plötzlich, wie ein Donnerschlag, die unglaubliche Nachricht widerhallt: ›Madame liegt im Sterben, Madame ist gestorben.‹« Bossuet scheint den Dichtern der Renaissance nachgeeifert zu haben, wenn er beklagte, daß die am Morgen noch Blühende –»mit welcher Anmut, Sie wissen es« – am Abend bereits dahingewelkt war. In Wirklichkeit inspirierte er sich an den Psalmen.

Den zweiten Teil seiner Predigt legte Bossuet ganz darauf an, die wunderbaren Fügungen hervorzukehren, welche die in England bei den Protestanten aufgewachsene Madame in den Schoß der katholischen Kirche zurückgeführt hatten, da es im Ablauf des menschlichen Lebens doch keinen Zufall gebe. Bossuet wurde auch dann, als er im Todesjahr Madames zum Lehrer des Thronnachfolgers ernannt wurde, nicht müde, dem Dauphin diese Überzeugung einzuschärfen und mit Beispielen aus der profanen und der biblischen Geschichte zu illustrieren. Niccolò Machiavellis Vorstellung von der blinden Göttin Fortuna war für den Prediger ein Wort ohne Sinn, da die Vorsehung die Geschicke der Völker und der Menschen bis in die kleinsten Einzelheiten hinein lenke und nichts dem Zufall überlasse. So war für ihn auch das Leben Henriettes das Ergebnis göttlicher Fügung:»Um sie der Kirche zuzuführen, mußte ein ganzes großes Königreich umgestürzt werden, Gott nahm sie wie ein Adler seine Jungen auf die Flügel, trug sie selbst in dieses Königreich, trug sie selbst in den Schoß ihrer königlichen Mutter oder vielmehr in den Schoß der katholischen Kirche.«

Mit derartigen Bildern entpuppte sich die Kanzelpredigt als genaue Entsprechung zu den in jenen Jahren immer beliebter werdenden mythologischen Ausstattungsstücken des zeitgenössischen Theaters. So gesehen war Bossuet nicht so sehr Molières moralischer Widersacher, sondern vielmehr ein konkurrierender Rivale um die Aufmerksamkeit des Hofes.

Für Bossuet mußte es schließlich bei seiner Predigt auch noch darum gehen, keinen Zweifel darüber aufkommen zu lassen, daß Madame, deren Sympathien für das von Bossuet verteufelte Theater allgemein bekannt waren, eines christlichen Todes gestorben war. Die Aussage des Predigers konnte kaum angezweifelt werden, da er Henriette seit dem Tode ihrer Mutter seelisch betreut hatte. Als Zeuge ihrer letzten Augenblicke konnte er bestätigen, daß Madame die Gnade erhalten hatte, bis zum letzten Augenblick bei klarem Bewußtsein zu bleiben und gottergeben zu sterben. Nicht immer war die Kirche um die Sterbenden so bemüht: Molière und die Seinen mußten dies wenige Jahre später erfahren.

Höhepunkt der Ballettkomödie: »Le Bourgeois gentilhomme«

Das französische Bürgertum stand dem Adel keinesfalls als monolithischer Block gegenüber. Der Jurist Antoine Loisel räumte in einem zu Beginn des siebzehnten Jahrhunderts verfaßten Traktat den Mitgliedern der vier Fakultäten (Theologie, Jura, Medizin, schöne Wissenschaften) den ersten Platz innerhalb des dritten Stands ein. Ihnen folgten die königlichen Finanzbeamten, die Richter und Notare und erst an unterster Stelle die Kaufleute. Diese standen sozial gleich neben den dem »dummen Volk« zugezählten Handwerkern, Arbeitern und Bauern, kurzum allen, die sich mit ihrer Hände Arbeit ihren Lebensunterhalt verdienten.

Bei dieser niedrigen Einschätzung ihres Stands suchten deshalb die Kaufleute so rasch wie möglich mit Hilfe des erwirtschafteten Gelds auf der sozialen Leiter aufzusteigen. In der Regel wurden sie durch den Erwerb eines Amts Mitglieder des Robenadels. Die Adligen alter Provenienz mußten sich, durch ihre Herkunft weitgehend zur Untätigkeit gezwungen, angesichts ihrer zerrütteten Finanzen immer mehr zu Mesalliancen mit dem jungen und finanzkräftigen Robenadel herablassen. Wer einmal eine Charge gekauft hatte, das zeigte auch Molières Amt als königlicher Tapezierer, der konnte sie auch vererben. Bis zur Regierungszeit Heinrichs IV. war jede Charge an den König zurückgefallen, wenn sie nicht spätestens vierzig Tage vor dem Tod ihres Inhabers weiterverkauft worden war. Aber seit 1602 war auch diese Einschränkung stufenweise zugunsten ausschließlicher Käuflichkeit abgebaut worden.

Eine Satire über die Adelssucht der Kaufleute, deren soziale Stellung sich durch das merkantilistische System Colberts zusehends festigte, konnte sich somit des Erfolgs bei den Hofschranzen gewiß sein. Mit seiner Ballettkomödie *Le Bourgeois gentilhomme (Der Bürger als Edelmann)*, die am 16. Oktober 1670 anläßlich der großen Herbstjagd des Königs in Chambord zum erstenmal aufgeführt wurde, schlug Molière diesen erfolgversprechenden Weg ein. Aber es gab auch noch einen konkreten Anlaß: der Besuch eines Abgesandten des Sultans in Paris.

Am 4. August 1669 war dieser in Toulon eingetroffen. Er sollte die wegen der zunehmenden Expansion des Osmanischen Reiches beunruhigten Franzosen beschwichtigen. In Candia auf Kreta hatte zwar bis zur Eroberung der Festung durch die Türken am 27. September 1669 auch ein Korps französischer Freiwilliger gekämpft, aber Ludwig XIV. sah es nicht ungern, daß die mit Macht expandierenden »Ungläubigen« die Kräfte des deutschen Kaisers banden und ihm selbst damit freie Hand für eigene Eroberungen gaben.

Ein Abenteurer italienischer Abstammung aus Marseille, Laurent d'Arvieux, der sich lange im Orient aufgehalten hatte, erlebte bei dieser Gelegenheit seine Sternstunde. In seinen 1735 in sechs Bänden postum veröffentlichten *Mémoires* berichtet er ausführlich über seinen Aufenthalt im Vorderen Orient von 1653 bis 1665 und über seine Eindrücke als Begleiter des französischen Geschäftsträgers nach Tunis im Sommer 1666. Kenner der Verhältnisse im Osmanischen Reich konnten auf Verwendung seitens des Hofs rechnen, nicht zuletzt weil ihre Zahl sehr gering war. So sollte später, 1671, schließlich auch d'Arvieux als Sonderbeauftragter des französischen Königs nach Konstantinopel aufbrechen.

Als der französische Hof sich 1669 im Hinblick auf den bevorstehenden Empfang des Gasts aus dem Orient zu informieren wünschte und deshalb d'Arvieux zu einem Essen einlud, verstand es der redselige Südfranzose, mit seinen Berichten über das Leben an der Hohen Pforte und im Serail des Sultans den König und die Herzogin von La Vallière zu erheitern. Monsieur und Madame de Montespan lachten gar so laut, »daß man es auch auf zweihundert Schritt Entfernung« hätte hören können, wie er sich in den *Mémoires* erinnert.

Soliman Aga, so hieß der Abgesandte des Sultans, gehörte als Gärtner des Serails, über den nur sehr verschwommene Vorstellungen kursierten, zwar dem Hof an, hatte aber keinen Botschafterstatus. Er zog von Südfrankreich langsam nach Norden, verbrachte den ganzen November in dem südöstlich von Paris gelegenen Issy und war bei seinem Einzug in Paris am 3. Dezember 1669 die Sensation des Tages. Zwei Tage darauf wurde er in Saint-Germain-en-Laye vom König empfangen. Soliman Aga präsentierte sich bei der Audienz mit golddurchwirktem Turban. Ludwig erschien von Kopf bis Fuß mit Edelsteinen übersät, so daß es zumindest für französische Augen aussah, »als wäre er von Licht umstrahlt«. Soliman Aga jedoch ließ sich davon nicht blenden und bemerkte abfällig, das Pferd des Sultans sei mit reicheren Edelsteinen geschmückt als der Sonnenkönig. Er hatte vor der Audienz – allerdings vergeblich – verlangt, der König habe sich vor ihm zu erheben und den vom Sultan durch ihn übersandten Brief eigenhändig zu öffnen und selbst zu lesen. Die überzogenen Forderungen des Orientalen hatten somit schon vor der Begegnung auf beiden Seiten zu Verstimmung geführt. Da der Serailgärtner mit dem für die Franzosen unverständlichen Titel »muta feraca« während seines Aufenthalts in der Residenz mehr als einmal abschätzige Äußerungen über seine Gastgeber fallenließ und überhaupt nicht zufriedengestellt werden konnte, war man am französischen Hof froh, als er sich nach monatelangem Aufenthalt endlich am 30. Mai 1670 wieder verabschiedete.

Der Besuch des Türken hinterließ bei Ludwig einen so tief sitzenden Ärger, daß er bei Molière, Lully und dem Ballettmeister Beauchamp eine »turquerie«, eine Türkenpersiflage, in Auftrag gab. D'Arvieux erinnerte sich gerne daran, daß er den im Sommer 1670 an der »turquerie« arbeitenden Künstlern als Berater zugeordnet wurde:

»Ihre Majestät befahl mir, mich den Herren Molière und Lully zuzugesellen, um ein Theaterstück zu verfassen, bei dem die Kleidung und Sitten der Türken irgendeine Rolle spielen sollten. Ich begab mich deshalb ins Dorf Auteuil, wo Herr von Molière ein sehr hübsches Haus hatte. Dort war es, wo wir an jenem Theaterstück arbeiteten, das man unter den Werken Molières unter dem Titel *Der Bürger als Edelmann* findet.«

Molière nahm, wie schon so oft, Bewährtes und Erprobtes in seine zu einer fünfaktigen Prosakomödie ausgearbeitete Szenenfolge auf. Wenn Harpagon seine Familie durch seinen Geiz zugrunde richtet, tut es Herr Jourdain, der Titelheld dieser neuen Komödie, durch seine Verschwendungssucht. In den ersten beiden Akten nimmt sich der neureiche Bourgeois verschiedene Lehrer, die ihm Musik, Tanz, Fechten beziehungsweise Philosophie beibringen sollen. Erst im dritten Akt erscheint seine Familie: Frau Jourdain, die, von der Dienerin Nicole nach Kräften unterstützt, ihre Tochter Lucile mit dem braven Bürgersohn Cléonte verheiraten will. Für Jourdain kommt aber nur ein Adliger, und zwar in der Art des »befreundeten« Grafen Dorante, in Frage. Dieser pumpt ihn ständig an und gibt sich zum Schein dazu her, Liebesbote und Mittler bei der von Jourdain verehrten Marquise Dorimène zu spielen. Aber in Wirklichkeit betreibt er mit den ansehnlichen Geschenken des Adelssüchtigen seine eigene Sache.

Am Ende des ersten Akts setzen Tänzer nach einem musikalischen Dialog die Anweisungen von Jourdains Ballettlehrer in pantomimische Bewegung um. Zum Abschluß des zweiten Akts bekunden vier Schneidergehilfen tanzend ihre Freude über die Trinkgelder des von ihnen mit Titeln überhäuften und dadurch besonders spendabel gestimmten Jourdain. Der dritte Akt, der mit den Vorbereitungen zu einem Essen im Haus Jourdains zu Ehren der Marquise und des Grafen endet, klingt mit einem Ballett von sechs Köchen aus. Der vierte und fünfte Aktschluß stehen dann im Zeichen der »turquerie«. Jourdain läßt sich nämlich von Cléontes verkleidetem Diener Covielle (Name und Maske stammen aus der Commedia dell'arte) einreden, der Sohn des Großtürken, der praktisch schon vor der Tür stehe, halte durch ihn um die Hand seiner Tochter an. Die Komödienhandlung bietet somit nur noch den Vorwand für die tänzerische und musikalische Schlußapotheose: Jourdains Aufnahme in den türkischen Adel. In der Initiationszeremonie sorgt das Kauderwelsch des an den Anrainerstaaten des Mittelmeers üblichen »jargon sabir«, einer Mischsprache aus Italienisch, Spanisch und einigen türkischen und arabischen Brocken, für sprachliche Komik.

Bei der Uraufführung vor dem Hof in Chambord am 14. Oktober interpretierte der magere und bereits von der Krankheit gezeichnete Molière den Titelhelden (der heutzutage meist von einem vitalen und fülligen Schauspieler dargestellt wird), Lully die Rolle Covielles. Wie schon ein Jahr zuvor bei den musikalischen Tanzpantomimen in *Monsieur de Pourceaugnac* verstand es der quirlige Florentiner, auch mit seinen pantomimischen Darbietungen zu entzücken. Der künftige Rivale brachte es auch diesmal fertig, bei seinem langsamen, aber stetigen Aufstieg auf Kosten Molières wieder einen Schritt nach vorn zu tun.

Der Bürger als Edelmann bildet den Höhepunkt der Zusammenarbeit Molières mit Lully. Die von Covielle arrangierte, an akademische und kirchliche Riten erinnernde Zeremonie, mit deren Hilfe Herr Jourdain Mitglied des türkischen Adels zu werden glaubt, bildeten eine wichtige neue Etappe in der brillanten musikalischen Laufbahn des Florentiners: Zum erstenmal verschmolzen seine Instrumentalkompositionen organisch mit dem dramatischen Geschehen. Lullys kompositorische Leistung hat der Musikwissenschaftler Dietmar Fricke folgendermaßen analysiert und gewürdigt: »Vordergründig dürften die Melodiesprünge die tänzerische Akrobatik des Mufti imitieren; man vergesse nicht, daß Lully, der diese Rolle selbst verkörperte, wegen seiner Grimassen und Gesten große Berühmtheit genoß. Wesentlicher erscheint nun die Wirkung, die von den leeren Klängen ausgeht: die Tonalität wird vage gehalten. Auf diese Weise kann mit europäischer Musik eine gewisse Exotik intoniert werden. Zugleich jedoch ironisiert sich dieser Schein von türkischem Singsang im Sein von französischem Generalbaß und Ballett. Die Maskerade des Monsieur Jourdain wird als solche hörbar, die ›musica franca‹ des Florentiners gehorcht der französischen (Musik-)Grammatik.«

Die Molière-Forschung hat wohl alle Elemente, welche diese Ballettkomödie verwertet, aufgespürt. So finden sich etwa die Monsieur Jourdain so begeisternden Lehren des Philosophen zur Phonetik in einem 1668 erschienenen Traktat. Aber »turqueries« gab es auch schon vor dem Staatsbesuch des Serailgärtners, und Molière war gewiß nicht der erste, der um die komischen Wirkungen unverständlicher Sprachen wußte.

Am 23. November wurde die Ballettkomödie im Palais-Royal vor dem Pariser Publikum aufgeführt. Diesem entging nicht, daß Herr Jourdain Sohn eines Tuchhändlers war, woran ja Frau Jourdain ihren Mann erinnerte. Tuchhhändlersohn war aber auch Colbert. Es ist kaum anzunehmen, daß Molière den mächtigen, ihm nicht gerade wohlgesinnten Minister herauszufordern und zu brüskieren suchte. Aber alle Welt wußte, wie ungern sich Colbert an seine Herkunft erinnerte und daß ihm Monsieur und Madame ihre Verachtung gezeigt hatten, als sie 1667 nicht zur Hochzeit seiner Tochter Jeanne Marie erschienen waren.

Die Komik Monsieur Jourdains beruht nicht nur darin, daß er bereit ist, sich von seinem adligen Bekannten auch um einen Teil seines Vermögens prellen zu lassen, um sich mit dem so erlangten Umgang ein gesellschaftliches Ansehen zu verschaffen, sondern auch darin, daß er Dinge zu erlernen versucht, für die er als Bürger gar keine Verwendung hat. Was kann ihm seine Fechtkunst nützen, wo doch ein Adliger einem Bürgerlichen jederzeit ein Duell verweigern kann, ohne an seiner Ehre Schaden zu leiden? Und was kann er mit seinen Tanzkünsten anfangen, wenn ihm doch der Zutritt zu den gesellschaftlichen Veranstaltungen des Adels verwehrt ist?

Königliche Erlasse suchten den unaufhaltsamen Aufstieg des Bürgertums zu bremsen. Es war nicht mehr ohne weiteres möglich, durch den Erwerb eines adligen Grundbesitzes sich und seine unmittelbaren Nachkommen in die Aristokratie einzukaufen. Eine Verordnung vom 22. Juni 1664 verfügte, daß man durch die Vorlage von Urkunden nachweisen mußte, bereits vor 1560 dem Schwertadel angehört zu haben. Es half auch nichts, wenn man sich durch Ämterkauf dem Robenadel zuzählen durfte: Für einen Angehörigen des traditionsbewußten Schwertadels blieb jeder, der keinen einwandfreien Stammbaum aufzuweisen hatte, lediglich ein Bourgeois.

Die Rolle von Frau Jourdain wurde ausnahmsweise von dem seit Ostern 1664 vom Marais zum Palais-Royal übergewechselten Schauspieler André Hubert interpretiert, wodurch gewiß zusätzlich komische Wirkungen erzielt wurden. Die durch ihren nüchternen gesun

den Menschenverstand gekennzeichnete Frau Jourdain sucht ihrem
Mann sein ihrer Meinung nach aberwitziges Vorhaben auszureden,
die eigene Tochter mit einem Adligen zu verheiraten: »Verbindungen mit Hochgestellten gehen nie gut aus. Ich möchte nicht, daß
mein Schwiegersohn meiner Tochter den Stand ihrer Eltern übel-
nimmt und daß ihre Kinder sich ihrer Großeltern schämen müssen.
Wenn sie als große Dame vierspännig dahergefahren kommt und aus
Unachtsamkeit einen Nachbarn nicht grüßt, würden die Leute gleich
dumm daherreden: Da sieht man's, die eingebildete Baronin, sie ist
Herrn Jourdains Tochter, und als kleines Mädchen war sie froh,
wenn sie mit unseresgleichen spielen konnte, sie war nicht immer so
nobel, ihre Großväter waren Tuchhändler und haben ihren Kindern
einiges hinterlassen, und das müssen sie jetzt vielleicht in der anderen
Welt drüben büßen, denn wer so viel Geld mitbekommt, wird ver-
dorben. – Nein, ich will dieses Geschnatter nicht hören! Kurz und
gut: Ich möchte einen Mann finden, der mir für meine Tochter
dankbar ist und dem ich sagen kann: ›Komm, lieber Schwiegersohn,
setz dich an unseren Tisch und iß mit uns!‹«

Gemessen an dieser Stimme der Vernunft muß die »turquerie«
albern wirken. Diesen Eindruck wird sie jedoch nur erwecken, solange sie lediglich als Prosakomödie und nicht als Gesamtkunstwerk
und unübertroffenes Ergebnis der Zusammenarbeit von Molière und
Lully gedeutet wird.

Corneille gegen Racine: »Tite et Bérénice«

Racine hatte mit seiner am 13. Dezember 1669 im Hôtel de Bourgogne aufgeführten Tragödie *Britannicus*, in deren Mittelpunkt
Nero und dessen Mutter Agrippina stehen, ein für ihn enttäuschendes
Ergebnis erzielt. Mochte es auch ein Teil des üblichen Premierenpubli-
kums vorgezogen haben, der für denselben Tag anberaumten Exeku-

tion des Marquis de Courboyer auf der Place de la Grève beizuwohnen, so lag die Vermutung doch nahe, daß der über den Erfolg Racines zusehends verstimmte Corneille hinter den Umtrieben stand, die *Britannicus* zu Fall bringen sollten.

Jean Racines bisherige Bühnenwerke – *Thebais, Alexander der Große, Andromache* – hatten Pierre Corneilles eigentliche Domäne noch nicht angetastet: die dramatische Zuspitzung von Konflikten zwischen Individuum und Staat, wie sie die römischen Historiker überlieferten. Jetzt aber forderte er Corneille unmißverständlich heraus. In der Vorrede zu der wohl schon im Januar 1670 veröffentlichten Buchausgabe seines *Britannicus* polemisierte der Jüngere unmißverständlich gegen den Mann, den er für die eigentliche Ursache der hinterhältigen Ränke hielt und somit für den Mißerfolg seiner Tragödie verantwortlich machte: »Nichts ist natürlicher, als sich zu verteidigen, wenn man sich zu Unrecht angegriffen glaubt. Ich stelle fest, daß auch Terenz nur deshalb Vorreden verfaßte, um sich gegen die kritischen Einwände eines übelgesinnten alten Dichters zu rechtfertigen, ›malevoli veteris poetae‹, der sogar dann, wenn Komödien von ihm aufgeführt wurden, ins Theater kam, um Stimmen gegen ihn aufzuhetzen.« Tatsächlich scheint Corneille während der Uraufführung sein Mißfallen deutlich zum Ausdruck gebracht zu haben.

Molière schaltete sich in den Zwist der beiden Dramatiker direkt ein, als Racine, so will es eine nie durch Dokumente bestätigte, aber auch nicht widerlegte Legende, einer Anregung Henriettes folgte, seine neue Tragödie *Bérénice (Berenike)* verfaßte und am Hôtel de Bourgogne einstudieren ließ. Corneille forderte daraufhin Racine direkt in die Schranken, indem er sich seinerseits anschickte, eine »heroische Komödie« mit dem Titel *Tite et Bérénice (Titus und Berenike)* zu verfassen. Die beiden Dichter haben wahrscheinlich kaum durch bloßen Zufall zum selben Zeitpunkt den gleichen Stoff bearbeitet, aber die Frage ist offen, welcher Dramatiker den Text des andern zugespielt bekam.

Racine zitiert in der Vorrede zu der Buchausgabe seiner *Bérénice* den römischen Historiker Sueton, dem zufolge Titus, nachdem er die Kaiserwürde erlangt hatte, gegen seinen Willen die orientalische Königin Berenike gegen ihren Willen aus Rom auswies (»ab Urbe dimisit invitus invitam«). Die römischen Gesetze verboten nämlich eine eheliche Verbindung des Kaisers mit einer ausländischen Königin.

Bérénice stellt in mancher Hinsicht einen Extremfall des von Racine geschaffenen Tragödientyps dar: Nicht um politische Intrigen und dynastische Machtkämpfe geht es hier, sondern um die von den beiden Liebenden nach langen seelischen Konflikten erreichte Bereitschaft zum Verzicht. In seiner Vorrede zur Buchausgabe seiner »Tragödie« strich Racine als seine besondere Leistung die Einfachheit dieser Handlung heraus, die ihm von einigen Leuten als Mangel an Erfindungsgabe vorgeworfen werde. Diese könnten sich nicht vorstellen, »daß ganz im Gegenteil die wirkliche Erfindungsgabe darin besteht, aus nichts etwas zu machen« und die »Zuschauer fünf Akte lang durch eine einfache, von der Heftigkeit der Leidenschaften, der Schönheit der Gefühle und der Eleganz des Ausdrucks beherrschte Handlung zu fesseln«.

Corneille gelang es offensichtlich nicht, mit seiner »heroischen Tragödie« das Publikum des Palais-Royal zu begeistern. Titus und Berenike verzichten hier, sobald sie vom römischen Senat ermächtigt werden, eine eheliche Verbindung einzugehen, nur um ihrer »gloire« willen. Der »gloire«-Kult Corneilles war gegen 1670 überholt. Racine vermerkte daher nicht ohne spöttischen Unterton an die Adresse seines Rivalen, auch noch bei der dreißigsten Aufführung seiner *Bérénice* sei das Publikum nicht weniger zahlreich herbeigeströmt als bei der ersten.

Racine hatte mit der Tragödie von der schmerzlichen Trennung zweier hochgestellter Liebender ein Thema behandelt, das die Zuschauer zu Tränen rührte und an die Leidenschaft Ludwigs XIV. für Maria Mancini erinnerte. Als oberstes Gebot der Tragödie hatte Racine in seinem Vorwort die »Fähigkeit zu gefallen und zu rühren« herausgestellt. Wie sehr ihm dies gelungen war, zeigten die Tränen, die während der Aufführung flossen. Das war jedoch noch nicht die hemmungslose Larmoyanz, wie sie dann das achtzehnte Jahrhundert genüßlich auskostete. Auch Rührung durfte die Grenzen der Schicklichkeit nicht überschreiten.

Bei Corneille hingegen agierten immer noch die kraftvollen Menschen einer inzwischen versunkenen Epoche. Die Vorgestrigen wollten nicht wahrhaben, daß der Handlungsspielraum eingeengt war, daß es um Innerlichkeit und nicht mehr um »gloire« ging. Während bei Corneille die Abreise Berenikes geradezu triumphale Züge erhält, hat die Königin sich bei Racine zu der für einen jansenistischen Dichter kennzeichnenden Einsicht durchgerungen, daß Selbstverwirklichung in der »Welt« nicht möglich ist und der Absolutheitsanspruch ihrer Liebe paradoxerweise nur im Verzicht Erfüllung finden kann. Wie sie aus den Tränen des zur Trennung entschlossenen Kaisers schließen muß, ist ein Kompromiß zwischen Liebe und Staatsräson nicht möglich.

Nicht unwesentlich zum Erfolg Racines trug die Interpretation der weiblichen Hauptrolle durch Marie Champmeslé bei, die mit ihrem Mann Charles wenige Monate zuvor vom Théâtre du Marais an das Hôtel de Bourgogne übergewechselt war. Madame de Sévigné fand die neue Schauspielerin der angesehensten Pariser Bühne zwar nahezu häßlich, aber dem Können ihrer Vorgängerin Des Œillets um ein Mehrfaches überlegen. Jean de La Fontaine rühmte vor allem ihre Stimme, mit der sie ihr Publikum zu rühren verstehe. Racine hatte also demnach mit der Champmeslé nicht nur eine neue Geliebte, sondern auch eine ideale Sprecherin für seine Verse gefunden.

Die Affäre Lauzun

Kurz vor Weihnachten 1670 hatte den Hof eine Liebesaffäre zu beschäftigen begonnen, die in mancher Hinsicht an die Handlung der *Prächtigen Liebhaber* erinnert. Die Komödie endet mit einer unstandesgemäßen Verbindung: Persönliches Verdienst erfreut sich seitens der umworbenen Prinzessin größerer Wertschätzung als dynastische Gleichberechtigung. Es sah vorübergehend so aus, als hätte Molière im Februar mit seinem Beitrag zu den winterlichen Divertissements eine Situation antizipiert, die gegen Jahresende Aktualität erlangte: Mademoiselle de Montpensier, »la Grande Mademoiselle«, die inzwischen dreiundvierzigjährige Tochter von Gaston d'Orléans und damit Cousine Ludwigs XIV., die in den fernen Tagen der Fronde die Geschütze der Bastille auf die königlichen Truppen hatte richten lassen, um Condé Feuerdeckung zu geben, liebte den vom Monarchen mit Gunst und Nachsicht verwöhnten Puyguilhem, Herzog von Lauzun, der es mit königlicher Einwilligung beinahe geschafft hätte, die Prinzessin zu heiraten. Wie sehr diese Nachricht von der Gesellschaft als Sensation empfunden wurde, zeigt der Brief, den Madame de Sévigné am 15. Dezember 1670 an ihren Vetter Emmanuel Marquis de Coulanges schrieb: »Ich werde Ihnen die erstaunlichste Sache berichten, die überraschendste, die wunderbarste, die wunderlichste, die überwältigendste, die bestürzendste, die unerhörteste, die sonderbarste, die außerordentlichste, die unglaublichste, die unvorhergesehenste, die größte, die kleinste, die seltenste, die gewöhnlichste, die aufsehenerregendste, die bis heute geheimste, die glänzendste, die beneidenswerteste, kurz und gut: eine Sache, für die es kaum ein einziges Beispiel in den vergangenen Jahrhunderten gibt, und dieses Beispiel ist nicht einmal zutreffend, eine Sache, die man in Paris nicht glauben kann (und wie könnte man sie dann in Lyon glauben?), eine Sache, die alle Welt Barmherzigkeit schreien läßt, die Madame de Rohan und Madame de Hauteville mit Freude erfüllt, eine Sache endlich, die am Sonntag geschehen wird und die am Montag vielleicht nicht geschehen sein wird.«

Madame de Montespan übernahm die Aufgabe, beim König zu vermitteln, und dieser gab tatsächlich seine Einwilligung. Die Prinzessin und der Herzog von Lauzun verloren in ihrem Liebesrausch beziehungsweise vor lauter Eitelkeit gänzlich den Sinn für die Realitäten des Hofes und nahmen somit nicht wahr, wie skandalös in den Augen der meisten die geplante Mesalliance erschien. So berichtete der Marquis de La Fare in seinen Memoiren über die Widerstände, die sich einer Verbindung der beiden sofort nach dem Bekanntwerden des Gerüchts entgegenstellten:

»Während dieser kurzen Zeit erhoben sich das ganze königliche Haus, die Minister und der Hof gegen diese Heirat. Die Königin selbst, die sich sonst um nichts kümmerte, machte dem König strenge Vorhaltungen, noch mehr aber Monsieur, und der Prinz [Condé] sagte, wenngleich respektvoll, zum König, daß er zur Hochzeitsmesse des zweitgeborenen Lauzun gehen und diesem beim Hinausgehen den Kopf mit einem Pistolenschuß zerschmettern werde.

Auf der anderen Seite verzögerte der Erzbischof von Paris, François de Harlay, unter irgendwelchen Vorwänden das Aufgebot für die Heirat, wozu er durch Le Tellier und Louvois veranlaßt worden war, die die erklärten Feinde dieses kleinen Burschen waren. Aber wer die Sache ganz auseinanderbrachte, war Madame Scarron, eine sehr kluge und geistreiche Frau, der Madame de Montespan ihre Kinder, die sie von dem König hat, anvertraut hatte und die damals ihre hauptsächlichste Vertraute war. Madame Scarron also führte Madame de Montespan vor Augen, welch ein Ungewitter sie über sich heraufbeschwören würde, wenn sie Lauzun in dieser Sache unterstütze, daß die königliche Familie und der König selbst ihr den Schritt vorwerfen würden, in dem sie sie bestärkt hätte. Kurz und gut, sie erreichte, daß jene, die die ganze Sache in Gang gebracht hatte, sie wieder zerstörte und daß Lauzun und Mademoiselle nach drei oder vier Tagen den Befehl erhielten, ihre Heirat nicht weiter zu betreiben. Das war ein Donnerschlag, der das Glück Lauzuns zerstörte und Mademoiselle der Verachtung anheimgab, denn schien diese Heirat außergewöhnlich, als sie bekannt wurde, so wurde sie lächerlich, als sie null und nichtig wurde.«

Den Spöttern hatte die aus allen Wolken fallende »Grande Mademoiselle« hinreichend Stoff geliefert. Madame de Sévigné berichtete am 19. Dezember in einem Brief an Coulanges: »[...] sie brach in Tränen, in Geschrei, in Schmerzensäußerungen, in übertriebene Klagen aus, und den ganzen Tag verließ sie das Bett nicht und wollte außer Bouillon nichts zu sich nehmen.«

Ludwig XIV. entzog dem Höfling Lauzun, der die königliche Entscheidung mit dem gebührenden Respekt zur Kenntnis nahm, seine Gunst auch jetzt nicht. Im Gegenteil: Man erzählte sich, Lauzun habe von Ludwig XIV. eine hohe Geldsumme als Abfindung erhalten. Der Anschein sprach dafür, denn Lauzun hatte freien Zutritt zum Arbeits- und Schlafzimmer Ihrer Majestät. Aber der Vorlaute war nicht in der Lage, seine Zunge im Zaum zu halten, und plauderte Alkovengeheimnisse aus. Schließlich wurde er am 25. November 1671 überraschend verhaftet, weil er sich Madame de Montespan gegenüber eine unflätige Bemerkung erlaubt habe, wie der Hofklatsch wissen wollte. Wie Fouquet wurde er in Pignerolo im Piemont inhaftiert. Im Gegensatz zu diesem kam er aber nach neun Jahren wieder frei und konnte nun – während seiner Festungshaft hatte er offensichtlich gelernt, den Mund zu hal ten – Mademoiselle de Montpensier insgeheim heiraten. Lange hielt die eheliche Verbindung jedoch nicht.

Auf dem Weg zur Oper: »Psyché«

Für die großen Divertissements im Winter 1670/71 wurden die mit der Zerstreuung und Erheiterung des Hofs beauftragten Künstler angewiesen, den in mehrjähriger Arbeit entstandenen und am 7. Februar 1662 mit Francesco Butis Oper *Ercole amante (Der verliebte Herkules)* feierlich eingeweihten, aber seitdem unbenutzten Saal in den Tuilerien in ihre Programmgestaltung miteinzubeziehen. Der riesige Raum mit seinem Fassungsvermögen von siebentausend Zuschauern besaß zwar eine schlechte Akustik, verfügte aber über eine außergewöhnliche Ausstattung mit Theatermaschinen, die Carlo Vigarani und dessen Söhne entworfen und aufgebaut hatten. Der König wünschte, daß der bei der Aufführung von Butis *Ercole amante* benutzte und noch vorhandene Unterweltsdekor wieder Verwendung finden sollte. Der thematische Rahmen war damit vorgegeben. Philippe Quinault soll eine »Entführung der Proserpina«, Jean Racine einen »Orpheus« vorgeschlagen haben. Molières Anregung, das während der Renaissance und im Barock beliebte Märchen von Amor und Psyche aus dem *Goldenen Esel* von Lucius Apulejus in den Mittelpunkt einer Ballett-Tragikomödie zu stellen, setzte sich schließlich durch.

Der Stoff hatte am französischen Hof Tradition. Bereits 1619 war zu Ehren und unter Mitwirkung der jungen Königin Anna von Österreich ein Psyche-Ballett getanzt worden. Bei der auf Glanz- und Prunkentfaltung angelegten Inszenierung hatten zwei große, von Amoretten gelenkte Schwäne den goldenen Wagen der Venus gezogen. Der junge Ludwig XIV., der schon früh seine außergewöhnliche Befähigung zum Tanz gezeigt hatte, gab dem höfischen Ballett einen neuen Aufschwung und animierte neben den Berufstänzern seinen ganzen Hofstaat zur Mitwirkung. In der nicht abbrechenden Folge höfischer Ballette kommt dabei dem am 16. Januar 1656 im Louvre aufgeführten *Ballet de Psyché ou De la puissance de l'amour (Ballett der Psyche oder Die Macht der Liebe)* eine besondere Bedeutung zu. Giacomo Torelli, einer der größten Magier barocken Theaterdekors, ermöglichte durch den Einsatz von Maschinen besonders verblüffende Inszenierungseffekte. Der Saal wurde mit sechzig Kronleuchtern erhellt. Isaac de Benserade brachte in den von ihm verfaßten Texten die gespielte Überraschung über die Gegenwart des Königs zum Ausdruck, eines Tänzers, dessen Schönheit die des Adonis übertreffe. Die Auftritte waren nicht so sehr um eine streng komponierte übergreifende Choreographie angeordnet, sondern vielmehr eine Abfolge einzelner Szenen und Auftritte. Jean Loret pries in seiner *Muse historique* als erstaunlichstes Spektakel den von den Dämonen Furcht, Argwohn, Verzweiflung und Eifersucht umgebenen Pluto auf seinem Höllenthron. Die musikalische Umrahmung besorgte der damals vierzehnjährige Lully. Bereits zu diesem Zeitpunkt hatte auch der eben erst zwanzigjährige Beauchamp die Aufmerksamkeit auf seine tänzerischen und choreographischen Talente gezogen. Die rasche Karriere des Begabten fand 1666 mit der Ernennung zum Superintendanten der königlichen Ballette ihre erste Krönung. In dem Gesamtkunstwerk höfischer Repräsentation sollte jedenfalls nach dem Willen des Königs die Muse Terpsichore einen Ehrenplatz zuerkannt bekommen.

Im Jahre 1669 hatte Jean de La Fontaine in seiner in Prosa und Vers alternierenden Dichtung *Les Amours de Psyché et de Cupidon (Die Liebe von Psyche und Cupido)* den beliebten Stoff im Stil seiner Versnovellen nacherzählt. Der Geschmack des Jahrhunderts, dem er entgegenzukommen suche, stehe im Zeichen von Galanterie und Scherz, versicherte der Dichter in seiner Vorrede. Die pathetischen und dramatischen Akzente, welche die Bearbeiter von *Psyché* dann zwei Jahre später anschlagen sollten, fehlten daher in dieser auf Tändelei und Pikanterie abgestellten Fassung nahezu ganz.

Es ist nicht genau bekannt, zu welchem Zeitpunkt Molière sich an die Ausarbeitung der am 17. Januar uraufgeführten *Psyché* machte. Wieder aber stand er unter Zeitdruck, und zwar so sehr, daß er bis zum vorgesehenen Termin den Text der Ballettkomödie nicht abschließen konnte. Der Handlungsrahmen des fünfaktigen Dramas war zwar klar, aber es ging wohl kaum an, wie im Fall der *Princesse d'Élide* mitten im Stück nach einigen gereimten Szenen in Prosa fortzufahren. Quinault übernahm es, die gesungenen Partien in Verse zu bringen, und der alte Pierre Corneille nahm wohl angesichts des steilen und unaufhaltsamen Aufstiegs Racines nicht ungern die Chance wahr, seine Beziehungen zu Molière noch enger zu knüpfen, und stellte sich dem Jüngeren als Vers- und Reimschmied zur Verfügung. Der Drucker Pierre Le Monnier, bei dem der Text von *Psyché* noch im Jahr der Uraufführung 1671 erschien, erinnert in seinem Vorwort an diese Zusammenarbeit mit Quinault und Corneille. Er hebt aber auch ausdrücklich hervor, daß »Plan und Disposition« des Stücks das Werk von Monsieur de Molière seien.

Es fällt auf, daß Lully, dem bei der Verwirklichung des Ganzen alles andere als eine Nebenrolle zufiel, mit keinem Wort gerühmt oder auch nur erwähnt wird. Henry Prunières freilich, der spätere Biograph des Komponisten, sieht die Bedeutung von *Psyché* gerade darin, daß es von dieser »tragédie-ballet« »mit ihrem ausführlichen Prolog zu Ehren des Königs«, »ihren eng mit der Handlung verbundenen Intermedien« bis zur Schöpfung der Oper nur noch ein Schritt gewesen sei. Man hätte nur noch die rezitierten Verse in Musik zu setzen brauchen, und die »tragédie lyrique« wäre gefunden gewesen. Nachdem einmal das Rezitativ verwirklicht war, wurde es möglich, »ein Libretto zu schreiben, in welchem die Ereignisse logisch aufeinanderfolgen und der Charakter der Personen sich mit Sensibilität offenbart. Die Oper ist nicht mehr das bloße Nacheinander einiger von Schäfern vor wunderbaren Bühnenbildern vorgetragenen Melodien. Sie fordert etwas, was bislang ausschließlich Domäne der Tragödie gewesen war: das Gemälde der die menschliche Seele bewegenden Leidenschaften.« Im Februar 1673 schuf der Florentiner mit der von Quinault in Worte gefaßten »tragédie en musique« *Cadmus und Hermione* die Bühnengattung, die nach Molières Tod und Racines Rückzug vom Theater die größten Triumphe erleben sollte.

Dank des den geladenen Gästen der Aufführung in den Tuilerien ausgehändigten Textbuchs, dem »livret«, sind wir über die Rollenverteilung genau informiert. Im Prolog traten Berufstänzer sowie Herren und Damen des Hofs gleichzeitig auf. Flora, Vertumnus und Palämon führen ein Gefolge von Nymphen, Sylven und Najaden an. Den von Mademoiselle Hilaire gesungenen Lobpreis Floras auf Frieden und Frühling unterbricht bald die von einer Wolke verborgene Venus, die von Amor und den Grazien begleitet wird. Die Liebesgöttin bringt ihren Unmut darüber zum Ausdruck, daß die ihr gebührenden Huldigungen nun einer Sterblichen, nämlich Psyche, dargebracht werden. Sie weist ihren Sohn Amor an, sie zu rächen. Aber dieser verliebt sich in die Schöne.

Ein Orakelspruch weist Psyches Vater an, sie in einer verlassenen Öde auszusetzen und einem Ungeheuer zu opfern. Zwei Windgötter erscheinen und entrücken das Mädchen den Blicken der sie begleitenden Angehörigen. Sie erwacht in einem üppig ausgestatteten Zauberpalast. Als Psyche auf ihr Drängen hin ihre Angehörigen wiedersehen darf, überreden sie ihre beiden eifersüchtigen Schwestern, die ihr verbotene und verhängnisvolle Frage nach der Herkunft ihres geheimnisvollen Geliebten zu stellen. Zur Buße für ihre Neugier wird sie in die Unterwelt verbannt. Dort trifft sie auch ihre beiden Verehrer, die sich nach Psyches Verschwinden aus Verzweiflung das Leben nahmen.

Amor verzeiht seiner Geliebten am Ende des fünften Akts ihre Neugier. Als Jupiter Psyche sogar unter die Unsterblichen aufnimmt, stellt auch Venus den Liebenden kein Hindernis mehr in den Weg. Das letzte Entree der Tänzer bringt die Schlußapotheose der über zweitausend Verse zählenden »tragédie-ballet«: »Die vier verschiedenen Gruppen, die Gefolge von Apollo, Bacchus, Momos und Mars, vereinigen sich, nachdem sie ihre einzelnen Entrees vollzogen haben, um sich zum letzten, alle anderen zusammenfassenden zu formieren. Ein die gesamten Stimmen und Instrumente aufbietender Chor kommt zu dem alle einbeziehenden Tanz hinzu und beendigt die Hochzeit von Amor und Psyche.«

Psyche wurde von Armande gespielt, Venus von Catherine de Brie. Die männliche Starrolle des Amor hatte der inzwischen achtzehnjährige Michel Baron. Molière trat als possenhaft-komischer Zephir auf.

Der Aufwand an Künstlern und Requisiten, der bei der in den Tuilerien mehrfach wiederholten Inszenierung notwendig war, überforderte eigentlich eine Theatertruppe, die im wesentlichen darauf angewiesen war, vom Erlös der verkauften Karten zu leben, sobald sie nicht im Dienst höfischer Repräsentation stand. Die Frage mußte zum mindesten gestellt werden, ob es sich überhaupt bezahlt machen würde, ein Stück, das ohne beträchtliche Ausgaben für Kostüme, Requisiten und Maschinen nicht adäquat interpretiert werden konnte, nach angemessener Frist in das für das Stadtpublikum bestimmte Repertoire zu übernehmen. Molière scheute die anfallenden Kosten nicht. Der Erfolg zeigte, daß er sein Geld selten gewinnbringender angelegt hatte. Das Publikum des Palais-Royal war von der Opernmagie des Bühnengeschehens nicht weniger hingerissen als der Hof. Der König scheint nichts dagegen gehabt zu haben, daß die Aufführungen für die Stadt nahezu den Prunk der Originalinszenierung erreichten. La Grange vermerkt in seinem »Register«, daß die vom 18. März bis zum 15. April durchgeführten Arbeiten an Maschinen, Dekorationen, Umbauten für die musikalischen und tänzerischen Darbietungen sowie »alle für die Inszenierung dieses großen Schauspiels notwendigen Dekors« 4359 Livres kosteten.

Eine zusätzliche Schwierigkeit war aufgetaucht, als sich einige der Sänger und Sängerinnen weigerten, auf der Bühne als Schauspieler verkleidet aufzutreten. Sie hatten bis dahin stets verborgen hinter vergitterten Logen gesungen. Manche wollten nicht singen, wenn ihnen nicht eine besondere Entschädigung zugestanden wurde, und die berühmte Hilaire war grundsätzlich nicht zum Einlenken bereit. An ihrer Stelle übernahm Anne Du Rieu die Rolle der Flora. Was die Tänzer anbetraf, so wurde bei einigen Intermedien ihre Anzahl halbiert. Das Ganze aber war, wie Loret versicherte, von der nämlichen glanzvollen Ausstattung wie die Aufführungen im Louvre, vor allem fehlten die mit Hilfe der neuen Maschinen möglich gewordenen verblüffenden Kapriolen und Flugmanöver nicht. Bis zum Tod Molières wurde *Psyché* nicht weniger als zweiundachtzigmal aufgeführt und spielte bis zum Januar 1673 die erstaunliche Summe von 77119 Livres ein. Nichts könnte besser belegen, daß Ludwig XIV. mit seiner Auffassung, das Volk liebe festliches Gepränge, recht hatte.

Der Jesuit Claude François Menestrier hatte 1658 aus Anlaß des feierlichen Einzugs von Ludwig XIV. in Lyon eine kurze Abhandlung über die Bedeutung der Ballette veröffentlicht und darin, im Gegensatz zur klassischen Doktrin, die auf Einheit von Zeit, Ort und Handlung bestand, Ballette als eine offene, Gegensätzliches subsumierende und koordinierende Form gepriesen. Scherz und Ernst, Wechsel der Jahreszeiten, der Schauplätze und der Kostüme, eine locker gefügte, aber auf ein großes Gesamtkonzept hin angelegte übergreifende Handlung, diese Postulate des in den folgenden Jahren die höfischen Feste entscheidend mitgestaltenden Jesuiten löste auch Molière bei seinen in Zusammenarbeit mit anderen Künstlern entstandenen Werken weitgehend ein. So gesehen stellt auch die noch vor der Aufführung von *Psyché* am Palais-Royal inszenierte Komödie um *Die Gaunereien des Scapin* mehr als eine bloße Repertoireproduktion dar. Sie war ein weiteres

Bekennntis zu einem Theater, das die dem Schauspieler durch Mimik und Pantomimik sich eröffnenden Möglichkeiten so weit wie nur irgend möglich ausnutzte.

Die Auseinandersetzungen mit Lully

Der anhaltende Erfolg, den *Psyché* nicht nur in Versailles, sondern auch beim Pariser Publikum erlebte, wurde zum direkten Anlaß für die Rivalität zwischen Molière und Lully. Der König war so entzückt von der Musik des Italieners, daß er sie sich immer wieder vorspielen ließ und in Dünkirchen aus Anlaß der Einweihung der Befestigungsanlagen eine außerordentliche Aufführung anordnete. Neben den Instrumentalisten des königlichen Orchesters nahmen die Pfeifer, die Oboisten und Trompeter des Regiments an dieser Macht- und Prachtdemonstration teil. Siebenhundert Trommler und achtzig Kanonensalven im Augenblick des letzten Akkords taten ein übriges, damit die Feierlichkeit nicht überhört wurde.

Lully und Molière hatten beide begriffen, welche Möglichkeiten ein Privileg eröffnen konnte, das das ausschließliche Aufführungsrecht für die junge Gattung Oper sichern würde. Die Chancen, ein solches Privileg zu erhalten, waren gut. Der mittelmäßige Verseschmied und Vergil-Übersetzer Pierre Perrin, der schon mehrfach wegen Schulden eingekerkert worden war, hatte dank Colberts Vermittlung am 28. Juni 1669 vom König für die Dauer von zwölf Jahren die Lizenz erwirkt, in Paris und im gesamten Königreich Musikakademien einzurichten. Die Konzession kam einem exklusiven Theaterprivileg für die Gattung Oper gleich. Perrin hatte bereits im April 1659 das von ihm verfaßte und nach dem Aufführungsort benannte Schäferspiel *La Pastorale d'Issy* inszeniert. Robert Cambert, der Musiklehrer der Königinmutter, hatte die Musik zu Perrins Text komponiert. Diese *Pastorale von Issy* wurde als erste in französischer Sprache verfaßte Musikkomödie in Frankreich aufgeführt. Der im Haus eines Goldschmieds stattfindenden Premiere wohnte auch Charles Perrault bei. Bei aller Bewunderung für die Kompositionen Camberts: er hatte mit seiner *Pastorale* doch noch keine vollständige Oper in französischer Sprache geschaffen. Erst mit der am 3. März 1671 uraufgeführten *Pomone*, zu der Perrin das Libretto verfaßt und Cambert die Musik komponiert hatten, wurde die erste französische Oper inszeniert, die den Endpunkt einer Entwicklung darstellte, zu der Molière mit seinen Ausstattungsstücken und Ballettkomödien für den Hof einen entscheidenden Beitrag geleistet hatte.

Der Erfolg von *Psyché* zeigte, daß Paris auf blendende Inszenierungen nicht weniger versessen war als Versailles. Mit der Schaffung der französischen Oper war für mannigfache künstlerische Begabungen ein Betätigungsfeld eröffnet worden: Dichter, Komponisten, Ballettänzer, Maschinen- und Inszenierungsexperten machten sich ans Werk. Noch Mazarin hatte das Pariser Publikum vergeblich für italienische Opern einzunehmen versucht, und selbst noch im November 1660 fand der von dem Monteverdi-Schüler Francesco Cavalli komponierte und von Niccolò Graf Minato in Worte gefaßte *Serse (Xerxes)* bei einer Aufführung im Louvre kühle Aufnahme. Auch der im Februar 1662 in den Tuilerien inszenierte *Ercole amante* des Abbé Buti, zu dessen Libretto wieder Cavalli die Musik beigesteuert hatte, riß das Publikum nicht hin. Jetzt setzte sich hingegen eine Änderung des Geschmacks durch, die keiner ignorieren durfte, der sich mit Theater befaßte. Molière war dieser Wandel nicht entgangen. Er wollte daher seinem Publikum entgegenkommen und den Palais-Royal den Erfordernissen der Zeit anpassen.

Mit wenigen Ausnahmen – Lully gehörte dazu – galt bis ins achtzehnte Jahrhundert der Librettist als verantwortlicher Verfasser der Oper, nicht der Komponist. Hierin lagen die Voraussetzungen für den Konflikt zwischen dem Florentiner und Molière, denn beide waren bestrebt, sich das Privileg für eine Gattung zu sichern, deren künftiger Erfolg sich eindeutig abzeichnete. Vorerst aber besaß Perrin das Privileg für die Gründung einer Académie d'opéras. Da er sich ständig in Geldnöten befand, boten ihm mehrere Leute an, das Unternehmen zu finanzieren. Perrin war arglos genug, sich mit dem Marquis de Sourdéac und mit Laurent de Bersac de Champeron in eine Verbindung einzulassen. Der Marquis hatte vor Jahren in seinem Palais

Corneilles Maschinenkomödie vom *Goldenen Vlies* inszenieren lassen und sich den aufwendigen Spaß geleistet, dafür 10000 Dukaten auszugeben, wenn man dem für seine Kenntnis zeitgenössischer Histörchen und Anekdoten bekannten Gédéon Tallemant des Réaux Glauben schenken darf. Was man aber sonst über Sourdéac wußte, war nicht gerade beruhigend. Er trieb sich nämlich mit Vorliebe in Kneipen und Bordellen herum und nahm ohne Rücksicht auf Frau und Töchter leichte Mädchen zu sich ins Haus. Und in Champeron, einem ausgedienten Gerichtsvollzieher und Spitzel, fand der Marquis seinesgleichen. Sicher war der harmlose Perrin den beiden nicht gewachsen. Da konnte es ihm nur gelegen kommen, als ihm Lully anbot, ihn gegen Abtretung des Opernprivilegs von allen leidigen Geldsorgen freizukaufen. Für Lully wiederum stellten die Nöte Perrins eine einmalige Chance dar. Und Perrin, dem die Opernlizenz nie einen Sou eingebracht hatte, konnte mit der Transaktion nicht nur seine Schulden begleichen, sondern sich auch eine Pension bis zu seinem Lebensende sichern.

Lully wird kaum aus Nächstenliebe gehandelt haben, aber er nutzte die Situation des Verschuldeten nicht über Gebühr aus. Doch von Italienern erwartete die öffentliche Meinung im Frankreich des siebzehnten Jahrhunderts selten etwas Gutes. War doch Machiavelli Florentiner gewesen, und Katherina und Maria von Medici waren noch in lebhafter Erinnerung, von dem Kardinal Mazarin ganz zu schweigen, der nicht nur die Gunst seines Vorgängers Richelieu, sondern auch die der Witwe Ludwigs XIII. erschlichen hatte. Intrigant und hinterlistig waren sie allesamt. Wie sollte Lully eine Ausnahme bilden? Und daß es dem Florentiner schließlich gelang, Ludwig XIV. ganz für sich einzunehmen und dadurch die letzten Lebensmonate Molières zusätzlich zu verdüstern, ist dem erfolgreichen und selbstbewußten Komponisten von zeitgenössischen und späteren Gegnern immer wieder vorgeworfen worden. Doch *Psyché*, der größte Kassenerfolg Molières, war schließlich eine in Zusammenarbeit mit Lully verwirklichte Theatersensation, und so verwundert es kaum, daß der Italiener, der sich nun seit Jahren der königlichen Gunst erfreute, es nicht mehr hinnahm, daß die Musik als bloße Magd der Dichtung betrachtet wurde, und es nun auf eine Kraftprobe ankommen ließ.

Die Komponisten am Hof verschworen sich, alles zu tun, um Lully daran zu hindern, zum Diktator in musikalischen Fragen aufzusteigen.

Jedermann sollte »die Möglichkeiten behalten, Opern zu komponieren, sowohl was die Worte wie was die Musik betraf«. Auch Colbert war dieser Meinung, aber wie Perrault in seinen Memoiren berichtet, ging der Florentiner zu Ludwig XIV., »verlangte mit solcher Bestimmtheit und Aufdringlichkeit diese Gunst, daß der König fürchtete, er könne ihn aus Trotz verlassen, und zu Colbert sagte er, dieser Mann sei für seine Divertissements unentbehrlich, man müsse ihm gewähren, was er verlange. Was schon am Tag darauf geschah«.

Lully war bereits am 29. März 1672 im Besitz des Privilegs, das ihm die Einrichtung einer Musikakademie zugestand, um »sowohl in französischen Versen wie auch in anderen Sprachen verfaßte Opern nach dem Beispiel der Akademien Italiens« vor dem König aufzuführen. Ohne ausdrückliche Erlaubnis Lullys durften fortan »auch Offiziere unseres Hauses« (damit war eindeutig der königliche Tapezierer Poquelin gemeint) kein durchgängig in Musik gesetztes, »auf französisch oder in einer anderen Sprache gedichtetes Werk« aufführen, und am 20. September bekräftigte ein weiteres Lully gewährtes Privileg, daß dieser über den Text eines literarischen Werks, zu dem er die Musik komponiert hatte, nach Belieben verfügen könne. Und Lully war durchaus Manns genug, die ihm gewährten Vergünstigungen nötigenfalls auch juristisch durchzusetzen.

Am 1. April 1672 wurde das von Sourdéac und Champeron geführte Opernhaus in der Rue Mazarine von der Polizei geschlossen, da Lully nicht bereit war, auf die exorbitanten Forderungen der beiden im Fall einer Übernahme weiter einzugehen. Um bald mit einer Oper aufwarten zu können, beauftragte er den Librettisten Quinault, Fragmente der in Zusammenarbeit mit Molière verfaßten Ballettkomödien zu einem Ganzen zusammenzufassen. Die Erlaubnis des Dichters benötigte er nicht mehr, und obwohl er über der fieberhaften Tätigkeit im Zusammenhang mit seiner neuen Aufgabe erkrankte, konnte er schon im Dezember mit der pastoralen Oper *Les Fêtes de l'Amour et de Bacchus (Die Feste Amors und Bacchus')* aufwarten. Im April 1673 erlebte er dann mit der Tragödie *Cadmus et Hermione* einen triumphalen Erfolg. Der König kam mit seinem Hof eigens nach Paris, erklärte sich über alle Maßen von dem Gesehenen und Gehörten entzückt und stellte Lully – Molière war erst seit wenigen Wochen tot – künftig den Theatersaal im Palais-Royal zur Verfügung.

Musikalisch umrahmte, auf die antike Mythologie zurückgreifende Maschinenstücke waren der große Erfolg der Stunde. Bei der Hochzeit des verwitweten Monsieur mit Liselotte von der Pfalz wurden 1671 *Les Amours de Diane et d'Endymion (Die Liebe Dianas und Endymions)* von Sablières mit einem Text von Henry Guichard aufgeführt. Sie wurden in Saint-Germain-en-Laye im Januar und Februar mit dem Titel *Le Triomphe de l'amour (Der Triumph der Liebe)* vor dem König wiederholt. Donneau de Visé kommentierte in seinem *Mercure François* den überragenden Erfolg des Musiktheaters. In allen diesen neuen Stücken verdrängte die Musik das Ballett, und die von ihr suggerierte irreale Stimmung trat an die Stelle des engagierten Pathos der Tragödie.

Molière hatte alles vorbereitet, um seine Bühne auf die neuen Erfordernisse abzustellen. In La Granges »Register« ist festgehalten, mit welch hohem Einsatz er dabei spielte: »Es ist vereinbart worden, das ganze Theater umzubauen, besonders was die Zimmermannsarbeiten betrifft, um es für den Einsatz von Maschinen auszurüsten. Außerdem soll künftig bei allen Aufführungen mit oder ohne Verwendung von Maschinen ein Orchester mit zwölf Instrumenten eingesetzt werden.« Zwölf Instrumentalisten hatte auch Perrin in seiner Académie Royale. Übrigens hatte Molières Hang zur Musik auch einen biographischen Hintergrund: Sein Urgroßvater Guillaume Mazuel hatte als Violinist bei Heinrich IV. und Ludwig XIII. gespielt, und ein Cousin, Michel Mazuel, war Komponist und einer unter den vierundzwanzig »violons« des Königs.

Molière hielt seine Schauspieler dazu an, jede Art von Künstlichkeit und Unnatur zu meiden. Racine hatte ihn unter anderem deshalb verlassen, weil es den Schauspielerinnen am Palais-Royal verwehrt war, die Verse zu »singen«. *Psyché* zeigt, daß nun auch Molière seinerseits auf »Natürlichkeit« und »Prosa« verzichten mußte, wenn er Mythologisches auf die Bühne brachte. Schon Monsieur Jourdains Tanzmeister hatte im *Bürger als Edelmann* seinem Schüler auf dessen Frage, warum man ständig Schäfer sehe, erklärt: »Wenn man Menschen sich durch die Musik ausdrücken lassen muß, dann ist es unumgänglich, es um der Wahrscheinlichkeit willen in einem Schäferspiel zu tun. Von jeher war der Gesang eine Sache der Schäfer, und es ist kaum natürlich, daß Fürsten und Bürger ihre Leidenschaften durch Gesang ausdrücken.« Der hartnäckige Widerstand der Franzosen gegen die Oper ging nicht zuletzt auf diese vieldiskutierte Frage der »vraisemblance«, der Wahrscheinlichkeit, zurück. Saint-Évremond, der sich seinerzeit in der Fronde engagiert hatte und daher seit 1650 im Londoner Exil lebte, aus dem er trotz erhaltener Amnestie nicht zurückkehrte, brachte das Unbehagen an der erfolgreichen Form ähnlich zum Ausdruck: »Es gibt in der Oper etwas, das derart gegen die Natur verstößt, daß meine Einbildungskraft dadurch verletzt wird. Es handelt sich darum, daß das Stück von Anfang bis Ende gesungen wird, als ob sich die Leute in lächerlicher Weise dazu herbeilassen würden, die banalsten und wichtigsten Angelegenheiten ihres Lebens zu singen. Kann man sich vorstellen, daß ein Herr seinen Diener ruft und ihm singend einen Auftrag erteilt?«

Dieser Einwand kann erklären, warum Molière sich in seinen Ballettkomödien bemühte, Situationen zu schaffen, in denen der Gesang, wie etwa bei einer Serenade, realistisch und natürlich wirkte. Die Schäferspiele hingegen brauchten auf die »vraisemblance« keine Rücksicht zu nehmen. Sie waren Werke reiner Konvention, in deren Rahmen Gesang nicht als unnatürlich erschien. Dies galt auch für die mythologischen Spiele, deren Höhepunkt *Psyché* darstellt. Es wäre historisch unrichtig, sich der Heerschar von Kritikern, die lange Zeit lediglich den Molière der gesellschaftskritischen Komödien gelten ließen und im Mitgestalter der höfischen Feste nichts als das Opfer königlicher Launen zu sehen vermochten, anzuschließen: Molières Leistung als Theaterdichter würde dadurch einseitig reduziert.

Während Molière mit einem Maschinenstück wie *Psyché* gesprochene und gesungene Partien noch im Gleichgewicht zu halten versuchte, tat Lully den entscheidenden Schritt hin zur Oper, das heißt zum ausschließlich gesungenen Schauspiel. Molière wurde für ihn auf diesem Weg zum hinderlichen Rivalen, den es ohne Rücksicht auf die gemeinsame zehnjährige Zusammenarbeit zu eliminieren galt. Der bereits schwerkranke Molière vermochte die gegen ihn von Lully beim König unternommenen Schritte wenigstens zum Teil zu mildern. Er war nicht bereit aufzugeben. Für die musikalischen Einlagen seiner letzten Stücke engagierte er daher den von Lully in seiner Entfaltung behinderten Marc-Antoine Charpentier.

Doch der unaufhaltsame Aufstieg Lullys ließ sich nicht mehr bremsen, obwohl gegen den kleinen, dicklichen, wendigen, aufbrausenden und redseligen Florentiner mit den buschigen Augenbrauen, der nachts aus dem Bett sprang, um seine Inspirationen festzuhalten, Pamphlete umliefen, die unter anderem seine angebliche Päderastie, das »italienische Laster« schlechthin, anprangerten. Es hatte nichts geholfen, daß Molière nach seinen großen gesellschaftskritischen Komödien auf eine Theaterform eingeschwenkt war, die dem neuen Geschmack des Hofs entsprach. Lully war ihm überlegen, wo es darum ging, das Theater zu einer Anstalt reiner Repräsentation zu machen. Wenn sich der Dichter während des Streits um *Tartuffe* vom Parlamentspräsidenten Lamoignon sagen lassen mußte, es könne wohl nicht Aufgabe von Komödianten sein, in religiösen Fragen mitzureden, so galt dies allmählich auch für Molières gesellschaftskritisches Engagement. Mochte der Dichter auch nach wie vor seine satirischen Seitenhiebe gegen lächerliche und arrogante Marquis sowie Aufsteiger aus dem Bauern- und Bürgertum mit den obligaten Ergebenheitsbekundungen an die Adresse des Königs versehen, so entzog ihm dieser doch zusehends seine Gunst.

Zwar gelang es Lully nicht, noch zu Lebzeiten Molières das aufregende Tauziehen um die Zahl der den anderen Bühnen bewilligten Sänger und Instrumentalisten in der Praxis zu seinen Gunsten zu entscheiden. Doch in juristischer Hinsicht besaß er bereits alle Mittel, um auch den letzten Widerstand zu brechen. Falls sich Molière noch Illusionen über die entstandene Situation hingab, dann wurden ihm im Dezember 1672 endgültig die Augen geöffnet. Während im Palais-Royal *Psyché* mit unvermindertem Erfolg aufgeführt wurde, ließ er sich nach Versailles fahren, um dem König seine neue Komödie *Der eingebildete Kranke* vorzustellen. Dabei mußte er das Unglaubliche erfahren: Ihm, der seit Jahren stets den entscheidenden Beitrag für den Karneval des Hofs beigesteuert hatte, wurde mitgeteilt, daß seine neue Komödie diesmal nicht erwünscht sei. War wirklich alles nur das Werk des Florentiners, oder hatte Molière den hochempfindlichen König durch irgendeinen Fauxpas verletzt? War es nur die Gleichgültigkeit eines blasierten Monarchen, der meinte, er habe Molière nun lange genug um sich gehabt?

Die Entscheidung gegen Molière und für Lully war wohl nicht zuletzt auch der Ausdruck einer Kulturpolitik, die nun die Unverbindlichkeit der Musik an die Stelle engagierten Prosatheaters stellte. Molières gesellschaftskritischer Einsatz hatte gute Dienste geleistet, als es darum ging, aufmüpfige Adlige, intrigante Frömmler, anmaßende Geistliche, widerborstige Juristen und sonstige Elemente der in Kasten gegliederten Gesellschaft in ihre Schranken zu weisen. Nun aber hatte der in den Florentiner und seine Musik buchstäblich vernarrte Ludwig sein absolutistisches Regime fest etabliert. Er war schon einen Schritt weiter auf dem Weg zu jener in steifer absolutistischer Repräsentation erstarrenden Figur, die der Hofmaler Hyacinthe Rigaud für die Nachwelt festgehalten hat.

Schauspieler und Akrobat: »Les Fourberies de Scapin«

Als Molière am 24. Mai 1671 seine neue dreiaktige Komödie *Les Fourberies de Scapin (Die Gaunereien des Scapin)* zum erstenmal aufführte, knüpfte er damit an die frühesten Erfolge seines Theaters an. Im *Wirrkopf* von 1654 hatte der um Einfälle nie verlegene Mascarille seinem jungen Herrn Lélie immer wieder aus der Verlegenheit geholfen, obwohl dieser durch ungeschickte Eigeninitiativen die listigen Arrangements des unermüdlichen Dieners ständig zum Scheitern brachte. Molière hatte zwar seit seiner Rückkehr nach Paris diese erfolgreiche Komödie mehrfach wieder in sein Repertoire aufgenommen, aber nie mehr einen virtuosen Diener von der unermüdlichen geistigen und physischen Vitalität Mascarilles in den Mittelpunkt einer Komödie gestellt. In der Regel waren es nun Dienerinnen, die den ratlosen jungen Paaren halfen, die ihnen von den Eltern in den Weg gestellten Hindernisse zu beseitigen.

Erst 1669 tauchte in *Monsieur de Pourceaugnac* mit dem Neapolitaner Sbrigani wieder eine mit allen Wassern gewaschene und an die Masken der Commedia dell'arte erinnernde Figur auf, und im *Bürger als Edelmann* präsentierte sich 1670 in Coville ein Diener, der bereits einiges von Scapins durchtriebener Findigkeit besaß. Doch mit den *Gaunereien des Scapin* wurde erstmals wieder ein Diener zur zentralen Figur einer Komödie, zum überlegenen Regisseur der Handlung, zum unverwüstlichen und schlechthin nicht unterzukriegenden Protagonisten des Geschehens. Sorgfältige positivistische Forschungen haben zwar ergeben, daß sich Molière nicht nur eng an den antiken *Phormio* von Terenz anlehnte (während der Abwesenheit ihrer Väter haben sich zwei der Obhut ihrer Sklaven anvertraute junge Männer verliebt beziehungsweise verheiratet und brauchen nun Geld), auch die Vorlagen für einzelne Szenen und Situationen sind aufgespürt worden. Molière verstand es jedoch wieder einmal, seinem Spiel eine nahtlose Einheit zu verschaffen.

Scappino, eine Dienermaske des mailändischen Theaters, hat einen sprechenden Namen: »der Davonrennende«, »der Nicht-zu-Fassende«. Jacques Callot hat die Figur in seinen der Commedia dell'arte gewidmeten Stichen festgehalten. Die Molière-Philologie hat derart lückenlose Arbeit geleistet, daß nahezu keine Geste, keine Gesprächspassage mehr übrigbleibt, für die nicht ein Vorbild gefunden worden wäre. So hat der die Exposition des Stücks enthaltende Dialog zwischen dem jungen Octave und seinem Diener Silvestre in der ersten Szene ein Pendant in Jean de Rotrous 1647 veröffentlichtem Stück *La Sœur (Die Schwester)*. Selbst das berühmte »Was, zum Teufel, hatte er auf dieser Galeere zu suchen«, mit dem der knausrige Vater die von Scapin zum Zwecke der Gelderpressung erzählte Geschichte von der angeblichen Entführung des von Seeräubern auf ein Schiff gelockten Sohns immer wieder kommentiert, ist nicht neu. Es stammt aus dem zu Lebzeiten des Verfassers wohl nie aufgeführten Stück *Le Pédant joué (Der hereingelegte Pedant)* des 1655 im Alter von sechsunddreißig Jahren verstorbenen Freigeists Savinien de Cyrano de Bergerac. Aber die Zerstückelung eines durch die Einheit seiner Inspiration mitreißenden Stücks durch den Hinweis auf angebliche Vorlagen oder Einflüsse trägt sicher nicht zum Verständnis des Werks bei.

Molière stellte an die Interpretation der Hauptrolle fast die gleichen akrobatischen Anforderungen wie später Carlo Goldoni mit seinem *Diener zweier Herren*. Man mag sich fragen, ob der im Augenblick der Aufführung fast Fünfzigjährige den physischen Anforderungen dieser Rolle noch gewachsen war, ging es doch unter anderem darum, Géronte, den Vater von Scapins jungem Herrn Léandre, in einen Sack zu

stecken und auf die Schulter zu nehmen, ihn dabei durchzuprügeln und
außerdem noch die Stimmen angeblicher Verfolger nachzuahmen. Eine
größere Zumutung für den längst von der Krankheit gezeichneten und
geschwächten Körper des Hauptdarstellers Molière konnte es kaum
geben. Denn weit mehr noch als in seinen in bürgerlichen Häusern
spielenden großen Komödien ging es hier um die bis ins letzte Detail
durchkomponierte Koordination der Bewegung, die keinen Augenblick
zur Ruhe kommt. Nicht auf realistische Darstellung kam es an, sondern
auf Rhythmus und Tempo, und das am meisten in der erwähnten
zweiten Szene des dritten Akts, in der Scapin mit Géronte auf dem
Rücken ein einfallsreiches Einmanntheater inszeniert, indem er agie-
rend und schreiend mehrere Personen darstellt.

In dem Werk *L'Art poétique (Die Dichtkunst)* formulierte der Literat
Boileau ein Jahr nach dem Tod seines Freundes Molière die klassische
Doktrin seiner literarischen Zeitgenossen in eleganten Alexandrinern.
Bedauernd stellte er fest, er vermöge in dem lächerlichen Sack Scapins
den Verfasser des *Misanthrope* nicht wiederzuerkennen. Mit dieser Ab-
wertung des pantomimischen, aus dem Geist der Commedia dell'arte
und der Farcentradition gespeisten Stücks begann bereits eine Reduk-
tion von Molières Schaffen auf die gesellschaftskritische Charakter-
komödie hin, die im Grunde die Vielfältigkeit seiner Theaterexperi-
mente zurechtstutzen und auf vorgefaßte Dimensionen einengen
wollte. Dabei fällt es nicht schwer, auch diesen späten Text Molières mit
gesellschaftskritischer Brisanz aufzuladen. Denn Scapin stellt sich nicht
nur gegen die senile Schwerfälligkeit der bürgerlichen Väter, sondern
auch gegen die Einfallsarmut ihrer Söhne. Während in *Dom Juan* die
Welt der Hocharistokratie noch in Ordnung war, weil Sganarelle
überhaupt nicht an seinen rücksichtslosen Herrn heranreichte, sind in
dieser späten Komödie Alt und Jung dem listigen Diener in gleicher
Weise ausgeliefert, so daß er sie ohne viel Federlesens buchstäblich in
den Sack stecken kann.

In diesem Stück kündigt sich bereits ein Theater an, das dann
Beaumarchais im achtzehnten Jahrhundert realisieren sollte. Wie auf-
müpfig dieser Scapin ist, illustriert seine Antwort auf die gutgemeinten
Warnungen von Octaves Diener Sylvestre, er solle auf der Hut sein, da
sich nun, nach der Aufklärung der rätselhaften Herkunft Hyacinthes,
die versöhnten Generationen und Familien gegen ihn wenden könnten:

»Drohungen haben mir noch nie weh getan, sie sind Wolken, die hoch über unseren Köpfen dahinziehen.« Hier zeigt sich ein Selbstbewußtsein, das sich nicht mehr einschüchtern und in die der Dienerrolle gesetzten Schranken weisen läßt. Schon in der zweiten Szene hält Scapin dem hilflosen Octave und dessen um einen guten Rat verlegenen Diener Sylvestre ihre Angst vor dem heimkehrenden Vater vor. Um Octave etwas Mut zu machen, studiert Scapin mit dem vor Sorge steif Gewordenen richtiges Verhalten bei der zu erwartenden Auseinandersetzung ein und bereitet den jungen Mann für das Kommende vor. Aber sobald der alte Argante erscheint, nimmt der Sohn Reißaus.

Die pantomimischen Improvisationen in der Tradition der italienischen Stegreifkomödie, auf italienisch »lazzi«, gehören zu den Höhepunkten der *Fourberies de Scapin*. Sie entsprechen dem unversieglichen Wortschwall des Dieners, denn der Zuhörer beziehungsweise Zuschauer hinkt dem schnellen Scapin immer um ein paar Schritte nach und wird dadurch ständig von ihm überrumpelt. Kein Wunder, daß der Diener bei so viel Einfallsreichtum nicht darum verlegen ist, rechtzeitig den Kopf aus der Schlinge zu ziehen, als die von ihm Geprellten ihn an den Galgen liefern wollen: Mit verbundenem Kopf, angeblich zu Tode verletzt, fleht er die über ihn empörten Herren um Verzeihung an. Und er versteht es, sie ein letztes Mal zu überlisten.

Boileau stand mit seiner grämlichen Kritik an der nur aus ihrem Brio zu verstehenden Komödie nicht allein. Denn Molière, der die Gunst des Pariser Publikums gerade mit seinen an die Commedia dell'arte und die alten französischen Farcen anknüpfenden Stücken gewonnen hatte, der schon seine erste Aufführung vor dem jungen König dadurch rettete, daß er nach Corneilles *Nicomède* noch die Farce *Le Docteur amoureux (Der verliebte Doktor)* dazugab, erlebte mit den *Gaunereien des Scapin* einen seiner größten Mißerfolge. Keine Aufführung der Komödie brachte mehr als 756 Livres ein, in der Regel ergab der Kassensturz nicht einmal die Hälfte. Bei der dreizehnten Wiederholung half es auch nicht, daß Molière noch zusätzlich *Die Liebe als Arzt* spielte: Beide an einem Abend aufgeführten Stücke ergaben nur noch klägliche 143 Livres.

Der Mißerfolg läßt sich mit der Ablehnung einer auf die klassische Doktrin eingeschworenen Kritik nicht allein erklären, denn schließlich wandte sich Molières Theater nicht nur an Intellektuelle. War der alternde Schauspieler der Rolle nicht mehr gewachsen? Das war wohl kaum der Grund. Daß Boileau in Molière drang, nur noch Stücke zu schreiben, aber nicht mehr auf der Bühne mitzuspielen, hatte damit zu tun, daß der schon bald mit Racine in eine offizielle Rolle als königlicher Historiograph entrückende Kritiker es unschicklich fand, wenn ein arrivierter Theaterdichter seinen Körper vorbehaltlos in allen möglichen »tours de force« exponierte, wo die Schicklichkeit doch vorschrieb, das Physische so weit wie möglich auszuschalten. Der fast alles Bisherige in den Schatten stellende Erfolg der am 7. Juni für das städtische Publikum aufgeführten Balletttragödie *Psyché* auf der unter erheblichen Kosten umgebauten Bühne des Palais-Royal zeigte, daß offensichtlich im breiten Publikumsgeschmack eine Tendenzwende eingetreten war. Durch diese Inszenierung bekamen auch jene, die keinen Zugang zu den Schauspielen am Hof hatten, einen Abglanz von der dortigen Prachtentfaltung zu sehen. Ein Stück wie *Die Gaunereien des Scapin* mußte daneben altmodisch wirken.

Monsieurs Heirat mit Liselotte von der Pfalz: »La Comtesse d'Escarbagnas«

Ein Jahr nach dem Tod seiner ersten Gemahlin heiratete Monsieur die Tochter des Kurfürsten Karl Ludwig von der Pfalz: Elisabeth Charlotte, die als Liselotte von der Pfalz bekannt wurde. Anna von Gonzaga-Nevers, die Witwe des 1663 in Paris verstorbenen Pfalzgrafen Eduard, eines Onkels von Liselotte, vermittelte diese Ehe zwischen der deutschen Adligen und dem Bruder des französischen Königs. Bedingung war, daß Elisabeth Charlotte zum katholischen Glauben konvertierte. Ihr Vater versprach eine Mitgift von 32 000 deutschen Gulden, ließ sich aber zehn Jahre Zeit, ehe er die Morgengabe ausbezahlte.

Am 28. Oktober 1671 traf Liselotte mit ihrem Gefolge in Straßburg ein. Während sie nach eigenem Bekunden von Straßburg bis Châlons vor Abschiedsweh die ganze Nacht nichts tat als schreien, »daß meine Seite dick war«, zeigte sich der Vater, der die Tochter bis in die elsässische Hauptstadt begleitet hatte, weitaus gefaßter. In einem Brief an seine Schwägerin meinte er: »Ich hoffe, daß sie ihre Tränen inzwischen getrocknet hat und die Vorschriften des Psalmisten beobachten wird: ›Vergiß dein Volk und deines Vaters Haus‹.«

In Metz wurde am 16. November im Namen Monsieurs, des Herzogs von Orléans, die Prokuravermählung vorgenommen, und dort erfolgte auch der offizielle Übertritt zum katholischen Glauben. In Châlons wartete Philippe mit seinem Gefolge zwei Tage auf die ihm Angetraute. Am 2. Dezember wurde in Saint-Germain-en-Laye schließlich ein »Ballett der Ballette« aufgeführt. Die neue Schwägerin Ludwigs XIV. sollte dabei gleich das Format der höfischen Feste des französischen Monarchen kennenlernen und durch den Glanz der neuen Umgebung geblendet und bezaubert werden. Auch Molière hatte dabei wieder seinen Beitrag zum guten Gelingen der Feierlichkeiten beizusteuern. Neben einer nicht erhaltenen »Pastorale«, einem Hirtendrama, verfaßte er die kleine Komödie in neun Szenen *La Comtesse d'Escarbagnas (Die Gräfin von Escarbagnas)*: Eine Adlige aus Angoulême hat es sich nach einer Reise in die Hauptstadt in den Kopf gesetzt, daheim in ihrer Provinz durch einen von ihr ins Leben gerufenen Salon tonangebend zu werden.

Molière griff hier ein Thema auf, das seine Theaterbesucher seit den *Précieuses ridicules* kannten, und wie in *George Dandin* und in *Monsieur de Pourceaugnac* machte er sich über den Provinzadel lustig. Er war nicht der einzige, der, des Erfolgs gewiß, dieses von dem Publikum am Hof und in der Hauptstadt offensichtlich in gleicher Weise goutierte Thema aufgriff. Den 1656 am Marais uraufgeführten *Campagnard (Der Herr vom Land)* von Gillet de La Tessonerie hatte auch Molière 1659 am Petit-Bourbon inszeniert, und 1662 hatte der Komiker Raymond Poisson, genannt Crispin I (er hatte die populäre Dienerfigur Crispin erfunden) am Hôtel de Bourgogne seine Farce *Le Baron de La Crasse* inszeniert: Der adlige Titelheld aus Pézenas nimmt in seinem Provinzschloß eine Truppe herumziehender Schauspieler auf und erzählt weitschweifend und umständlich seine Reise nach Fontainebleau. Mit dem Chef der Truppe, das war offenkundig, sollte dabei der Konkurrent und Kollege Molière karikiert werden. Poisson erlebte am Hôtel de

Bourgogne mit dem *Baron de La Crasse* einen wahren Triumph. Die dem Herzog von Créquy gewidmete Komödie amüsierte das Parterre nicht zuletzt durch die Verwendung verschiedener Sprachen und Dialekte. So treten ein Gascogner, ein Normanne und ein Flame auf, und eine Vicomtesse aus der Provinz hält sich für schick, weil sie auf die Aussprache des »r« verzichtet. Jeder Theaterdichter konnte sicher sein, das Pariser Publikum zu amüsieren, wenn er sich über die Provinz mokierte. Eben erst hatten Antoine Jacob de Montfleury in seinem *Gentilhomme de Beauce* und Jean Donneau de Visé in seinem *Gentilhomme Guespin* das beliebte Thema wieder einmal aufgegriffen.

Motor der schlichten Handlung der *Comtesse d'Escarbagnas* ist die in einen Vicomte verliebte Julie, die ihren Verehrer dazu überredet, der anmaßenden Provinzlerin und falschen Prüden, die der Komödie den Titel gibt, zum Schein den Hof zu machen und sie dann bloßzustellen. Julie bringt die Comtesse mit einem einschmeichelnden »Ich denke, Madame, daß Sie während Ihres Aufenthalts in Paris nicht wenige Personen von Stand erobert haben« so weit, von ihren angeblichen Erfolgen in der Hauptstadt zu erzählen. Auch der seit dem *Misanthrope* bekannte und in den damals noch nicht aufgeführten *Femmes savantes* wiederbenutzte Disput um ein Gedicht fehlt nicht: Tibaudier, ein Mann des provinziellen Amtsadels, trägt eigene, vom Vicomte zum Spott gelobte Verse vor, ehe der mit der Erziehung des jungen Grafen betraute Pedant Bobinet auftritt, der seinem Zögling lateinische Verse beizubringen sucht. Als Farcenfigur wird der mürrische und humorlose Steuerpächter Harpin kurz eingeführt. Es sind Figuren von der Stange, wie sie um 1670 dem nun über ein reiches Repertoire verfügenden Molière, aber auch mittelmäßigen Komödiendichtern zu Gebote standen. Molière übernahm bei der Aufführung keine Rolle. Die harmlose Unterhaltung wurde ein paarmal vor Weihnachten aufgeführt und dann noch im Februar einige Male in Saint-Germain-en-Laye.

Was Liselotte von der Pfalz, der Ehrengast der Divertissements, von den festlichen Veranstaltungen in Saint-Germain-en-Laye hielt, ist nicht bekannt. Die neue Schwägerin Ludwigs XIV. mußte sich erst einmal einen Freiraum schaffen, um nicht vom Hofleben völlig vereinnahmt zu werden. An Anna Katharina von Harling schrieb sie am 4. Februar 1672 aus Saint-Germain: »So lang ich hier im Land bin, hab ich [mich an] das essen, so sie hier essen, welches mit lauter speck und kein bisschen butter ist, nicht recht gewohnen können und derhalben nie gar viel gessen; wie ich aber nach Versaillen komme, hab ich mehr exercitien getan als zu Paris, und [bin] derowegen auch hungericher gewesen, als vor diesem. Also hab ich vergangen freitag, nachdem ich den ganzen tag spaziren war gangen, nachts nach mitternacht zu nacht, welches man medianoche hier heißt, gessen, welchs man tut, damit man fleisch essen darf. Monsieur hat mit dem König medianoche gehalten und ich hab mit meinen leuten gessen; der König aber hat sein essen viel eher bekommen, als ich; derhalben wie wir am halben essen waren, kam Monsieur schon nach haus, wir aber aßen fort, und wie ich braven hunger hatte, aß ich mich so dick, daß ich mich nicht rühren konnte, und mußte darauf gleich nach bett gehen mit vollem magen.«

Eine schwere Verdauungsstörung mit Fieber war das Ergebnis der mächtigen Völlerei: »Sie haben mir mit aller gewalt wollen aderlassen und medicin geben, aber ich hab durchaus nicht gewollt. Endlich wie sie keinen rat mehr mit mir gewußt, hat der König und Monsieur kommen wollen; einer hat mir wollen den arm, der ander die ander hand und den kopf mit aller gewalt halten, aber zu allem glück hat mich eine jungfer besucht, welche verursacht, daß man mir nicht gelassen (ihr versteht mich wohl). Seyder dem hab ich gar kein fieber mehr gehabt, auch kein schmerzen mehr; das schlimmste aber ist, daß mich hungert und vor morgen darf ich nicht essen, weilen man noch lauert, ob es kein 4 tägig fieber geben will. Heute haben sie mir wieder ein clistier geben, sonstens geben sie mir gottlob nichts, als alle stund ein schüssel voll kälbersaft, wie sie es heißen, welches etwas besser ist als fleischbrühe. Dieses ist die ganze relation von meiner krankheit. Hinfüro will ich besser in acht [nehmen] und nicht so viel fressen.« – Die Szene würde einer Komödie Molières nicht schlecht anstehen.

Die aus Deutschland angekommene Schwägerin des Königs verstand es, sich in der neuen Umgebung Anerkennung zu verschaffen. Selbst ein so zu übler Nachrede neigender Beobachter des Lebens in Versailles wie Saint-Simon enthielt später der ausländischen Madame seine Hochachtung nicht vor.

Am Tag nach der Uraufführung der *Gräfin von Escarbagnas* schrieb Liselotte ihrer Tante Sophie nach Hannover, »daß Monsieur der beste mensch von der welt ist«, er gleiche allerdings »an keins von seinen contrefaict«. Aber noch die Siebenundsechzigjährige erinnert sich in

einem Brief an Karoline von Wales, es sei ihr damals bei ihrer Ankunft
in Saint-Germain gewesen, als wäre sie vom Himmel gefallen.

Der Tod von Madeleine Béjart

Molière verließ Saint-Germain-en-Laye am 17. Februar 1672 in
aller Eile, denn die mit ihm seit den Tagen des Illustre Théâtre
verbundene Madeleine Béjart lag im Sterben. Sie hatte sich 1669 von
der Bühne zurückgezogen: In der Rolle der Nérine in *Monsieur de
Pourceaugnac* verabschiedete sie sich von ihrem Publikum. War es das
Alter, waren es gesundheitliche Beschwerden oder Spannungen zwischen ihr und Molière sowie zwischen diesem und Armande, die sie
bewogen, nach drei Jahrzehnten ihre aktive Mitwirkung an dem von ihr
mit ins Leben gerufenen Ensemble einzustellen? Die Lücke wurde im
folgenden Jahr gefüllt. Durch königliche Order wurde das Schauspie-
lerehepaar Beauval (mit ihren bürgerlichen Namen: Jean Pitel und
Jeanne-Olivier Bourguignon) nach Paris berufen und Molières Truppe
angegliedert. Die neue Schauspielerin war erst sechzehn Jahre alt und
verstand es, das Publikum durch ihr ansteckend wirkendes Lachen
mitzureißen.

Madeleine diktierte angesichts ihres rapiden körperlichen Verfalls
nach Neujahr 1672 ein Testament. Die mit der Niederschrift beauftragten beiden Notare bestätigten am 9. Januar, ihre Mandantin sei zwar
bettlägerig und physisch krank, aber »dessen ungeachtet bei gesundem
Verstand, Erinnerungs- und Urteilsvermögen«. Madeleine befahl sich
in dem Testament im Namen der Heiligen Dreifaltigkeit Gott an und
bat diesen inbrünstig, »er möge sie um der unendlichen durch den Tod
und das Leiden unseres Herrn und Erlösers Jesus Christus erwirkten
Verdienste willen in sein heiliges Paradies aufnehmen«. Sie versäumte
auch nicht, ein Gebet um die Fürsprache der Jungfrau Maria und aller
Heiligen des himmlischen Paradieses anzuschließen. Außerdem bat sie

darum, ihr Leib möge nach ihrem Hinscheiden in der Kirche Saint-Paul an dem ihrer Familie rechtmäßig zustehenden Ort beigesetzt werden. Sie stiftete schließlich für alle Zeiten »zwei stille Trauermessen pro Woche« entweder in der von ihr genannten Kirche oder in einem von ihren Geschwistern zu bestimmenden Kloster. Außerdem verfügte sie, daß künftig täglich »zu Ehren der fünf Wunden unseres Herrn« durch den Pfarrer von Saint-Paul und seine Nachfolger fünf Sous unter fünf Arme verteilt werden sollten. Den »ordentlichen königlichen Maler Mignard, den man den Römer nennt«, bestimmte sie zum Testamentsvollstrecker.

Wie bedenklich Madeleines Gesundheitszustand bereits war, zeigt die von den Notaren unter der zittrigen Unterschrift »M. Beiart« ergänzend nachgetragene Bemerkung: »Besagte Damoiselle erklärt, sie könne angesichts ihrer schweren Erkrankung und ganz besonders wegen ihrer Sehschwäche nicht besser unterschreiben und paraphieren.«

Als Universalerbin setzte Madeleine Molières Frau Armande Grésinde ein und, im Fall von deren Tod, Armandes Tochter Madeleine-Esprit Poquelin. Am 17. Februar, auf den Tag genau ein Jahr vor Molières Tod, verstarb die ihm so eng Verbundene. Er traf sie nicht mehr lebend an, als er aus Saint-Germain herbeieilte, wo an dem verhängnisvollen Tag *Die Gräfin von Escarbagnas* auf dem Programm der königlichen Divertissements stand. Robinet veröffentlichte am 20. Februar in seiner Gazette seinen vor geschmacklosen Bildern strotzenden Bericht über den Tod der Schauspielerin und versicherte schließlich ihren Bewunderern, die Art ihres Todes zeige, daß sie nicht nur eine gute Komödiantin, sondern auch eine gute Christin gewesen sei.

Madeleines testamentarische Verfügungen wurden im wesentlichen respektiert. Sie hinterließ neben ihrer reichen Theatergarderobe und ihrem auf 3 000 Livres geschätzten Silbergeschirr, neben Möbeln und anderen Gegenständen die nicht unansehnliche Summe von 17 809 Livres. Madeleine hatte ausreichend Zeit gehabt, um in aller Form ihrem »schändlichen Beruf« abzusagen. Der Erzbischof von Paris François de Harlay gestattete deshalb auch, den Leichnam vor der Überführung in die Familiengruft in Saint-Paul in der dem Louvre gegenüberliegenden Pfarrkirche Saint-Germain-l'Auxerrois durch einen Geistlichen einsegnen zu lassen.

Weibliche Pedanten: »Les Femmes savantes«

A m 11. März 1672 wurde im Palais-Royal die Komödie *Les Femmes savantes (Die gelehrten Frauen)* zum erstenmal aufgeführt. Molière hatte sie nicht als eine vom König geforderte Auftragsarbeit geschrieben. Bereits Ende Dezember 1670, also mehr als zwei Jahre vor der Inszenierung des Stücks, hatte der Dichter ein Druckprivileg für das Werk erhalten. Die Sorgfalt, die er auf diese Komödie verwandte, zeigt sich auch darin, daß sie in Alexandrinern verfaßt ist. Das Stück erlebte zwar einen Achtungserfolg, war aber keine Sensation, und auch die neuere Molière-Kritik von Antoine Adam bis George Couton verhält sich angesichts dieses engagierten Textes eher zurückhaltend.

Molière greift nicht nur die alte Frage der Preziosität und der Rollenverteilung zwischen Ehepartnern und Familienmitgliedern wieder auf, sondern nimmt auch dazu Stellung, inwieweit eine Frau sich mit wissenschaftlichen Problemen auseinandersetzen dürfe. Für die »honnête femme« gilt dabei das gleiche wie für den »honnête homme«: Der Anschein mußte vermieden werden, sie wolle pedantisch Wissen anhäufen und mehr geben als einen Beitrag zu gefälliger Konversation. Lächerlich werde eine Frau, das ist die aus dem Stück zu ziehende Lehre, sobald sie sich allen Ernstes in gelehrte Debatten einmische.

Molières Haltung gegenüber weiblicher Bildung entspricht der von La Rochefoucauld geäußerten Meinung, eine Frau dürfe zwar die Wissenschaften lieben, aber nicht alle seien ihr zuträglich, denn die Hartnäckigkeit, mit der man gewisse Wissenschaften betreiben müsse, widerspräche der weiblichen Natur.

Die Komödie gleicht sowohl in ihrer Struktur als auch in der Personenkonstellation dem Konflikt in *Tartuffe*. Dort war es Orgon, der sich mit seiner Mutter von einem religiösen Scharlatan in Bann schlagen ließ. Nun ist es die mit dem charakterlich schwachen Chrysale verheiratete (und zur Steigerung der Komik von dem Schauspieler André Hubert interpretierte) Philaminte, die sich mit ihrer ältesten Tochter, Armande, und ihrer Schwägerin, Bélise, von dem schöngeistigen Trissotin so hingerissen zeigt, daß sie ihrem Idol die von dem literarischen

Getue angewiderte zweite Tochter, Henriette, zur Frau geben möchte.
Es handelt sich dabei um Übergriffe in die väterliche Autorität, die es
mit Hilfe von Chrysales Bruder, Ariste, und der wegen ihrer grammati-
kalische und lexikalische Normen ignorierenden Redeweise von Philaminte entlassenen Küchenmagd Martine zu vereiteln gilt. Den Höhepunkt der Komödie bildet im dritten Akt ein zwischen Trissotin und
dem von ihm bei Philaminte eingeführten Gräzisten Vadius ausbre-
chender Streit um ein eben erst von dem eitlen Literaten vorgetragenes
Sonett: eine bereits aus dem *Misanthrope* bekannte Situation.

Für die Zeitgenossen bestand kein Zweifel, daß mit Trissotin der
inzwischen achtundsechzigjährige Salonliterat Abbé Cotin verspottet
wurde. Der mit allen literarischen Wassern gewaschene Charles Cotin
war schon früh mit Veröffentlichungen hervorgetreten, hatte das Hôtel
de Rambouillet frequentiert, es eingedenk seiner religiösen Weihen
aber auch nicht versäumt, 1655 einen *Traité de l'âme immortelle (Traktat
über die unsterbliche Seele)* und zwei Jahre später *Poésies chrétiennes
(Christliche Gedichte)* zu veröffentlichen. Aber 1663 hatte er auch wieder
in der Tradition der guten alten Zeit und in klarer Polemik gegen die
preziöse Koketterie seine *Œuvres galantes (Galante Werke)* präsentiert.
Der Abbé hatte sich mehrfach mit Boileau angelegt und auch Molière
einige Male herausgefordert. Er war ein Mann von vorgestern und trotz
seiner Agilität ein vorlauter »Dreimaldumm«, wie »Trissotin« in deutscher Übersetzung etwa lautet.

Mit Vadius schließlich nahm Molière Gilles Ménage aufs Korn, der
sich wiederholt mit Cotin gestritten hatte. Dieser hatte um 1659 in einer
La Ménagerie (Die Menagerie) betitelten Reihe satirischer Gedichte den
Ungeliebten verspottet und versucht, Molière und Boileau auf seine
Seite zu ziehen. Ménage, der wie Cotin im Hôtel de Rambouillet ein
und aus gegangen war, hatte schließlich die dortige Salongesellschaft
mit seiner beißenden Bosheit ebenso gegen sich aufgebracht wie mit
seinem pedantisch ausgebreiteten Wissen. Durch ein gegen die Académie française gerichtetes Stück verscherzte er sich zudem auch alle
Chancen, je in den illustren Kreis der »Unsterblichen« aufgenommen
zu werden.

Es überrascht, daß Molière nach mehr als einem Jahrzehnt auf diese
literarischen Querelen von vorgestern zurückkam. Die beiden Streit-
hähne Cotin und Ménage hatten übrigens Anlaß, sich als Opfer von

Colberts Kulturpolitik zu betrachten: Während sie beide im Jahre 1663 unter dem einflußreichen Minister in die Reihen der mit einer königlichen Gratifikation Ausgezeichneten aufgenommen wurden und bis 1666 diese Vergünstigung zuerkannt bekamen, wurde ihr Name 1667 gestrichen, eine Demütigung, die Eifersucht und Intrigen förderte, aber auch den Eindruck erwecken mußte, daß bei der Steuerung der Gunst des Monarchen undurchschaubare Willkür mit am Werk war. Übrigens hatte Colbert 1663 nicht nur bedeutenden Franzosen, sondern auch dem Geschichtsprofessor Johann Heinrich Boecler in Straßburg, dem Astronomen Johannes Hevelius in Danzig und einigen anderen angesehenen ausländischen Gelehrten königliche Gratifikationen gewährt. In der Komödie benutzt Molière den erfolgreich um Henriette werbenden Clitandre als Sprachrohr, um Colbert nach dem Munde zu reden:

»Ach ja, der arme Hof, ich muß ihn sehr bedauern,
Ihr seid ihm nicht gewogen, er merkt mit bitterem Trauern
Den Hang der Herren Gelehrten, ihn für die meisten Sachen,
Die ihnen nicht genehm sind, verantwortlich zu machen.
Wenn euch ein Werk mißlingt, ist an der Katastrophe
Nicht das Mißlingen schuld, nein, der Geschmack bei Hofe.
Deshalb, Herr Trissotin, darf ich es höflichst wagen,
Mit schuldigem Respekt die Bitte vorzutragen,
Den Hof betreffend: Sie samt Ihren Herren Kollegen,
Seid, wenn schon nicht dafür, doch nicht so laut dagegen!
Im Grund genommen ist man dort nämlich nicht so dumm,
Wie ihr's euch in den Kopf setzt; das tragt nur ihr herum,
Man ist bei Hof verständig, beurteilt vieles recht,
Und der Geschmack bei Hof ist gar nicht immer schlecht,
Es liegt mir fern, zu schmeicheln, jedoch der Geist der Kenner
Im Schloß beschämt gewisse gelehrte Dunkelmänner.«

Wenn die *Gelehrten Frauen* den Leser oder Zuschauer nicht recht froh werden lassen, so hat das wohl auch mit dem nicht gerade gewinnenden Charakter von Henriette zu tun, der Clitandre seine Aufmerksamkeit zugewandt hat, nachdem Armande alle seine Heiratsangebote als unanständige und schockierende Zumutung abgelehnt hat. Wie aus anderen

Komödien hervorgeht, lehnte Molière die rein spiritualistische Liebesauffassung, über die in den preziösen Salons debattiert wurde, entschieden ab. Als Bewunderer Petrus Gassendis mokierte er sich stets über die
Unterdrückung und Knebelung gesunder Instinkte. Ein ausgeglichenes
Verhältnis zwischen Körper und Geist garantiert bei Molières Mädchen
und Frauen sonst stets für eine harmonische Ausgewogenheit ihrer
Reaktion. In den *Gelehrten Frauen* besteht hingegen kaum noch ein
wesentlicher Unterschied im Verhalten der »natürlichen« Henriette
und der »prüden« Armande. Die beiden Schwestern scheinen es darauf
abgesehen zu haben, sich gegenseitig in bissiger und keifender Bosheit
zu übertreffen. In der *Schule der Ehemänner* erörtern zu Beginn der
Komödie zwei bereits in die Jahre gekommene Männer ihre Liebesauffassung und ihr Verhältnis zu Frauen. Die Komödie wird damit
elegant exponiert. In den *Gelehrten Frauen* aber bringen zwei junge
Mädchen nicht etwa durch ihr Benehmen im Umgang mit Männern
und Verehrern, sondern gouvernantenhaft dozierend ihre grundverschiedenen Einstellungen zu Fragen der Liebe zum Ausdruck. So muß
das Publikum auch das Interesse an Henriette verlieren:

»Der Himmel hat uns Menschen nicht alle ausersehen,
Auf einem Weg gemeinsam durch diese Welt zu gehen,
Die Geister sind gewirkt aus grundverschiedenen Stoffen,
Nicht jeder hat den Zuschnitt zu einem Philosophen.
Der deine will sich stolz in jene Höhen schwingen,
Wo die Gelehrten kühn um die Erkenntnis ringen,
Der meine bleibt hier unten, geht, wo schon viele gingen,
Und sucht in seiner Schwäche den Halt an kleinen Dingen.
Laß uns die weise Ordnung des Himmels doch nicht stören,
Vielmehr die klaren Stimmen in unserem Innern hören.
Dir, Schwester, frommt der Flug in höhere Regionen,
Wo Denker und Gelehrte und Philosophen wohnen,
Ich will mich auf der Erde dem kleinen Alltagsleben,
Den irdischen Genüssen des Ehestands ergeben,
Und beide, sind wir auch verschiedene Naturen,
Bewegen wir uns doch auf unserer Mutter Spuren:
Mit deiner Seele du zu edlen Höhenflügen,
Mit meinen Sinnen ich zu derberem Vergnügen,

Vom Licht des Geists bestrahlt, du an des Geistes Quellen,
Ich, liebe Schwester, hier im Reich des Materiellen.«

Dagegen ist die Mutter, Philaminte, bei aller Verblendung Trissotin
gegenüber, ein kohärenter Charakter. Auch angesichts einer von Ariste
vorgetäuschten finanziellen Katastrophe bewahrt sie ihre unerschütterliche Seelenruhe, während die von Henriettes Onkel ausgedachte Finte
sehr schnell offenbart, daß das Interesse des philosophierenden Literaten nicht dem Mädchen, sondern der in Aussicht gestellten Aussteuer
galt.

Die dramatische Umsetzung der von den jungen Liebenden mit
Engagement vorgebrachten Überzeugungen ist Molière, trotz einzelner amüsanter und dramatischer Szenen, nur teilweise gelungen. Gemessen an den Komödien, die er in der Mitte der sechziger Jahre verfaßt
hatte, wirken die *Gelehrten Frauen* nicht selten als bloßer Abklatsch.
Eine entscheidende Etappe in Molières Schaffen stellt diese Komödie
daher wohl kaum dar. Der »honnête homme« Clitandre etwa wiederholt und präzisiert in der dritten Szene des ersten Akts lediglich die
von früheren »raisonneurs« vorgetragene Überzeugung, es sei zwar
Unfug, eine Frau in die Rolle einer ungebildeten Hausfrau zu zwän-
gen, jedoch sei es nicht weniger bedenklich, aus ihr eine Gelehrte zu
machen:

»Die Frau auf dem Katheder scheint fehl am Ort zu sein.
Daß manche sehr viel weiß, räum' ich natürlich ein,
Doch will sie den Gelehrten und Professoren gleichen,
Wird sie bei mir nur Spott und Abneigung erreichen;
Wenn eine Frage auftaucht, soll sie verstehen, zu schweigen,
soll wissen: was sie weiß, muß sie der Welt nicht zeigen,
Und ist sie selbst gelehrt, soll sie's uns nicht entdecken,
Und lernen, das Gelernte gelehrig zu verstecken,
Soll uns nicht mit Zitaten berühmter Dichter plagen
Und nicht beim kleinsten Anlaß die größten Worte sagen.«

Vom Sonnenkönig zum Kriegsgott: Die Invasion der Niederlande

Ein Literat oder Künstler, den Colbert mit einer königlichen Pension oder Gratifikation bedacht hatte, blieb in der Regel den geforderten Tribut an Ruhmes- und Preisgedichten nicht schuldig. Auch Molière stimmte mehr als einmal in den Chor der Enkomiasten ein. Bis zu welchem Grad es sich dabei um bloße Lippenbekenntnisse handelte, kann im nachhinein nicht überprüft werden. Eine erstaunliche Ausnahme stellte der am Hof als Historiograph tätige François Eudes de Mézeray dar, der in seinem 1667/68 veröffentlichten *Abrégé chronologique (Chronologischer Abriß)* die Geschichte Frankreichs kaustisch und sarkastisch kommentierte und dabei auch die Großen im Lande nicht schonte. Colbert meinte denn auch, mit einem derartigen Chronisten der Ereignisse sei die Krone schlecht bedient, sperrte ihm die Jahrespension und ließ 1683 nach dem Tod des vorlauten Geschichtsschreibers dessen hinterlassene Papiere beschlagnahmen. Für den Minister war es geradezu unerhört, daß es jemand wagte, nicht vorbehaltlos in das allgemeine Lob über die dem Land von der Monarchie bescherten Segnungen einzustimmen. Jeder der vom König durch eine Pension Ausgezeichneten hatte sein Teil dazu beizusteuern, damit aller Welt die Vorrangstellung Frankreichs in Europa und in der Welt gegenwärtig blieb.

Die von den bestallten Lobrednern bis zum Überdruß bemühten Vergleiche des Königs mit Göttern und Heroen waren freilich nicht nur leerer Schall, sondern Teil eines in sich kohärenten Regierungskonzepts. Wenn Racine durch sein *Alexander*-Drama Ludwig darauf hinwies, wie sehr sein Ruhm durch kriegerische Unternehmungen an Glanz hinzugewinnen könne, kam er hierin den immer deutlicher werdenden expansionistischen Gelüsten des Königs entgegen. Die Leichtigkeit, mit welcher die militärischen Ziele des Devolutionskriegs erreicht worden waren, und die Schnelligkeit, mit der Condé die Franche-Comté überrannt hatte, stärkten in dem jungen Monarchen das Bewußtsein, seinen Heeren sei kein Gegner gewachsen.

Der sechzigjährige Pierre Corneille stellte 1667 mit seinem *Attila* eine Herrschergestalt auf die Bühne, die selbst dann, wenn sie sich Vergnügungen hingibt, erhaben und großartig bleibt. Handelte es sich dabei um die Ovation eines Hofdichters oder um die Mahnungen eines kritischen Beobachters? Ruhm, das ging aus diesen Huldigungen der Dichter hervor, erhielt seine letzte Größe durch Eroberungen. Der König wurde geradezu ermuntert, die Friedensjahre nicht allzulange währen zu lassen.

Am 15. März 1666 hatte Ludwig XIV. höchstpersönlich eine Truppenparade abgenommen, an der sich achtzehntausend Mann beteiligten. Diese Machtdemonstration sollte ganz Europa beeindrucken und wurde später in einer Gedenkmünze durch die Académie des Inscriptions et Belles-Lettres verewigt. Diese Institution, die Colbert im Jahre 1663 ins Leben gerufen hatte und die sich aus vierzig Mitgliedern zusammensetzte, war generell damit beauftragt, die bedeutenden Ereignisse der Regierung Ludwigs XIV. in einer Medaillensammlung festzuhalten. Diese metallene Propaganda für innen- und außenpolitische Großtaten feierte die Parade als Zeugnis der »Disciplina militaris restituta« (»Wiederhergestellte militärische Disziplin«) und als »Prolusio ad victorias« (»Hinführung zu Siegen«). Die Truppenübung ist so dargestellt, daß sie – wie die Gartenarchitektur in Versailles – einem alles beherrschenden Willen unterworfen scheint. Die Exerzierenden wirken wie das geometrische Muster von Fliesen. Der perfekten Ordnung und Schlagkraft dieser Truppen – dies suggerierte die Medaille eindrucksvoll – konnte sich nur ein Wahnwitziger entgegenstellen.

Schon bald nach der Parade vom März 1666 wurde das gewaltige militärische Potential Frankreichs gegen Holland in Bewegung gesetzt. Zuvor war der kleine und finanzkräftige Staat durch Geheimabkommen mit dem Engländer Karl II. und dem Österreicher Leopold I. diplomatisch isoliert worden. Mit restriktiven Navigations- und Zollbestimmungen setzte indessen Colbert der holländischen Handelsflotte zu, denn Frankreich sollte durch die Schaffung eigener Reedereien zur Seemacht aufsteigen. Die Holländer drosselten ihrerseits die Einfuhr von Luxusgütern aus Frankreich.

Daß Ludwig XIV. angesichts des unabhängigen und unbeugsamen republikanischen und calvinistischen Staates gereizt und zum Krieg bereit war, beruhte nicht zuletzt auf seinem monarchistischen Dünkel.

Außerdem war in den Vereinigten Niederlanden der größte Teil der Schmähschriften gegen den französischen Hof gedruckt worden. Dieser Schmuggel von Druckerzeugnissen verdroß besonders den seit 1667 als Pariser Polizeichef tätigen Nicolas de La Reynie, der die Buchhändler durch Hausdurchsuchungen verunsicherte und schikanierte. Zu dieser Überwachung des Buchimports kam die Gleichschaltung der Druckereien im Landesinnern. Colbert hielt die Zahl der Buchdrucker für nicht genügend überschaubar, so daß er die Pariser Zunft anwies, ihren Mitgliederbestand von achtzig auf dreißig zu reduzieren. Auch die anderen Zentren des französischen Buchdrucks, Troyes, Rouen und Lyon, bekamen entsprechende Auflagen. Der König zielte darauf ab, alle Institutionen seines Landes, die wie die Hugenottengemeinden, Parlamente oder Jansenisten ihre Privilegien gegen den Absolutheitsanspruch des Herrschers und seiner Minister zu verteidigen suchten, systematisch zu entmachten. Und es gehörte auch zur politischen Logik des auf seine herausragende Stellung als Allerchristlichster König pochenden Monarchen, daß sich nicht nur im Inland alle seinem Willen zu beugen hatten.

Ganz abgesehen von der erdrückenden militärischen Übermacht Frankreichs schien auch die internationale Konstellation den schnellen Abschluß eines Kriegs gegen die Vereinigten Niederlande zu versprechen. Die Feindseligkeiten wurden am 23. März 1672 durch Karl II. eröffnet, der noch vor Schweden der mit den Niederlanden unterzeichneten Tripelallianz den Rücken kehrte und durch seine Flotte die Handelsschiffe der Seerepublik angreifen ließ. Der Erzbischof von Köln, einer der drei geistlichen Kurfürsten des Heiligen Römischen Reichs Deutscher Nation, ermöglichte den französischen Heeren die Invasion der Niederlande durch das zu seinem Territorium gehörende Bistum Lüttich, so daß die Neutralität der spanischen Besitzungen respektiert werden konnte.

Im Mai 1672 marschierte Ludwig an der Spitze eines hundertzwanzigtausend Mann starken Heers mit seinen Feldherren Condé und Turenne, deren bloße Namen bereits Panik verbreiteten, in Holland ein. Das Land vermochte den Eindringlingen lediglich eine Streitmacht von fünfundzwanzigtausend Mann entgegenzustellen, die Wilhelm von Oranien anführte. Am 12. Juni überschritten die Invasoren unter den Augen des Königs bei Tolhuis den Rhein, eine wegen des niedrigen

Wasserstands leicht zu bewältigende Aufgabe, da nur eine Strecke von achtzehn Metern nicht durchwatet werden konnte und durchschwommen werden mußte. Ohne großen Widerstand anzutreffen, nahmen die französischen Truppen eine Stadt nach der anderen ein. Die meisten niederländischen Provinzen unterwarfen sich. Bis auf Amsterdam und Den Haag war in kürzester Zeit nahezu das ganze Land besetzt. Dem Sieg von Admiral Michiel de Ruyter über die verbündete englischfranzösische Flotte am 6. Juni 1672 kam angesichts dieser Situation keine entscheidende Bedeutung zu.

Johan de Witt, Ratspensionär und damit höchster Beamter der Handelsrepublik, suchte die Friedensbedingungen des französischen Königs in Erfahrung zu bringen. Doch der in seiner Siegerhybris bestärkte König verlor jeden Sinn für das einer Nation zumutbare Ausmaß an Demütigungen. Nach seinen Vorstellungen hatten die Holländer eine riesige Reparationszahlung zu leisten, das Bestimmungsrecht über alle Verkehrswege zu Wasser und zu Land an Frankreich abzutreten und den Katholiken nicht nur Religionsfreiheit, sondern auch Zugang zu den öffentlichen Ämtern zu gewähren. Außerdem sollte künftig alljährlich eine Delegation der Vereinigten Niederlande dem französischen König eine goldene Münze überreichen, auf welcher die Großmut des Monarchen zu rühmen war, der die Besiegten davor bewahrt hatte, ihre Freiheit gänzlich einzubüßen.

Der verhandlungsbereite de Witt wurde durch dieses erbarmungslose Diktat bei seinen bedrängten Landsleuten völlig diskreditiert und politisch isoliert. Im Juni machte er Ludwig noch das Angebot, Teile von Brabant und die Stadt Maastricht an Frankreich abzutreten und außerdem alle Kriegskosten zu erstatten. Aber auch damit fand de Witt beim König kein Gehör, und als bekannt wurde, wie weit der höchste Beamte mit seinen Zugeständnissen zu gehen bereit gewesen war, wurde er des Verrats bezichtigt. Zudem klagten ihn die calvinistischen Geistlichen wegen seines angeblichen Freidenkertums sowie seiner freundschaftlichen Beziehungen zu dem Philosophen Baruch de Spinoza an, den sie wegen seiner unorthodoxen liberalen Haltung anfeindeten. Zum Vorwurf machte man de Witt aber auch, daß er das Haus Oranien militärisch und politisch von den Regierungsgeschäften ferngehalten hatte. Die Anfeindungen führten schließlich dazu, daß er am 20. August mit seinem Bruder Cornelius von dem aufgehetzten Pöbel, »ultimi barbarorum« (»den Letzten der Barbaren«), wie Spinoza meinte, gelyncht wurde.

Wilhelm von Oranien, seit dem 25. Februar 1672 Generalkapitän der Union, befand sich auf dem Weg ins Hauptquartier der Armee, als die Brüder de Witt in Den Haag ermordet wurden. Er reorganisierte alsbald die Marine und die Landstreitkräfte. Die Holländer durchstachen die Deiche und überfluteten weite Teile des Landes. Dem Siegeszug der französischen Invasoren wurde damit Einhalt geboten. In dem langen Stellungskrieg der folgenden Jahre arbeitete die Zeit für die Bedrängten, da die internationale Konstellation, die es erlaubt hatte, Holland zu isolieren, bald wieder zerfiel: Wilhelm von Oranien brachte England im Februar 1674 zur Einwilligung in einen Separatfrieden, und im April und Mai schloß er auch die Friedensverhandlungen mit den Fürstbischöfen von Münster und Köln erfolgreich ab. Was als Blitzkrieg begonnen hatte, schleppte sich mit wechselvollem Geschick bis zum 1678 unterzeichneten Frieden von Nimwegen hin, der den Feindseligkeiten zwischen Frankreich und den Niederlanden ein Ende setzte, aber auch zum Zusammenbruch der vom Kaiser, von Brandenburg und Dänemark gebildeten antifranzösischen Koalition der europäischen Mächte führte.

Der 1672 vom Zaun gebrochene Krieg gegen Holland bezeichnet eine Zäsur, welche die lediglich auf glanzvolle Repräsentation nach innen und außen ausgerichteten ersten Regierungsjahre des Sonnenkönigs beendete. Er gab sich fortan nicht mehr mit dem festlichen Knattern von Feuerwerkskörpern zufrieden, sondern nahm nun den von seinen Hofpoeten bis zum Überdruß bemühten Vergleich seines Feldherrntalents mit Mars, Herkules und Alexander beim Wort.

Die Lobredner des Monarchen wurden nicht müde, die Heldenstärke und die Großmut des Angreifers zu rühmen. Auch beflissene Theologen fehlten nicht, die den zunächst Siegreichen mit David verglichen. Die Psalmversikel »Domine in virtute tua laetabitur Rex« (»Herr, der König wird sich freuen Deiner Kraft«) walzte einer von ihnen gar zu einer weitschweifigen Psalmenparaphrase aus. Auch Pierre Corneille wollte in dem Chor der Lobredner nicht fehlen. Da ihm selbst nichts zu den Kriegsgeschehen einfiel, übertrug er wenigstens die lateinischen Verse, mit denen der Jesuitenpater Charles de La Rue die Siege des Königs pries, ins Französische.

In den Gedichten der Enkomiasten werden die Holländer als eine von kleinlichem Krämergeist beherrschte Nation dargestellt, die, wie Frösche und Kröten, im Schlamm ihre Heimstatt hat. Strahlend heben sich die vom französischen König angeführten Truppen von diesen Gegnern ab: Ohne die Hilfe von Booten und Brücken, allein der Kraft ihrer Arme vertrauend, überqueren sie Ströme und Flüsse. Die Propagandisten des Königs betonten, daß es bei dem Krieg gegen Holland darum gehe, denjenigen eine Lektion zu erteilen, die nicht wahrhaben wollten, daß Widerstand gegen den Sonnenkönig eine exemplarisch zu bestrafende Vermessenheit sei.

Der 1666 mit seinem satirischen *Roman bourgeois (Bürgerlicher Roman)* an die Öffentlichkeit getretene Literat Antoine Furetière äußerte sich als einer unter vielen zu den Ereignissen. Er publizierte noch im Jahr der Invasion eine Fabel mit dem Titel »Die Sonne und die Kröten«: Vergeblich suchen darin die Amphibien unter dem Schlamm und im Schilf einen Unterschlupf, denn »der Gott trocknet binnen kurzer Zeit ihren Sumpf aus« und verschafft durch einen letzten Sieg den hungrigen Raben des ganzen Landes einen reichen Fraß.

Die Monotonie der Ovationen auf Ludwigs Feldherrngenie ist fast nicht zu überbieten. »Sie sollen wissen, die Undankbaren, daß sie ohne mich machtlos sind: So wie ich sie erheben konnte, so kann ich sie vernichten«, droht Ludwig in einem ihm von einem Abbé de Brianville in den Mund gelegten Sonett. Aber ein anonymer Sympathisant der Holländer belehrt den Hochmütigen in einem Gedicht, in dem der Himmel selbst zu Wort kommt: »Wisse, daß ich dich vernichten kann, indem ich ihnen helfe.«

Ende 1672, kurz bevor Molière vergeblich seinen *Eingebildeten Kranken* für die winterlichen Divertissements anbot, war Ludwig XIV. aus Holland zurückgekehrt. Glanz und Glorie der Sommeroffensive waren längst vorüber, die in Muiden durchstochenen Deiche, das winterliche Klima und der von Wilhelm von Oranien organisierte Widerstand gegen die Invasoren machten fortan leichte und spektakuläre Siege der Franzosen unmöglich. Am 15. Dezember belagerte Wilhelm die französische Festung Charleroi. Ludwig XIV., von der Wende des anfänglichen Kriegsglücks schockiert, eilte nach Saint-Quentin, um die Stadt vor dem gleichen Schicksal zu bewahren.

Der Glanz des Sonnenkönigs begann zu verblassen, sobald der

Widerstand der Bevölkerung des überfallenen Lands es nicht mehr erlaubte, das kriegerische Unternehmen wie ein brillantes Manöver zu einem schnellen und glücklichen Ende zu führen. Mars zeigte auch hier schon bald sein wahres Gesicht: Grausamkeiten und Abscheulichkeiten, zu denen sich die über den unerwarteten Unabhängigkeitswillen aufge- brachte französische Soldateska hinreißen ließ, waren bald an der Tagesordnung. Mögen die unter dem Eindruck der Geschehnisse verfaßten und veröffentlichten niederländischen Flugschriften die Er- eignisse auch einseitig und übertrieben darstellen und mitunter gar bloße Propaganda sein, um den Haß gegen die Eindringlinge zu schüren, so vermitteln sie doch eine Vorstellung von der Stimmung im Land.

Der Herzog von Luxemburg war kurz vor Neujahr 1673 mit einem Heer von vierzehntausend Mann aufgebrochen, um Leiden zu erobern und Den Haag zu plündern. Aber die Eisschicht, auf der die Angreifer die überschwemmten Gebiete zu überqueren gehofft hatten, erwies sich als zu dünn. Die Verunsicherten machten kehrt, um über Swammerdam nach Woerden zurückzukehren. Dort trieben die Franzosen die Ein- wohner in ihre brennenden Häuser, vergewaltigten die Frauen in den Kirchen und warfen wehrlose Kinder in die Flammen. Romeyn de Hooghe illustrierte ein Pamphlet, das als »Spiegel der France Tiran- nye« in Umlauf gesetzt wurde. In den folgenden Kriegsjahren wurde Ludwig wiederholt als ein französischer Machiavelli angeprangert oder als Sonne, deren Glut die Menschen blende und die Welt versenge.

Wie Molière zu den Ereignissen des Kriegsjahrs 1672 stand, ist nicht bekannt. Die militärischen Operationen spielten sich jedenfalls für ihn in so weiter Ferne ab, daß sie seine Tätigkeit nicht direkt beeinträchtig- ten. Aber die Abwesenheit des Königs und des Hofes waren seinem Repertoire und Programm nicht förderlich. Während Molière 1668 den König wegen der Blitzoffensive gegen die Franche-Comté noch gerühmt hatte, unterließ er nun vergleichbare Artigkeiten. Auch sie wären, hätte er in den Chor der lobhudelnden Poeten eingestimmt, wohl kaum weniger entbehrlich gewesen als die gereimten Platitüden, die seine Dichterkollegen der Muse abrangen.

Jean de La Fontaine hingegen ließ in die gegen Ende der siebziger Jahre erscheinenden Bücher VII bis XI seiner *Fabeln* (I bis VI hatte er 1668 veröffentlicht) unüberhörbare Kritik an der Politik des Königs und der Charakterlosigkeit von dessen Ratgebern einfließen. Zwischen

den Zeilen prangert er mehrfach den König unter den Tieren und
dessen opportunistische Höflinge an. So etwa in dem »Leichenbegäng-
nis der Königin«:

>>Der Hof scheint mir ein Land, wo heiter, ernst, hart, weich,
zu allem stets bereit, weil jedem alles gleich,
kurz, was der Fürst befiehlt, man ist; kann man's nicht schaffen,
	sucht man die Form doch abzugaffen.
Ein rein Chamäleon-Volk, nichts als des Herren Affen,
tausend Körper, belebt von einem Geiste bloß,
sind dort die Menschen, nur Drahtpuppen, willenlos.«

La Fontaine tat sich immer schwer damit, das höfische Zeremoniell
mitzuzelebrieren. Er verstand es schlecht – und strebte wohl auch gar
nicht danach –, offizielle Anerkennung zu erringen. Und am allerwenig-
sten war er dazu imstande, den Rat zu befolgen, mit dem er diese Fabel
abschloß:

>>Bereite Königen Vergnügen
durch Träume, Schmeichelei'n, durch angenehme Lügen.
Wie zornig sie auch sind: der Köder ist zu fein,
sie beißen sicher an; stets wirst ihr Freund du sein.«

Finale: »Le Malade imaginaire«

E in Todkranker spielt einen eingebildeten Kranken und stirbt kurz
nach der vierten Aufführung. Schon diese Tatsache hätte genügen
können, um Molières Namen in der Geschichte des Theaters unverges-
sen zu machen. Mit *Le Malade imaginaire (Der eingebildete Kranke)* fügte
Molière der langen Reihe seiner auf eine Leidenschaft oder eine
Marotte fixierten Originale – dem Haustyrannen, dem Lästigen, dem

Scheinheiligen, dem Menschenfeind, dem Geizigen, dem Libertin, dem Aufsteiger, der Preziösen und der Prüden – nicht nur ein weiteres Exemplar hinzu: Der tragische Ausgang dieser letzten Abrechnung mit der Medizin seiner Zeit gibt der Komödie den Charakter eines Vermächtnisses.

Auch hier griff Molière auf Bewährtes zurück. Wie in *Tartuffe* und in einigen anderen Komödien glaubt ein in eine fixe Idee verrannter Charakter, die Wünsche der jungen Generation ignorieren und Entscheidungen über ihre Zukunft treffen zu dürfen. Hier wie dort sucht ein Vertreter des gesunden Menschenverstands dem in seinen Wahnvorstellungen Befangenen seine Manien auszureden, interveniert eine Dienerin mit losem Mundwerk zugunsten der Jugend und schafft ein der Farcentradition entlehnter Einfall die Voraussetzung für die Lösung des Knotens: Während sich Orgon unterm Tisch verkriechen mußte, damit ihm endlich die Augen über seinen Dauergast Tartuffe aufgingen, muß sich hier der Protagonist Argan totstellen, um endlich zu erfahren, was es mit der angeblichen zärtlichen Fürsorge seiner zweiten Frau auf sich hat.

Und die Parallelen gehen noch weiter. Wenn Molière in *Tartuffe* die für das Heil der Seele Zuständigen herausforderte, so rechnete er nun ein letztes Mal mit den auf die Gesundheit des Körpers Spezialisierten ab. Im einen wie im anderen Fall sah er darin lediglich Scharlatanerie und Betrug. In *Tartuffe* stellte Molière jedoch nicht in Abrede, daß Frömmler und Scheinheilige keinesfalls die ganze Skala religiöser Haltungen ausmachten. Im *Eingebildeten Kranken* scheint er hingegen die ganze damalige Medizin zu verwerfen, die mit der Mehrzahl ihrer Vertreter immer noch blindlings antiken Autoritäten anhing. So lehnen sich Diafoirus Vater und Sohn entrüstet gegen die wissenschaftlichen Entdeckungen ihres Jahrhunderts auf, und der Alte glaubt seinen Sohn, Thomas, für die widerspenstige Angélique dadurch attraktiver machen zu können, daß er deren Vater versichert, derartige neue Meinungen und Experimente habe sein Sohn und Nachfolger nie auch nur begreifen und anhören wollen: »Mein Herr, ich sage es nicht, weil ich der Vater bin, aber ich habe wirklich allen Anlaß, mit ihm zufrieden zu sein, und wer ihn sieht, der rühmt ihn als einen herzensguten Jungen. Er besaß nie eine besonders lebhafte Phantasie und ist auch nicht gerade ein Feuergeist, dafür halte ich aber sehr viel von seiner Urteilskraft, und die ist für die Ausübung unserer Kunst sehr bedeutsam. Als Kind war er nie das, was man ›lebhaft‹ und ›aufgeweckt‹ nennt, sondern gleichmäßig still, friedlich und schweigsam, er sagte kein Wort und beschäftigte sich auch nicht mit dem, was man als die sogenannten Kinderspiele bezeichnet. Es war sehr, sehr mühsam, ihm das Lesen beizubringen, und mit neun Jahren konnte er die Buchstaben noch nicht unterscheiden. Gut, dachte ich, was lange währt, wird gut, und in Marmor gräbt man die Schrift mühsamer ein als in Sand, aber dafür bleibt sie dort länger bestehen, und diese Langsamkeit im Begreifen, diese Schwerfälligkeit der Phantasie verbürgt eine künftige, sehr gediegene Urteilskraft. Als ich ihn dann studieren ließ, hatte er große Schwierigkeiten, aber er kämpfte tapfer gegen alle Widerstände, und die Lehrer rühmten seine Hartnäckigkeit und seine Arbeitsamkeit. Schließlich und endlich hat er dann dank seiner Beharrlichkeit doch das Examen erfolgreich bestanden, und ich kann ohne jede Eitelkeit sagen, daß sich in den zwei Jahren, seit er auf der Fakultät ist, kein Kandidat bei den gelehrten Disputationen heiserer geschrien hat als er. Er ist geradezu berüchtigt dafür, denn es findet sozusagen nichts statt, ohne daß er sich zu Wort meldet und unermüdlich den gegenteiligen Standpunkt vertritt. Er ist unerschütterlich in seinen Darlegungen, starrsinnig wie ein Türke in seinen Prinzipien, er läßt sich seine Meinung nie ausreden und verfolgt seine Gedankengänge bis in die letzten Schlupfwinkel der Logik. Was mir aber vor allem an ihm gefällt – und darin folgt er meinem Beispiel –, das ist, daß er die Begründungen und die Konsequenzen der sogenannten Entdeckungen unseres Jahrhunderts nie zur Kenntnis nehmen, ja: nicht einmal anhören wollte, mag es sich um den Blutkreislauf oder um anderes Zeug gleichen Kalibers handeln.«

Molière, der in den für die wissenschaftlichen Errungenschaften des sechzehnten und siebzehnten Jahrhunderts aufgeschlossenen Kreisen verkehrt hatte, sah in dem Küchenlatein dieser medizinischen Dunkelmänner gewiß nicht der Weisheit letzten Schluß auf dem Gebiet der Wissenschaft. Daß er gerade diese Karikaturen von Ärzten die Medizin der Zeit angreifen ließ, zeigt, daß er auf der Seite der Skeptiker stand, die wie der nüchtern argumentierende Bruder Argans, Béralde, nur auf die Heilkräfte der Natur vertrauten: »Wenn ein Arzt zu dir von Hilfe, von Rettung, von Entlastung deines Körpers spricht, wenn er der Natur entziehen will, was ihr schadet, wenn er ihr geben will, was ihr fehlt, wenn er sie wiederherstellen und ihr die volle Beherrschung ihres Wirkens wiedergeben will, wenn er dir sagt, daß er dein Blut reinigen, deine Eingeweide und dein Gehirn säubern, deine Milz abschwellen lassen, deine Brust entlasten, deine Leber heilen, daß er dein Herz stärken, die natürliche Körperwärme wiederherstellen und bewahren will und daß er das Leben noch durch viele Jahre zu erhalten vermag, dann hörst du von ihm nichts anderes als den Roman der Medizin. Wenn du dich aber der Wahrheit und der Erfahrung gegenübersiehst, findest du nichts von all dem, wie bei einem schönen Traum, der dir beim Erwachen nur das Unbehagen hinterläßt, an ihn geglaubt zu haben.«

Argan will sich mit allen Mitteln gegen eine Verschlechterung seines Gesundheitszustandes absichern. Er glaubt mit der gleichen Inbrunst an seine Arzneien wie ein Wundergläubiger an die von ihm verehrten Reliquien. Abfolge, Intensität und Zusammensetzung seiner Klistiere werden mit liturgischer Umständlichkeit zelebriert. Die skeptischen Bemerkungen Béraldes betrachtet Argan deshalb als Affront durch einen Ungläubigen.

Neu im *Eingebildeten Kranken* ist die Rolle von Béline. Zum ersten und einzigen Mal gestaltet hier Molière den Konflikt zwischen einer Stiefmutter und der Tochter des ihr gänzlich verfallenen Mannes. Neu auf der französischen Bühne des siebzehnten Jahrhunderts ist auch die Szene zwischen einem Vater und einem halbwüchsigen Mädchen. Argan schämt sich nicht, die kleine Louison zu beauftragen, ihre Schwester Angélique auszuspionieren, zumal er Verdacht geschöpft hat, als der Musiklehrer, hinter dessen Verkleidung Angéliques Verehrer Cléante steckt, einen musikalischen Dialog improvisierte. Und Angéliques Tränen angesichts des vorgetäuschten Tods ihres Vaters, ihr aufrichtig gemeintes Versprechen, nun doch ins Kloster gehen zu wollen, deuten bereits auf Vergleichbares in den Rührstücken und larmoyanten Komödien des achtzehnten Jahrhunderts voraus.

Die Zwischenspiele nach dem ersten Akt, in deren Verlauf der aus der neapolitanischen Stegreifkomödie stammende Polichnelle von Schergen verfolgt und verprügelt wird, wie auch die Tanzeinlagen nach dem zweiten Akt, durch die Béralde angeblich seinen Bruder aufmuntern will, haben mit der Handlung der Komödie nur wenig zu tun. Hingegen führt die von der unermüdlich für die Interessen ihrer jungen Herrin tätigen Dienerin Toinette als Ulk in Szene gesetzte und an die Nobilitierung von Monsieur Jourdain erinnernde Promotionszeremonie, dank deren Argan Mitglied der medizinischen Fakultät zu werden glaubt, die Handlung zu einem apotheosenartigen Abschluß.

Die am 10. Februar 1673 erstmals aufgeführte letzte Komödie Molières und der Tod ihres Verfassers und Hauptdarstellers kurz nach der vierten Vorstellung am 17. Februar bilden den abrupten Endpunkt der berühmtesten Karriere der französischen Theatergeschichte, jedoch nicht im Sinne einer barocken Apotheose, wie sie die sakrale und profane Kunst der Epoche liebte, denn im Falle Molières beugten sich kein Heiliger und keine mythologische Gottheit aus himmlischer Glorie über einen Sterbenden, um dem im Dienst einer hehren Aufgabe Hingeopferten den unverwelklichen Kranz ewigen Ruhms zu reichen.

Molières letzte Stunden waren bitterer. Die dem *Eingebildeten Kranken* vorgespannte Ekloge mit Musik und Tanzeinlagen, in der in bukolischer Natur unter der Ägide Floras und Pans zwei Schäferinnen ihre Verehrer anfeuern, in einem Wettstreit das Lob des aus Holland zurückkehrenden siegreichen Ludwig zu singen, erreichte ihren Adressaten nicht. Molière weigerte sich, zur Kenntnis zu nehmen, daß das musikalische Theater nun nach allerhöchstem Beschluß die ausschließliche Domäne des Florentiners war. Und Molière forderte den Italiener und Ludwig geradezu heraus, wenn er in seinem zu Ehren Ludwigs XIV. verfaßten Panegyrikus in Eklogenform – trotz der Erlasse vom 22. April 1672 und Lullys Privileg – acht Sänger und zahlreiche Tänzer und Musiker einsetzte. Die Musik zu den Ouvertüren und Zwischenspielen stammte nun nicht mehr von Jean-Baptiste Lully, sondern von dem mit dem Italiener verfeindeten Marc-Antoine Charpentier. Molière umging damit den Florentiner, dem seit September ein Privileg das ausschließliche Recht einräumte, alle von ihm komponierten Texte des Theaterautors drucken zu lassen.

Um so mehr bedeutete es angesichts der getrübten Beziehung zum König, daß Condé und andere hochgestellte Persönlichkeiten und Mitglieder der königlichen Familie die vierte Aufführung beehrten. Diese Tatsache dürfte für Molières Entschluß, die anstrengende Rolle trotz seines angeschlagenen Gesundheitszustands und der von Armande und Baron geäußerten Bedenken zu spielen, ebenso wichtig gewesen sein

wie jene von Molières erstem Biographen, Grimarest, überlieferte
Äußerung: »Da sind fünfzig arme Arbeiter, die nur ihren Tagelohn zum
Leben haben. Was machen sie, wenn man nicht spielt? Ich würde mir
vorwerfen, ihnen an einem Tag kein Brot verschafft zu haben, während
ich es sehr wohl noch kann!«

Trotz eines schauspielerisch getarnten, aber von mehreren Zuschauern bemerkten Schwächeanfalls während des in der Promotionszeremonie von dem zum Baccalaureus ernannten Argan gesprochenen »Juro«
(»Ich schwöre«) gelang es Molière, noch bis zum Ende durchzuhalten.
Aber als er sich vorübergehend in Barons Loge zurückzog, klagte er
über Schüttelfrost. Herbeigerufene Träger brachten ihn in seine erst
Anfang Oktober bei dem wohlhabenden, als Kammerdiener der Königin tätigen Schneider René Baudellet gemietete Wohnung in der Rue
de Richelieu. Dort nahm er etwas Parmesankäse mit Brot zu sich, fing
aber alsbald wieder an, Blut zu spucken. Baron lief weg, um Armande zu
holen. Um Molière kümmerten sich zwei im Haus wohnende Nonnen.
Die mit Erbrechen von Blut vermischten Hustenanfälle wurden hefti-
ger. Molières Diener und seine Magd liefen zu den zur Pfarrei Saint-
Eustache gehörenden Geistlichen Lenfant und Lechat. Die beiden
Herren fanden es nicht ratsam, sich für das Seelenheil eines Schauspielers zu kompromittieren, der wie alle Angehörigen seines Standes
exkommuniziert war. Jean-Baptiste Aubry, Geneviève Béjarts Mann,
fand nach einer guten Stunde endlich in dem gleichfalls in der Pfarrei
Saint-Eustache tätigen Abbé Paysant einen Geistlichen, der zu kommen
bereit war. Aber sie trafen zu spät ein: Inzwischen war Molière gestorben.

Der Tod des Komödianten war unter Umständen erfolgt, die künftig
jedem Landpfarrer als abschreckendes und warnendes Beispiel dafür
dienen konnten, welches Ende ein Freigeist finden mußte, der die
Versöhnung mit der Kirche bis auf den letzten Augenblick aufschob. So
führte auch Bossuet später in seiner Kampagne gegen das Theater den
Tod Molières als Paradebeispiel für die Bestrafung eines Komödianten
an. Der Pfarrer von Saint-Eustache, der sich weigerte, Molière in
geweihter Erde beizusetzen, durfte sich des Einverständnisses des
Erzbischofs von Paris, François de Harlay, gewiß sein. An diesen
richtete Armande in aller Eile zusammen mit ihrem Schwager Aubry
verfaßtes Bittschreiben. Sie lieferte dem »korrumpierten, skandalösen,

unverbesserlichen, falschen, boshaften, ränkischen Feind aller Tugenden« (mit diesen Worten charakterisierte ihn der spätere Erzbischof von Cambrai, Fénelon) eine Darstellung der Ereignisse, die ihm bei einigem guten Willen die Möglichkeit gegeben hätte, das Gesuch positiv zu bescheiden: Der verstorbene Monsieur de Molière habe sogleich, nachdem er sich über seinen Zustand Rechenschaft zu geben begonnen habe, nach einem Priester rufen lassen, um die Sakramente zu empfangen; durch die wiederholten, aber vergeblichen Versuche, die Geistlichen Lenfant und Lechat zum Kommen zu bewegen, habe man jedoch Zeit verloren; zwei im selben Haus wohnende Nonnen und der Edelmann Couton, in dessen Armen Molière verstorben sei, könnten diese Darstellung bezeugen, und der in der Kirche Saint-Germain-l'Auxerrois tätige Geistliche Bernard könne außerdem bestätigen, daß ihr Mann an den vergangenen Ostern die Sakramente empfangen habe.

Ohne Armandes beim König mit einem Kniefall vorgebrachte Bitte, den Erzbischof umzustimmen, wäre es kaum möglich gewesen, die starre Kurie zu einem anderen Entschluß zu bewegen. Nur ungern wies Harlay den Pfarrer von Saint-Eustache an, den Verfasser des *Tartuffe* kirchlich beisetzen zu lassen. Das Begräbnis aber, diese Bedingungen knüpfte er an sein Zugeständnis, habe »ohne irgendwelchen Pomp«, »mit nur zwei Geistlichen« und bei Nacht stattzufinden. Kein feierlicher Trauergottesdienst durfte zelebriert werden.

So wurde denn der Leichnam bei Fackelschein von der Rue de Richelieu auf den Friedhof Saint-Joseph getragen. Eine nicht näher identifizierbare Menschenmenge von mehreren hundert Personen hatte sich angesammelt, und Armande, die sich offensichtlich nicht darüber Rechenschaft zu geben vermochte, ob alle diese Menschen aus Pietät, Neugier oder Protest zusammenströmten, hatte an die tausend Livres Almosen unter die Anwesenden verteilen lassen und diese gemahnt, ein Gebet für die Seelenruhe des Verstorbenen zu verrichten. War es doch keineswegs sicher, ob nicht Molières alte Widersacher im Schutz der Dunkelheit nicht noch Provokateure unter die Menge geschleust hatten, um das Begräbnis zum öffentlichen Skandal zu machen. Als der Trauerzug durch die Rue Montmartre zog, erwiderte eine Frau, die jemand gefragt hatte, wen man denn da zur letzten Ruhe begleite, offensichtlich so laut, daß man es deutlich hören konnte: »Je,

das ist dieser Molière.« Worauf sie von einer anderen zurechtgewiesen
wurde: »Was fällt dir ein, Unselige! Für dich ist er immer noch ein
Monsieur.«
Diese Episode berichtet Grimarest in seiner Vita Molières, von der
freilich Boileau meinte, es handle sich dabei um ein Werk, von dem zu
reden sich nicht lohne: »Es wurde von einem Mann geschrieben, der
vom Leben Molières nichts wußte und sich überall täuscht, da er nicht
einmal die Tatsachen kannte, die alle Welt kennt.« Die Molière-
Forschung hat die angeblich auf Berichten Barons beruhende Darstellung Grimarests Detail für Detail überprüft und mußte manche Korrek-
turen anbringen. Aber die von Grimarest berichteten, sich alsbald um
Molières Leben und Tod rankenden Anekdoten haben einen wesentlichen, wenn auch fragwürdigen Beitrag zu dessen Nachruhm geleistet. Bei einem Mann, von dem keine Zeile einer persönlichen Aussage in vertraulichen Briefen oder Tagebüchern bekannt wurde, der
aber jahrelang die öffentliche Meinung von Hof und Stadt beschäftigte, sind wir auf diese Legenden angewiesen, die sich schon früh
gebildet haben. Der nächtliche Wortwechsel von Straßenfenster zu
Straßenfenster über Molières Leichenzug zeigt den paradoxen sozialen Status, den die Komödianten selbst noch in den frühen Jahren der
Herrschaft des Sonnenkönigs innehatten: Bei Hof waren sie die gern-
gesehenen Arrangeure von Zerstreuung für den sich von den Regierungsgeschäften erholenden König, nach ihrem Tod waren sie die aus
der kirchlichen Gemeinschaft ausgestoßenen Asozialen, die in unge-
weihter Erde zu verscharren waren und von jeder Vettel beschimpft
werden durften.
Gerade die Umstände von Molières Tod und Begräbnis haben schon
sehr früh zur Legendenbildung geführt. Im Jahr nach seiner Beisetzung
erschien in Rouen die Schrift »Über die Beerdigung des Molière
genannten Schauspielers J.-B. Poquelin im Friedhof der Totgeborenen
in Paris«. Armande hatte um Beisetzung »in der Kirche« ersucht. Aber
darauf ging der Erzbischof nicht ein. Der Pfarrer ließ die Beerdigung
wahrscheinlich sogar nur in jenem ungeweihten Teil des Friedhofs zu,
in dem Exkommunizierte und ungetaufte Kinder bestattet wurden. Falls
der Geistliche dem 1667 erschienenen »Ritual von Alet« des strengen
Nicolas Pavillon folgte, mußte er, bevor der Leichnam der Erde übergeben wurde, bei jeder Versikel des »Miserere« mit einem Stab auf ihn

schlagen, um die sterblichen Überreste des Unbußfertigen zu demütigen.

Vom 13. bis 21. März erstellten die Notare Pierre de Beaufort und Claude Levasseur ein Inventar des Hausrats, der Möbel, Bilder und Luxusartikel des Verstorbenen. Es füllt viele Seiten und erlaubt Rückschlüsse auf den Lebensstil des Dichters. Molière hinterließ 1771 Livres in bar. Das Silbergeschirr wurde auf einen Gesamtwert von 6240 Livres geschätzt, ein ausführlich beschriebenes Bett mit kostbaren Schnitzarbeiten, Vorhängen und Kordeln auf 2000 Livres. Auch die Theatergarderobe des verstorbenen Schauspielers Molière ist gewissenhaft registriert und beschrieben: ein Gewand für die Aufführung des *Bourgeois gentilhomme*, das aus einem Schlafrock aus rosenfarbig und grün gestreiftem Taft besteht, einer Hose aus rotem Tuch, einem Wams aus blauem Tuch – die Angabe steht im Widerspruch zu der zweiten Szene des ersten Akts, wo von einem grünen Wams die Rede ist –; eine Nachtmütze und eine Kopfbedeckung; Beinkleider und ein Schal aus bunter und gemusterter Baumwolle; eine Hausjacke nach türkischer Mode, ein Turban und ein Säbel; zwei Beinkleider aus extravagantem, mit grünen und rosenfarbigen Bändern geschmücktem Brokat. Das Gewand wurde insgesamt auf 70 Livres geschätzt. Die Theaterkostüme, die von der Witwe aus den einzelnen Kartons gezogen und von den Notaren genau beschrieben wurden, ließen noch einmal die Bühnenrollen des Verstorbenen lebendig werden.

Armande war fest entschlossen, sich über eine genaue Bestandsaufnahme ihrer Vermögensverhältnisse in die Lage zu versetzen, das schwierige Erbe ihres verstorbenen Mannes anzutreten: Schulden waren zu begleichen und Forderungen einzulösen. Es blieb abzuwarten, wie die Truppe sich nach dem Tod ihres Direktors verhalten und wie der König reagieren würde.

Epilog: Die Gründung der Comédie française

Drei Tage nach der Beerdigung Molières wurden die Aufführungen am Palais-Royal wiederaufgenommen. La Grange vermerkt dazu in seinem »Register«: »Angesichts der Bestürzung, in der sich die Truppe nach diesem unersetzlichen Verlust befand, hatte der König die Absicht, die sie formierenden Schauspieler dem Hôtel de Bourgogne zuzuteilen. Aber nachdem sie am Sonntag, den 19., und am Dienstag, den 21., in Erwartung der königlichen Befehle nicht gespielt hatte, wurden die Aufführungen am Freitag, den 24. Februar, mit dem *Misanthrope* wiederaufgenommen. Monsieur Baron spielte die Titelrolle.«

Am 3. März interpretierte dann bei einer Aufführung des *Eingebildeten Kranken* La Thorillière die Rolle Argans. Monsieur kam zwei Tage später mit Madame und Gefolge, um seiner ehemaligen Truppe vor aller Augen seine moralische Unterstützung zu bekunden. Dieser noblen Geste kam in der entstandenen Situation zwar eine besondere Bedeutung zu, aber die Konkurrenten des Palais-Royal versuchten nun mit allen Mitteln, eine Fortsetzung der Tätigkeit von Molières Truppe zu unterbinden und die wichtigsten Schauspieler abzuwerben.

Es lag nahe, daß der schon zu Lebzeiten Molières die Verwaltung des Theaters führende, kompetente und zuverlässige La Grange die Leitung der Truppe übernahm, und es überraschte nicht, daß Armande als Witwe nun alles in ihren Kräften Stehende tun würde, um das Lebenswerk des Verstorbenen zu sichern und fortzusetzen. Ein 1671 gewährtes Privileg garantierte die Rechte für den Druck von dessen Stücken zunächst einmal für neun Jahre. Erst jetzt nach dem Tod des Dichters ließ es der Buchhändler und Drucker Claude Barbin am 20. April 1673 registrieren. Für die sieben unveröffentlichten oder nur in Raubdrucken erschienenen Stücke Molières (*Dom Juan* und der *Eingebildete Kranke* gehörten dazu) erhielt Armande allerdings nur 1500 Livres. Das war wenig verglichen mit den 2000 Livres, die Ribou für die Druckrechte im Fall von *Tartuffe* bezahlt hatte.

Doch nach der Osterpause konnte die Truppe nicht mehr spielen. Lakonisch hielt La Grange in seinem »Register« fest: »Die Herren La Thorillière und Baron verließen die Truppe während der Osterfeste.

Mademoiselle Beauval und ihr Mann folgten ihrem Beispiel. So fand die Truppe Molières ihr Ende.« Hinter dieser nüchternen Notiz verbarg sich gewiß die Enttäuschung über seine Mitschauspieler von ehedem. Und am 28. April wurde auch noch dem nun nahezu allmächtigen Lully durch königlichen Beschluß der Saal des Palais-Royal zur Verfügung gestellt. Die aufgebrachte Armande forderte von dem Florentiner umgehend eine ihm 1670 von Molière geliehene Summe von 11 000 Livres zurück. Lully zahlte.

La Grange war nicht müßig. Obwohl er nun über keinen Theatersaal mehr verfügte, versuchte er alles, um wieder eine Truppe zusammenzustellen. Er verhandelte mit Marie Angélique, der fünfzehnjährigen Tochter von Du Croisy. Und dann gelang es ihm am 3. Mai, Claude de La Rose, genannt Rosimond, einen der besten Schauspieler des Théâtre du Marais, für sechs Jahre zu verpflichten. Da auch dieses Theater wieder einmal ums Überleben kämpfte und andere Schauspieler des Marais zu La Grange überliefen, taten sich die beiden Truppen zu einem einzigen Ensemble zusammen und mieteten nicht weit vom Pont Neuf von Sourdéac und Champeron den 1670 als Bühne eingerichteten, nach der Rue Guénégaud, Rue Mazarine oder Rue des Fossés-de-Nesle benannten Ballspielsaal. Die Verschmelzung der beiden ehemaligen Theater war nun nahezu vollzogen. Am 9. Juli eröffnete die Troupe du Roi à l'Hôtel Guénégaud mit *Tartuffe* ihre Aufführungen. Im ersten Monat ihres Bestehens wurden ausschließlich Werke Molières aufgeführt. *Le Mercure galant* kündigte allerdings auch verlockende Neuheiten des künftigen Repertoires an: »Die Truppe des verstorbenen Herrn Molière hat, nachdem sie die besten Schauspieler in der Truppe des Marais ausgewählt hat, daraus eine der größten und schönsten gebildet. Da sie in der Lage ist, zum Divertissement Ihrer Majestät beizutragen, hat sie der König mit seinem Namen beehrt. Die zahlreichen Besucher, die sie seit Aufnahme ihrer Aufführungen beehrt haben, haben einhellig geäußert, man könne Komödien nicht besser spielen. Das hat ihnen auch die tüchtigsten Theaterautoren verschafft. Man wird im kommenden Winter ihre Stücke glanzvoll inszeniert sehen.«

Herausgeber des *Mercure galant* waren Donneau de Visé und Thomas Corneille, die mit dieser Notiz auch ihre eigenen Werke anpriesen. Dessen ungeachtet war und blieb Molière der meistgespielte Autor, obwohl seine mit Ausnahme des *Eingebildeten Kranken* nahezu vollständig im Druck vorliegenden Werke auch im Hôtel de Bourgogne, von der »einzigen königlichen Truppe«, gespielt werden durften. Armande verheiratete sich am 31. März 1677 mit dem Schauspieler Isaac-François Guérin d'Estriché. Es dauerte nicht lange, und das Pariser Theaterleben verarmte weiter. Ludwig XIV. und Colbert suchten – für die Oper war dies dank Lullys Umtrieben bereits geschehen – das Bühnenschaffen der Hauptstadt noch weiter zu konzentrieren, um es besser gängeln und überwachen zu können. Am 21. Oktober 1680 fusionierten die beiden Theatertruppen im Hôtel de Bourgogne und im Hôtel de Guénégaud zur Comédie française. Aber der glanzvolle Name konnte kaum verbergen, daß mit der Zentralisierung auch das Ende der für die Geschichte des Theaters bedeutsamen Phase unter Ludwig XIV. begonnen hatte. Die großen Dramatiker des siebzehnten Jahrhunderts waren tot oder hatten ihre Schaffensphase hinter sich. Und auch der König kehrte sich unter dem Einfluß der um das Heil seiner Seele besorgten Marquise de Maintenon und ihrer geistlichen Ratgeber sowie wegen privater und öffentlicher Sorgen zusehends vom Theaterleben ab.

Auch die italienischen Komödianten, denen das Hôtel de Bourgogne nach der Gründung der Comédie française zugewiesen worden war, konnten sich schließlich nicht mehr halten und wurden vertrieben, denn sie hatten sich in Worten und Gesten Dinge herausgenommen, die in dem veränderten kulturpolitischen Klima nicht mehr toleriert wurden. Als sie gar unvorsichtig genug waren, auch zu politischen Fragen, wie etwa zu den Auseinandersetzungen des Königs mit Rom, Stellung zu beziehen, und schließlich die Unverfrorenheit so weit trieben, ein von Nolant de Fatouville zu einer satirischen Komödie verarbeitetes holländisches Pamphlet aufzuführen, hatten sie ihr Schicksal besiegelt. »Der König verjagte die italienischen Komödianten Hals über Kopf und wollte keine neuen mehr«, berichtet Saint-Simon in seinen *Memoiren*. »Solange sie auf ihrem Theater nur Schweinereien und mitunter Gottlosigkeiten angehäuft hatten, wurde nur gelacht, aber sie kamen auf die Idee, ein Stück mit dem Titel *Die falsche Prüde*, in der leicht Madame de Maintenon zu erkennen war, zu spielen. Alle Welt lief hin, um es zu sehen, aber nach drei oder vier hintereinander gegebenen Aufführungen, zu denen sie der Erfolg verlockte, erhielten sie den Befehl, ihr Theater zu schließen und das Königreich binnen eines Monats zu verlassen.«

Antoine Watteau hat das Ereignis in einem berühmten Bild festgehalten. Das Gemälde erinnert darüber hinaus auch an Molière und seine
Truppe, die sich wenige Monate vor dem Tod ihres Leiters ohne einen
eindeutig erkennbaren Anlaß nicht mehr der Gunst des »größten aller
Könige« gewiß war. Pierre Mignards von Melancholie und Bitterkeit
beherrschtes spätes Porträt seines Freundes läßt die Nachwelt wenigstens ahnen, wie sehr den Dichter der jahrzehntelange Kampf gegen die
Widerstände seiner Gegner zermürbt hatte.

Ausblick: Erste Molière-Übertragungen und Molière-Inszenierungen in Deutschland

Bereits drei Jahre vor Molières Tod veröffentlichte der Drucker
Schiele in Frankfurt am Main in dem Sammelband *Schau-Bühne
Englischer und Frantzösischer Comödianten* einige Texte Molières in
deutscher Übersetzung, unter anderem *Amor der Artzt* und *Die köstliche
Lächerlichkeit*, aber auch *Der Geitzige* und *Georg Dandin oder der verwirrte
Ehemann*. Ganz offensichtlich wurden diese Stücke mit Blick auf die
Bedürfnisse der Wandertruppen veröffentlicht, wie sie etwa Herzog
Anton Ulrich von Braunschweig-Wolfenbüttel an seinen Hof lud.

Molière erregte zum erstenmal auf deutschen Bühnen nicht nur
sporadische Zustimmung, als der 1640 in Halle geborene Kaufmanns-
sohn Johannes Velten 1678 in Dresden die Aufmerksamkeit des sächsi-
schen Regentenhauses auf sich lenkte. Die von ihm geleitete Truppe
durfte in Anerkennung ihrer Verdienste um das Theaterleben des
Landes den Ehrentitel »Kursächsische Komödiengesellschaft« führen.
Durch ein vielseitiges und auf einen gebildeten Publikumsgeschmack
abgestimmtes Programm wußte Velten sein Ansehen als Impresario zu
heben und zu festigen. Die zehn Komödien Molières, die zum Repertoire seiner Truppe gehörten, trugen wesentlich zur Verwirklichung
dieser Absicht bei.

Die Bedeutung der Komödien Molières erkannte auch der mit Velten fast gleichaltrige Christian Weise. Er leitete seit 1678 das Gymnasium in Zittau in der Lausitz und suchte dort mit Hilfe von Schulaufführungen seine Schüler zu weltmännischer Lebensart zu erziehen.

Wie lückenhaft die Geschichte von Molières frühem Erfolg auf deutschsprachigem Boden jedoch immer noch ist, zeigt etwa die erst nach dem zweiten Weltkrieg bekannt gewordene mutmaßlich erste österreichische Molière-Inszenierung. Es handelt sich um die 1692 in einem Privathaus in Bregenz vor einem exklusiven Zuschauerkreis aufgeführte Übertragung des *Bourgeois gentilhomme*: *Der affectirte adelige Bürger*.

Die frühen Übersetzungen und Aufführungen von Stücken Molières hatten noch im siebzehnten Jahrhundert den Boden für eine mutige verlegerische Tat bereitet. In einer zweisprachigen dreibändigen Ausgabe veröffentlichte der Drucker Tauber in Nürnberg: »Derer Comödien Des Herrn Von Moliere. Königlichen Frantzösischen Comödiantens, ohne Hoffnung seines gleichen. Erster (2: Zweyter: 3: Dritter) Theil. So hohen als niedern Stands-Personen zu erbaulicher Gemüths-Belustigung; Der Jugend aber, welche der Frantzösischen Sprach begierig seyn mag, zu desto geschwinder und leichter Begreiffung derselben, in das Teutsche übers. Durch J. E. P. T. 1–3. – Nürnberg: Tauber 1694.«

Es handelt sich um die Komödien: *Das Steinerne Gastmahl, Der widerwillige Artzt, Der Sicilianer und die mahlende Liebe, Die Gräffin von Carfunckelstein, Der Herr von Birckenau oder Juncker von Schweinickel, Die lächerlichen Kostbaren oder die lächerliche Beredsamkeit, Der Burgerliche Edelmann, Der Kranke in der Einbildung, Amor der Artzt, Die Gezwungene Ehe, George Dandein oder der verwirrte Ehemann, Der Geitzige, Deß Scapins Betrügereyen.*

Schon im folgenden Jahr brachte der offensichtlich durch den Erfolg seiner Initiative beflügelte Tauber wieder in drei Bänden eine überarbeitete Ausgabe heraus: »Histrio Gallicus, comico satyricus, sine exemplo: Oder, Die überaus anmuthigen und lustigen Comödien Des Fürtrefflichen und unvergleichlichen Königlich-Frantzösischen Comödiantens Herrn Von Moliere. Wieder aufs Neue und mit großer Mühe und sonderbarem Fleiß, auch dem Molierischen Genio gemäß, in das reine Teutsche übers ... T. 1–3. – Nürnberg: Tauber 1695.

Ein Jahr später erweiterte er seine umfangreiche Teilsammlung um einen zusätzlichen Band. Damit war das Ziel einer Gesamtausgabe nicht mehr allzu fern: »Vierdter Theil Der überaus anmuthigen Comödien Des unvergleichlichen Königlich-Frantzösischen Komödiantens, Herrn Johann Baptista Pockelin von Moliere. In sich haltend: 1. Die Durchleuchtigen Verliebten. 2. Die Prinzessin von Elida, oder die Lustbarkeiten der bezauberten Insul. Wobey die überaus prächtigen Festivitäten und schönen Renn-Spiele, von dem König zu Versällien gehalten, beschrieben sind. 3. Der Schein-heilige Betrüger, oder Tartüffe. 4. Ein Anhang aus dem Arlequin übersetzt. – Nürnberg: Tauber 1696.«

Das vierte Stück des vierten Teils ist die Übersetzung eines nicht von Molière verfaßten Textes *Arlequin empereur dans la lune (Arlequin, Kaiser auf dem Mond)*. Es belegt, daß Molière inzwischen zum Typus des komischen Dichters schlechthin avanciert war.

Bereits 1700 konnte bei Tauber abermals mit einem barocken Titel eine neue dreibändige Ausgabe der erfolgreichen Übersetzung erscheinen: »Histrio Gallicus, Comico-Satyricus. Sine Exemplo. Oder Die Weltberühmten Lust-Comödien des Unvergleichlichen Königlich-Frantzösischen Comödiantens, Herrn Von Moliere, Wieder aufs Neue, und nach den Molierischen Genio gantz accurat in das Teutsche übers. (Neue Aufl.) T. 1–3. – Nürnberg: Tauber 1700.«

Eine erst einundzwanzig Jahre später veröffentlichte Neuauflage zeigte bereits auf dem Titelblatt an, daß Molière nun für ein Publikum gedruckt wurde, das aufklärerische Sachlichkeit an Stelle sprachlichen Überschwangs wünschte: »Des Herrn von Moliere Schertz- und Ernsthaffte Comödien, Auf vieler Verlangen, Wieder aufs neue zum drittenmal ins Teutsche übers. T. 1–4.«

Der einsetzende internationale Erfolg Molières schuf nicht nur einen Markt für verlegerische Initiativen und reizte nicht nur zur Adaption auf deutschen Bühnen, sondern forderte auch zur Nachahmung heraus. Das zeigte in dieser frühen Phase der Molière-Rezeption der aus einer Bauernfamilie in Kütten bei Halle stammende Christian Reuter. Unter Verwendung des Handlungsgerüstes der *Lächerlichen Preziösen* verulkte er seine Leipziger Hauswirtin und ihre modisch herausgeputzten Töchter, wobei er freilich den Einakter Molières nicht nur zu einem Dreiakter, sondern in der Folge zu einem satirischen Zyklus erweiterte: *L'Honnête Femme oder Die ehrliche Frau zu Plißine.*

Auf die barockisierenden Eindeutschungen und Bearbeitungen Molières folgten als Reaktion die gutgemeinten Bemühungen Johann Christoph Gottscheds, eine von mimischen und sprachlichen Exzessen gereinigte Bühnenkunst zu begründen. Das hatte zur Folge, daß der Epigone und Verehrer Boileaus und dessen klassischer Doktrin in seine »Deutsche Schaubühne«, mit der er sein Theaterkonzept durch ein Musterrepertoire illustrierte, aus allen Stücken Molières lediglich den von seiner Frau Luise übersetzten *Menschenfeind* aufnahm. Wer sich wie der nüchterne Leipziger Professor dafür einsetzte, den Hanswurst von den deutschen Bühnen zu vertreiben, für den mußten jene Komödien Molières ein Ärgernis sein, die in Verbindung zu Farce, Stegreifkomödie und Tanz standen. Wie sehr jedoch Molières Werk in seiner Gesamtheit auf deutschem Boden geschätzt wurde, das zeigt die Tatsache, daß bereits 1752 bei Christian Herold in Hamburg *Sämmtliche Lustspiele. Nach e. freyen u. sorgfältigen Übers. v. F[riedrich] S[amuel] Bierling* veröffentlicht und 1769 neu aufgelegt wurden.

Doch damit sind wir bereits mitten in der inzwischen mehr als drei Jahrhunderte währenden Wirkungsgeschichte, in deren Verlauf es bis in unsere Tage hinein darum geht, bei der Interpretation von Molières Werken durch Übersetzer, Regisseure und Schauspieler diese bald vor pedantischer Enge, bald vor dilettantischer Verwässerung, bald vor blutloser Historisierung, bald vor verantwortungsloser Aktualisierung zu schützen, damit der nach William Shakespeare auf deutschen Bühnen meistgespielte Dramatiker nicht durch Falschmünzer hinter dem Schutz der nur für eine Minderheit übersteigbaren Sprachbarriere verniedlicht, verharmlost und veräußerlicht wird.

Anhang

Zeittafel

1621 27. 4.: Jean (II) Poquelin, Tapezierer, und Marie Cressé, Tochter des Tapezierers Louis Cressé, werden in der Kirche Saint-Eustache in Paris getraut.
Jean de La Fontaine. – *Beginn der wissenschaftlichen Beobachtungen des Nordlichts durch Petrus Gassendi.*

1622 15. 1.: Jean Poquelin wird in der Kirche Saint-Eustache getauft.

1623 *Blaise Pascal.*

1624 Nach der Geburt seines Bruders Jean wird der künftige Molière Jean-Baptiste genannt.
Herzog von Richelieu wird Mitglied des Königlichen Rats und leitender Minister Ludwigs XIII. – *Vinzenz von Paul gründet den Missionsorden der Lazaristen.*

1626 13. 4.: † Jean Poquelin (I), Großvater und Taufpate von Jean-Baptiste.
Ein königliches Edikt verfügt die Schleifung befestigter Schloßanlagen. Einweihung der durch Carlo Maderno fertiggestellten Peterskirche unter dem Pontifikat Urbans VIII. Die niederländischen Drucker Elsevier beginnen mit der Veröffentlichung von Länderbeschreibungen.

1627 *Jacques Bénigne Bossuet.* – *Gründung der »Gesellschaft vom Heiligen Altarsakrament«. Der Maler Claude Lorrain läßt sich endgültig in Rom nieder.*

1628 *Charles Perrault.* † *François de Malherbe, einer der literarischen Wegbereiter des französischen Klassizismus.* – *Oktober: Kapitulation der seit September 1627 belagerten Hugenottenfestung La Rochelle.*

1629 *Die »Comédiens du roi« lassen sich im 1548 eröffneten »Hôtel de Bourgogne« nieder. Aufführung der Komödie »Mélite« von Pierre Corneille in Paris.*

1630 † *Théodore Agrippa d'Aubigné, bedeutendster französischer Hugenottendichter.* – *Tirso de Molina veröffentlicht die erste Bearbeitung des Don-Juan-Stoffs: »El burlador de Sevilla« (»Der Betrüger von*

Sevilla«). Richelieu deckt am »Tag der Geprellten« (10. 11.) ein gegen ihn gerichtetes Komplott auf. König Gustav II. Adolf von Schweden landet in Pommern.

1631   22.4.: Jean (II) Poquelin erwirbt von seinem jüngeren Bruder Nicolas das Amt eines ordentlichen königlichen Kammerdieners und Tapezierers.

Théophraste Renaudot gründet mit ausdrücklicher Billigung Ludwigs XIII. und Richelieus die Wochenzeitung »La Gazette«.

1632   11.5.: † Marie Cressé; sie wird im »Cimetière des Innocents« beigesetzt.

    * *Jean-Baptiste Lully.*

1633   11.4.: Wiederverheiratung Jean (II) Poquelins mit der Sattlertochter Catherine Fleurette.

Unter dem Eindruck der Belagerung seiner Heimatstadt Nancy schafft Jacques Callot seine Radierungen »Das Elend des Krieges«. Galileo Galilei widerruft vor der Inquisition seine astronomischen Erkenntnisse.

1634   * *Marie-Madeleine Gräfin von La Fayette. Ermordung Wallensteins. – Die Truppe des »Théâtre du Marais« nimmt ihren Spielbetrieb auf.*

1635   *Richelieu greift auf der Seite des protestantischen Schweden in den Dreißigjährigen Krieg ein. Gründung der »Académie française« durch Richelieu.*

1636   12.11.: † Catherine Fleurette.

    * *Nicolas Boileau-Despréaux. – Der triumphale Erfolg von Pierre Corneilles »Le Cid« löst eine literarische Kontroverse aus.*

    18.12.: Jean-Baptiste Poquelin wird als künftiger Nachfolger seines Vaters in dessen Amt als ordentlicher königlicher Kammerdiener und Tapezierer vereidigt.

1637   *René Descartes: »Discours de la méthode pour bien conduire sa raison et chercher la vérité dans les sciences« (»Abhandlung über die Methode des richtigen Vernunftgebrauchs und der wissenschaftlichen Wahrheitsfindung«).*

1638   † Louis Cressé.

    * *Ludwig XIV.*

1639   * *Jean Racine. – Der Neapolitaner Tiberio Fiorilli erneuert die in Paris gastierende »Comédie italienne«.*

1640 Jean-Baptiste Poquelin verläßt das von Jesuiten geleitete »Collège de Clermont« und legt in Orléans sein Examen als Advokat ab.

Aus dem Nachlaß des Bischofs von Ypern, Cornelius Jansenius, wird der einen langen Streit um die Gnadenlehre auslösende Traktat »Augustinus« veröffentlicht.

1641 *Ludwig XIII. verurteilt die gesellschaftliche Diskriminierung der Schauspieler. Bürgerkrieg unter Oliver Cromwell gegen Karl I. von England. Die den Salon der Marquise de Rambouillet frequentierenden Dichter widmen deren Tochter den Gedichtzyklus »La Guirlande de Julie«.*

1642 † *Kardinal Richelieu.*

1643 6. 1.: Jean-Baptiste Poquelin verzichtet auf die Nachfolge im väterlichen Amt als ordentlicher königlicher Kammerdiener und Tapezierer zugunsten seines Bruders Jean und läßt sich einen Vorschuß auf das mütterliche Erbteil auszahlen.

30. 6.: Jean-Baptiste Poquelin unterzeichnet mit neun weiteren Mitgliedern in Gegenwart eines Notars den Gründungsvertrag des »Illustre Théâtre«.

Herbst: Die Schauspieler mieten im Faubourg Saint-Germain von den Brüdern Métayer einen Ballspielsaal (heute: 10–12, rue Mazarine); während dort die notwendigen Zimmermannsarbeiten durchgeführt werden, spielt die Truppe in Rouen, wo sie Kontakt zu Pierre und Thomas Corneille knüpft.

† *Ludwig XIII.; Anna von Österreich wird Regentin, Jules Mazarin leitender Minister.*

1644 Januar: Beginn der Aufführungen des »Illustre Théâtre« in Paris.

28. 6.: Jean-Baptiste Poquelin unterzeichnet anläßlich des Engagements eines Tänzers (vier Musiker waren bereits am 31. 10. 1643 verpflichtet worden) zum erstenmal als »De Molière«.

1645 Umzug des »Illustre Théâtre« vom Ballspielsaal der Brüder Métayer in den auf dem rechten Seineufer liegenden Ballspielsaal »Zum schwarzen Kreuz« (heute: 32, quai des Célestins). Finanzieller Zusammenbruch. Molière wird vorübergehend im Châtelet eingekerkert. Gegen Jahresende verlassen einige Mitglieder der Truppe Paris und schließen sich der vom Herzog von Épernon protegierten und von Charles Dufresne geleiteten Wanderbühne an.

* *Jean de La Bruyère.*

1646 Die Truppe hält sich in den folgenden Jahren in West- und Südwestfrankreich auf. Verbindliche Orts- und Zeitangaben für diese frühen Wanderjahre sind nur lückenhaft gesichert.

1647 *Gassendi:* »*De vita et moribus Epicuri*« (»*Leben und Sitten Epikurs*«). *Savinien Cyrano de Bergerac:* »*Voyage sur la lune*« (»*Reise auf den Mond*«).

1648 *Herbst: Beginn der (Parlaments)-Fronde. Beendigung des Dreißigjährigen Krieges durch den Westfälischen Frieden.*

1649 *Madeleine de Scudéry beginnt ihren zehnbändigen heroisch-galanten Roman* »*Artamène ou Le Grand Cyrus*« *zu veröffentlichen. Hinrichtung König Karls I. von England.*

1650 17. 12.: Molière unterschreibt eine Quittung über 4000 Livres, die ihm im Auftrag der Ständeversammlung des Languedoc ausbezahlt wurden.

† *René Descartes.*

1651 *Paul Scarron:* »*Le Roman comique*« (»*Der Komödiantenroman*«), *1651–57.*

1652 *21. 10.: Ludwig XIV. kehrt nach dem Sieg über die aufständischen Frondeure nach Paris zurück.*

1653 19. 2.: Du Parc heiratet Marquise-Thérèse de Gorla in Lyon.

September: Die Truppe spielt in Pézenas und erlangt die Schirmherrschaft von Armand Prince de Conti.

Endgültige Niederschlagung der (Adels-)Fronde durch Mazarin.

1654 *7. 6.: Der fünfzehnjährige Ludwig XIV. wird in der Kathedrale von Reims zum König von Frankreich und Navarra geweiht.*

Ende des Jahres: In Lyon führt Molière seine erste Komödie auf: »L'Étourdi ou Les Contretemps« (»Der Wirrkopf oder Die Hindernisse«).

1655 Jahreswende 1655/56: Die Truppe ist während der von Prince de Conti einberufenen Ständeversammlung des Languedoc in Pézenas, gastiert aber auch in Montpellier, wo sie noch 1655 beim »Ballet des incompatibles« (»Ballett der Unverträglichen«) mitwirkt.

1656   16. 12.: In Béziers Uraufführung von Molières zweiter Komödie: »Le Dépit amoureux« (»Der Liebesverdruß«). Conti hat inzwischen der Truppe seine Protektion entzogen.

1657   November: Molière und Madeleine Béjart machen in Avignon die Bekanntschaft mit den Malern Nicolas Mignard und dessen nach langem Italienaufenthalt zurückgekehrten Bruder Pierre, die den Dichter wiederholt porträtierten.

1658   Frühjahr: Die Truppe spielt in Rouen im Ballspielsaal »Des Braques«.

Sommer: Philippe I., Herzog von Orléans, »Einziger Bruder des Königs«, übernimmt die Schirmherrschaft über die Truppe.

24. 10.: Spiel vor dem König im Alten Louvre. Mäßiger Erfolg mit Pierre Corneilles »Nicomède«. Jedoch veranlaßt die als Zugabe aufgeführte (nicht erhaltene) Farce »Le Docteur amoureux« (»Der verliebte Doktor«) den König dazu, der Truppe feste Aufführungstage in dem von den italienischen Komödianten benutzten Theatersaal im Petit-Bourbon einzuräumen.

1659   Ende März: Die italienischen Komödianten und Molières Ensemble spielen in Vincennes gemeinsam vor Ludwig XIV. und Mazarin.

Ostern: Molière engagiert den Schauspieler La Grange, dessen »Register« in den folgenden Jahren die für die Truppe wichtigen Ereignisse festhält.

Juli: Die italienischen Komödianten kehren in ihre Heimat zurück. Molières Ensemble erhält dadurch die Möglichkeit, an den »regulären« Spieltagen (Dienstag, Freitag, Sonntag) in direkte Konkurrenz zu den beiden rivalisierenden Bühnen (»Hôtel de Bourgogne« und »Théâtre du Marais«) zu treten.

August: Am Hôtel de Bourgogne wird mit Erfolg eine Bearbeitung des Don-Juan-Stoffs durch den Schauspieler Villiers aufgeführt.

November: Frankreich und Spanien unterzeichnen den Pyrenäenfrieden.

18. 11.: Uraufführung von Molières Einakter »Les Précieuses ridicules« (»Die lächerlichen Preziösen«).

1660   30. 5.: Uraufführung von Molières Komödie »Sganarelle ou Le Cocu imaginaire« (»Sganarelle oder Der eingebildete Hahnrei«).

9. 6.: In Bayonne heiratet Ludwig XIV. seine Cousine, die spanische Infantin Maria Theresia.

11. 10.: Der Generalintendant für die königlichen Bauten läßt den Theatersaal im Petit-Bourbon einreißen.

1661   20. 1.: Der Molières Truppe vom König zugewiesene Theatersaal im Palais-Royal wird mit einer Aufführung der Komödie »Der Liebesverdruß« eröffnet.

4. 2.: Erfolglose Premiere von »Dom Garcie de Navarre ou Le Prince jaloux« (»Dom Garcie von Navarra oder Der eifersüchtige Prinz«), Molières fünftem Stück.

9. 3.: † Kardinal Mazarin.

24. 6.: Molières neue Komödie »L'École des maris« (»Die Schule der Ehemänner«) findet großen Anklang.

17. 8.: Uraufführung der Ballettkomödie »Les Fâcheux« (»Die Lästigen«) bei dem von Nicolas Fouquet, dem Oberintendanten der Finanzen, veranstalteten Sommerfest zu Ehren des Königs im Schloß Vaux-le-Vicomte.

5. 9.: Verhaftung Fouquets in Angers.

1662   8. 1.: Rückkehr der italienischen Komödianten nach Paris. Mit ihnen kommt der Arlecchino-Darsteller Dominique Biancolelli. Auf königliche Anweisung haben sie die Hälfte der Kosten für die von Molières Truppe im Palais-Royal veranlaßten räumlichen Veränderungen und Innenausstattungen zu tragen und den Theatersaal an den »unregulären« Tagen (Montag, Mittwoch, Donnerstag, Samstag) zu benutzen.

20. 2.: Trauung von Jean-Baptiste Poquelin und Armande Béjart in der Kirche Saint-Germain-l'Auxerrois.

8.–14. 5.: Molières Truppe spielt vor dem Hof in Saint-Germain-en-Laye.

† Blaise Pascal. – Louis Le Vau beginnt als verantwortlicher Architekt mit den Erweiterungsbauten an dem unter Ludwig XIII. errichteten Jagdschloß in Versailles.

26. 12.: Im Palais-Royal findet die Uraufführung von Molières achtem Stück statt: »L'École des femmes« (»Die Schule der Frauen«).

1663   1. 6.: Molière nimmt in seiner Komödie »La Critique de L'École des femmes« (»Die Kritik der Schule der Frauen«) zu der seit Monaten andauernden Kontroverse Stellung.

19. 10.: Uraufführung des Stücks »L'Impromptu de Versailles« (»Die Stegreifkomödie von Versailles«).

Zweibändige Ausgabe der »Œuvres de Molière« durch den Drucker Charles de Sercy.

Ende November: Am Hôtel de Bourgogne wird die von Jean Donneau de Visé verfaßte »Réponse à L'Impromptu de Versailles ou La Vengeance des Marquis« (»Antwort auf das Stegreifspiel von Versailles oder Die Rache der Marquis«) inszeniert.

1664   29. 1.: »Le Mariage forcé« (»Die erzwungene Heirat«), Molières elftes Stück, wird im Louvre uraufgeführt.

28. 2.: Louis, das am 19. 1. geborene erste Kind Armandes und Molières, wird in der Kirche Saint-Germain-l'Auxerrois getauft. Der König und seine Schwägerin, Henriette Anna (Madame), übernehmen die Patenschaft. Louis stirbt bereits am 10. 11.

30.4.–22. 5.: Molières Truppe leistet einen entscheidenden Beitrag bei der Gestaltung des von Ludwig XIV. zu Ehren seiner Favoritin Louise Françoise de La Vallière in Versailles veranstalteten großen höfischen Frühlingsfestes »Les plaisirs de l'île enchantée« (»Die Wonnen der verzauberten Insel«).

8. 5.: Uraufführung der von Molière für das Frühlingsfest verfaßten galanten Komödie »La Princesse d'Élide« (»Die Prinzessin von Elis«) mit Armande in der Titelrolle.

12. 5.: Premiere der ersten drei Akte oder einer dreiaktigen Fassung der bis zum 5. 2. 1669 zur öffentlichen Aufführung nicht freigegebenen Komödie »Le Tartuffe«; die Mitglieder der »Gesellschaft vom Heiligen Altarsakrament« hatten bereits in ihrer Versammlung am 17. 4. »die schlimme Komödie« angeprangert.

20.6.: Im Palais-Royal führt Molières Truppe mit mäßigem

Erfolg Racines erste erhaltene Tragödie »La Thébaïde« (»Die Thebais«) auf.

August: Die jansenistischen Nonnen werden aus ihrem Pariser Kloster Port-Royal vertrieben.

28. 10.: † Du Parc.

1665 15. 2.: Im Palais-Royal hat Molières vierzehntes Stück, »Dom Juan ou Le Festin de Pierre« (»Dom Juan oder Der steinerne Gast«), Premiere.

18. 4.: Unter dem Pseudonym Sieur de Rochemont erscheint ein gegen Molière gerichtetes Pamphlet: »Observations sur une comédie de Molière (»Bemerkungen über eine Komödie Molières«).

4. 8.: Madeleine-Esprit, Armandes und Molières zweites Kind, wird getauft. Sie allein überlebt den Dichter: 1723 stirbt sie ohne Nachkommen.

14. 8.: Ludwig XIV. gewährt der »Troupe de Monsieur« seine persönliche Schirmherrschaft und verleiht ihr den Titel »Troupe du roi au Palais-Royal«.

14. 9.: In Versailles wird Molières fünfzehntes Stück, »L'Amour médecin« (»Die Liebe als Arzt«), uraufgeführt.

4. 12.: »Alexandre le Grand« (»Alexander der Große«) von Racine wird im Palais-Royal uraufgeführt.

18. 12.: Die erfolgreiche neue Tragödie Racines wird sowohl im Palais-Royal wie im Hôtel de Bourgogne gespielt.

La Rochefoucauld: »Réflexions ou Sentences et maximes morales« (»Reflexionen oder Sentenzen und moralische Maximen«). † Marquise de Rambouillet. »Große Pest« in London.

29. 12. 1665–20. 2. 1666 Eine schwere Erkrankung Molières macht die Einstellung der Theateraufführungen im Palais-Royal notwendig.

1666 20. 1.: *† Anna von Österreich; der König verordnet dem Hof bis Ende Oktober Trauer.*

20. 2.: *† Armand Prince de Conti.*

4. 6.: Molières sechzehnte Komödie, »Le Misanthrope« (»Der Menschenfeind«), wird im Palais-Royal uraufgeführt.

6. 8.: »Le Médecin malgré lui« (»Der Arzt wider Willen«), Molières siebzehntes Stück, wird als Zugabe zu der von Don-

neau de· Visé verfaßten Komödie »La Mère coquette« (»Die kokette Mutter«) uraufgeführt.

2. 12.: Zu dem in Saint-Germain-en-Laye veranstalteten »Musenballett« von Isaac de Benserade und Lully, bei dem der König als Tänzer auftritt, steuert Molière die Pastorale »Mélicerte« bei.

Dezember: Postum erscheint Contis »Traité de la comédie et des spectacles selon la tradition de l'Église« (»Traktat über die Komödie und die Schauspieler nach der Tradition der Kirche«).

† *François Mansart.*

In Amsterdam erscheint auf holländisch: »Den Liefden-Doktoor« (»Die Liebe als Arzt«).

1667   5. 1.: »Mélicerte« wird bei den Aufführungen des »Musenballetts« durch eine nur in Umrissen bekannte »Pastorale comique« ersetzt.

14. 2.: Molière leistet mit seiner Komödie »Le Sicilien ou L'Amour peintre« (»Der Sizilianer oder Die Liebe als Maler«) einen weiteren Beitrag zu den festlichen Winterwochen in Saint-Germain-en-Laye.

4. 3.: Pierre Corneilles Tragödie »Attila« wird im Palais-Royal uraufgeführt.

Osterpause: Marquise Du Parc wechselt vom Palais-Royal zum Hôtel de Bourgogne.

Frühjahr/Sommer: Der König nimmt am »Devolutionskrieg« in Flandern teil.

5. 8.: »L'Imposteur« (»Der Betrüger«), eine gemilderte Fassung des »Tartuffe«, wird im Palais-Royal aufgeführt. Der während der Abwesenheit des Königs für die öffentliche Ordnung zuständige Parlamentspräsident Guillaume de Lamoignon untersagt weitere Aufführungen dieses Stücks.

11. 8.: Der Erzbischof von Paris verbietet unter Androhung der Exkommunikation private und öffentliche Aufführungen des »Betrügers«.

21. 8.: Erste urkundliche Erwähnung von Molières Landhaus in dem westlich von Paris gelegenen Auteuil.

22. 11.: Triumphale Uraufführung von Racines »Andromaque« mit Marquise Du Parc in der Titelrolle.

1668   13. 1.: Uraufführung von Molières mit Hilfe von Theatermaschinen inszenierter Komödie »Amphitryon« im Palais-Royal.
Februar: Molière richtet an den König aus Anlaß der Eroberung der zu Spanien gehörenden Freigrafschaft Burgund ein
enkomiastisches Sonett.
2. 5.: *In dem den Devolutionskrieg beendigenden »Frieden von Aachen« erhält Frankreich unter anderem die flandrische Stadt Lille.*
18. 7.: Uraufführung der dreiaktigen Prosakomödie »George
Dandin ou Le Mari confondu« (»George Dandin oder Der
betrogene Ehemann«) in Versailles.
9. 9.: Premiere des einundzwanzigsten Stücks Molières: »L'A-
vare« (»Der Geizhals«).
11. 12: † Marquise Du Parc.
*Der »Kirchenfrieden« führt zur vorübergehenden Einstellung der
Jansenistenverfolgung. La Fontaine: »Fabeln« (Bücher I–VI).*

1669   5. 2.: Die erste öffentliche Aufführung von »Tartuffe« im Palais-Royal erzielt eine Rekordeinnahme von 2860 Livres.
Februar: † Jean (II) Poquelin.
April: Molière veröffentlicht ein Preisgedicht auf das von
Pierre Mignard geschaffene Deckengemälde in der Kirche Val-
de-Grâce.
6. 10.: Uraufführung der Komödie »Monsieur de Pourceaugnac« anläßlich der königlichen Herbstjagd in Chambord.

1670   Januar: Veröffentlichung der gegen Molière gerichteten satirischen Komödie »Élomire hypocondre« (»Élomire der Hypochonder«).
4. 2.: Die galante Komödie »Les Amants magnifiques« (»Die
prächtigen Liebhaber«) wird anläßlich des in Saint-Germain-
en-Laye gefeierten Karnevals aufgeführt.
23. 3.: Louis Béjart zieht sich aus Altersgründen mit einem von
seinen Schauspielerkollegen zu bezahlenden Ruhegehalt von
der Bühne zurück.
*England gibt Frankreich in einem von Henriette Anna mit ihrem
königlichen Bruder ausgehandelten Geheimabkommen freie Hand zu
einer Invasion der Niederlande.*
29. 6.: † Henriette Anna.
24. 10.: Uraufführung der Ballettkomödie »Le Bourgeois gen-

tilhomme« (»Der Bürger als Edelmann«) anläßlich der königlichen Herbstjagd in Chambord.

21.11.: Racines »Bérénice« gelangt im Hôtel de Bourgogne zur Uraufführung.

28.11.: Uraufführung von Pierre Corneilles »Tite et Bérénice« im Palais-Royal.

Pascals »Pensées« (»Gedanken«) werden durch Port-Royal aus dem Nachlaß veröffentlicht.

1671   17.1.: In dem mit Theatermaschinen ausgestatteten großen Saal in den Tuilerien wird die von Molière, Philippe Quinault und Pierre Corneille verfaßte und von Lully vertonte Ballett-Tragikomödie »Psyché« uraufgeführt.

Osterpause: Im Einvernehmen mit den italienischen Komödianten werden aufwendige innenarchitektonische und bühnentechnische Umbauten im Theatersaal des Palais-Royal durchgeführt.

24.5.: Premiere der Komödie »Les Fourberies de Scapin« (»Die Gaunereien des Scapin«) im Palais-Royal.

24.7:. Erste von achtunddreißig aufeinanderfolgenden Aufführungen der Ballett-Tragikomödie »Psyché« im Palais-Royal.

2.12.: Molières achtundzwanzigstes Stück, die Komödie »La Comtesse d'Escarbagnas« (»Die Gräfin von Escarbagnas«), wird im Rahmen eines vom König in Saint-Germain-en-Laye anläßlich der Vermählung seines verwitweten Bruders Philippe mit Liselotte von der Pfalz aufgeführten »Ballet des ballets« (»Ballett der Ballette«) inszeniert.

Die Sorbonne verbietet die Lehre cartesianischer Philosophie.

1672   17.2.: † Madeleine Béjart.

11.3.: Premiere der Komödie »Les Femmes savantes« (»Die gelehrten Frauen«) im Palais-Royal.

29.3.: Lully erhält ein königliches Privileg zur Einrichtung einer Musikakademie.

22.4.: Lully erwirkt eine vor allem gegen Molière gerichtete königliche Anordnung, daß bei Theateraufführungen höchstens zwei Sänger und sechs Instrumentalisten eingesetzt werden dürfen.

1. 10.: Taufe von Pierre Jean Baptiste Armand, Armandes und
Molières drittem und letztem Kind, in der Kirche Saint-
Eustache. Paten sind Pierre Boileau de Puymorin, Stiefbruder
von Boileau-Despréaux, und Catherine Mignard, Tochter des
Malers Pierre Mignard. Das Kind stirbt wenige Tage später.
1. 10.: Molière zieht in das in der Rue de Richelieu gelegene
Haus von René Baudellet.

*Ludwig XIV. beginnt den bis 1679 dauernden »Holländischen
Krieg«. Frankreichs Alliierte sind England und Schweden.*

1673   17. 2.: Tod Molières, wenige Stunden nach der vierten Aufführ-
rung seines dreißigsten Stücks, »Le Malade imaginaire« (»Der
eingebildete Kranke«).

21. 2.: Erst nach Intervention des Königs beim Erzbischof von
Paris kann der Leichnam des wegen seiner Tätigkeit als Schauspieler exkommunizierten Molière in dem der Pfarrei Saint-
Eustache unterstellten »Cimetière Saint-Joseph« beigesetzt
werden.

24. 2.: Mit Michel Baron in der Titelrolle des »Menschenfeinds« nimmt die Truppe ihre Aufführungen im Palais-Royal
wieder auf.

Osterpause: Mehrere Schauspieler verlassen Molières ehema-
liges Ensemble. Der König stellt Lully den von Molière benutzten Saal im Palais-Royal für die von ihm einzurichtende »Académie de musique« zur Verfügung.

20. 4.: Claude Barbin läßt ein Privileg zum Druck der Werke
Molières registrieren.

9. 7.: Erste Aufführung eines aus den Resten von Molières
Truppe und Schauspielern des »Théâtre du Marais« gebildeten
neuen Ensembles in einem auf dem linken Seineufer gelegenen
Saal in der Rue Guénégaud.

1677   29. 5.: Molières Witwe, Armande, vermählt sich mit dem
Schauspieler Isaac-François Guérin d'Estriché.

1680   21. 10.: Durch königlichen Erlaß werden die beiden noch be-
stehenden Pariser Theater, nämlich das Hôtel de Bourgogne
und das 1673 geschaffene neue Ensemble in der Rue Guénégaud, zur »Comédie française« fusioniert.

1682   La Grange und ein nicht näher bekannter Vivot veröffentlichen bei Denys Thierry in Paris eine erste Gesamtausgabe der Werke Molières: »Œuvres de Monsieur de Molière, revues, corrigées et augmentées« (»Werke von Herrn de Molière; durchgesehene, verbesserte und erweiterte Ausgabe«).

1700 30. 11.: † Armande Béjart.

Bibliographisches Nachwort

Als einen ersten Ertrag meiner Beschäftigung mit Molière veröffentlichte ich *Molières Komödie »Dom Juan«*, Heidelberg 1978. Nicht zufällig interessierte mich gerade dieses Werk, das die geistigen und sozialen Spannungen des siebzehnten Jahrhunderts in vollkommener Weise kondensiert und somit einen geradezu idealen Einblick in die Komplexität des Phänomens Molière erlaubt. In den folgenden Jahren habe ich in Vorlesungen und Seminaren an der Universität Regensburg wiederholt Gelegenheit gehabt, Molière und seine Zeit betreffende Fragen aufzugreifen und mit den Studenten zu diskutieren. Die Vorbereitung meines Bändchens *Das italienische Theater von der Renaissance bis zur Gegenreformation*, Darmstadt 1984, gab mir außerdem Gelegenheit, mich mit den organisatorischen und künstlerischen Konzepten der Wandertruppen und Hoftheater des französischen Nachbarlands auseinanderzusetzen, die für Molière in mancher Hinsicht als Vorbild dienten.

Ich würde wahrscheinlich nur wenigen Lesern dieser Biographie einen Gefallen tun, wenn ich an dieser Stelle alle von mir konsultierten Werke und – wenigstens in Auswahl – die zahllosen für meine Darstellung ergiebigen Aufsätze zitieren wollte, die der im Umgang mit bibliographischen Hilfsmitteln Bewanderte relativ leicht auffinden kann. Zudem ist es mir nach jahrelanger Beschäftigung mit Molière oft nicht mehr möglich, zu entscheiden, wem ich die eine oder andere Anregung für meine Darstellung verdanke.

Ich will es dem Leser ersparen, auf den folgenden Seiten die Fülle der von mir herangezogen Literatur zu Molière ausführlich zu zitieren oder gar eine möglichst vollkommene Bibliographie einschlägiger Literatur zu Leben, Werk und Epoche des Schriftstellers anzuschließen. Ich muß mich aus mehreren Gründen damit bescheiden, nur eine Auswahl der zahllosen Werke anzuführen, die für jede Beschäftigung mit Molière und daher auch für mich die unerläßliche Grundlage bilden.

Wesentlich für meine Darstellung waren die kommentierten Ausgaben der auf den vorausgehenden Seiten besonders häufig zitierten zeitgenössischen Klassiker Pierre CORNEILLE, Jean de LA FONTAINE, Blaise PASCAL, Jacques Bénigne BOSSUET, Jean RACINE, Nicolas BOILEAU-DESPRÉAUX und Jean de LA BRUYÈRE sowie zahlreiche Monographien und Fachaufsätze zu diesen Autoren und zu dem literar- und kulturhistorischen Hintergrund, auf dem sie stehen.

Als orientierende Einführungen in die Molière-Kritik stehen dem deutschsprachigen Leser zwei auf dem aktuellen Forschungsstand argumentierende Publikationen zur Verfügung, einmal die von Renate BAADER zusammengestellte, mit Einführung und reicher »Auswahlbibliographie« versehene Aufsatzsammlung *Molière*, Darmstadt 1980, und der von Jürgen GRIMM verfaßte Band *Molière*, Stuttgart 1984, der das vom Verlag gesteckte Ziel (»vermittelt Realien und Fakten, enthält umfangreiche Materialhinweise«, »informiert zuverlässig über den jeweiligen Forschungsstand«) im wesentlichen erreicht, was jedoch noch nicht heißt, daß auch nur die deutschsprachige Molière-Literatur vollständig erfaßt und kommentiert wird. Ignoriert wird sowohl von Jürgen Grimm wie auch von Renate Baader nahezu alles, was nicht in französischer, deutscher oder englischer Sprache verfaßt ist.

Wem es um eine möglichst vollkommene Bibliographie der Literatur zu Molière zu tun ist, der besitzt in folgenden Werken eine wahre Fundgrube: Otto KLAPP, *Bibliographie der französischen Literaturwissenschaft*, Frankfurt a. M. 1960 ff.; Paul SAINTONGE und Robert Wilson CHRIST, *Fifty Years of Molière Studies. A Bibliography, 1892–1941*, Baltimore 1942; für die Jahre 1942 bis 1971 Roger JOHNSON JR., Editha NEUMANN und Guy T. TRALL (Hrsg.), *Molière and the Commonwealth of Letters: Patrimony and Posterity*, University of Mississippi 1975; Klaus ENGELHARDT und Volker ROLOFF, *Daten der französischen Literatur*, 2 Bände, München 1979.

Die Gesamtdarstellungen zur französischen Literatur des siebzehnten Jahrhunderts enthalten in der Regel ausführliche Würdigungen Molières. Dies gilt sowohl für Antoine ADAM, *Histoire de la littérature française au XVIIe siècle*, 5 Bände, Paris 1948–56, für Paul BÉNICHOU, *Morales du grand siècle*, Paris 1948, wie auch für Erich KÖHLER, *Vorlesungen zur Geschichte der französischen Literatur. Klassik II*, hrsg. von Henning KRAUSS und Dietmar RIEGER, Stuttgart 1983.

Einen in jeder Hinsicht geradezu erschöpfenden Überblick über die Geschichte des französischen Theaters im siebzehnten Jahrhundert verdanken wir Henry Carrington LANCASTER, *A History of French Dramatic Literature in the Seventeenth Century*, 9 Bände, Baltimore 1929–42 (Band 3: *The Period of Molière*, 1936). Wer zu Lancasters Werk keinen leichten Zugang findet, sei nachdrücklich hingewiesen auf Konrad SCHOELL, *Die französische Komödie*, Wiesbaden 1983.

Seit der Veröffentlichung der ersten umfangreichen biographischen Skizze *Vie de Monsieur de Molière* von Jean Léonor Gallois, Sieur de GRIMAREST (1705), die Georges MONGRÉDIEN, Paris 1955, neu herausgab, erscheinen in regelmäßigen Abständen Biographien in französischer Sprache, von denen nur wenige der bekanntesten aufgeführt seien: Gustave MICHAUT, Band 1: *Jeunesse de Molière*, Band 2: *Les débuts de Molière à Paris*, Band 3: *Les luttes de Molière*, Paris 1923–25; Ramon FERNANDEZ, *La vie de Molière*, Paris 1929; Georges MONGRÉDIEN, *La vie privée de Molière*, Paris 1950; Georges BORDONOVE, *Molière génial et familier*, Paris 1967; Francine MALLET, Molière, Paris 1986.

Aus Anlaß von Molières dreihundertstem Todestag veröffentlichten mehrere Zeitschriften Sondernummern, deren einzelne Beiträge nicht aufgezählt werden können. Es handelt sich unter anderem um folgende Publikationen: *Revue d'histoire littéraire de la France*, Band 72, Heft 5/6, 1972; *Europe*, Heft 523/524, Nov./Dez. 1972 *(Gloire de Molière)*; *Dix-septième siècle*, Heft 98/99, 1973 *(Molière – Lully)*; *Revue des sciences humaines*, Heft 152, Okt./Dez. 1973 *(Molière et le théâtre classique)*; und die *Revue d'histoire du théâtre*, 1974, welche die Kongreßakten des 1973 veranstalteten internationalen Molière-Kolloquiums enthält.

Die positivistische Forschung des neunzehnten Jahrhunderts, die in Gustave Lanson ihren bedeutendsten französischen Vertreter hatte, trug in unermüdlicher Kleinarbeit aus vergessenen Drucken, ungehobenen Archivschätzen und unveröffentlichten Handschriften einzelne Dokumente zusammen, auf deren Grundlage die oft verschwommenen Umrisse von Molières Leben Kontur erhielten. Zahlreiche Ergebnisse dieser Forschungen sind in den nachstehenden Publikationen veröffentlicht worden: Victor FOURNEL, *Les contemporains de Molière. Recueil de comédies, rares ou peu connues, jouées de 1650 à 1680, avec l'histoire de chaque théâtre, des notices biographiques et critiques*, 3 Bände, Paris 1883–85 (Nachdruck Genf 1967); und *Le Molièriste*, 10 Bände, 1879–89 (Nachdruck Genf 1969). Als großartiges Ergebnis dieser intensiven Forschung konnten in der in Paris erscheinenden Klassikerbibliothek »Les Grands Écrivains de la France« Eugène DESPOIS und Paul MESNARD zwischen 1873 und 1900 ihre kritische Ausgabe *Œuvres de Molière* in dreizehn Bänden vorlegen (Nachdruck New York 1970), welche die Grundlage für alle folgenden Gesamtausgaben blieb, auch für die von Georges COUTON musterhaft edierten und kommentierten zwei Bände der *Œuvres complètes*, die 1971 in der »Bibliothèque de la Pléiade« erschienen. Abrundung und Ergänzung der Forschungen des letzten Jahrhunderts stellen der von Georges MONGRÉDIEN in zwei Bänden herausgegebene *Recueil des textes et des documents du XVIIᵉ siècle relatifs à Molière*, Paris 1965, dar sowie seine zahlreichen Arbeiten zum Theaterleben der Epoche, von denen wenigstens *La vie quotidienne des comédiens au temps de Molière*, Paris 1966, und sein zusammen mit Jean ROBERT herausgegebener *Dictionnaire biographique: Les comédiens français du XVIIᵉ siècle. Suivi d'un Inventaire des troupes (1590–1710) d'après des documents inédits*, 3. Auflage 1981, zitiert seien.

Ein unerläßliches Arbeitsinstrument der heutigen Molière-Forschung stellt der von Madeleine JURGENS und Elizabeth MAXFIELD-MILLER veröffentlichte Band *Cent ans de recherches sur Molière, sur sa famille et sur les comédiens de sa troupe*, Paris 1963, dar. Dies gilt ebenso für das von Sylvie CHEVALLEY als Faksimile neu herausgegebene Register von LA GRANGE, *Extraits des receptes et des affaires de la comédie depuis Pâques de l'année 1659*, Genf 1972, und den von derselben Autorin zusammengestellten und kommentierten chronologisch angeordneten Bildband *Molière en son temps, 1622–1673*, Paris/Genf 1973.

Die Geschichte der rivalisierenden Theatertruppen und Bühnen zur Zeit Molières und die gesellschaftliche Rolle des Theaters im siebzehnten Jahrhundert stehen im Mittelpunkt einer Reihe von Untersuchungen, von denen wenigstens die für meine Biographie besonders ergiebigen genannt seien: Erich AUERBACH, *Das französische Publikum des 17. Jahrhunderts*, München 1933; Pierre MÉLÈSE, *Le théâtre et son public à Paris sous Louis XIV*, Paris 1934 (Nachdruck Genf 1976); Maurice DESCOTES, *Le public de théâtre et son histoire*, Paris 1964. Reichhaltiges Material über das Theaterleben der Epoche (Theaterbauten, Repertoire, Schauspieler, Inszenierung usw.) enthalten die Arbeiten von Sophie Wilma DEIERKAUF-HOLSBOER, *Le théâtre du Marais*, 2 Bände,

Paris 1954–58; *L'histoire de la mise en scène dans le théâtre français à Paris de 1600 à 1673*, Paris ['1933] 1960; *L'Hôtel de Bourgogne*, 2 Bände, Paris 1968–70. Besondere Bedeutung kommt für eine adäquate Würdigung von Molières Leistung als Schauspieler, Impresario und Theaterautor folgenden Titeln zu: René BRAY, *Molière, homme de théâtre*, Paris 1954, und Jacques GUICHARNAUD, *Molière, une aventure théâtrale*, Paris 1963.

Nur ein Bruchteil der von mir konsultierten Literatur zum kultur-, geistes- und zeitgeschichtlichen Hintergrund der Epoche kann in diesem knappen bibliographischen Anhang zitiert werden. Die neuere französische Geschichtsschreibung ist in den letzten Jahrzehnten davon abgerückt, herausragende Persönlichkeiten zu monumentalisieren. Vor allem die um die Zeitschrift *Annales* gruppierten Historiker verzichten im Gegensatz zu einer gerade in Frankreich weit verbreiteten Historiographie darauf, Anekdoten und Pikanterien des »Großen Jahrhunderts« aufzugreifen und auszumalen, und richten ihr Augenmerk vorwiegend auf die Sozialgeschichte. In dem 1976 veröffentlichten Vorwort zur Neuausgabe seines Buchs *Louis XIV et vingt millions de Français*, Paris 1966 (dt. *Ludwig XIV. und zwanzig Millionen Franzosen*, Berlin 1973) kommentiert Pierre GOUBERT, einer der Wortführer dieser »linken« Historikerschule, die außergewöhnliche Empfindlichkeit, mit der ein Teil der französischen Leser auf eine Publikation reagierte, die als Mißklang in dem Chor der auf das Lob des Königs verpflichteten Geschichtsschreiber betrachtet wurde. In Wirklichkeit verdanken wir aber gerade GOUBERT eine um Objektivität bemühte Abhandlung über den Regierungsantritt Ludwigs XIV.: *L'avènement du Roi-Soleil, 1661*, Paris 1967. Daneben haben sich Fernand BRAUDEL, Roland MOUSNIER und Ernest LABROUSSE in einer Reihe bedeutender Publikationen mit der Wirtschafts- und Sozialgeschichte des siebzehnten Jahrhunderts auseinandergesetzt.

Bei einer Biographie mußte es freilich darum gehen, den Hauptakteuren der Ereignisse Profil zu verleihen und ihre Konturen nicht in der Sozialgeschichte aufzulösen. Nachstehend sollen wenigstens einige von den Büchern genannt werden, die mir dabei halfen, Ludwig XIV. und seine Umgebung zu charakterisieren. Neben den für den Dauphin geschriebenen Memoiren des Königs, *Mémoires*, hrsg. von Jean LONGNON, Paris 1978 (dt. *Memoiren*, Basel 1931), und der diesen aus seiner Epoche heraus interpretierenden Gesamtdarstellung von Robert MAN-

DROU, *Louis XIV en son temps, 1661–1715*, Paris 1973, erwiesen sich für mich folgende Werke als besonders ergiebig: Pierre PRADEL, *L'art au siècle de Louis XIV*, Genf 1949; Jacques LEVRON, *La vie quotidienne à la cour de Versailles au XVIIᵉ et XVIIIᵉ siècles*, Paris 1965; Marc BLOCH, *Les rois thaumaturges. Étude sur le caractère surnaturel attribué à la puissance royale particulièrement en France et en Angleterre*, Paris 1961; François MILLEPIERRES, *La vie quotidienne des médecins au temps de Molière*, Paris 1965; Klaus MALETTKE, *Opposition und Widerstand unter Ludwig XIV.*, Göttingen 1976; Nicole FERRIER-CAVERIVIÈRE, *L'image de Louis XIV dans la littérature française de 1660 à 1715*, Paris 1981; der von Daniel MEYER herausgegebene Katalog *Gli Arazzi del Re Sole. Les Tapisseries de l'Histoire du Roi. Firenze Palazzo Vecchio 13 marzo – 16 maggio 1982*, Florenz 1982; und schließlich Karl MÖSENEDER, *Zeremonielle und monumentale Poesie. Die »Entrée solennelle« Ludwigs XIV. 1660 in Paris*, Berlin 1983.

Die Historikergruppe der Zeitschrift *Annales* hat sich vor allem um die Herausgabe mehrerer auf einzelne Orte und Provinzen begrenzter Akten und Dokumente verdient gemacht, wobei als Anliegen mehr die Herausstellung regionaler Besonderheiten als die rhetorische Abrundung großer übergreifender Zusammenhänge im Vordergrund steht. Typisch für dieses Verfahren ist das von Emmanuel LE ROY LADURIE veröffentlichte Buch *Les paysans de Languedoc*, Paris/Den Haag 1966 (dt. *Die Bauern des Languedoc*, Stuttgart 1983).

Für die nähere Kenntnis einzelner Zeitgenossen haben bereits Autoren des neunzehnten Jahrhunderts vorzügliche Archivarbeit geleistet und reichhaltiges Material zugänglich gemacht. Dies gilt etwa für Pierre CLÉMENT, *Histoire de Colbert et de son administration*, 2 Bände, Paris 1874 (Nachdruck Genf 1980), sowie für Jules Auguste LAIR, *Nicolas Fouquet*, Paris 1890, und Urbain-Victor CHATELAIN, *Le surintendant Nicolas Fouquet. Protecteur des lettres, des arts et des sciences*, Paris 1905 (Nachdruck Genf 1971), die durch neuere Monographien, wie Jean MEYER, *Colbert*, Paris 1981, oder Georges MONGRÉDIEN, *L'affaire Fouquet*, Paris 1956, noch nicht überholt sind. Eine Glanzleistung der Geschichtsschreibung gelang Carl Jakob BURCKHARDT mit seiner vierbändigen *Richelieu*-Monographie, München 1961–67. In Frankreich sorgen zahlreiche Biographien dafür, daß die Porträts der historischen Größen in der Erinnerung nicht verblassen. Als Beispiele dieser sich an ein größeres Publikum wendenden Darstellungen seien zitiert: Paul GUTH, *Mazarin*, Paris 1972; Philippe ERLANGER, *Louis XIV au jour le jour*, Paris 1968, und *Monsieur, frère de Louis XIV.*, Paris 1970.

Wer in die Alkovengeheimnisse und den Alltag von Versailles Einblick gewinnen will, verschafft sich diesen immer noch am besten über die zahllosen Memoiren oder Briefe, an welchen gerade die hier im Mittelpunkt stehende Epoche besonders fruchtbar war. Ich muß mich darauf beschränken, lediglich die Namen von Madame de La Fayette und Madame de Motteville, von Tallemant des Réaux, Kardinal von Retz, Primi Visconti und dem Herzog von Saint-Simon für die Memoirenliteratur und von Madame de Sévigné und Liselotte von der Pfalz für die Briefe zu zitieren. Der deutschsprachige Leser findet in Carlo Emilio GADDA, *Frankreichs Ludwig*, München 1966, und Gilette ZIEGLER, *Der Hof Ludwigs XIV. in Augenzeugenberichten*, Düsseldorf 1963, vergnüglich zu lesende Anthologien dieser zeitgeschichtlichen Zeugnisse.

Die umfangreiche von mir konsultierte Literatur zu den religiösen Bewegungen, zur Kirchen- und Geistesgeschichte des siebzehnten Jahrhunderts soll nur durch einige wenige Titel kurz charakterisiert werden. Es liegt in der Natur der Sache, daß gerade auf diesem Gebiet die ideologische Orientierung der Verfasser mehr oder weniger deutlich zum Ausdruck kommt. Dies gilt vor allem auch für die folgenden, einem katholischen Standpunkt verpflichteten monumentalen Arbeiten: Ludwig von PASTOR, *Geschichte der Päpste seit dem Ausgang des Mittelalters*, Freiburg 1925–33 (für Molière und seine Zeit: Band 14/1, 1929), und Henri BREMOND, *Histoire du sentiment religieux en France depuis la fin des guerres de religion jusqu'à nos jours*, 12 Bände, Paris 1929–36.

Die etwa ein Jahrhundert während Auseinandersetzung des Jansenismus mit König und Papst hat Charles Augustin SAINTE-BEUVE in seinem zwischen 1840 und 1860 veröffentlichten Werk *Port-Royal* unübertroffen geschildert. Es wurde von Maxime LEROY für die »Bibliothèque de la Pléiade« in einer Ausgabe in drei Bänden, Paris 1953–55, vorzüglich ediert und kommentiert. Einem marxistischen Ansatz verpflichtet ist Lucien GOLDMANN mit seinem Buch *Le Dieu caché. Étude sur la vision tragique dans les »Pensées« de Pascal et dans le théâtre de Racine*, Paris 1955. Goldmann sieht in den Jansenisten Vertreter des ökonomisch unabhängigen Robenadels, der infolge der allmählichen Eingrenzung der eigenen Machtposition durch die absolutistische Zentralregierung zur Weltflucht und Resignation gedrängt wurde.

Weiterführende Literatur zur Geschichte der jansenistischen Bewegung findet der Interessierte in den zahlreichen Veröffentlichungen von René TAVENAUX zum Thema sowie in den Kongreßakten des 1973 in Rom veranstalteten Jansenismus-Kolloquiums: *Bibliothèque de la Revue d'histoire ecclésiastique*, Band 64, Löwen 1977. Ideologische Gegensätze prägen auch mehrere Publikationen über libertinistische Strömungen der Epoche. So warf René PINTARD in seinem zweibändigen Werk *Le libertinage érudit dans la première moitié du XVIIe siècle*, Paris 1943 (Nachdruck Genf 1983), Lucien FEBVRE vor, er habe in seinem Buch *Le problème de l'incroyance – La religion du XVIe siècle – La religion de Rabelais*, Paris 1942, die laizistischen Tendenzen der Dritten Republik auf das sechzehnte Jahrhundert projiziert.

Der unter Richelieu, Mazarin und Ludwig XIV. verwirklichte Absolutismus hatte den Aufbau einer einflußreichen, zentral gelenkten staatlichen Bürokratie zur Folge und führte zur Anhäufung von Macht und Vermögen in der Hand geschickter »roturiers«, Nichtadliger, die sich Titel kauften. Diesen Umbruch der Gesellschaft haben nicht zuletzt deutschsprachige Soziologen mit besonderer Aufmerksamkeit analysiert und gedeutet. Einige ihrer geradezu klassisch zu nennenden Abhandlungen seien wenigstens zitiert: Werner SOMBART, *Luxus und Kapitalismus*, Berlin 1912 (neu aufgelegt unter dem Titel *Liebe, Luxus und Kapitalismus*, München 1967), sowie vom selben Autor *Der Bourgeois. Zur Geistesgeschichte des modernen Wirtschaftsmenschen*, Berlin 1913; Bernhard GROETHUYSEN, *Die Entstehung der bürgerlichen Welt- und Lebensanschauung*, Band 1: *Das Bürgertum und die katholische Weltanschauung*, und Band 2: *Die Sozialleliren der katholischen Kirche und das Bürgertum*, Halle (Saale) 1927–30 (Nachdruck Hildesheim/New York 1973); Franz BORKENAU, *Der Übergang vom feudalen zum bürgerlichen Weltbild. Studien zur Geschichte der Philosophie der Manufakturperiode*, Paris 1934 (Nachdruck Darmstadt 1971): Arnold HAUSER, *Sozialgeschichte der Kunst und Literatur*, 2 Bände, München 1953 (Sonderausgabe in einem Band 1972); Norbert ELIAS, *Die höfische Gesellschaft*, Neuwied 1969 bzw. Frankfurt a. M. 1983; Jürgen HABERMAS, *Strukturwandel der Öffentlichkeit. Untersuchungen zu einer Kategorie der bürgerlichen Gesellschaft*, Neuwied/Berlin 1962.

Die Veröffentlichungen zu den Salons des siebzehnten Jahrhunderts und zur Entstehung des Preziösentums und des gesellschaftlichen Ideals vom »honnête homme« sind Legion, es seien daher nur einige neuere Arbeiten erwähnt: Roger Lathuillère, *La préciosité. Étude historique et linguistique*, Band 1: *Position du problème. Les origines*, Genf 1966; Wolfgang Zimmer, *Die literarische Kritik am Preziösentum*, Meisenheim am Glan 1978; Renate Büff, *Ruelle und Realität. Preziöse Liebes- und Ehekonzeptionen und ihre Hintergründe*, Heidelberg 1979.

Molières große Komödien sind oft und ausführlich gewürdigt worden. Seinen Beziehungen zur Farce, zur Commedia dell'arte und zu den Wanderbühnen wurden zahlreiche Einzeluntersuchungen gewidmet, und seine Stationen auf dem Weg durch die verschiedenen französischen Provinzen sind möglichst genau rekonstruiert worden. Jede Auswahl aus diesem reichen Schrifttum muß sich auf einzelne Titel beschränken. So hat Jürgen von Stackelberg in das von ihm herausgegebene zweibändige Werk *Das französische Theater vom Barock bis zur Gegenwart*, Düsseldorf 1968, fünf Komödieninterpretationen verschiedener Mitarbeiter aufgenommen. Er hat außerdem in einem unter dem Titel *Molière*, München 1985, erschienenen Bändchen seine im Lauf der Jahre veröffentlichten stimulierenden Aufsätze zum Thema versammelt.

Eine Reihe von Komödien Molières sind in musterhaft edierten Textausgaben zugänglich, die außerdem Dokumente zum Umfeld ihrer Entstehung und zu ihrer zeitgenössischen Rezeption zugänglich machen. Dies gilt zum Beispiel für die von Micheline Cuénin besorgte Ausgabe von *Les précieuses ridicules*, Genf 1973, und die von Georges Mongrédien herausgegebenen zwei Bände *La querelle de L'école des femmes*, Paris 1971.

Für die Rekonstruktion des Konflikts um *Tartuffe* ist nach wie vor unentbehrlich Raoul Allier, *La cabale des dévots, 1627–1666*, Paris 1902. An monographischen Untersuchungen zu diesem Theaterstück seien erwähnt: H. Gaston Hall, *Molière: »Tartuffe«*, London 1960; Jacques Scherer, *Structures de »Tartuffe«*, *Paris 1966*; Robert Horville, *Le »Tartuffe« de Molière*, Paris 1973.

Mit der kritischen Literatur zu *Dom Juan* habe ich mich in meiner Monographie *Molières Komödie »Dom Juan«*, Heidelberg 1978, auseinandergesetzt. Seitdem ist erschienen: Claude Reichler, *La diabolie (la séduction, la renardie, l'écriture)*, Paris 1979.

Für meine *Menschenfeind*-Deutung weiß ich mich René JASINSKI, *Molière et Le misanthrope*, Paris 1951, und Francesco ORLANDO, *Lettura freudiana del »Misanthrope« e due scritti teorici*, Turin 1979, besonders verpflichtet.

Die oben genannten drei Komödien, die Molière auf dem Höhepunkt seines politischen Engagements schrieb, untersucht ausführlich Jacques GUICHARNAUD in seinem bereits erwähnten Buch *Molière, une aventure théâtrale*, Paris 1963. Molières letzte Werke stehen im Mittelpunkt von Robert GARAPON, *Le dernier Molière. Des »Fourberies de Scapin« au »Malade imaginaire«*, Paris 1967.

In die Problematik der Ballettkomödien führen ein: Maurice PELLISSON, *Les Comédies-Ballets de Molière*, Paris 1914; Friedrich BOETTGER, *Die »comédie-ballet« von Molière – Lully*, Dissertation Berlin 1930 (Nachdruck Hildesheim/New York 1979), Marie-Françoise CHRISTOUT, *Le ballet de cour de Louis XIV. 1643–1672*, Paris 1967.

Molières Verhältnis zur Antike ist Wolfgang SALZMANN in seiner fundierten komparatistischen Untersuchung *Molière und die lateinische Komödie. Ein Stil- und Strukturvergleich*, Heidelberg 1969, nachgegangen.

Ich kann hier nicht einen bibliographischen Überblick zu Pierre Corneille und Jean Racine anschließen, obwohl sie für meine Biographie zentrale Bedeutung haben. Aber ich möchte nicht unerwähnt lassen, daß ich Raymond PICARD, *La carrière de Jean Racine*, Paris 1961; René JASINSKI, *Vers le vrai Racine*, 2 Bände, Paris 1956; und Georges COUTON, *La vieillesse de Corneille (1658–1684)*, Paris 1949, besonders viel verdanke.

Über die Molière-Interpretation informieren: Christian STRICH, Rémy CHARBON und Gerd HAFFMANS (Hrsg.), *Über Molière*, Zürich 1973; die kommentierte Anthologie von Jean-Pierre COLLINET, *Lectures de Molière*, Paris 1974; sowie Maurice DESCOTES, *Les grands rôles du théâtre de Molière*, Paris 1960.

Nicht gerade reichhaltig ist der Ertrag der Rezeptionsforschung im Fall Molière. Um so dankbarer wird man Kenntnis nehmen von: Leonhard M. FIEDLER, *Hugo von Hofmannsthals Molière-Bearbeitungen. Die Erneuerung der Comédie-Ballet auf Max Reinhardts Bühnen*, Darmstadt 1974, und Jörg W. JOOST, *Molière-Rezeption in Deutschland*

*1900–1930; Carl Sternheim, Franz Blei. Hermeneutische Rezeptions-
fragen zur Wechselbeziehung zwischen wissenschaftlicher Interpretation,
dramatischer Gestaltung und literarischer Bearbeitung,* Frankfurt/Bern
1980.

Benutzte Übersetzungen

Die Molière-Zitate sind entnommen aus: MOLIÈRE, *Zwanzig Komödien in sieben Einzelbänden*. Neu übertragen von Hans WEIGEL, Zürich, Diogenes 1975. Wo eine andere Übersetzung benutzt wurde, habe ich das im Text erwähnt.

Weigels Text stellt zwar nicht die gelegentlich als Fata Morgana beschworene ideale Übersetzung, aber eine beachtenswerte Leistung dar, die sowohl den Philologen durch ihre Nähe zum Originaltext als auch den Theaterbesucher durch ihre Lebendigkeit befriedigen kann. Ich habe alle Molière-Zitate in Weigels Übersetzung wiedergegeben (Ausnahmen bilden einige Stellen in den Prosakomödien).

Im Fall des von Weigel nicht übersetzten *Amphitryon* benutzte ich die in dem von Joachim SCHONDORFF herausgegebenen Sammelband *Amphitryon*, München, Langen-Müller 1964, veröffentlichte Übertragung von Edwin Maria LANDAU.

Ich benutzte außerdem folgende Übersetzungen französischer Klassiker:

Jean de LA FONTAINE, *Die Fabeln*. Gesamtausgabe in deutscher und französischer Sprache mit über 300 Illustrationen von Gustave DORÉ. Übersetzt von Ernst DOHM, Wiesbaden, Vollmer (um 1973).

Jean de LA BRUYÈRE, *Die Charaktere. Oder die Sitten des Jahrhunderts*. Neu übertragen und herausgegeben von Gerhard HESS, Wiesbaden, Dieterich 1947.

LUDWIG XIV., *Memoiren*. Autorisierte Übertragung von Leopold STEINFELD, Leipzig/Basel, Kompaß 1931.

Blaise PASCAL, *Gedanken*. Eine Auswahl. Herausgegeben von Ewald WASMUTH, Stuttgart, Reclam 1973.

Für die Briefe der LISELOTTE VON DER PFALZ legte ich folgende Ausgaben zugrunde:

Briefe der Liselotte von der Pfalz. Herausgegeben und eingeleitet von Helmuth KIESEL. Mit zeitgenössischen Porträts, Frankfurt a. M., Insel

1981; und *Briefe der Herzogin Elisabeth Charlotte von Orleans*. In Auswahl herausgegeben durch Hans F. HELMOLT, Leipzig, Insel 1908. CHATEAUBRIAND, *Das Leben des Abbé de Rancé*. Herausgegeben und aus dem Französischen übersetzt von Emil Lerch, Frankfurt a. M., Insel 1977.

Personenregister

Zusammengestellt von Uwe Steffen

Heiss, Hanns (1877–1935) 5
Helena, hl. (Flavia Julia H.; um
257–336?) 159
Heliodor (3. Jh. n.Chr.) 44
Helmolt, Hans Ferdinand
(1865–1929) 372
Hemerken, Thomas →Thomas a
Kempis
Henriette Anna von England
(1644–1670; verh. seit 1661 mit
Philippe I., Herzog von Orléans)
55, 84, 90f., 127, 139, 147f., 173,
187, 217f., 222f., 227, 241f., 267,
274–280, 282, 287, 289, 310,
353, 356, Abb. S. 7, 13
Henriette Maria von Frankreich
(1609–1669; verh. seit 1625 mit
Karl I., König von England) 90f.,
267, 276f., 280, 282
Herold, Christian (um 1703–
1761) 343
Hervé, Marie →Béjart, Marie
Hervé, Mlle. →Béjart, Geneviève
Hess, Gerhard (1907–1983) 371
Hevelius, Johannes (eigtl. J. He-
wel oder Havelke; 1611–1687)
318
Hilaire, Mlle. (eigtl. H. Dupuy;
um 1620–nach 1671) 296f.
Hippokrates (um 460–um 370)
268
Hofmannsthal, Hugo Laurenz
August Hofmann Edler von
(1874–1929) 265
Homes (um 1660) 189
Hooghe, Romeyn de (1645–
1709) 327
Horaz (Quintus Horatius Flaccus;
65–8 v.Chr.) 51, 98
Horville, Robert 368
Hubert, André (um 1634–1700)
287, 316
Hurtado de Mendoza, Diego
(1503–1575) 92

Innozenz X. (vorher Giambattista
Pamfili; 1574–1655), Papst (seit
1644) 18, 30, 34
Institoris, Heinrich (eigtl. H.
Krämer; um 1430–1505) 45
Isabella de Bourbon →Elisabeth
von Bourbon

Jacob, Antoine →Montfleury
Jacob, Zacharie →Montfleury
Jansenius, Cornelius, d. J. (eigtl.
C. Jansen; 1585–1638) 17f., 195,
349
Jasinski, René (*1898) 369
Jeannin de Castille, Marie-Made-
leine →Fouquet, Marie-Made-
leine
Jodelet (eigtl. Julien Bedeau; vor
1600–1660) 59, 68f., 77, 98,
Abb. S. 4, 14
Johann II. Kasimir (1609–1672),
König von Polen (1648–68) 78,
273
Johnson, Roger, jr. (*1942) 361
Joost, Jörg W. (*1938) 369
Joseph 17
Jurgens, Madeleine 363

Karl I. (1600–1649), König von
England (seit 1625) 27, 55, 83,
90, 267, 350
Karl II. (1630–1685), König von
England (seit 1660) 55, 83, 274,
322f.
Karl II. (1661–1700), König von
Spanien (seit 1665) 223
Karl X. Gustav (1622–1669),
König von Schweden (seit 1654)
160
Karl Ludwig (1617–1680), Kur-
fürst von der Pfalz (seit 1648)
310f.
Karoline von Brandenburg-Ans-
bach (gen. Prinzessin von Wales;

Bildnachweis

Abb. S. 1 oben: »Topographia Galliae« (1620) von Matthäus Merian; Bibliothèque national, Paris; aus: Rüdiger Werle / Christoph Wetzel, *Jean Baptiste Molière*, Andreas, Salzburg 1980 (= Welt der Klassiker in Farbe), S. 11.

Abb. S. 1 unten: aus: Daniel Ternois, *L'art de Jacques Callot*, F. de Nobele, Paris 1962, S. 199.

Abb. S. 2 oben: Musée de Versailles; aus: Georges Duby, *Histoire de la France II. Dynasties et révolutions de 1348 à 1852*, Larousse, Paris 1971, S. 154.

Abb. S. 2 unten: Bibliothèque national, Paris; aus: Werle/Wetzel, a.a.O., S. 21.

Abb. S. 3 oben: Malerei auf Marmor; Privatbesitz; aus: Werle/Wetzel, a.a.O., S. 140f.

Abb. S. 3 unten links: Musée de Versailles; aus: Sylvie Chevalley, *Molière en son temps, 1622–1673*, Minkoff, Paris/Genf 1973, Abb. 53.

Abb. S. 3 unten rechts: Musée de Versailles; aus: Duby, a.a.O., S. 147.

Abb. S. 4 oben: anonymer Stich; Comédie française, Paris; aus: Chevalley, a.a.O., Abb. 53.

Abb. S. 4 unten links: Musée Granet, Aix-en-Provence; aus: Werle/Wetzel, a.a.O., S. 40.

Abb. S. 4 unten rechts: Musée Granet, Aix-en-Provence; aus: Chevalley, a.a.O., Abb. 161.

Abb. S. 5: aus: Katalog der Ausstellung *»Gli arazzi del re sole« Firenze Palazzo Vecchio 13 marzo – 16 maggio 1982*, herausgegeben von Daniel Meyer, Sansoni, Florenz 1982, Farbtafel 2.

Abb. S. 6 oben links: aus: A. Lagarde / L. Michard, *XVIIe siècle. Les grands auteurs français du programme*, Bordas, Paris 1968, S. 208.

Abb. S. 6 oben rechts: Musée de Versailles; aus: Duby, a.a.O., S. 184.

Abb. S. 6 unten: British Museum, London; aus: Werle/Wetzel, a.a.O., S. 42.

Abb. S. 7 oben: Bibliothèque national, Paris; aus: Chevalley, a.a.O., Abb. 375.

Abb. S. 7 unten: französische Schule des 17. Jahrhunderts; Musée de Versailles; aus: Duby, a.a.O., S. 170.

Abb. S. 8 oben: Bibliothèque national, Paris; aus: Werle/Wetzel, a.a.O., S. 118.

Abb. S. 8 unten: Bibliothèque de Versailles; aus: Duby, a.a.O., S. 170.

Abb. S. 9: anonymes Gemälde; Musée des arts décoratifs, Paris; aus: Werle/Wetzel, a.a.O., S. 52.

Abb. S. 10: aus: Katalog, a.a.O., Abb. 8.

Abb. S. 11 oben: Musée de Langres; aus: Lagarde/Michard, a.a.O., Abb. 53.

Abb. S. 11 unten: Bibliothèque national, Paris; aus: Chevalley, a.a.O., Abb. 687.

Abb. S. 12 oben links: Comédie française, Paris; aus: Chevalley, a.a.O., Abb. 715.

Abb. S. 12 oben rechts: Bibliothèque national, Paris; aus: Chevalley, a.a.O., Abb. 716.

Abb. S. 12 unten: Bibliothèque national, Paris; aus: Chevalley, a.a.O., Abb. 296.

Abb. S. 13: aus: Bossuet, *Oraisons funèbres*, herausgegeben von Philippe Sellier, Larousse, Paris 1966 (= Nouveaux Classiques), S. 83.

Abb. S. 14 oben: Comédie française, Paris; aus: Chevalley, a.a.O., Abb. 713.

Abb. S. 14 unten: Comédie française, Paris: aus: Chevalley, a.a.O., Abb. 728.

Abb. S. 15: Musée du Louvre, Paris; aus: Lagarde/Michard, a.a.O., Abb. 44.

Abb. S. 16 oben und Schutzumschlag: Musée Condé, Chantilly; aus: Chevalley, a.a.O., Abb. 520.

Abb. S. 16 unten: Stich von Jacob; aus: Marianne Roland Michel, *Watteau 1684–1721*, Prestel, München 1984, S. 199.

Inhalt

Anhang